| 民 生 指 数 报 告 |

中国民生消费
需求景气评价报告
（2020）

ANNUAL EVALUATION REPORT ON
THE PEOPLE'S LIVING CONSUMPTION DEMAND OF CHINA (2020)

主 编／王亚南
副主编／刘 杰 赵 娟 魏海燕

社会科学文献出版社
SOCIAL SCIENCES ACADEMIC PRESS (CHINA)

本项研究获得以下机构及其项目支持

    云南省社会科学院中国人文发展研究与评价重点实验室

    云南省国际贸易学会消费市场监测与研究中心

发 布 机 制   中国人文发展研究与评价实验室

主 编 单 位   云南省社会科学院

              云南省商务研究院

合 作 单 位   中共中央党校（国家行政学院）文史部创新工程

              中国社会科学院数量经济与技术经济研究所大

              数据与经济模型研究室

              中国社会科学院民族学与人类学研究所社会研

              究室

              社会科学文献出版社

顾 问   王伟光   周文彰   赵 金

首席科学家   王亚南   祁述裕   李 群   张继焦

学术委员会   （以姓氏笔画为序）

主要编撰者简介

王亚南 云南省社会科学院研究员，文化发展研究中心主任，中国人文发展研究与评价实验室首席科学家，云南省中青年社会科学工作者协会会长，主要研究方向为民俗学、民族学及文化理论、文化战略和文化产业，主要学术贡献有：①1985年首次界定"口承文化"概念，随后完成系统研究，提出口承文化传统为人类社会的文明渊薮，成文史并非文明史起点；②1988年解析人生仪礼中"亲长身份晋升仪式"，指出中国传统"政亲合一"社会结构体制和"天赋亲权"社会权力观念；③1996年开始从事文化战略和文化产业研究，提出"高文化含量"的"人文经济"论述，概括出中心城市以外文化产业发展的"云南模式"；④1999年提出"现代中华民族是56个国内民族平等组成的国民共同体"和"中国是国内多民族的统一国家"论点，完成国家社会科学基金项目"中华统一国民共同体论"；⑤2006年以来致力于人文发展量化分析检测评价体系研创，相继主编撰著连年出版《中国文化消费需求景气评价报告》（2011年起）、《中国文化产业供需协调检测报告》（2013年起）、《中国公共文化投入增长测评报告》（2015年起）、《中国人民生活发展指数检测报告》（2016年起）、《中国民生消费需求景气评价报告》（2018年起）、《中国健康消费与公共卫生投入双检报告》（2018年起），2019年起新增《中国经济发展结构优化检测报告》《中国社会建设均衡发展检测报告》。

刘　杰 云南省商务研究院副院长，云南省国际贸易学会会长，云南省商贸流通专家委员会首席专家，主要研究方向为国内贸易、市场体系建设、居民消费、商贸流通，牵头承担云南省消费市场、省际贸易监测体系设计与建设。主编出版历年《中国—南亚商务年鉴》和《云南商务年鉴》，主持承担并完成《云南省消费市场商品本土化发展研究》《云南省促消费、扩内需、稳增长调研报告》《云南省商贸流通行业报告》《云南省商务系统市场应急调控能力建设"十三五"规划》《云南省建设面向南亚东南亚国际经济贸易中心规划研究》等。

方　彧　中国老龄科学研究中心副研究员，中国社会科学院博士。主要研究方向为口头传统、老龄文化和文化产业。全程参与研创"中国人文发展量化分析检测评价系列"，合作发表《中国文化产业新十年路向——基于文化需求和共享的考量》《中国文化产业发展空间：4 万亿消费需求透析》《深化文化体制改革机制创新的若干现实问题透析》等论文和研究报告，参与组织撰著"中国人文发展量化分析检测评价系列"年度报告，负责文稿统改及英译审校。

赵　娟　云南省社会科学院民族文学研究所副研究员，《云南文化发展蓝皮书》副主编，云南省中青年社会科学工作者协会秘书处主任。主要研究方向为古典文学、民族文化和文化产业，合著出版《经典阅读与现代生活》。全程参与研创"中国人文发展量化分析检测评价系列"，合作发表《以国家统计标准分析各地文化产业发展成效》《中国文化产业未来十年发展空间——以扩大文化消费需求与共享为目标》《各省域文化产业未来十年增长空间——基于需求与共享的测算排行》等论文和研究报告，参与组织撰著"中国人文发展量化分析检测评价系列"年度报告，负责文稿统改。

摘　要

揭示中国"全面建成小康社会"进程发生的深刻变化,首先应当以民生进步加以衡量。考察民生需求主要在于居民日常生活消费需求,其间蕴含"人民美好生活需要"的诸方面发展。

2000~2018年,全国城乡综合演算的各类民生消费数据人均值持续明显增长,2018年居民总消费为2000年的7.15倍,物质消费为6.53倍,非物消费为8.64倍。物质消费比重显著降低6.12个百分点,非物消费比重显著增高6.12个百分点,消费结构出现很大升级变化。居民总消费、物质消费、非物消费地区差逐渐缩小;居民总消费、物质消费、非物消费城乡比逐渐缩小。"不平衡的发展"在民生领域多有改善。

但居民消费率从35.91%明显降低至31.53%,"十二五"时期以来明显回升。尤其应注意,居民消费支出年均增长明显低于财政支出年增3.59个百分点。居民积蓄率从22.57%持续极显著升高至30.10%,反过来对消费需求的抑制作用加重。

从2000年以来基数值纵向测评可以看出,西部民生消费需求景气指数提升最高,中部次之,东部再次,东北最低,表明区域均衡发展国家方略已见成效;西藏、贵州、安徽、甘肃、河南占据前5位。2018年无差距理想值横向测评发现,东北民生消费需求景气指数最高,东部次之,中部再次,西部最低,表明差距在于各方面协调性、均衡性还不够理想;上海、湖北、浙江、天津、北京占据前5位。另有基数值纵向测评显示,2005年以来贵州、河南、四川、云南、安徽占据前5位;2010年以来贵州、甘肃、湖北、西藏、四川占据前5位;2015年以来西藏、湖北、贵州、广西、安徽占据前5位;2017年以来湖北、西藏、云南、广西、海南占据前5位。

依据历年动态推演预测，至 2020 年全国居民总消费城乡比将较明显缩减，地区差也将较明显缩减；至 2035 年全国居民总消费城乡比将继续明显缩减，地区差亦将继续较明显缩减。假定全国保持居民收入比、居民消费率不再降低，实现各类民生数据历年最小城乡比直至弥合城乡比，民生消费需求景气指数将更加明显提升。

关键词：全国省域　民生消费　需求检测　景气排行

目 录

Ⅲ　省域报告

总 报 告

General Report

R.1
"全面小康"进程人民生活消费总体评价

——2000~2018年民生需求景气检测

王亚南　刘　杰　魏海燕*

摘　要：　揭示中国"全面建成小康社会"进程发生的深刻变化，首先
应当以民生进步加以衡量。考察民生需求主要在于居民日常
生活消费需求，其间蕴含"人民美好生活需要"的诸方面发
展。2000~2018年，全国城乡综合演算的各类民生消费数据
人均值持续明显增长，2018年居民总消费为2000年的7.15
倍，物质消费为6.53倍，非物消费为8.64倍。物质消费比
重显著降低6.12个百分点，非物消费比重显著增高6.12个
百分点，消费结构出现很大升级变化。居民总消费、物质消

---

* 王亚南，云南省社会科学院研究员，文化发展研究中心主任，主要研究方向为民俗学、民族
学及文化理论、文化战略和文化产业；刘杰，云南省商务研究院副院长，云南省国际贸易学
会会长，云南省商贸流通专家委员会首席专家，主要研究方向为国内贸易、市场体系建设、
居民消费、商贸流通；魏海燕，云南省政协信息中心主任编辑，主要从事传媒信息分析研究。

费、非物消费地区差逐渐缩小；居民总消费、物质消费、非物消费城乡比逐渐缩小。"不平衡的发展"在民生领域多有改善。但居民消费率从 35.91% 明显降低至 31.53%，"十二五"以来明显回升。尤其应注意，居民消费支出年均增长明显低于财政支出年增 3.59 个百分点。居民积蓄率从 22.57% 持续极显著升高至 30.10%，反过来对消费需求的抑制作用加重。依据历年动态推演预测，至 2020 年全国居民总消费城乡比将较明显缩减，地区差也将较明显缩减；至 2035 年全国居民总消费城乡比将继续明显缩减，地区差亦将继续较明显缩减。

关键词： 全国居民 民生需求 物质消费 非物消费 景气评价

中共十九届四中全会通过《中共中央关于坚持和完善中国特色社会主义制度、推进国家治理体系和治理能力现代化若干重大问题的决定》，进一步强调"坚持人民当家作主""坚持人民主体地位""坚持以人民为中心的发展思想，不断保障和改善民生、增进人民福祉"。在社会主义市场经济条件下，扩大民生消费、增进国民物质生活需求和非物质生活需求，正是"保障和改善民生、增进人民福祉"的重要体现。

揭示中国"全面建成小康社会"进程发生的深刻变化，首先应当以民生进步加以衡量。考察民生需求主要在于居民日常生活消费需求，其间蕴含"人民美好生活需要"的诸方面发展。在社会主义市场经济条件下，人民的"需求"主要就表现为日常生活消费需求。为了行文的精炼和修辞的变化，本书将人民日常生活消费需求简称为"民生消费需求"或"民生需求"。

中共十七大之后，随着"全面建成小康社会"进程步步深入，以人为本越来越深入人心，政界、学界和全社会都意识到"GDP 标准"的缺陷，以民生发展衡量政绩成为基本共识。特别是党的十八大以来，"以人民为中心"的新发展思想和"协调""共享"等新发展理念牢固确立，近年更进一步明确强调"坚持人民主体地位"，发展为了全体人民，发展依靠全体人民，发展成果由全国人民共享。检验"全面建成小康社会"进程的实际成效，更有必要深入人民生活方方面面进行细致入微的检测。

本系列研究在"文化消费需求景气评价"中首创城乡比倒数权衡测算，独创地区差指标及其演算方法，基于城乡、区域无差距理想值将城乡比、地区差设为逆指标。城乡差距、地区差距正是中国"历史周期律"的深层社会结构体制根源，也为我国最为持久、最为深刻、最为普遍的历史遗痕，亦即当前"不平衡不充分的发展"最具代表性的方面。相关检测不仅对准我国"全面建成小康社会"目标年 2020 年，而且对准我国"基本建成现代化国家"目标年 2035 年，现代化国家的民生发展理应消除社会结构体制上的城乡鸿沟和地区鸿沟。

一 全国人民生活主要数据相关情况

民生消费需求增长离不开经济增长、居民收入增长。鉴于经济、财政背景分析主要集中于人民生活发展指数卷[①]，本书主要集中于民生数据。

全国城乡主要民生数据增长变化基本情况见图 1，限于制图容量，图 1 中未直接列出居民收入数据，而注明可据其他数据推算，另产值、财政收入、财政支出数据置于后台进行相关演算。

1. 城乡居民收入、积蓄总量增长简况

2000～2018 年，全国城乡居民收入总量年均增长 12.80%，积蓄总量年均增长 14.61%。居民收入年均增长率低于全国产值增长 0.17 个百分点，

[①] 参见王亚南主编《中国人民生活发展指数检测报告》，由社会科学文献出版社于 2016 年起每年出版。

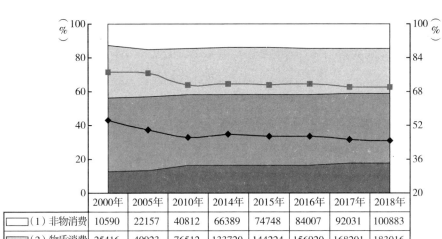

	2000年	2005年	2010年	2014年	2015年	2016年	2017年	2018年
（1）非物消费	10590	22157	40812	66389	74748	84007	92031	100883
（2）物质消费	25416	40923	76512	133720	144224	156920	168201	183016
（3）总消费	36006	63080	117324	200109	218972	240927	260232	283899
（4）居民积蓄	10497	19344	47048	78839	87952	95736	110446	122270
◆物质消费比	54.66	49.65	46.55	47.94	46.99	46.61	45.38	45.06
■居民消费比	77.43	76.53	71.38	71.74	71.34	71.56	70.20	69.90

图1 全国城乡主要民生数据增长变化基本情况

左轴面积：全国城乡居民（1）非物消费、（2）物质消费、（3）总消费、（4）积蓄总量（亿元转换为%），（1）+（2）=（3），（3）+（4）=居民收入，各项数值间呈直观比例。右轴曲线：物质消费比、居民消费比（占居民收入比）（%），二者之差即为非物消费比，二者之比即为物质消费比重（占总消费比），二者之差再与居民消费比之比即为非物消费比重。囿于制图空间省略若干年度，文中描述历年变化包括省略年度，后同。

低于全国财政收入增长 2.85 个百分点。[1]

2. 城乡居民消费总量及其分类增长状况

2000～2018 年，全国城乡居民消费总量年均增长 12.16%。居民消费年均增长率低于全国产值增长 0.81 个百分点，低于全国财政支出增长 3.59 个百分点。同期，全国城乡居民物质消费总量年均增长 11.59%，低于居民收入增长 1.21 个百分点，低于总消费增长 0.57 个百分点；全国城乡居民非物消费总量年均增长 13.34%，高于居民收入增长 0.54 个百分点，高于总消

---

[1] 本项检测数据库运算无限保留小数，难免与按稿面整数或常规两位小数演算产生小数出入，此属机器比人工精细之处，并非误差。全书同。

费增长 1.18 个百分点。

3. 城乡居民消费需求相关比值变化状况

在全国居民收入当中，2000 年有 77.43% 用于全部生活消费支出，为历年最高比值；2013 年仅有 68.58% 用于全部生活消费支出，为历年最低（最佳）比值；2000 年有 54.66% 用于物质消费支出，为历年最高比值；2013 年仅有 43.65% 用于物质消费支出，为历年最低（最佳）比值。居民收入与总消费之差即为居民积蓄，物质消费与总消费之差即为非物消费。

此处几组数据链之间的相关比值可以通过结构化关系推算。居民消费比占百分比剩余部分（100% 与之差值）为居民积蓄率，即居民积蓄在居民收入里所占比例；居民消费比与物质消费比之差（差值）为非物消费比，也就是物质消费比占居民消费比剩余部分为非物消费比，即非物消费在居民收入里所占比例；物质消费比与居民消费比之比（商值）为物质消费比重，即物质消费在总消费里所占比例；居民消费比与物质消费比之差再与居民消费比之比为非物消费比重，也就是物质消费比重占百分比剩余部分为非物消费比重，即非物消费在总消费里所占比例。诸如此类的结构化相关性分析体现了数理抽象的优势，透露出严谨而精密的逻辑力量，通过数理关系推演充分揭示"数据事实"基本态势。

这 18 年间，全国居民消费比降低 7.53 个百分点，物质消费比降低 9.60 个百分点，反过来导致非物消费比升高 2.07 个百分点。继续深入分析，居民消费比与物质消费比升降方向及其程度有差异，意味着物质消费占总消费比重变化，反过来又导致非物消费占总消费比重变化。由这些相对比值关系变化就能够看出民生消费需求态势，从中体现出民生发展的基本走向。

二　全国居民总消费增长及相关性分析

居民消费数据是国家现行统计制度中"人民生活"统计的主体部分，市场经济条件下民生需求主要就体现为居民消费需求。

（一）居民总消费增长基本态势

居民总消费及其相关性分析为民生消费需求检测系统的二级子系统之首。全国城乡居民总消费及其相关性变动态势见图2。

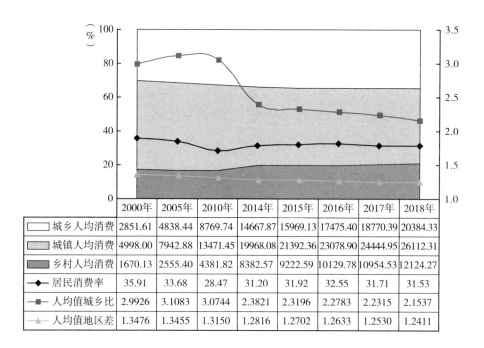

	2000年	2005年	2010年	2014年	2015年	2016年	2017年	2018年
☐ 城乡人均消费	2851.61	4838.44	8769.74	14667.87	15969.13	17475.40	18770.39	20384.33
▨ 城镇人均消费	4998.00	7942.88	13471.45	19968.08	21392.36	23078.90	24444.95	26112.31
▨ 乡村人均消费	1670.13	2555.40	4381.82	8382.57	9222.59	10129.78	10954.53	12124.27
◆ 居民消费率	35.91	33.68	28.47	31.20	31.92	32.55	31.71	31.53
■ 人均值城乡比	2.9926	3.1083	3.0744	2.3821	2.3196	2.2783	2.2315	2.1537
▲ 人均值地区差	1.3476	1.3455	1.3150	1.2816	1.2702	1.2633	1.2530	1.2411

图2 全国城乡居民总消费及其相关性变动态势

左轴面积：全国城乡综合、城镇、乡村居民总消费人均值（元转换为%），各项数值间呈直观比例。右轴曲线：居民总消费城乡比（乡村=1）、地区差（无差距=1）。左轴曲线：居民消费率（与产值比）（%）。另需说明，近年来年鉴始发布2014年以来城乡综合演算人均值民生数据，与总量数据之间存在演算误差，对应年鉴同时发布的产值人均值和总量分别演算居民消费率有出入，本文恢复自行演算城乡人均值，后同。

1. 城乡综合人均值及地区差变动状况

2000～2018年，全国城乡居民人均总消费年均增长11.55%（由于人口增长，人均值增长率略低于总量增长率）。同期，基于各地与全国之间居民总消费人均值历年绝对偏差值的平均值演算，全国居民总消费地区差最小（最佳，后同）值为2018年的1.2411，最大值为2003年的1.3521。

这 18 年间，全国居民总消费地区差缩小 7.90%。这表明，全国各地居民总消费增长同步均衡性显著增强，体现"全面小康"进程减小居民总消费地区差距的有效进展。

据既往历年动态推演测算，全国此项地区差到 2020 年将为 1.2332，相比当前较明显缩减；2035 年将为 1.2052，继续较明显缩减。

2. 城镇与乡村人均值及城乡比变动状况

2000~2018 年，全国城镇居民人均总消费年均增长 9.62%，乡村居民人均总消费年均增长 11.64%，乡村年均增长率高于城镇 2.02 个百分点。城乡之间增长相关系数为 0.4328，即历年增长同步程度为 43.28%，呈很弱正相关性。倘若用城乡各自年度增长指数绘制出两条曲线，就可以看出，二者历年增长明显不均，其间均衡度较差。

同期，基于全国城乡之间居民总消费人均值历年绝对值差异演算，全国居民总消费城乡比最小（最佳，后同）值为 2018 年的 2.1537，最大值为 2003 年的 3.3505。这 18 年间，全国居民总消费城乡比缩小 28.03%。这表明，全国城乡之间居民总消费增长同步均衡性明显增强，体现"全面小康"进程减小居民总消费城乡差距的有效进展。

据既往历年动态推演测算，全国此项城乡比到 2020 年将为 2.0764，相比当前较明显缩减；2035 年将为 1.5786，继续明显缩减。

3. 城乡综合居民消费率历年变化状况

2000~2018 年，全国居民消费率降低 4.38 个百分点，其中"十二五"以来升高 3.06 个百分点。为应对国际金融危机实施"拉动内需，扩大消费，改善民生"政策以来，尤其是进入"十二五"以来，全国居民消费率明显回升。

这 18 年间，全国居民消费率最高（最佳）值为 2002 年的 36.23%，最低值为 2011 年的 28.24%。具体展开逐年测算，居民消费率在 2002 年、2009 年、2012~2016 年上升，在 2000~2001 年、2003~2008 年、2010~2011 年、2017~2018 年下降，近年来仍未回复 2000 年初始值，更未达到 2002 年最佳值。这表明，"全面小康"进程中实现全国居民消费拉动经济增长的同步协调性尚待增强。还应注意，居民消费率下降程度大于居民收入比下降程度，反过来意味着居民积蓄率上升，亦即积蓄对消费的抑制作用加重。

在全国历年居民收入支配用度中，居民总消费年均增长 11.55%，低于居民收入年增 0.64 个百分点，收入支配流向消费的比例降低，导致居民消费比下降；居民积蓄年均增长 13.99%，高于居民收入年增 1.81 个百分点，收入支配流向积蓄的比例升高，导致居民积蓄率上升。

在全国历年居民总消费用度支出中，物质消费年均增长 10.99%，低于居民收入年增 1.20 个百分点，低于总消费年增 0.56 个百分点，物质消费比重下降；非物消费年均增长 12.73%，高于居民收入年增 0.54 个百分点，高于总消费年增 1.18 个百分点，非物消费比重上升。

（二）产值与收入、消费、积蓄之间增长关系

分析产值与居民收入、总消费、物质消费、非物消费、积蓄之间增长关系，可以检测究竟是什么因素对居民消费需求各方面增长产生重要影响。全国产值与居民收入、消费、积蓄增长态势见图 3，因相关系数分析需有历年不间断增长指数，而制图空间有限，故截取 2000～2010（后台检测 2000～2018）年。

1. 产值与居民收入、消费历年增长相关性

2000～2010 年，标号（1）全国产值与（2）居民收入历年增长指数之间，相关系数为 0.9086，即在 90.86% 程度上同步变动，呈很强正相关性，其间历年高低对比可见当年增长同步关系；与（3）居民消费历年增长之间，相关系数为 0.7581，即在 75.81% 程度上同步变动，呈稍强正相关性；与（4）物质消费历年增长之间，相关系数为 0.8501，即在 85.01% 程度上同步变动，呈较强正相关性；与（5）非物消费历年增长之间，相关系数为 -0.4106，即在 41.06% 程度上逆向变动，呈稍强负相关性。

这些数据之间的增长相关性表明，全国经济增长并不能"自然"带动国内居民生活消费向着非物质需求方向"升级"。倘若各地大体如此，对于"中国现实"特殊性的这一"逆规律性"揭示即可成立。

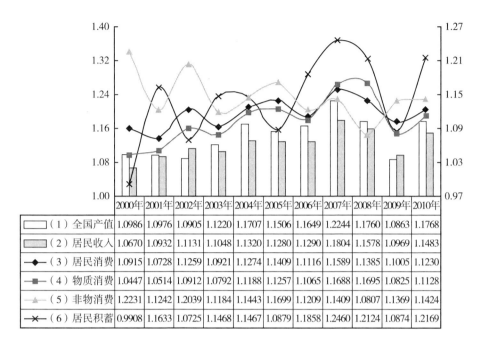

	2000年	2001年	2002年	2003年	2004年	2005年	2006年	2007年	2008年	2009年	2010年
□（1）全国产值	1.0986	1.0976	1.0905	1.1220	1.1707	1.1506	1.1649	1.2244	1.1760	1.0863	1.1768
▩（2）居民收入	1.0670	1.0932	1.1131	1.1048	1.1320	1.1280	1.1290	1.1804	1.1578	1.0969	1.1483
◆（3）居民消费	1.0915	1.0728	1.1259	1.0921	1.1274	1.1409	1.1116	1.1589	1.1385	1.1005	1.1230
■（4）物质消费	1.0447	1.0514	1.0912	1.0792	1.1188	1.1257	1.1065	1.1688	1.1695	1.0825	1.1128
▲（5）非物消费	1.2231	1.1242	1.2039	1.1184	1.1443	1.1699	1.1209	1.1409	1.0807	1.1369	1.1424
✕（6）居民积蓄	0.9908	1.1633	1.0725	1.1468	1.1467	1.0879	1.1858	1.2460	1.2124	1.0874	1.2169

图3　全国产值与居民收入、消费、积蓄增长态势

左轴柱形：全国产值、居民收入年增指数。右轴曲线：居民消费、积蓄年增指数，上年 =
1（小于1为负增长）。曲线间走势并行即正相关同步增长，上下交错对应即负相关逆向增长；
相关系数1为绝对正相关完全同步，0为完全不相关，−1为绝对负相关完全逆向。曲线（5）
与（6）之间形成横向镜面峰谷对应水中倒影负相关关系。

2. 居民积蓄与收入、消费历年增长相关性

2000～2010年，标号（6）居民积蓄与（2）居民收入历年增长指数之
间，相关系数为0.8261，即在82.61%程度上同步变动，呈稍强正相关性；
与（3）居民总消费历年增长之间，相关系数为0.4082，即在40.82%程度
上同步变动，呈很弱正相关性；与（4）物质消费历年增长之间，相关系数
为0.6703，即在67.03%程度上同步变动，呈较弱正相关性；与（5）非物
消费历年增长之间，相关系数为−0.7751，即在77.51%程度上逆向变动，
呈极强负相关性。

在全国范围这些数据之间的增长相关性中，相互间影响的正反方向、强
弱程度一目了然。

特别是（5）非物消费与（6）居民积蓄增长曲线之间，形成横向镜面峰谷对应水中倒影，其间呈 77.51% 逆向增长相关性。"积蓄负相关性"对于非物消费显著成立，对于总消费不成立，对于物质消费不成立。经后台数据库扩展演算，非物消费与积蓄增长之间 2000～2013 年长时段逆向程度为69.63%，呈很强负相关；2000～2006 年逆向极值达 95.15%，呈极强负相关。非物消费包含文化消费，因而与本项研究早年揭示的文化消费需求之"积蓄负相关性"相通对应，甚至其间曲线走向图形也极为近似。

显然，全国居民积蓄增长"自然而然"地抑制了国内居民生活消费向着非物质需求方向更快地"升级"。倘若这一点在各地得到普遍印证，又可成为"中国现实"中的特定"规律性""趋势性"发现。[1]

居民消费子系统相对自成一体，其下又包含八个三级子系统，即国家现行统计制度下"人民生活"消费支出的各分类单项——食品烟酒、衣着、居住、生活用品及服务、交通通信、教育文化娱乐、医疗保健、其他用品及服务，其间消费结构变化尤其值得关注。本项检测把前四类消费划分为"物质生活消费"（简称"物质消费"），维系着人们衣、食、住、用的"基本需求"。物质生活分类消费及其相关性分析为民生指数检测系统的三级子系统之一至四；把后四类消费划分为"非物生活消费"（简称"非物消费"），维系着人们社会交往、身心状态、精神生活等"扩展需求"。非物生活分类消费及其相关性分析为民生指数检测系统的三级子系统之五至八。

居民总消费由八项分类消费构成，考察对比各类消费人均值年均增长率、占总消费比重值升降变化，不难看出社会公议所谓"消费结构升级"的真实动向。2000～2018 年，全国居住消费年增 15.74%，比重增高 94.37%；用品消费年增 10.61%，比重降低 14.07%；衣着消费年增 10.00%，比重降低 22.14%；食品消费年增 8.99%，比重降低 34.12%；这四项归为物质消费，合计占总消费比重下降 6.12 个百分点。交通消费年增 15.65%，比重

---

[1] 本项研究针对各地分别取各自典型时段进行检测，这一"规律"普遍适用于全国 30 个省域，且绝大多数省域具有很高显著性或较高明显性，而对于安徽基本成立。

增高91.74%；医疗消费年增13.73%，比重增高41.75%；文教消费年增11.12%，比重降低6.73%；其他消费年增7.92%，比重降低44.90%；这四项归为非物消费，合计占总消费比重上升6.12个百分点。

三　全国居民物质生活消费结构性分析

国家现行统计制度中居民消费前四类——食品烟酒、衣着、居住、生活用品及服务（以下行文分别简称"食品、衣着、居住、用品"）消费属于物质生活范畴，维系着人们衣、食、住、用的"基本需求"。居民物质生活分类消费测算为民生消费需求检测系统的二级子系统之二，其中展开相关性分析又包含着三级子系统之一至四。全国居民物质消费分类结构性关系见图4。

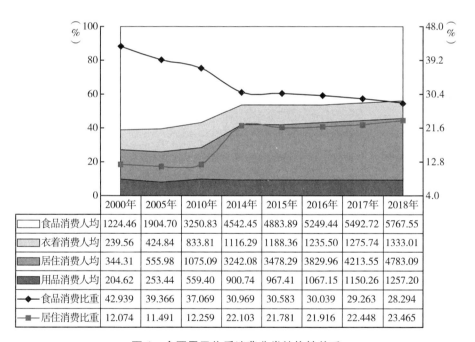

	2000年	2005年	2010年	2014年	2015年	2016年	2017年	2018年
食品消费人均	1224.46	1904.70	3250.83	4542.45	4883.89	5249.44	5492.72	5767.55
衣着消费人均	239.56	424.84	833.81	1116.29	1188.36	1235.50	1275.74	1333.01
居住消费人均	344.31	555.98	1075.09	3242.08	3478.29	3829.96	4213.55	4783.09
用品消费人均	204.62	253.44	559.40	900.74	967.41	1067.15	1150.26	1257.20
食品消费比重	42.939	39.366	37.069	30.969	30.583	30.039	29.263	28.294
居住消费比重	12.074	11.491	12.259	22.103	21.781	21.916	22.448	23.465

图4　全国居民物质消费分类结构性关系

左轴面积：全国城乡综合演算的居民物质消费单项（食品烟酒、衣着、居住、生活用品及服务四项）人均值（元转换为%），各项数值间呈直观比例。右轴曲线：食品、居住消费比重（占总消费比，保留3位小数协调整个物质消费比重演算小数四舍五入）（%），显示物质生活需求变化最大的两个方面。

1. 食品消费人均值增长及其比重变化

2000～2018 年，全国城乡居民人均食品消费年均增长 8.99%。同期，全国居民食品消费地区差最小值为 2018 年的 1.2314，最大值为 2002 年的 1.3251；城乡比最小值为 2018 年的 1.9857，最大值为 2009 年的 2.7374。这 18 年间，全国居民食品消费地区差缩小 6.30%，城乡比缩小 16.80%。全国居民食品消费比重降低 14.65 个百分点。最低（最佳，物质消费占比以低为佳，后同）比重值为 2018 年的 28.29%，最高比重值为 2000 年的 42.94%。

居民食品消费占总消费比重值即为所谓"恩格尔系数"，用以检测维持生命"最基本消费"比重，可间接衡量民生超越"物质需求依赖"的富足程度。进入"全面小康"进程以来，全国居民食品消费"最基本需求"所占比重越来越低，这间接反映出人民生活从温饱"基本小康"向富余"全面小康"的发展进步。

2. 衣着消费人均值增长及其比重变化

2000～2018 年，全国城乡居民人均衣着消费年均增长 10.00%。同期，全国居民衣着消费地区差最小值为 2018 年的 1.1924，最大值为 2000 年的 1.3340；城乡比最小值为 2018 年的 2.7918，最大值为 2003 年的 5.7833。这 18 年间，全国居民衣着消费地区差缩小 10.61%，城乡比缩小 46.47%。全国居民衣着消费比重降低 1.86 个百分点。最低比重值为 2018 年的 6.54%，最高比重值为 2011 年的 9.91%。

在中国社会传统中，"衣食温饱"总是联系在一起，移植恩格尔系数成为"中国版"，恐怕应包括衣食温饱"基本需求"。在食品消费比重持续明显下降的同时，全国居民衣着消费"基本需求"所占比重并未明显下降，不过原有保暖御寒功能已经发生变化，更多地转而体现时尚、品位、个性等。难怪有不少相关研究者提出主张，建议把服装消费列为一种"别类"精神生活消费。

3. 居住消费人均值增长及其比重变化

2000～2018 年，全国城乡居民人均居住消费年均增长 15.74%。同期，全国居民居住消费地区差最小值为 2012 年的 1.1824，最大值为 2017 年的 1.4048；城乡比最小值为 2012 年的 1.3663，最大值为 2014 年的 2.5469。这 18 年间，全国居民居住消费地区差扩大 5.93%，城乡比扩大 21.35%。全国居民居住消费比重增高 11.39 个百分点。最低比重值为 2012 年的 11.24%，最高比重值为 2018 年的 23.47%。

最近十余年来各地城镇商品住宅需求旺盛、市场火爆，居住消费比重变化甚大，正是千家万户拥有私家住房的"刚需"开支成就了当今中国房地产的繁荣。2014 年居住消费人均值陡然高升，或许可以这样理解，各地居民受调查户样本的长期偏差近年得到修正，由私家住房相对普及带来的居住消费剧增得以体现。

4. 用品消费人均值增长及其比重变化

2000～2018 年，全国城乡居民人均用品消费年均增长 10.61%。同期，全国居民用品消费地区差最小值为 2018 年的 1.2143，最大值为 2000 年的 1.5259；城乡比最小值为 2018 年的 2.2616，最大值为 2000 年的 5.8223。这 18 年间，全国居民用品消费地区差缩小 20.42%，城乡比缩小 61.16%。全国居民用品消费比重降低 1.01 个百分点。最低比重值为 2004 年的 5.19%，最高比重值为 2000 年的 7.18%。

最近十余年来各地城乡私家轿车市场升温，人们的消费需求高涨，用品消费比重却变化不大，也许"间歇性"购车支出放到长年日常消费当中也不明显，或许已另行计入交通消费。

本项检测将全部物质消费视为"全面小康"民生必需消费，只看食品消费或者扩大为衣食温饱已不具有足够的解释力。全国居民食品消费比重降低"让出"的余地却被居住消费比重增高"大量抢占"，这两项冲抵仅仅留给处在上位的物质消费比重降低 3.25 个百分点，否则 2000 年以来 18 年间全国居民整个物质消费比重（可视为恩格尔系数极致放大）理当显著下降。房价虚高已经明显影响到全国民生发展质量。

在全国历年居民物质消费用度支出中，居住消费年均增长 15.74% 最高，高于总消费年增 4.19 个百分点，所占比重上升，成为牵制物质消费比重降低的主要因素；用品消费年均增长 10.61% 次之，低于总消费年增 0.94 个百分点，所占比重下降；衣着消费年均增长 10.00% 排第三位，低于总消费年增 1.55 个百分点，所占比重下降；食品消费年均增长 8.99% 最低低，低于总消费年增 2.56 个百分点，所占比重下降；这四项综合测算，物质消费比重降低 6.12 个百分点，由此看出社会公议"消费结构升级"的实际动向。

四　全国居民非物生活消费结构性分析

（一）非物生活分类消费增长分析

国家现行统计制度中居民消费后四类——交通通信、教育文化娱乐、医疗保健、其他用品及服务（以下行文分别简称"交通、文教、医疗、其他"）消费属于非物生活范畴，维系着人们社会交往、身心状态、精神生活等"扩展需求"。居民非物生活分类消费测算为民生消费需求检测系统的二级子系统之三，其中展开相关性分析又包含着三级子系统之五至八。全国居民非物消费分类结构性关系见图 5。

1. 交通消费人均值增长及其比重变化

2000～2018 年，全国城乡居民人均交通消费年均增长 15.65%。同期，全国居民交通消费地区差最小值为 2018 年的 1.2308，最大值为 2005 年的 1.4969；城乡比最小值为 2018 年的 2.0553，最大值为 2002 年的 4.8708。这 18 年间，全国居民交通消费地区差缩小 16.76%，城乡比缩小 51.54%。全国居民交通消费比重增高 6.43 个百分点。最高（最佳，非物消费占比以高为佳，后同）比重值为 2013 年的 14.41%，最低比重值为 2000 年的 7.02%。

民生消费需求已超越维持温饱的"基本小康"阶段，在物质生活需求达到较高水平之际，非物质生活需求迅速提升。交通消费比重持续显著增高，可以视为人们社会生活交往需求高涨的一种具体表现，这不难在现实生活里找到依据：全国每年有上亿人次出境旅游，数十亿人次国内旅游；电话

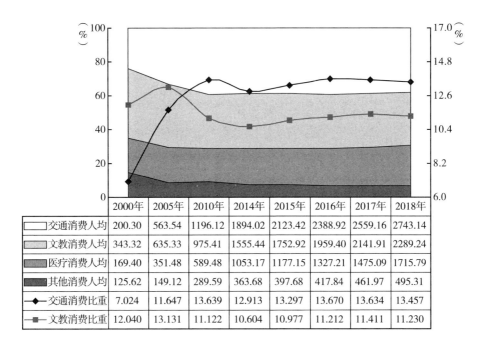

图5 全国居民非物消费分类结构性关系

左轴面积：全国城乡综合演算的居民非物消费单项（交通通信、教育文化娱乐、医疗保健、其他用品及服务四项）人均值（元转换为%），各项数值间呈直观比例。右轴曲线：交通通信、教育文化娱乐消费比重（占总消费比，保留3位小数对应整个非物消费比重演算小数四舍五入协调）（%），显示社会生活交往、精神文化生活需求变化。

通信已成为国民必需消费，手机及移动网络更是国内海量人群必备，当然电信行业垄断造成的高收费也不容忽视。

2. 文教消费人均值增长及其比重变化

2000～2018年，全国城乡居民人均文教消费年均增长11.12%。同期，全国居民文教消费地区差最小值为2018年的1.2271，最大值为2009年的1.4596；城乡比最小值为2018年的2.2850，最大值为2013年的4.7213。这18年间，全国居民文教消费地区差缩小13.11%，城乡比缩小32.04%。全国居民文教消费比重降低0.81个百分点。最高比重值为2002年的13.82%，最低比重值为2014年的10.60%。

这里发现一个问题，多年以来许多研究者预期中的"精神文化消费需求高涨"局面仍未出现。或许人民生活从满足温饱需求，到物质消费全面提升，再到注重社会生活交往需求，最后到追求精神文化生活丰富多彩，尚有待于"更上一层楼"。本项检测将居民文教消费比重值界定为"精神需求系数"，可直接衡量民生需求向精神层面提升的程度。

3. 医疗消费人均值增长及其比重变化

2000～2018年，全国城乡居民人均医疗消费年均增长13.73%。同期，全国居民医疗消费地区差最小值为2018年的1.2266，最大值为2002年的1.4294；城乡比最小值为2018年的1.6496，最大值为2002年的4.1378。这18年间，全国居民医疗消费地区差缩小13.61%，城乡比缩小54.58%。全国居民医疗消费比重增高2.48个百分点。最高比重值为2018年的8.42%，最低比重值为2000年的5.94%。

医疗消费比重增高明显并不难理解，健康是人们的"共同价值观"，而若干年来医药费用暴涨、保健产业暴利也不容忽视。

4. 其他消费人均值增长及其比重变化

2000～2018年，全国城乡居民人均其他消费年均增长7.92%。同期，全国居民其他消费地区差最小值为2018年的1.2977，最大值为2009年的1.4736；城乡比最小值为2018年的3.1487，最大值为2009年的5.6386。这18年间，全国居民其他消费地区差缩小9.63%，城乡比缩小36.11%。全国居民其他消费比重降低1.98个百分点。最高比重值为2001年的4.59%，最低比重值为2016年的2.39%。

其他消费属"非明确"项，包括除了非物消费以上三类之外的其余消费开支，依据早年统计年鉴所列细目分类可知，家政服务相关支出包含其间。

恩格尔系数检测仅能对应"基本小康"阶段，即使扩展为整个物质消费也难以适用于"全面小康"进程。为此，本项检测将全部非物消费视为"全面小康"民生应有消费。"交通消费"作为"交通通信消费"简称，包含通信消费，而通信消费里的信息内容消费部分显然应当归属于精神消费。假设全国居民信息内容消费占通信消费一半，通信消费又占整个交通通信消费一半，那么信息内容消费比重则上升1.61个百分点，再与文教消费比重

变化合并演算，2000 年以来 18 年间全国居民整个精神消费比重理当上升
0.80 个百分点。

在全国历年居民非物消费用度支出中，交通消费年均增长 15.65% 为最
高，高于总消费年增 4.10 个百分点，所占比重上升，成为提升非物消费比
重增高的主要因素；医疗消费年均增长 13.73% 次之，高于总消费年增 2.18
个百分点，所占比重上升，成为提升非物消费比重增高的重要因素；文教消
费年均增长 11.12% 排第三位，低于总消费年增 0.43 个百分点，所占比重
下降；其他消费年均增长 7.92% 最低，低于总消费年增 3.63 个百分点，所
占比重下降；这四项综合测算，非物消费比重增高 6.12 个百分点，由此看
出社会公议"消费结构升级"的实际动向。

（二）居民收入、积蓄与非物消费之间增长关系

分析居民收入、积蓄与非物生活分类消费之间增长关系，可以检测究竟
是什么因素对居民非物生活分类消费增长产生重要影响。全国居民收入、积
蓄与非物消费增长态势见图 6，因相关系数分析需有历年不间断增长指数，
而制图空间有限，故截取 2000 ~ 2010（后台检测 2000 ~ 2018）年。

1. 居民收入与非物消费历年增长相关性

2000 ~ 2010 年，标号（1）居民收入与（2）交通消费历年增长指数之
间，相关系数为 - 0.5494，即在 54.94% 程度上逆向变动，呈较强负相关
性；与（3）文教消费历年增长之间，相关系数为 - 0.2373，即在 23.73%
程度上逆向变动，呈很弱负相关性；与（4）医疗消费历年增长之间，相关
系数为 - 0.4793，即在 47.93% 程度上逆向变动，呈稍强负相关性；与（5）
其他消费历年增长之间，相关系数为 0.0527，即在 5.27% 程度上同步变动，
呈极弱正相关性。

这些数据之间的增长相关性表明，全国居民收入增加也不能"必然"
带来国内居民生活消费向着非物质需求，尤其是精神文化需求方向"升
级"。倘若各地大体如此，对于"中国现实"特殊性的这一"逆规律性"揭
示即可成立。

2. 居民积蓄与非物消费历年增长相关性

2000～2010 年，标号（6）居民积蓄与（2）交通消费历年增长指数之间，相关系数为 -0.7329，即在 73.29% 程度上逆向变动，呈极强负相关性；与（3）文教消费历年增长之间，相关系数为 -0.4557，即在 45.57% 程度上逆向变动，呈稍强负相关性；与（4）医疗消费历年增长之间，相关系数为 -0.8046，即在 80.46% 程度上逆向变动，呈极强负相关性；与（5）其他消费历年增长之间，相关系数为 0.0731，即在 7.31% 程度上同步变动，呈极弱正相关性。

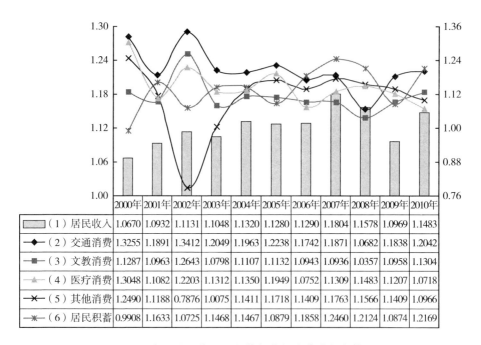

	2000年	2001年	2002年	2003年	2004年	2005年	2006年	2007年	2008年	2009年	2010年
（1）居民收入	1.0670	1.0932	1.1131	1.1048	1.1320	1.1280	1.1290	1.1804	1.1578	1.0969	1.1483
（2）交通消费	1.3255	1.1891	1.3412	1.2049	1.1963	1.2238	1.1742	1.1871	1.0682	1.1838	1.2042
（3）文教消费	1.1287	1.0963	1.2643	1.0798	1.1107	1.1132	1.0943	1.0936	1.0357	1.0958	1.1304
（4）医疗消费	1.3048	1.1082	1.2203	1.1312	1.1350	1.1949	1.0752	1.1309	1.1483	1.1207	1.0718
（5）其他消费	1.2490	1.1188	0.7876	1.0075	1.1411	1.1718	1.1409	1.1763	1.1566	1.1409	1.0966
（6）居民积蓄	0.9908	1.1633	1.0725	1.1468	1.1467	1.0879	1.1858	1.2460	1.2124	1.0874	1.2169

图 6　全国居民收入、积蓄与非物消费增长态势

左轴柱形：居民收入年增指数。右轴曲线：非物消费各单项、积蓄年增指数，上年 = 1（小于 1 为负增长）。曲线（2）、（3）、（4）与（6）之间大体形成横向镜面峰谷对应水中倒影负相关关系。

在全国范围这些数据之间的增长相关性中，相互间影响的正反方向、强弱程度一目了然。

特别是（4）医疗消费、（2）交通消费、（3）文教消费与（6）居民积蓄增长曲线之间，形成横向镜面峰谷对应水中倒影，其间分别呈 80.46%、73.29%、45.57% 逆向增长相关性。"积蓄负相关性"对于医疗消费显著成立，对于交通消费明显成立，对于文教消费基本成立，对于其他消费不成立。经后台数据库扩展演算，文教消费与积蓄增长之间 2001~2010 年长时段逆向程度为 52.74%，呈较强负相关；2001~2005 年逆向极值达 76.30%，呈极强负相关。

显然，全国居民积蓄增长已经严重地抑制了国内居民消费向着保持人们身心健康、扩展社会生活交往、提升精神文化需求方向更快地"升级"。倘若这一点在各地得到普遍印证，即可成为"中国现实"中的特定"规律性""趋势性"发现。[①]

所有这些分析结果叠加在一起就可以看出，全国产值增长、居民收入增长对于非物消费增长仅有较弱影响，居民积蓄增长对于非物消费增长却有极强的负面影响。全国城乡居民非物消费增长的"积蓄负相关性"与文化消费需求增长的"积蓄负相关性"出奇相似。其实也不用奇怪，非物消费当中本身就包含着精神文化生活消费。

可以想见，一方面，中国人民生活消费已经突破了维持物质需求阶段，旺盛的"发展性"消费需求必定会表现出来；另一方面，公共服务体系和社会保障体制还不够完善，城乡居民为求"自我保障"的积蓄增长依然居高不下，这两个方面的"博弈"仍在持续之中。倘若没有"积蓄负相关性"，或这一负相关效应减弱，那么全国居民医疗消费、交通消费、文教消费等非物消费将出现更高增长，"国民消费结构升级"也将更加明显。

五 全国民生消费需求景气指数检测

综合以上各类数据分析检测，包括居民总消费合计数值演算、物质消

[①] 本项研究集中于文教消费，针对各地分别取 2000 年以来 18 年间各自典型时段进行检测，这一"规律"普遍适用于全国 24 个省域，且绝大多数省域具有很高显著性或较高明显性，而对于安徽、福建、辽宁基本成立，新疆、山西、浙江局部时段成立，吉林不明显。

费分类数据专项演算、非物消费分类数据专项演算三个子系统指标测算，以及居民收入、居民积蓄两个背景子系统后台数据测算，共有二级指标（类别项）41项，三级指标（演算项）156项测算数值，汇总加权得出全国民生消费需求景气指数检测结果。全国民生消费需求景气指数变动态势见图7。

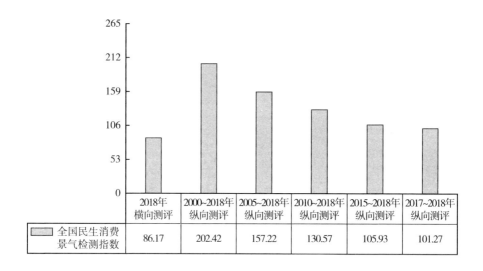

	2018年横向测评	2000~2018年纵向测评	2005~2018年纵向测评	2010~2018年纵向测评	2015~2018年纵向测评	2017~2018年纵向测评
全国民生消费景气检测指数	86.17	202.42	157.22	130.57	105.93	101.27

图7 全国民生消费需求景气指数变动态势

数轴柱型：共时性年度横向测评（全国城乡地区无差距理想值＝100）；历时性阶段纵向测评（起点年自身基数值＝100），从左至右①"十五"以来，②"十一五"以来，③"十二五"以来，④"十三五"以来，⑤上年以来。

1.各年度理想值横向测评

各年度理想值横向测评方法的基本设置：①总量份额以上年为基准衡量升降变化（全国份额100%自为基准），②人均绝对值以全国平均值为基准衡量增减变动（全国自为基准），③人均值城乡比、地区差以假定实现无差距理想值衡量现实差距（全国亦然），④相关性比值以全国总体比值为基准衡量大小差异（全国自为基准），⑤相关人均值之间增长率比差以上年为基准衡量高低程度（全国亦然）。

以假定全国各类民生数据城乡、地区无差距理想值为100，2018年全国城乡总体民生需求景气指数为 86.17，低于无差距理想值 13.83%。各年度（包括图 7 中省略年度，下同）此项检测指数对比，全部各个年度均低于无差距理想值 100；2004～2018 年 15 个年度高于上年检测指数值。其中，历年指数最高值为 2018 年的 86.17，最低值为 2003 年的 81.64。

在此项指数检测中，综合演算之所以"失分"，就在于"协调增长""均衡发展"两个方面尚有不小差距。①主要原因在于所有各类数据人均值的城乡比、地区差继续存在，有些数据的城乡比、地区差还比较大，以其倒数（数值越大其倒数越小）作为权衡系数势必"失分"较多。只要各类数据人均值城乡比、地区差缩小，检测指数就能够上升；只有彻底消除各类数据人均值城乡比、地区差，检测指数才能够达到理想值 100。②次要原因在于所有各类数据与其对应的经济、财政、居民收入、总消费等类数据增长率之间存在差异，假定全部相关对应数据之间实现同步增长，检测指数才不会"失分"，若增长率反超则反而"加分"。其余总量份额、人均绝对值、相关性比值各项指标，均以全国总体数值为基准测算各地高低差异，而对于全国总体"得分"无影响。

2. 2000 年以来基数值纵向测评

各时段基数值纵向测评方法的基本设置：①总量份额值升降，②人均绝对值增减，③人均值城乡比、地区差扩减，④相关性比值高低，⑤相关人均值之间增长率比差大小，所有这些指标的检测演算均以起点年度为基数进行测算，优于起点年"加分"而逊于起点年"减分"，全国总体及各地概莫能外。各时段纵向测评同理，区别仅在于起始年度不同。

以"九五"末年 2000 年数据指标演算基数值为 100，"十五"以来至 2018 年全国城乡总体民生需求景气指数为 202.42，高于起点年基数值 102.42%。全国检测结果分值与 31 个省域对比，17 省域检测分值高于全国，2000 年以来民生需求景气提升程度高于全国平均水平；14 省域检测分值低于全国，2000 年以来民生需求景气提升程度低于全国平均水平。

在此类检测中，综合演算"得分"逐年升降变化一目了然，"得分"

升高源于多个方面：首先得益于各类数据总量占全国份额上升，人均值逐年稳步提高；其次得益于各类数据人均值城乡比、地区差逐渐缩小；再次得益于各类相关性比值有所升高（物质消费比值反向测算降低为佳）；最后得益于各类数据与其对应的经济、财政、居民收入、总消费等类数据增长率之间的差异缩减甚至或有反超。至于全国自身份额指标，由于恒定份额100%自为基准，对于全国总体"得分"无影响。各时段纵向测评同理。

3. 2005年以来基数值纵向测评

以"十五"末年2005年数据指标演算基数值为100，"十一五"以来至2018年全国城乡总体民生需求景气指数为157.22，高于起点年基数值57.22%。全国检测结果分值与31个省域对比，19省域检测分值高于全国，2005年以来民生需求景气提升程度高于全国平均水平；12省域检测分值低于全国，2005年以来民生需求景气提升程度低于全国平均水平。

4. 2010年以来基数值纵向测评

以"十一五"末年2010年数据指标演算基数值为100，"十二五"以来至2018年全国城乡总体民生需求景气指数为130.57，高于起点年基数值30.57%。全国检测结果分值与31个省域对比，16省域检测分值高于全国，2010年以来民生需求景气提升程度高于全国平均水平；15省域检测分值低于全国，2010年以来民生需求景气提升程度低于全国平均水平。

5. 2015年以来基数值纵向测评

以"十二五"末年2015年数据指标演算基数值为100，"十三五"以来至2018年全国城乡总体民生需求景气指数为105.93，高于起点年基数值5.93%。全国检测结果分值与31个省域对比，15省域检测分值高于全国，2015年以来民生需求景气提升程度高于全国平均水平；16省域检测分值低于全国，2015年以来民生需求景气提升程度低于全国平均水平。

6. 逐年度基数值纵向测评

以上一年（2017年）起点数据指标演算基数值为100，2018年全国城乡总体民生需求景气指数为 101.27，高于起点年基数值 1.27%。各年度此项检测指数对比，2000 年、2002～2018 年 18 个年度高于起点年基数值 100；2002 年、2004～2005 年、2007 年、2009 年、2011 年、2014 年、2016 年、2018 年 9 个年度高于上年检测指数值。其中，历年指数最高值为 2014 年的 107.75，最低值为 2001 年的 99.91。

技术报告与综合分析

Technical Report and Comprehensive Analysis

R.2

中国民生消费需求景气评价体系阐释

—— 技术报告兼 2018 年省域综合指数排行

王亚南　方彧　段涛*

摘　要： 从 2000 年以来基数值纵向测评可以看出，西部民生消费需求景气指数提升最高，中部次之，东部再次，东北最低，表明区域均衡发展国家方略已见成效；西藏、贵州、安徽、甘肃、河南占据前 5 位。2018 年无差距理想值横向测评发现，东北民生消费需求景气指数最高，东部次之，中部再次，西部最低，表明差距在于各方面协调性、均衡性还不够理想；上海、湖北、浙江、天津、北京占据前 5 位。另有基数值纵向测评显示，2005 年以来贵州、河南、四川、云南、安徽占据前 5

---

* 王亚南，云南省社会科学院研究员，文化发展研究中心主任，主要研究方向为民俗学、民族学及文化理论、文化战略和文化产业；方彧，中国老龄科学研究中心副研究员，中国社会科学院博士，主要研究方向为口头传统、老龄文化和文化产业；段涛，云南省商务研究院院长、副研究员，主要从事市场监测与分析相关研究。

位；2010 年以来贵州、甘肃、湖北、西藏、四川占据前 5 位；2015 年以来西藏、湖北、贵州、广西、安徽占据前 5 位；2017 年以来湖北、西藏、云南、广西、海南占据前 5 位。假定全国及各地保持居民收入比、居民消费率不再降低，实现各类民生数据历年最小城乡比直至弥合城乡比，民生消费需求景气指数将更加明显提升。

关键词： 全面小康 民生需求 综合指数 景气排行

民生消费需求考察必须置于相应经济、财政背景之下，建立可能存在的一应相关性分析，检测各方面、各层次之间增长协调性、均衡性的现实差距和预期目标。为此，"中国民生消费需求景气评价体系"借助并整合文化消费需求、文化产业供需、公共文化投入量化检测的数据分析演算方法，特别是直接移植"人民生活发展指数检测体系"整体框架构思设计。"人民生活发展指数检测体系"本来就包含"民生消费需求景气评价"作为其中相对独立的超级子系统，现在"民生消费需求景气评价"分解独立，既成为近年已有"人民生活发展检测"的"姐妹篇"，又成为早年推出"文化消费需求景气评价"的"扩展版"。《中国民生消费需求景气评价报告》于 2018 年首次出版，现为第 3 个年度卷。

众所周知，所谓恩格尔定律、恩格尔系数以食品消费为必需消费，仅适用于我国建设"基本小康"阶段衣食温饱检测，放大全部物质消费为必需消费，方对应我国建设"全面小康"阶段民生发展检测。因此，本项评价体系把物质消费占居民收入、总消费比设置为逆指标反向测算以低为佳，将恩格尔定律关系、恩格尔系数极致放大演算。同样，本项评价体系扩展全部非物消费为"全面小康"应有消费，非物消费占居民收入、总消费比正向测算以高为佳，更加贴切地检验"全面小康"民生发展，充分体现人民生活消费结构优化、民生需求质量提升的现实进步。

一 基础数据来源及其演算方法

"中国民生消费需求景气评价体系"数据来源、具体出处及相关演算见表1。

表1对数据来源、具体出处及相关演算的说明已经十分详细，无须再言。不过，有必要提及使用和理解统计数据的一点"必备"知识：统计年鉴历年卷发布的上一年某些重要数据均为"初步核算值"，需待下一个年卷再校订为"最终核算值"。全国及各地产值总量、人均值数据正是如此，历年全国产值数据依照《中国统计年鉴》2019年卷校订。

表1 "中国民生消费需求景气评价体系"数据来源、具体出处及相关演算

序号	数据内容	数据来源	全国数据具体出处	省域数据具体出处
1	城乡、城镇、乡村人口	国家统计局：《中国统计年鉴》历年各卷	二、人口，2-7分地区人口的城乡构成和出生率、死亡率、自然增长率	
2	产值总量及人均值		三、国民经济核算，3-1国内生产总值	三、国民经济核算，3-9地区生产总值和指数，3-10人均地区生产总值和指数
3	财政收入总量		七、财政，7-2中央和地方一般公共预算主要收入项目	七、财政，7-5分地区一般公共预算收入
4	财政支出总量		七、财政，7-3中央和地方一般公共预算主要支出项目	七、财政，7-6分地区一般公共预算支出
5	城乡居民人均收入		六、人民生活，6-17全国居民分地区人均可支配收入（与城乡总量演算对应检验存在误差）	
6	城乡居民人均消费		六、人民生活，6-19全国居民分地区人均消费支出（与城乡总量演算对应检验存在误差）	
7	城镇居民人均收入		六、人民生活，6-21城镇居民分地区人均可支配收入	
8	城镇居民人均消费		六、人民生活，6-23城镇居民分地区人均消费支出	
9	乡村居民人均收入		六、人民生活，6-25农村居民分地区人均可支配收入	
10	乡村居民人均消费		六、人民生活，6-27农村居民分地区人均消费支出	

续表

序号	数据内容		数据来源	全国数据 具体出处	省域数据 具体出处
11	城、乡消费分类项	A. 食品烟酒	国家统计局:《中国统计年鉴》历年各卷	城乡居民分类消费: 六、人民生活,6-20 全国居民分地区人均消费支出 城镇居民分类消费: 六、人民生活,6-24 城镇居民分地区人均消费支出 乡村居民分类消费: 六、人民生活,6-28 农村居民分地区人均消费支出	引入人口参数(城乡、城镇、乡村历年年末人口数据均换算为年平均人口数)演算衍生数据: (1)第3~4 类人均值 (2)第5~21 类城乡总量 (3)第7~21 类城镇、乡村总量,其和为城乡总量本源 (4)第7~21 类城乡综合人均值 (5)第2~21 类人均值地区差 (6)第5~21 类人均值城乡比 (7)第11~21 类各分城乡、城镇、乡村 3 个层面演算 (8)东、中、西部和东北整体数据
12		B. 衣着			
13		C. 居住			
14		D. 生活用品及服务			
15		E. 交通通信			
16		F. 教育文化娱乐			
17		G. 医疗保健			
18		H. 其他用品及服务			
19	增补	城乡、城镇、乡村居民物质生活消费	A、B、C、D 四项消费合计,统一归为物质生活方面消费		
20		城乡、城镇、乡村居民非物质生活消费	E、F、G、H 四项消费合计,大致归为社会生活、精神生活方面消费		
21		城乡、城镇、乡村居民积蓄	居民收入与消费之差,大于银行储蓄,且排除政府和企业部分		

注:①数据具体出处章号章名、表号表名、统计项名称各年卷多有变化,以 2015 年卷(发布 2014 年数据)为准。该年卷始提供城乡综合人均收入、总消费及分类消费数据,本系列研究多年前率先展开民生数据城乡综合演算,引来国家统计制度及其数据发布改进,本项检测遂采用,此前诸多年度仍系自行演算。经两年使用验证,此类人均值与总量之间存在演算误差,居民收入、消费人均值和总量对应产值人均值和总量(同为年鉴发布)分别演算居民收入比、居民消费率结果有出入,因而本项检测回归自行演算城乡人均值,以保证数据库测算模型的规范性及其历年通行测评的标准化,必要时附年鉴提供的城乡人均值作为参考。②数据来源保留各分类消费原名称,行文分别简称"食品、衣着、居住、用品、交通、文教、医疗、其他"消费,物质生活消费、非物质生活消费简称"物质消费""非物消费"。③本项检测体系借助并整合"文化消费需求景气评价"、"文化产业供需协调检测"和"公共文化投入增长测评"三个体系数据分析及其演算方法,特别是直接移植"人民生活发展指数检测体系"构思设计,数据来源部分全部保持不变。

以下配合文中列表数据解读、指标解释,运用本项检测后台数据库的强大功能,通过相应演算揭示数据及数据关系潜藏的人民生活发展动向。

(一)指标设计阐释从公众知识开始

数据读取、辨识是构思、设计指标系统的基础,有关阐释从公众社会常识和学界公共知识开始。

鉴于中国各地之间幅员分布不均、发展程度不一，总量数值几乎不具可比性，转换为占全国份额值方能检验其升降变化状况，这就是"GDP崇拜"的荒唐之处。人均值固然具有一定可比性，但孤立的一项或数项人均值比较并无多大意义。常见的可行方式是对比具备相关性联系的数据链之间的历年增长率。

无论是经济发展与民生增进之间的协调性检测，还是城乡、区域之间民生发展的均衡性检测，关键在于相应数据的年均增长率比较，及其历年增长指数的相关系数测量，正是其间的增长差异带来了各类相关比值（包括城乡比、地区差）的变化。需要注意一点常识：由于人口历年增长，经济、社会、民生发展总量数据演算增长率，略高于人均值演算增长率。本系列检测除专门说明以外，主要取人均值进行演算，以求尽可能精准。

2000～2018年，在全国经济、财政背景总量数据之间，财政支出增长最快，年均增长15.75%，高于产值年增2.78个百分点；财政收入增长次之，年均增长15.65%，高于产值年增2.68个百分点；产值增长再次，年均增长12.97%。

同期，在居民收入、总消费、物质消费、非物消费、积蓄总量数据之间，居民积蓄增长最快，年均增长14.61%，高于产值年增1.64个百分点；非物消费增长次之，年均增长13.34%，高于产值年增0.37个百分点；居民收入增长再次，年均增长12.80%，低于产值年增0.17个百分点；居民总消费增长又次，年均增长12.16%，低于产值年增0.81个百分点；物质消费增长最慢，年均增长11.59%，低于产值年增1.38个百分点。

民生领域的高增长出现在居民积蓄和非物消费两个方面：积蓄年均增长高于居民收入年均增长1.81个百分点，高于总消费年均增长2.45个百分点，甚至高于产值年均增长，但低于财政收入年均增长1.04个百分点；非物消费年均增长高于居民收入年均增长0.54个百分点，高于总消费增长年均增长1.18个百分点，甚至高于产值年均增长，但低于财政支出增长年均增长 2.41 个百分点。居民收入和积蓄同属民众财富收益，当与财政收入对应；居民总消费、物质消费和非物消费同属民生需求开支，自与财政支出对应。这样的对应分析出于本项研究的独特设计。

深入展开民生领域数据分析。居民物质消费方面分类检测：2000 年以来居住消费增长最快，年均增长 16.37%，高于居民收入年增 3.57 个百分点，高于总消费年增 4.21 个百分点；用品消费增长次之，年均增长 11.22%，低于居民收入年增 1.58 个百分点，低于总消费年增 0.94 个百分点；衣着消费增长再次，年均增长 10.61%，低于居民收入年增 2.19 个百分点，低于总消费年增 1.55 个百分点；食品消费增长最慢，年均增长 9.59%，低于居民收入年增 3.21 个百分点，低于总消费年增 2.57 个百分点。

食品消费增长持续低于总消费增长，意味着恩格尔系数（食品消费占总消费比重）不断降低。衣着消费恐怕已经发生了本质性的变化，不再以御寒保暖为主要功能，而转向追求新颖时尚、个性品位等。另外，居住消费、用品消费应当包含自有住房、私家汽车这样的当今"家庭大件"。人民生活早已从解决温饱向物质消费全面丰富、提升质量转变。

居民非物消费方面分类检测：2000 年以来交通消费增长最快，年均增长 16.28%，高于居民收入年增 3.48 个百分点，高于总消费年增 4.12 个百分点；医疗消费增长次之，年均增长 14.35%，高于居民收入年增 1.55 个百分点，高于总消费年增 2.19 个百分点；文教消费增长再次，年均增长 11.72%，低于居民收入年增 1.08 个百分点，低于总消费年增 0.44 个百分点；其他消费增长最慢，年均增长 8.51%，低于居民收入年增 4.29 个百分点，低于总消费年增 3.65 个百分点。

交通消费激增可在现实生活里找到依据：每年上亿人次出境旅游，数十亿人次国内旅游；电话通信已成为国民必需消费，手机及移动网络更是海量人群之"必备"。医疗消费增长迅速也不难理解，健康实在是"共同价值观"。唯独文教消费增长不力让人困惑，或许国人从满足温饱需求，到物质消费全面提升，再到注重社会生活交往需求，最后到追求精神文化生活丰富多彩，尚有"更上一层楼"的余地。目前国民消费需求的"热点"转移至"社会生活交往"层面，这一点也许已能够确定。

（二）建立结构化的数据相关性分析

在当今世界，社会发展程度、复杂程度日益增高，社会领域分化、行业分工越来越细密，若想单纯提取一个或几个具有绝对化因果性关系的因子进行哲学抽象简单解释，显然已经不够用。更多因素只具备相对化的相关性联系，需要展开更复杂、更精细的数学抽象分析。构思、设计指标系统关键在于分析、提取大量数据链之间不断变化的相关性动态。

相关系数检测可谓相关性分析最简便的通用方式，同时检验两组数据链历年增减变化趋势是否一致、变化程度是否相近、变化动向是否稳定。相关系数 1 为绝对相关，完全同步；0 为无相关性，完全不同步；–1 为绝对负相关，完全逆向同步。设数据项 A 历年增幅变化为 N，若数据项 B 历年增幅（降幅绝对值）愈接近 N（高低不论），即保持趋近性（正负不论），或历年增幅（降幅绝对值）存在固有差距（高低不论）但上下波动变化愈小，即保持平行（逆向）同步性，则二者相关系数（负值）愈高；反之相关系数（负值）愈低。

2000 年以来 18 年间，产值历年增长与居民收入之间相关系数为 0.8320，即居民收入在 83.20% 程度上随之增长；与居民总消费之间相关系数为 0.6099，即居民总消费在 60.99% 程度上随之增长。全国城乡居民收入增长滞后于产值增长，居民总消费增长更滞后于产值增长。

继续考察，产值历年增长与居民物质消费之间相关系数为 0.5094，即物质消费在 50.94% 程度上随之增长；与居民非物消费之间相关系数为 0.1175，即非物消费在 11.75% 程度上随之增长；与居民积蓄之间相关系数为 0.6965，即居民积蓄在 69.65% 程度上随之增长。由此可见，居民消费结构升级主要体现于非物生活需求提升，产值增长并不会直接带动这一变化。居民积蓄却超越总消费步伐，更贴近地跟随产值增长，产值增长带来居民收入增多，其中更多的部分变成了积蓄，并未用于扩大消费尤其是增加非物消费。

同时，财政收入历年增长与居民收入之间相关系数为 0.7074，即居民收入在 70.74% 程度上随之增长；与居民积蓄之间相关系数为 0.5784，即居民积蓄在 57.84% 程度上随之增长。财政支出与居民总消费之间相关系数为 0.4083，即居民总消费在 40.83% 程度上随之增长；与居民物质消费之间相关系数为 0.2250，即物质消费在 22.50% 程度上随之增长；与居民非物消费之间相关系数为 0.4099，即非物消费在 40.99% 程度上随之增长。

全国城乡居民收入增长滞后于财政收入增长，居民积蓄增长也滞后于财政收入增长，居民总消费增长则滞后于财政支出增长，其间物质消费增长更滞后于财政支出增长，非物消费增长亦滞后于财政支出增长。居民收入和积蓄同属民众财富收益，当与财政收入对应；居民总消费、物质和非物消费同属民生需求开支，自与财政支出对应。这样的对应分析出于本项研究的独特设计。

不难看到，与全国经济、财政背景相比，民生领域各项数据的增长变化并非一片乐观。这样一种分析检测模式运用于各个省域，各地之间不同经济、财政背景下民生发展的高下长短必定能够十分清晰地检验出来。

集中到民生领域，全国城乡居民收入历年增长与总消费之间相关系数为 0.7963，即总消费在 79.63% 程度上随之增长；与物质消费之间相关系数为 0.7081，即物质消费在 70.81% 程度上随之增长；与非物消费之间相关系数为 0.0237，即非物消费在 2.37% 程度上随之增长；与居民积蓄之间相关系数为 0.7646，即居民积蓄在 76.46% 程度上随之增长。居民总消费历年增长与物质消费之间相关系数为 0.9110，即物质消费在 91.10% 程度上随之增长；与非物消费之间相关系数为 0.0881，即非物消费在 8.81% 程度上随之增长；与居民积蓄之间相关系数为 0.2255，即居民积蓄在 22.55% 程度上随之增长。由此看出，无论是居民收入还是总消费增长，都不会必然带动非物消费增长引发的需求结构变化。

二 检测体系建构与指标系统设计

"中国民生消费需求景气评价体系"指标系统见表2。

在这里，需要对表2里"中国民生消费需求景气评价体系"若干参用和自设的相关性比值指标做出解释。同时，调用后台数据库演算功能，实际检测这些特定比值的历年变化动态，证实其设计依据和实际功用。为保证各类数据演算尽可能精确，有利于检测其间相关性比值升降等微小变动，以下取人均值展开测算。

表2 "中国民生消费需求景气评价体系"指标系统

一级指标 （子系统）	二级指标 （类别项）		三级指标（演算项）			
			(1)	(2)	(3)	(4)
一	经济、财政 （相关背景值演算）		产值：国民总收入极度近似值。后台演算相关性背景值及其诸多相对比值			
			财政收入：与居民收入对应。后台演算"财政收入比"等相关性背景值			
			财政支出：与居民消费对应。后台演算"财政支出比"等相关性背景值			
二	居民收入 （背景子系统演算）	（一） （二） （三）	收入绝对值 静态相关比值 动态历年增长	总量份额变化 居民收入比 历年增率比	人均绝对值 收入对比度 历年增率比	人均值地区差 反检消费比 历年增率比	人均值城乡比 反检积蓄率 历年增率比
三	居民总消费 （A、B、C、D、E、F、G、H 八项合计）	（一） （二） （三）	总消费绝对值 静态相关比值 动态历年增长	总量份额变化 居民消费率 历年增率比	人均绝对值 支出对比度 历年增率比	人均值地区差 居民消费比 历年增率比	人均值城乡比 反检抑制度 历年增率比
四	居民物质生活消费分类 （A、B、C、D 四项分类）	消 费 三 级 子 系 统	A. 食品烟酒 B. 衣着 C. 居住 D. 生活用品及服务	分类消费八项同总消费二、三级指标，相关比值有所不同			
				总量份额变化 单项消费率 单项增率比	人均绝对值 单项对比度 单项增率比	人均值地区差 单项消费比 单项增率比	人均值城乡比 单项比重值 单项增率比
五	居民非物生活消费分类 （E、F、G、H 四项分类）		E. 交通通信 F. 教育文化娱乐 G. 医疗保健 H. 其他用品及服务	（说明：城镇、乡村消费项人均值为抽样调查样本基础数据，分类数据难免存在小数四舍五入情况，汇为大类会形成放大误差，与总消费数据产生出入，本项检测已改进遂行平衡演算，得出的总量和城乡人均值更具合理性）			

续表

一级指标 （子系统）		二级指标 （类别项）	三级指标（演算项）			
			（1）	（2）	（3）	（4）
六	居民积蓄 （背景子系统演算）	（一）积蓄绝对值 （二）静态相关比值 （三）动态历年增长	总量份额变化 民生富裕度 历年增率比	人均绝对值 富足对比度 历年增率比	人均值地区差 居民积蓄率 历年增率比	人均值城乡比 对消费抑制度 历年增率比

注：①基础数据来源及其衍生数据演算依据：国家统计局出版发布的全国性统计年鉴历年卷，同一口径数据保障检测程序通约性及评价结果可比性。②衡量"全面小康"重在民生，置于相应经济、财政背景下，建立并检测可能存在的一应相关性，尤其是城乡比、地区差两项逆指标，测算各方面、各层次间增长协调性、均衡性的现实差距和预期目标。③原有"文化消费需求景气评价"侧重文化消费，设全部非文消费（总消费与文化消费之差）为极致放大的必需消费；本项检测不侧重特定消费，放大全部物质消费为"全面小康"必需消费，扩展全部非物消费为"全面小康"应有消费。④已经定型的"人民生活发展指数检测"指标系统保持（a1）总消费及其八项分类演算、（b1）物质消费合计演算、（c1）非物消费合计演算三个子系统，分解独立的"民生消费需求景气评价"指标系统交错采用（a2）总消费合计演算、（b2）物质消费分类演算、（c2）非物消费分类演算三个子系统，二者交叉而不重叠，唯有前者分类排行报告之二消费排行结果与后者技术报告排行结果对应一致，即（a2）（b2）（c2）演算结果加权综合等于（a1）检测结果，妥当处理"姐妹篇"关系。

（一）参用相关性比值阐述及其演算

（1）居民消费率：城乡居民消费与产值的相对比值，这无疑是国内居民消费需求拉动经济增长的关键性数据。无论是从拉动经济发展角度来看，还是从提升消费需求来看，居民消费率都是越高越好。然而，居民消费率的历年变化态势甚至不如居民收入比的历年变化态势。

2000年，全国居民消费率为35.91%；到2018年，全国居民消费率降低至31.53%。这意味着，"全面小康"建设进程18年来，居民消费增长滞后于产值增长，而且滞后程度甚于居民收入增长的滞后程度。这就是国家多年以来十分注重"拉动内需，扩大消费，改善民生"的真实背景，这不仅是应对国际金融危机的短期对策，而且应当成为拉动经济增长的长期政策。

（2）居民消费比：城乡居民消费与居民收入的相对比值。面向"全面小康"衡量民生发展，全部物质消费放大为"必需消费"，全部非物消费扩展为"应有消费"，居民消费需求升降体现人民生活质量水平，额外剩余部分大小又体现人民生活富余程度。

2000 年，全国居民消费比为 77.43%；到 2018 年，全国居民消费比降低至 69.90%。继居民消费率下降之后，居民消费比亦呈降低之势，表明居民消费增长滞后于居民收入增长。本来居民收入增长已滞后于产值增长，居民消费增长又滞后于居民收入增长，这意味着居民消费率的下降态势甚于居民收入比的下降态势，居民消费增长不力的问题比居民收入增长不力的问题更加严峻。

（3）物质消费综合比重：城乡居民物质消费大类合计数值与总消费的相对比值，这一项分析由恩格尔系数放大而来。原始的恩格尔定律、恩格尔系数以食品消费为必需消费，仅仅适用于解决温饱的"基本小康"检测，本项研究放大至全部物质消费检测。

2000 年全国居民物质消费比重为 70.59%，2018 年全国居民物质消费比重降低至 64.47%，下降 6.12 个百分点。这意味着，"全面小康"建设进程 18 年来，城乡居民物质消费在总消费中所占比重明显落降，这就为社会生活交往消费、精神文化消费留出更大的余地。

（4）非物消费综合比重：城乡居民非物消费大类合计数值与总消费的相对比值，这一项分析由恩格尔系数扩展而来。沿用恩格尔定律检测"全面小康"远远不够，譬如移动电话通信消费已成为国民极普遍必需消费，本项研究扩展至全部非物消费检测。

2000 年全国居民非物消费比重为 29.41%，2018 年全国居民非物消费比重增高至 35.53%，上升 6.12 个百分点。这意味着，"全面小康"建设进程 18 年来，城乡居民非物消费在总消费中所占比重明显提升，这就是中国人民生活切实进入"全面小康"阶段的深刻而具体的体现。

（5）分类项消费比重：物质消费、非物消费两个大类一共有八个分类项，各自分别占居民总消费的不同相对比例。实际上，仅从这里就可以看出中国人民生活发生深刻变化的一些端倪。

2000~2018 年，全国居民食品消费比重由 42.94% 降低至 28.29%，下降 14.65 个百分点，比重位次保持第 1 位不变；居住消费比重由 12.07% 增高至 23.46%，上升 11.39 个百分点，比重位次保持第 2 位不变；交通消费比重由 7.02% 增高至 13.46%，上升 6.44 个百分点，比重位次从第 6 位升为第 3 位；文教消费比重由 12.04% 降低至 11.23%，下降 0.81 个百分点，比重位次从第 3 位降为第 4 位；医疗消费比重由 5.94% 增高至 8.42%，上升 2.48 个百分点，比重位次从第 7 位升为第 5 位；衣着消费比重由 8.40% 降低至 6.54%，下降 1.86 个百分点，比重位次从第 4 位降为第 6 位；用品消费比重由 7.18% 降低至 6.17%，下降 1.01 个百分点，比重位次从第 5 位降为第 7 位；其他消费比重由 4.41% 降低至 2.43%，下降 1.98 个百分点，比重位次保持第 8 位不变。

（二）自设相关性比值阐述及其演算

（1）支出对比度：指居民消费与财政支出的相关性比值，取居民消费率与财政支出比相对比值。同样在居民消费与财政支出之间建立相关性，分析检测二者的相对比值，可以更加透彻地揭示出，居民消费增长不仅与产值增长相比明显滞后，而且与财政用度增长相比更显滞后。

这是一种双向对应测算的相对比值，互为对方倒数演算。基于居民消费演算，2000 年，全国（居民）支出对比度为 2.2664，即全国居民消费率为财政支出比的 2.27 倍，通俗说就是居民消费支出占社会总财富消耗份额为财政支出份额的 2.27 倍；到 2018 年，全国（居民）支出对比度降低至 1.2852，即全国居民消费率为财政支出比的 1.29 倍。这意味着，"全面小康"建设进程 18 年来，居民消费增长更加明显地滞后于财政支出增长。

反向测算基于财政支出演算，2000 年，全国（财政）支出对比度为 0.4412，即全国财政支出比为居民消费率的 44.12%；到 2018 年，全国（财政）支出对比度升高至 0.7781，即全国财政支出比为居民消费率的 77.81%。

（2）居民收入反检消费比、反检积蓄率，居民消费反检积蓄对消费抑制度：居民收入直接决定民生消费需求，居民积蓄直接影响民生消费需求。为使"民生消费需求景气评价"三个子系统及居民收入、积蓄两个背景子系统皆相对自足完成相关性分析，各自得出专项检测指数，本项检测体系设置了特定相关性比值的反向测算。这些反检比值皆为相应比值的反方向演算，亦可简化成相应比值倒数演算百分值，属于数理常识不必再予过多解释。

（3）分类项消费相关比值：居民消费各级分类项，包括物质消费、非物消费大类合计，表2、表3里物质消费、非物消费分类各四个单项消费，相关性比值由总消费相关性比值类推，无须逐一阐释。对照总消费比值唯一不同点在于，另设一类占总消费比重值，文中解说均已具体涉及。

本项研究同样别出心裁地将这些构思设计运用于各省域分析检测，各地不同经济、财政（公共投入）、居民财富（收入和积蓄）背景下民生消费需求增长、消费结构升级、消费层次提升孰上孰下、孰高孰低的绝对比较和相对比较也都能够做到通约测算。

三　检测指标权重及其演算方式

"中国民生消费需求景气评价体系"指标权重、演算方式见表3。

表3　"中国民生消费需求景气评价体系"指标权重、演算方式

一级指标（子系统）	二级指标（类别项）	三级指标（演算项）		演算权重	年度理想值横向测评	历年基数值纵向测评	系统综合演算权重（%）	
一　居民总消费二级子系统（全部消费支出合计值演算）	（一）消费绝对值	1	总量份额变化	2	上年份额基准	自身起始年指标基准，增率比取时段年均增长率（第7项、第11项反向测算，逆指标以低为佳）	100	50
		2	人均绝对值	2.5	全国人均基准			
		3	人均值地区差	3	假定无差距理想值基准			
		4	人均值城乡比	3.5				
	（二）静态相关比值	5	居民消费率	0.5	全国比值基准（第7项反向测算，逆指标以低为佳）			
		6	支出对比度	0.5				
		7	居民消费比	0.5				
		8	反检积蓄抑制度	0.5				
	（三）动态历年增长	9	与产值增率比	1.25	上年基准（第11项反向测算逆指标）并对比全国			
		10	与财政支出增率比	1.25				
		11	与居民收入增率比	1.25				
		12	与居民积蓄增率比	1.25				

续表

一级指标 （子系统）	二级指标 （类别项）	三级指标 （演算项）		演算 权重	年度理想值 横向测评	历年 基数 值纵 向测评	系统综合 演算权重 （%）	
二 物质生活消费分类二级子系统（分类四项各自演算再加权综合作为专项指数，与物质消费大类合计演算不同）	（一）A. 食品烟酒消费绝对值	1	总量份额变化	2	上年份额基准	自身起始年指标基准，增率比取时段年均增长率（第7~8项、11~12项反向测算，逆指标以低为佳）	32.5	30
		2	人均绝对值	2.5	全国人均基准			
		3	人均值地区差	3	假定无差距理想值基准			
		4	人均值城乡比	3.5				
	（二）A. 食品烟酒静态相关比值	5	单项消费率	0.5	全国比值基准（第7~8项反向测算，逆指标以低为佳）			
		6	单项支出对比度	0.5				
		7	单项消费比	0.5				
		8	单项消费比重值	0.5				
	（三）A. 食品烟酒动态历年增长	9	与产值增率比	1.25	上年基准（第11~12项反向测算逆指标）并对比全国			
		10	与财政支出增率比	1.25				
		11	与居民收入增率比	1.25				
		12	与总消费增率比	1.25				
	B. 衣着	二、三级指标及其演算与食品消费子系统同构，第7~8项、11~12项亦反向测算，逆指标以低为佳（恩格尔定律关系、恩格尔系数放大演算）					27.5	
	C. 居住						22.5	
	D. 生活用品及服务						17.5	
三 非物生活消费分类二级子系统（同上）	E. 交通通信	二、三级指标及其演算与食品消费子系统同构，但第7~8项、11~12项正向测算，以高为佳（恩格尔定律关系、恩格尔系数延展演算）					32.5	20
	F. 教育文化娱乐						27.5	
	G. 医疗保健						22.5	
	H. 其他用品及服务						17.5	

注：①"民生消费需求景气评价"指标系统包含一级指标（子系统）3项，二级指标（类别项）27项，三级指标（演算项）108项；另有居民收入、居民积蓄两个后台演算背景二级子系统，加起来共有二级指标（类别项）41项，三级指标（演算项）156项。②恩格尔定律以食品消费为必需消费，仅适用于"基本小康"温饱检测，放大全部物质消费为必需消费，方对应"全面小康"民生发展检测，其占居民收入、总消费比反向测算以低为佳，即恩格尔定律关系、恩格尔系数放大演算；同样扩展全部非物消费为"全面小康"应有消费，其占居民收入、总消费比正向测算以高为佳，体现需求质量提升、消费结构优化。③本系列检测中"地区差""城乡比"逆指标权重最大，城乡差距、地区差距正是我国"不平衡不充分的发展"最具代表性的方面，历朝历代城乡鸿沟、地区鸿沟引发动荡带来内乱就是"历史周期律"的社会结构体制根源。

（一）检测指标的特殊构思设计

更需要详尽解释的当为本系列研究检测精心构思、设计的若干特殊性相关演算。建立指标体系，固然需要采用数学抽象的各种演算方法，然而构思诸多方面相关性分析，设计各类相对比值指标，同样需要哲学抽象的因果关系、历史分析的相关联系思索提取。

数千年"国野之分"城乡鸿沟和"割据分治"地区鸿沟系中国社会结构长期存在"非均衡性"历史遗痕的主要根源，亦为全国当今经济、社会、民生发展"非均衡性"的主要成因，城乡差距和地区差距正是我国"不平衡不充分的发展"最具代表性的方面。本系列研究首创城乡比指标倒数权衡测算，独创地区差指标演算方法及其倒数权衡测算，自"文化消费需求景气评价"首先用于文化消费需求的城乡之间、地区之间均等化差距检测，在"公共文化投入增长测评"中用于作为公共服务基础条件的公共投入均等化差距检测，至"人民生活发展指数检测"全面展开经济、财政、民生诸多方面"非均衡性"检验，而"民生消费需求景气评价"自然全盘予以继承。

所谓"城乡比"是较早出现的城乡间差异衡量演算，取城镇人均值与乡村人均值的倍差值（乡村人均值＝1）。本系列研究以此倍差值的倒数（1/N，N＝城乡比，若城乡无差距 N＝1，则 1/N 亦＝1，逆指标转为中性）作为无差距理想值权衡系数，检测城乡比存否及其历年大小增减变化。

所谓"地区差"是本系列研究类比于"城乡比"精心设计的地区间差异衡量演算，但演算方法复杂得多：以全国人均值为基准值1衡量，各省域（包括省、自治区、直辖市在内的省级行政区划）无论是高于全国人均值，还是低于全国人均值，相通演算即取当地与全国人均值商值的绝对偏差值（不论正负）加基准值1作为省域地区差指数，全国及四大区域取相关范围省域绝对偏差值的平均值加基准值1作为相应地区差指数。同样以其倒数（1/N，N＝地区差，若地区无差距 N＝1，则 1/N 亦＝1，逆指标转为中性）作为无差距理想值权衡系数，检测地区差存否及其历年大小增减变化。

国家和地区经济发展与社会建设、民生改善密切相关，而居民收入直接决定着民生消费需求，检测产值、居民收入人均值地区差历年变化与各类民生数据人均值地区差历年变化之间的相关系数，可以准确反映这一点。

2000～2018年，全国产值地区差从1.4929缩小至1.3432。居民收入历年地区差变动与之相关系数为0.9587，即在95.87%程度上同步变化；居民总消费历年地区差变动与之相关系数为0.9622，即在96.22%程度上同步变化；物质消费历年地区差变动与之相关系数为0.7592，即在75.92%程度上同步变化；非物消费历年地区差变动与之相关系数为0.8603，即在86.03%程度上同步变化；居民积蓄历年地区差变动与之相关系数为0.9104，即在91.04%程度上同步变化。

与之相应，全国居民收入地区差从1.3606缩小至1.2685。居民总消费历年地区差变动与之相关系数为0.9858，即在98.58%程度上同步变化；物质消费历年地区差变动与之相关系数为0.6499，即在64.99%程度上同步变化；非物消费历年地区差变动与之相关系数为0.9530，即在95.30%程度上同步变化；积蓄历年地区差变动与之相关系数为0.9639，即在96.39%程度上同步变化。

此外，全国城乡居民总消费与物质消费之间历年地区差变动相关系数为0.7298，即在72.98%程度上同步变化；与非物消费之间历年地区差变动相关系数为0.9246，即在92.46%程度上同步变化；与居民积蓄之间历年地区差变动相关系数为0.9187，即在91.87%程度上同步变化。

进一步展开，全国城乡居民收入与食品消费之间历年地区差变动相关系数为0.9549，即在95.49%程度上同步变化；与衣着消费之间历年地区差变动相关系数为0.9422，即在94.22%程度上同步变化；与居住消费之间历年地区差变动相关系数为−0.2985，即在29.85%程度上逆向同步变化；与用品消费之间历年地区差变动相关系数为0.9317，即在93.17%程度上同步变化。全国各类物质消费地区差大多随之缩小，唯有居住消费地区差有所扩大。

同样，全国城乡居民收入与交通消费之间历年地区差变动相关系数为

0.9436，即在94.36%程度上同步变化；与文教消费之间历年地区差变动相关系数为0.8776，即在87.76%程度上同步变化；与医疗消费之间历年地区差变动相关系数为0.9342，即在93.42%程度上同步变化；与其他消费之间历年地区差变动相关系数为0.7960，即在79.60%程度上同步变化。全国各类非物消费地区差普遍随之缩小。

这一系列的数据分析表明，全国经济发展与民生增进已经在缩小地区差距方面取得了明显进展。然而，在争取缩小城乡差距方面，情况不容乐观。

产值数据不分城乡，城乡比检测集中于民生数据当中。2000～2018年，全国城镇居民与乡村居民同类数据历年增长相关系数检验，在收入之间为0.4861，即城乡同步增长程度48.61%，呈很弱正相关，收入城乡比从2.7869缩小至2.6853；在总消费之间为0.4328，即城乡同步增长程度43.28%，呈很弱正相关，总消费城乡比从2.9926缩小至2.1537；在物质消费之间为0.8596，即城乡同步增长程度85.96%，呈较强正相关，物质消费城乡比从2.7183缩小至2.2063；在非物消费之间为－0.3848，即城乡逆向增长程度38.48%，呈稍强负相关，非物消费城乡比从3.8093缩小至2.0631；在积蓄之间为0.6644，即城乡同步增长程度66.44%，呈较弱正相关，积蓄城乡比从2.1978扩大至5.2707。

这些数据分析表明，全国城镇与乡村之间人民生活发展诸方面的同步性大多较弱以至极弱。在居民财富收益增长方面，城乡差距缩减不大甚或继续扩大；在居民消费需求增长方面，城乡差距在较大程度甚至很大程度上缩小。

（二）检测系统的指标权重设置

设计相关性比值检测存在"理论值"，譬如居民收入比、居民消费率，保持居民收入增长与经济发展同步，实现居民消费增长拉动经济发展，居民收入比、居民消费率必须至少维持不降；设计城乡比、地区差检测存在"理想值"，最终应实现城乡、区域之间消除体制性、结构性差异，而历年增长波动的随机性差异在所难免。可是，权重设置只能取经验值，成为量化分析评价的一道"难题",最后综合演算的通约性、合理性在较大程度上取决于此。

本系列研究十余年来历经"文化消费需求景气评价"、"文化产业供需协调检测"、"公共文化投入增长测评"和"人民生活发展指数检测"屡次设计与实施,积累了丰富经验。此次分解独立"民生消费需求景气评价",同样使用2015年数据反复进行测试,并以总消费、物质消费、非物消费合计演算与分类演算交叉检验相互印证,最后基本定型。

另外,"民生消费需求景气评价"保留了相关性数据之间逐一对应的历年增长率对比指标(其间差异极其微小),在各省域之间很好地起到"平衡器"作用,使各地综合指数差异尽可能减小。在充分体现各地民生发展成效的同时,以细微差异确定各地排行。这一点在"应然增长测算"(各地综合指数更为接近)和"理想增长测算"(各地综合指数极度接近)中发挥得更加淋漓尽致。

这样一种检测突破了以往人文研究的"非精密科学"方法局限,实现数理抽象量化分析的客观检测,做到演算的通约性和结果的可比性,可供重复运算检验。分析测算基于国家统计局正式出版公布的统计数据及专门设计的演算数据库,基本上具备了类似于理工科实验检测的科学性、客观性、模式化、规范化、标准化条件。

四 省域综合指数排行与增长差距检测

(一)最新数据年度居民总消费需求简况

2018年数据为国家统计局当前公布的最新年度数据,全国及各地居民总消费主要演算数值见表4,分区域以居民消费率高低位次排列。省域排列以1、2、3……为序,四大区域排列以[1]、[2]、[3]、[4]为序,后同。

2018年,全国城乡居民消费总量为283898.74亿元。东部总量134394.04

亿元，占全国份额 47.41%；中部总量 64635.59 亿元，占全国份额 22.80%；西部总量 63774.32 亿元，占全国份额 22.50%；东北总量 20648.57 亿元，占全国份额 7.28%。各地总量未予平衡，仅平衡四大区域占全国份额，以保证相关演算的合理性。

表4　最新数据年度全国及各地居民总消费主要演算数值

地　区	2018 年总消费实际值			2018 年总消费人均值差距					居民消费率（消费与产值比）	
	城乡总量（亿元）	城乡综合人均值		地区差		城乡比				
		人均值(元)	排序	无差距 =1	排序	乡村 =1	排序	比例（%）	排序	
全　国	283898.74	20384.33	—	1.2411	—	2.1537	—	31.53	—
黑龙江	6489.61	17164.42	20	1.1580	14	1.8425	5	39.66	3
辽　宁	9434.34	21618.56	8	1.0605	6	2.3088	27	37.27	5
吉　林	4724.62	17430.82	17	1.1449	10	2.0685	18	31.34	19
东　北	20648.57	19021.56	[2]	1.1211	[1]	2.1056	[2]	36.38	[1]
甘　肃	4061.90	15435.69	26	1.2428	20	2.4939	29	49.26	1
云　南	7237.68	15030.74	29	1.2626	24	2.3706	28	40.47	2
四　川	15203.21	18269.79	14	1.1037	7	1.8458	6	37.37	4
广　西	7535.50	15361.34	27	1.2464	21	1.8988	8	37.02	6
青　海	1029.69	17147.25	21	1.1588	15	2.2215	24	35.96	10
贵　州	5243.03	14604.53	30	1.2835	25	2.2669	25	35.41	11
新　疆	4149.86	16828.32	23	1.1744	17	2.5677	30	34.01	14
宁　夏	1186.81	17325.68	19	1.1500	12	2.0368	17	32.03	16
重　庆	6136.16	19867.26	11	1.0254	3	2.0167	15	30.13	22
内蒙古	5064.31	20005.19	9	1.0186	1	1.9300	10	29.29	24
西　藏	418.16	12280.81	31	1.3975	27	3.0903	31	28.30	26
陕　西	6508.00	16906.09	22	1.1706	16	2.1812	22	26.63	27
西　部	63774.32	16860.21	[4]	1.1862	[3]	2.1236	[4]	34.60	[2]
湖　南	13449.20	19549.47	12	1.0410	4	1.9704	13	36.92	7
安　徽	11003.39	17494.85	16	1.1418	9	1.6883	1	36.67	8
江　西	7577.00	16347.36	24	1.1980	18	1.9072	9	34.46	13
山　西	5682.88	15317.74	28	1.2486	22	2.1576	21	33.79	15
河　南	15130.08	15790.00	25	1.2254	19	2.0197	16	31.48	18
湖　北	11793.03	19956.05	10	1.0210	2	1.7206	2	29.96	23
中　部	64635.59	17466.42	[3]	1.1459	[2]	1.9009	[1]	33.55	[3]
河　北	13093.08	17369.99	18	1.1479	11	1.9439	12	36.36	9
海　南	1673.40	17993.53	15	1.1173	8	2.0967	19	34.63	12

续表

地 区	2018 年总消费实际值			2018 年总消费人均值差距				居民消费率（消费与产值比）	
	城乡总量（亿元）	城乡综合人均值		地区差		城乡比		比例（%）	排序
		人均值（元）	排序	无差距 =1	排序	乡村 =1	排序		
上 海	10377.77	42865.62	1	2.1029	31	2.3048	26	31.76	17
广 东	29622.81	26313.85	5	1.2909	26	2.0066	14	30.45	20
浙 江	17034.33	29900.52	4	1.4668	28	1.7556	3	30.31	21
北 京	8618.25	39855.95	2	1.9552	30	2.1255	20	28.43	25
福 建	9251.84	23565.55	7	1.1561	13	1.8835	7	25.84	28
山 东	19557.90	19506.37	13	1.0431	5	2.2004	23	25.58	29
天 津	4671.78	29976.13	3	1.4705	29	1.9365	11	24.83	30
江 苏	20492.89	25488.19	6	1.2504	23	1.7784	4	22.13	31
东 部	134394.04	25093.80	[1]	1.4001	[4]	2.1093	[3]	27.94	[4]

注：近年来年鉴始发布 2014 年以来城乡综合演算人均值民生数据，与总量数据之间存在演算误差，对应年鉴同时发布的产值人均值和总量分别演算居民消费率有出入，本文恢复自行演算城乡人均值，后同。

2000 年以来 18 年间，全国城乡居民消费总量年均增长 12.16%。中部年均增长 12.13% 最高，低于全国年增 0.03 个百分点，占全国份额降低；东部年均增长 12.09% 次之，低于全国年增 0.07 个百分点，占全国份额降低；西部年均增长 12.08% 再次，低于全国年增 0.08 个百分点，占全国份额降低；东北年均增长 11.14% 最低，低于全国年增 1.02 个百分点，占全国份额降低。

18 个省域总量年均增长高于全国年增，依次为新疆、天津、宁夏、河北、北京、青海、甘肃、海南、河南、西藏、山西、安徽、江西、内蒙古、陕西、上海、江苏、云南，占全国总量份额增高。其中，新疆总量年均增长最高，为 13.61%，高于全国年增 1.45 个百分点。

13 个省域总量年均增长低于全国年增，依次为贵州、四川、浙江、福建、山东、重庆、辽宁、湖北、广东、湖南、广西、吉林、黑龙江，占全国总量份额降低。其中，黑龙江总量年均增长最低，为 10.78%，低于全国年增 1.38 个百分点。

在此时，全国城乡居民消费人均值为 20384.33 元。东部人均值

25093.80 元最高，达到全国人均值的 123.10%；东北人均值 19021.56 元次之，仅为全国人均值的 93.31%；中部人均值 17466.42 元再次，仅为全国人均值的 85.69%；西部人均值 16860.21 元最低，仅为全国人均值的 82.71%。

8 个省域人均值高于全国人均值，依次为上海、北京、天津、浙江、广东、江苏、福建、辽宁。其中，上海人均值 42865.62 元最高，高达全国人均值的 210.29%。

23 个省域人均值低于全国人均值，依次为内蒙古、湖北、重庆、湖南、山东、四川、海南、安徽、吉林、河北、宁夏、黑龙江、青海、陕西、新疆、江西、河南、甘肃、广西、山西、云南、贵州、西藏。其中，西藏人均值 12280.81 元最低，低至全国人均值的 60.25%。

全国城乡居民消费地区差为 1.2411，即 31 个省域人均值与全国人均值的绝对偏差平均值为 24.11%。东北地区差最小，为 1.1211；中部地区差次之，为 1.1459；西部地区差再次，为 1.1862；东部地区差较大，为 1.4001。四大区域内各省域居民消费人均值与全国人均值的绝对偏差平均值分别为 12.11%、14.59%、18.62% 和 40.01%。

19 个省域地区差小于全国地区差，按地区差大小倒序为内蒙古、湖北、重庆、湖南、山东、辽宁、四川、海南、安徽、吉林、河北、宁夏、福建、黑龙江、青海、陕西、新疆、江西、河南。其中，内蒙古地区差 1.0186 为最小值，即与全国人均值的绝对偏差为 1.86%，仅为全国总体地区差的 82.07%。

12 个省域地区差大于全国地区差，按地区差大小倒序为甘肃、广西、山西、江苏、云南、贵州、广东、西藏、浙江、天津、北京、上海。其中，上海地区差 2.1029 为最大值，即与全国人均值的绝对偏差为 110.29%，高达全国总体地区差的 169.43%。

全国居民消费城乡比为 2.1537，即全国城镇人均值为乡村人均值的 215.37%，其间倍差为 2.15。中部城乡比最小，为 1.9009；东北城乡比次之，为 2.1056；东部城乡比再次，为 2.1093；西部城乡比较大，为 2.1236。

四大区域城镇居民消费人均值分别为乡村人均值的 190.09%、210.56%、210.93% 和 212.36%。

20 个省域城乡比小于全国城乡比，按城乡比大小倒序为安徽、湖北、浙江、江苏、黑龙江、四川、福建、广西、江西、内蒙古、天津、河北、湖南、广东、重庆、河南、宁夏、吉林、海南、北京。其中，安徽城乡比 1.6883 为最小值，即城镇与乡村的人均值倍差为 1.69，仅为全国总体城乡比的 78.39%。

11 个省域城乡比大于全国城乡比，按城乡比大小倒序为山西、陕西、山东、青海、贵州、上海、辽宁、云南、甘肃、新疆、西藏。其中，西藏城乡比 3.0903 为最大值，即城镇与乡村的人均值倍差为 3.09，高达全国总体城乡比的 143.49%。

全国居民消费率为 31.53%。东北居民消费率 36.38% 最高，高于全国居民消费率 4.85 个百分点；西部居民消费率 34.60% 次之，高于全国居民消费率 3.07 个百分点；中部居民消费率 33.55% 再次，高于全国居民消费率 2.02 个百分点；东部居民消费率 27.94% 最低，低于全国居民消费率 3.59 个百分点。

17 个省域居民消费率高于全国居民消费率，按居民消费率高低依次为甘肃、云南、黑龙江、四川、辽宁、广西、湖南、安徽、河北、青海、贵州、海南、江西、新疆、山西、宁夏、上海。其中，甘肃居民消费率 49.26 为最高值，高出全国总体居民消费率 17.73 个百分点。

14 个省域居民消费率高于全国居民消费率，按居民消费率高低依次为河南、吉林、广东、浙江、重庆、湖北、内蒙古、北京、西藏、陕西、福建、山东、天津、江苏。其中，江苏居民消费率 22.13 为最低值，低于全国总体居民消费率 9.40 个百分点。

（二）最新数据年度民生消费需求景气排行

综合居民总消费合计数值演算、物质消费分类数据专项演算、非物消费分类数据专项演算三个子系统各个类别演算指标，以及居民收入、居民积蓄两个背景子系统数据，即可得出全国及各地民生消费需求景气指数。"中国民生消费需求景气评价体系"综合指数排行见表5，分区域以无差距横向测评结果位次排列。

表5　"中国民生消费需求景气评价体系"综合指数排行

地　区	各五年期起始年纵向测评（基数值=100）								2018年度检测无差距横向测评（理想值=100）	
	"十五"以来18年（2000~2018）		"十一五"以来13年（2005~2018）		"十二五"以来8年（2010~2018）		"十三五"以来3年（2015~2018）			
	检测指数	排行	检测指数	排行	检测指数	排行	检测指数	排行	检测指数	排行
全　国	202.42	—	157.22	—	130.57	—	105.93	—	86.17	—
辽　宁	192.15	23	147.25	26	126.73	24	106.80	13	89.44	11
黑龙江	184.76	26	145.80	27	123.80	27	107.20	12	89.33	13
吉　林	181.25	28	144.73	29	123.35	28	104.17	24	88.30	16
东　北	186.59	[4]	145.62	[4]	124.58	[4]	106.25	[3]	88.62	[1]
上　海	174.74	30	137.96	31	121.38	30	103.12	31	96.06	1
浙　江	179.07	29	140.45	30	120.50	31	103.17	30	93.98	3
天　津	198.54	19	159.38	17	138.26	7	104.43	21	93.89	4
北　京	185.99	25	147.33	25	124.29	26	103.97	25	93.13	5
福　建	184.07	27	150.29	23	128.14	21	103.76	27	91.34	6
江　苏	198.16	20	155.07	20	126.50	25	104.28	23	90.82	8
广　东	170.54	31	145.74	28	130.01	20	107.59	10	90.63	9
山　东	189.42	24	147.94	24	122.68	29	106.26	15	89.00	14
河　北	223.83	8	167.42	9	137.07	11	105.26	19	87.72	18
海　南	201.73	18	168.80	8	136.43	13	106.28	14	86.16	20
东　部	188.47	[3]	150.56	[3]	126.58	[3]	105.07	[4]	88.27	[2]
湖　北	213.40	11	169.71	6	144.19	3	110.77	2	94.72	2
湖　南	195.00	22	158.46	19	136.44	12	107.37	11	91.09	7
安　徽	234.33	3	171.61	5	136.28	14	109.40	5	88.73	15
江　西	205.23	17	154.17	21	130.53	17	105.41	18	85.50	22
河　南	227.17	5	175.95	2	132.97	16	105.82	16	85.40	23
山　西	209.69	14	158.75	18	126.73	23	103.69	29	83.35	29
中　部	213.30	[2]	165.67	[2]	134.61	[2]	107.18	[2]	88.01	[3]
四　川	224.84	6	174.04	3	141.84	5	107.91	7	89.56	10
重　庆	214.52	10	162.58	15	137.43	10	107.66	8	89.44	12
内蒙古	205.24	16	159.81	16	130.16	18	103.69	28	87.86	17
宁　夏	211.80	12	163.13	14	130.02	19	104.29	22	86.79	19

续表

地 区	各五年期起始年纵向测评(基数值＝100)								2018 年度检测无差距横向测评(理想值＝100)	
	"十五"以来 18 年(2000~2018)		"十一五"以来 13 年(2005~2018)		"十二五"以来 8 年(2010~2018)		"十三五"以来 3 年(2015~2018)			
	检测指数	排行	检测指数	排行	检测指数	排行	检测指数	排行	检测指数	排行
广 西	196.88	21	152.92	22	138.20	8	110.01	4	85.80	21
甘 肃	233.18	4	169.67	7	146.21	2	108.54	6	84.80	24
青 海	224.25	7	165.96	12	138.98	6	103.77	26	84.71	25
陕 西	209.79	13	166.37	11	127.29	22	104.53	20	84.33	26
云 南	217.82	9	173.49	4	135.28	15	107.64	9	83.70	27
新 疆	208.62	15	166.69	10	137.47	9	105.43	17	83.53	28
贵 州	239.97	2	185.06	1	147.46	2	110.46	3	81.59	30
西 藏	248.03	1	165.62	13	142.73	4	113.56	1	76.78	31
西 部	214.52	[1]	166.36	[1]	137.17	[1]	107.28	[1]	85.08	[4]

注：①居民总消费、物质消费、非物消费三个子系统均可独立展开检测，详见各篇专项指数分类排行报告。②共时性年度横向测评（全国城乡地区无差距理想值＝100），类似"不论年龄比高矮"，有利于发达地区；历时性阶段纵向测评（起点年自身基数值＝100），类似"不论高矮比生长"，有利于后发地区，从左至右按不同时间段多向度检测省域排行，考察不同阶段进展状况，后同。

1. 各年度理想值横向测评

各年度理想值横向测评方法的基本设置：①总量份额以上年为基准衡量升降变化（全国份额100%自为基准），②人均绝对值以全国平均值为基准衡量增减变动（全国自为基准），③人均值城乡比、地区差以假定实现无差距理想值衡量现实差距（全国亦然），④相关性比值以全国总体比值为基准衡量大小差异（全国自为基准），⑤相关人均值之间增长率比差以上年为基准衡量高低程度（全国亦然）。

2018 年度无差距理想值横向测评民生消费需求景气指数，全国为 86.17，即设相应人均值城乡、地区无差距为理想值 100 加以比较衡量，全国总体尚存差距 13.83 个点。东北为 88.62，指数差距最小；东部为 88.27，指数差距次之；中部为 88.01，指数差距再次；西部为 85.08，指数差距较大。这体现了全国经济、社会发展的区域差异。

19 个省域此项指数高于全国指数，即指数检测结果高于全国平均水平，依次为上海、湖北、浙江、天津、北京、福建、湖南、江苏、广东、四川、辽宁、重庆、黑龙江、山东、安徽、吉林、内蒙古、河北、宁夏；12 个省域此项指数低于全国指数，即指数检测结果低于全国平均水平，依次为海南、广西、江西、河南、甘肃、青海、陕西、云南、新疆、山西、贵州、西藏。

在此类检测中，上海、湖北、浙江、天津、北京占据前 5 位。上海此项指数 96.06 为最高值，高于全国总体指数 9.89 个点；西藏此项指数 76.78 为最低值，低于全国总体指数 9.39 个点。

在此类检测中，综合演算之所以"失分"，就在于"协调增长""均衡发展"两个方面尚有不小差距。①主要原因在于所有各类数据人均值的城乡比、地区差继续存在，有些数据的城乡比、地区差还比较大，以其倒数（数值越大其倒数越小）作为权衡系数势必"失分"较多。只要各类数据人均值城乡比、地区差缩小，检测指数就能够上升；只有彻底消除各类数据人均值城乡比、地区差，检测指数才能够达到理想值 100。②次要原因在于所有各类数据与其对应的经济、财政、居民收入、总消费等类数据增长率之间存在差异，假定全部相关对应数据之间实现同步增长，检测指数才不会"失分"，若增长率反超则反而"加分"。其余总量份额、人均绝对值、相关性比值各项指标，均以全国总体数值为基准测算各地高低差异，而对于全国总体"得分"无影响。

2. 2000 年以来基数值纵向测评

各时段基数值纵向测评方法的基本设置：①总量份额值升降，②人均绝对值增减，③人均值城乡比、地区差扩减，④相关性比值高低，⑤相关人均值之间增长率比差大小，所有这些指标的检测演算均以起点年度为基数进行测算，优于起点年"加分"而逊于起点年"减分"，全国总体及各地概莫能外。各时段纵向测评同理，区别仅在于起始年度不同。

取"十五"以来 18 年基数值纵向测评民生消费需求景气指数，全国为 202.42，即设 2000 年为基数值 100 加以对比衡量，至 2018 年提升 102.42%。

西部为214.52，指数提升最高；中部为213.30，指数提升次之；东部为188.47，指数提升再次；东北为186.59，指数提升最低。这反映了国家努力缩小全国民生发展区域差距"十五"以来18年的成效。

17个省域此项指数高于全国指数，即指数提升速度高于全国平均速度，依次为西藏、贵州、安徽、甘肃、河南、四川、青海、河北、云南、重庆、湖北、宁夏、陕西、山西、新疆、内蒙古、江西；14个省域此项指数低于全国指数，即指数提升速度低于全国平均速度，依次为海南、天津、江苏、广西、湖南、辽宁、山东、北京、黑龙江、福建、吉林、浙江、上海、广东。

在此类检测中，西藏、贵州、安徽、甘肃、河南占据前5位。西藏此项指数248.03为最高值，即指数提升高达148.03%；广东此项指数170.54为最低值，即指数提升仅为70.54%。

各时段基数值纵向测评方法的基本设置：①总量份额值升降，②人均绝对值增减，③人均值城乡比、地区差扩减，④相关性比值高低，⑤相关人均值之间增长率比差大小，所有这些指标的检测演算均以起点年度为基数进行测算，优于起点年"加分"而逊于起点年"减分"，全国总体及各地概莫能外。各时段纵向测评同理，区别仅在于起始年度不同。

3. 2005年以来基数值纵向测评

取"十一五"以来13年基数值纵向测评民生消费需求景气指数，全国为157.22，即设2005年为基数值100加以对比衡量，至2018年提升57.22%。西部为166.36，指数提升最高；中部为165.67，指数提升次之；东部为150.56，指数提升再次；东北为145.62，指数提升最低。这反映了国家努力缩小全国民生发展区域差距"十一五"以来13年的成效。

19个省域此项指数高于全国指数，即指数提升速度高于全国平均速度，依次为贵州、河南、四川、云南、安徽、湖北、甘肃、海南、河北、新疆、陕西、青海、西藏、宁夏、重庆、内蒙古、天津、山西、湖南；12个省域此项指数低于全国指数，即指数提升速度低于全国平均速度，依次为江苏、江西、广西、福建、山东、北京、辽宁、黑龙江、广东、吉林、浙江、上海。

在此类检测中，贵州、河南、四川、云南、安徽占据前5位。贵州此项指数185.06为最高值，即指数提升高达85.06%；上海此项指数137.96为最低值，即指数提升仅为37.96%。

4. 2010年以来基数值纵向测评

取"十二五"以来8年基数值纵向测评民生消费需求景气指数，全国为130.57，即设2010年为基数值100加以对比衡量，至2018年提升30.57%。西部为137.17，指数提升最高；中部为134.61，指数提升次之；东部为126.58，指数提升再次；东北为124.58，指数提升最低。这反映了国家努力缩小全国民生发展区域差距"十二五"以来8年的成效。

16个省域此项指数高于全国指数，即指数提升速度高于全国平均速度，依次为贵州、甘肃、湖北、西藏、四川、青海、天津、广西、新疆、重庆、河北、湖南、海南、安徽、云南、河南；15个省域此项指数低于全国指数，即指数提升速度低于全国平均速度，依次为江西、内蒙古、宁夏、广东、福建、陕西、山西、辽宁、江苏、北京、黑龙江、吉林、山东、上海、浙江。

在此类检测中，贵州、甘肃、湖北、西藏、四川占据前5位。贵州此项指数147.46为最高值，即指数提升高达47.46%；浙江此项指数120.50为最低值，即指数提升仅为20.50%。

5. 2015年以来基数值纵向测评

取"十三五"以来3年基数值纵向测评民生消费需求景气指数，全国为105.93，即设2015年为基数值100加以对比衡量，至2018年提升5.93%。西部为107.28，指数提升最高；中部为107.18，指数提升次之；东北为106.25，指数提升再次；东部为105.07，指数提升最低。这反映了国家努力缩小全国民生发展区域差距"十三五"以来3年的成效。

15个省域此项指数高于全国指数，即指数提升速度高于全国平均速度，依次为西藏、湖北、贵州、广西、安徽、甘肃、四川、重庆、云南、广东、湖南、黑龙江、辽宁、海南、山东；16个省域此项指数低于全国指数，即指数提升速度低于全国平均速度，依次为河南、新疆、江西、河北、陕西、天津、宁夏、江苏、吉林、北京、青海、福建、内蒙古、山西、浙江、上海。

在此类检测中，西藏、湖北、贵州、广西、安徽占据前5位。西藏此项指数113.56为最高值，即指数提升高达13.56%；上海此项指数103.12为最低值，即指数提升仅为3.12%。

6. 逐年度基数值纵向测评

囿于制表空间，表外数据演算补充：2018年度基数值纵向测评民生消费需求景气指数，全国为102.06，即设上年2017年为基数值100加以对比衡量，至2018年提升2.06%。中部为103.44，指数提升最高；西部为102.46，指数提升次之；东部为101.63，指数提升再次；东北为101.53，指数提升最低。这反映了国家努力缩小全国民生发展区域差距最近一年的成效。

19个省域此项指数高于全国指数，即指数提升速度高于全国平均速度，依次为湖北、西藏、云南、广西、海南、广东、甘肃、安徽、湖南、河南、吉林、贵州、天津、黑龙江、江西、宁夏、重庆、四川、上海；12个省域此项指数低于全国指数，即指数提升速度低于全国平均速度，依次为山东、新疆、福建、浙江、陕西、山西、河北、北京、辽宁、江苏、青海、内蒙古。

在此类检测中，湖北、西藏、云南、广西、海南占据前5位。湖北此项指数107.93为最高值，即指数提升7.93%；内蒙古此项指数99.44为最低值，即指数降低0.56%。此类检测在以上排行表之外增补，不纳入省域报告选取的指数分值排序数据阵列。

（三）全国及各地居民总消费增长差距应然测算

当前年度全国及各地居民总消费增长差距假定测算见表6，分区域按假定弥合城乡比测算的人均值地区差倒序排列。

表6 当前年度全国及各地居民总消费增长差距假定测算

地 区	2018年居民总消费假定最小地区差测算				2018年居民总消费假定弥合城乡比测算			
	城乡总量（亿元）	城乡人均值（元）	地区差（无差距=1）	排序（倒序）	城乡总量（亿元）	城乡持平人均值（元）	地区差（无差距=1）	排序（倒序）
全 国	288606.03	20722.32	1.2138	—	351601.19	26112.31	1.1804	—
辽 宁	9434.34	21618.56	1.0432	7	11541.85	26447.87	1.0129	1
吉 林	5426.17	20019.09	1.0339	5	6069.81	22393.71	1.1424	15
黑龙江	7412.71	19605.93	1.0539	8	7953.19	21035.46	1.1944	22
东 北	22273.22	20518.20	1.0437	[1]	25564.86	23712.96	1.1166	[1]
内蒙古	5159.98	20383.09	1.0164	1	6186.24	24437.06	1.0642	4
新 疆	4228.23	17146.11	1.1726	19	5965.60	24191.39	1.0736	5
重 庆	6291.25	20369.40	1.0170	2	7460.20	24154.15	1.0750	6
四 川	15203.21	18269.79	1.1184	10	19542.16	23483.94	1.1007	9
西 藏	513.38	15077.11	1.2724	26	784.15	23029.44	1.1181	10
青 海	1066.96	17767.87	1.1426	14	1381.00	22997.53	1.1193	11
甘 肃	4061.90	15435.69	1.2551	24	5948.76	22605.97	1.1343	14
宁 夏	1238.74	18083.86	1.1273	12	1505.40	21976.69	1.1584	17
陕 西	6975.67	18120.98	1.1255	11	8455.98	21966.43	1.1588	18
云 南	7446.82	15465.08	1.2537	23	10413.66	21626.42	1.1718	19
贵 州	5353.50	14912.27	1.2804	27	7462.87	20787.93	1.2039	24
广 西	8512.56	17353.10	1.1626	17	9889.19	20159.39	1.2280	26
西 部	66052.21	17462.43	1.1620	[3]	84995.22	22553.97	1.1338	[2]
湖 南	13960.71	20292.98	1.0207	4	17243.11	25064.21	1.0401	2
湖 北	11793.03	19956.05	1.0370	6	14180.38	23995.91	1.0811	8
安 徽	11056.52	17579.34	1.1517	15	13536.72	21522.72	1.1758	20
河 南	15130.08	15790.00	1.2380	22	20111.94	20989.15	1.1962	23
江 西	7577.00	16347.36	1.2111	21	9622.27	20760.02	1.2050	25
山 西	6117.11	16488.17	1.2043	20	7342.03	19789.84	1.2421	27
中 部	65634.46	17736.34	1.1438	[2]	82036.45	22208.17	1.1567	[3]
山 东	20419.40	20365.61	1.0172	3	24863.88	24798.38	1.0503	3
福 建	9248.97	23558.25	1.1369	13	11049.78	28145.13	1.0778	7
海 南	1765.70	18985.98	1.0838	9	2136.32	22971.21	1.1203	12
江 苏	19531.25	24292.15	1.1723	18	23687.85	29461.95	1.1283	13
河 北	13093.08	17369.99	1.1618	16	16679.11	22127.42	1.1526	16
广 东	29622.81	26313.85	1.2698	25	34813.04	30924.31	1.1843	21
天 津	4671.78	29976.13	1.4466	29	5089.30	32655.11	1.2506	28

续表

地 区	2018 年居民总消费假定最小地区差测算				2018 年居民总消费假定弥合城乡比测算			
	城乡总量（亿元）	城乡人均值（元）	地区差（无差距=1）	排序（倒序）	城乡总量（亿元）	城乡持平人均值（元）	地区差（无差距=1）	排序（倒序）
浙 江	16970.28	29788.10	1.4375	28	19710.43	34597.92	1.3250	29
北 京	8523.43	39417.44	1.9022	30	9282.03	42925.65	1.6439	30
上 海	10345.81	42733.63	2.0622	31	11140.28	46015.21	1.7622	31
东 部	134192.51	25056.17	1.3690	[4]	158452.03	30292.23	1.2695	[4]

注：①假定全国及各地居民总消费实现历年最小地区差，各地现高于全国人均值者向下趋近自身曾有最小偏差值，低于全国人均值者向上趋近自身曾有最小偏差值；②假定全国及各地居民总消费弥合自身城乡比，各自乡村人均趋近城镇值成为城乡持平值；③两类假定测算全国各地分别进行，省域总量之和不等于全国总量。

1. 假定2018年居民总消费实现最小地区差测算

假定 2018 年全国及各地居民总消费实现历年最小地区差，现高于全国人均值的各地向下趋近自身曾有最小偏差值，低于全国人均值的各地向上趋近自身曾有最小偏差值，依此加以测算，全国城乡居民总消费人均值应为20722.32 元。东部人均值25056.17 元最高，为全国人均值的 120.91%；东北人均值 20518.20 元次之，仅为全国人均值的 99.01%；中部人均值17736.34 元再次，仅为全国人均值的 85.59%；西部人均值 17462.43 元最低，仅为全国人均值的 84.27%。

8 个省域人均值高于全国人均值，按人均值高低依次为上海、北京、天津、浙江、广东、江苏、福建、辽宁。其中，上海人均值 42733.63 元处于首位，高达全国人均值的 206.22%。

23 个省域人均值低于全国人均值，按人均值高低依次为内蒙古、重庆、山东、湖南、吉林、湖北、黑龙江、海南、四川、陕西、宁夏、青海、安徽、河北、广西、新疆、山西、江西、河南、云南、甘肃、西藏、贵州。其中，贵州人均值14912.27 元处于末位，低至全国人均值的 71.96%。

最高上海人均值为最低贵州人均值的 2.87 倍，省域差异明显缩减但仍存在"非均衡性"距离，而四大区域之间人均值已经较为接近。

根据人均值最小地区差假定测算结果推算，全国城乡居民消费总量应为288606.03亿元。东部总量134192.51亿元，占全国份额46.57%；东北总量22273.22亿元，占全国份额7.73%；中部总量65634.46亿元，占全国份额22.78%；西部总量66052.21亿元，占全国份额22.92%。四大区域份额已做平衡，保证演算合理性，后同。

31个省域居民消费占全国总量份额高低依次为广东、山东、江苏、浙江、四川、河南、湖南、河北、湖北、安徽、上海、辽宁、福建、北京、广西、江西、云南、黑龙江、陕西、重庆、山西、吉林、贵州、内蒙古、天津、新疆、甘肃、海南、宁夏、青海、西藏。其中，广东处于首位，总量29622.81亿元，占全国10.26%；西藏处于末位，总量513.38亿元，占全国0.18%。

2. 假定2018年居民总消费实现弥合城乡比测算

假定2018年全国及各地居民总消费弥合自身城乡比，各自乡村人均值与城镇人均值持平，成为城乡统一的持平人均值，依此加以测算，全国城乡居民总消费人均值应为26112.31元。东部人均值30292.23元最高，为全国人均值的116.01%；东北人均值23712.96元次之，仅为全国人均值的90.81%；西部人均值22553.97元再次，仅为全国人均值的86.37%；中部人均值22208.17元最低，仅为全国人均值的85.05%。

8个省域人均值高于全国人均值，按人均值高低依次为上海、北京、浙江、天津、广东、江苏、福建、辽宁。其中，上海人均值46015.21元处于首位，高达全国人均值的176.22%。

23个省域人均值低于全国人均值，按人均值高低依次为湖南、山东、内蒙古、新疆、重庆、湖北、四川、西藏、青海、海南、甘肃、吉林、河北、宁夏、陕西、云南、安徽、黑龙江、河南、贵州、江西、广西、山西。其中，山西人均值19789.84元处于末位，低至全国人均值的75.79%。

最高上海人均值为最低山西人均值的2.33倍，省域差异进一步缩减但仍存在"非均衡性"距离，而四大区域之间人均值已经十分接近。

根据人均值弥合城乡比假定测算结果推算，全国城乡居民消费总量应为

351601.19 亿元。东部总量 158452.03 亿元，占全国份额 45.14%；东北总量 25564.86 亿元，占全国份额 7.28%；中部总量 82036.45 亿元，占全国份额 23.37%；西部总量 84995.22 亿元，占全国份额 24.21%。

31 个省域居民消费占全国总量份额高低依次为广东、山东、江苏、河南、浙江、四川、湖南、河北、湖北、安徽、辽宁、上海、福建、云南、广西、江西、北京、陕西、黑龙江、贵州、重庆、山西、内蒙古、吉林、新疆、甘肃、天津、海南、宁夏、青海、西藏。其中，广东处于首位，总量 34813.04 亿元，占全国 9.90%；西藏处于末位，总量 784.15 亿元，占全国 0.22%。

最后检验两项假定测算的全国及各地人均值地区差，再与表 4 里现有地区差相比，均有大幅缩减以至各地极为接近，贴切体现"协调""共享"新发展理念，体现"以人民为中心"新发展思想。

R.3
全国省域居民总消费合计演算指数排行

——2018年检测与2020年测算

王亚南　赵　娟　李恒杰*

摘　要： 居民总消费指数系"中国人民生活发展指数检测体系"特定组成部分，在此作为独立的"中国民生消费需求景气评价体系"三个二级子系统之一。从2000年以来基数值纵向测评可以看出，中部居民总消费指数提升最高，西部次之，东部再次，东北最低，表明区域均衡发展国家方略已见成效；安徽、甘肃、河北、河南、贵州占据前5位。2018年无差距理想值横向测评发现，差距仍在于各方面协调性、均衡性还不够理想；上海、湖北、浙江、天津、北京占据前5位。假定全国同步实现居民总消费历年最小城乡比直至弥合城乡比，民生消费需求景气指数将更加明显提升。

关键词： 省域检测　居民总消费　专项测评　指数排行

居民总消费指数系"中国人民生活发展指数检测体系"特定组成部分，在此作为独立的"中国民生消费需求景气评价体系"三个二级子系统之一，

---

* 王亚南，云南省社会科学院研究员，文化发展研究中心主任，主要研究方向为民俗学、民族学及文化理论、文化战略和文化产业；赵娟，云南省社会科学院民族文学研究所副研究员，主要研究方向为古典文学、民族文化和文化产业；李恒杰，云南省商务研究院院长助理、助理研究员，主要从事市场流通与商务政策相关研究。

取总消费合计数据单独演算，体现民生需求总体状况，在整个指标系统综合演算中的权重达"半壁江山"（详见技术报告表3、表4）。

居民总消费不仅与居民积蓄共同切分居民收入"蛋糕"，而且汇总物质消费和非物消费分类单项数据，关键还在于居民消费需求正是市场经济中民生需求的主要体现形式。各个子系统基础数据皆来源于国家统计局《中国统计年鉴》，均采用检测指标自足设计方式，分别实现与其余子系统对应数据的相关性分析测算，独立完成专项检测指数演算，最后汇总成为民生消费需求景气指数。

一 居民总消费总量增长基本情况

根据正式出版公布的既往年度统计数据和最新年度统计数据，按照本项研究检测的构思设计进行演算，全国及各地居民总消费分类总量增长状况见表1，分区域以总量增长变化位次排列。

2000年，全国城乡居民消费总量为36005.66亿元；2018年，全国城乡居民消费总量为283898.74亿元。2000年以来18年间，全国城乡居民消费总量年均增长12.16%。18个省域总量年均增长高于全国平均增长，13个省域总量年均增长低于全国平均增长。其中，新疆总量年均增长13.61%最高，高于全国总量年增1.46个百分点；黑龙江总量年均增长10.78%最低，低于全国总量年增1.38个百分点。

全国居民消费总量始终为份额基准100，基于各地历年不同增长状况，中部总量份额上升，增高1.76%；东部总量份额上升，增高1.07%；西部总量份额上升，增高0.92%；东北总量份额下降，降低13.15%。总量份额变化取百分点易于直观对比，但取百分比更有利于精确排序。

18个省域总量占全国份额上升，13个省域总量占全国份额下降。其中，新疆总量份额变化态势最佳，增高26.12%；黑龙江总量份额变化态势不佳，降低19.92%。各省域总量份额变化取决于年均增长幅度，其份额增减程度取百分比演算，排序结果即与年均增长指数排序一致。

居民消费增长放到相关背景中考察更有意义。全国居民消费总量历年平均增长率为12.16%，低于产值年增0.81个百分点，低于财政支出年增3.59个百分点；低于居民收入年增0.64个百分点，低于居民积蓄年增2.45个百分点；高于物质消费年增0.57个百分点，低于非物消费年增1.18个百分点。在本项检测中，倘若居民收入和消费增长滞后，"GDP追逐""财政增收至上"只会产生负面效应。

表1　全国及各地居民总消费分类总量增长状况

单位：亿元，%

地区	2000年总消费		2018年总消费		18年间年均增长	2018年总消费分类总量及18年间增长			
	城乡总量	占全国份额	城乡总量	占全国份额		物质消费总量	年均增长	非物消费总量	年均增长
全　国	36005.66	100	283898.74	100	12.16	183016.49	11.59	100882.25	13.34
河　南	1778.69	4.940	15130.08	5.329	12.63	9694.29	11.71	5435.79	14.73
山　西	678.84	1.885	5682.88	2.002	12.53	3463.21	11.75	2219.67	14.00
安　徽	1322.23	3.672	11003.39	3.876	12.49	7446.64	11.91	3556.75	13.93
江　西	913.53	2.537	7577.00	2.669	12.47	5136.83	11.89	2440.17	13.93
湖　北	1647.54	4.576	11793.03	4.154	11.55	7481.18	10.72	4311.85	13.37
湖　南	1894.21	5.261	13449.20	4.737	11.50	8313.01	10.58	5136.19	13.41
中　部	8235.05	22.408	64635.59	22.803	12.13	41535.16	11.34	23100.43	13.88
天　津	484.76	1.346	4671.78	1.646	13.41	2946.76	12.79	1725.02	14.65
河　北	1411.83	3.921	13093.08	4.612	13.17	8415.10	12.54	4677.98	14.51
北　京	958.31	2.662	8618.25	3.036	12.98	5780.32	13.14	2837.93	12.66
海　南	193.28	0.537	1673.40	0.589	12.74	1123.12	12.38	550.28	13.55
上　海	1291.73	3.588	10377.77	3.655	12.27	6960.11	12.23	3417.66	12.35
江　苏	2577.79	7.159	20492.89	7.218	12.21	13379.95	11.72	7112.94	13.26
浙　江	2279.20	6.330	17034.33	6.000	11.82	11203.25	11.68	5831.08	12.11
福　建	1250.71	3.474	9251.84	3.259	11.76	6494.28	11.61	2757.56	12.12
山　东	2652.60	7.367	19557.90	6.889	11.74	12260.10	11.08	7297.80	13.05
广　东	4139.22	11.496	29622.81	10.434	11.55	20128.35	11.70	9494.46	11.25
东　部	17239.42	46.910	134394.04	47.413	12.09	88691.34	11.84	45702.70	12.58
新　疆	417.31	1.159	4149.86	1.462	13.61	2594.00	12.89	1555.86	15.06
宁　夏	126.39	0.351	1186.81	0.418	13.25	689.13	12.11	497.68	15.31
青　海	114.67	0.318	1029.69	0.363	12.97	619.33	11.92	410.36	15.01
甘　肃	459.41	1.276	4061.90	1.431	12.87	2610.69	12.32	1451.21	14.02

续表

地 区	2000 年总消费		2018 年总消费		18 年间年均增长	2018 年总消费分类总量及 18 年间增长			
	城乡总量	占全国份额	城乡总量	占全国份额		物质消费总量	年均增长	非物消费总量	年均增长
西 藏	49.88	0.139	418.16	0.147	12.54	304.07	11.69	114.09	15.66
内蒙古	612.78	1.702	5064.31	1.784	12.45	3087.29	11.87	1977.02	13.49
陕 西	801.27	2.225	6508.00	2.292	12.34	4040.07	11.72	2467.93	13.52
云 南	912.22	2.534	7237.68	2.549	12.19	4431.34	11.07	2806.34	14.56
贵 州	686.44	1.906	5243.03	1.847	11.96	3164.64	10.48	2078.39	15.31
四 川	2026.25	5.628	15203.21	5.355	11.85	10014.25	11.12	5188.96	13.57
重 庆	847.04	2.353	6136.16	2.161	11.63	3986.76	11.03	2149.40	12.94
广 西	1139.86	3.166	7535.50	2.654	11.06	4708.99	10.07	2826.51	13.22
西 部	8193.50	22.295	63774.32	22.499	12.08	40250.56	11.23	23523.76	13.88
辽 宁	1316.19	3.656	9434.34	3.323	11.56	5639.71	10.59	3794.63	13.40
吉 林	738.37	2.051	4724.62	1.664	10.86	2752.47	9.76	1972.15	12.87
黑龙江	1027.84	2.855	6489.61	2.286	10.78	3840.68	9.83	2648.93	12.50
东 北	3082.40	8.387	20648.57	7.285	11.14	12232.86	10.15	8415.71	12.98

注：①全国及各省域分别演算未予平衡，省域总量之和不等于全国总量，四大区域占全国份额已加以平衡。②数据演算屡经四舍五入，可能出现细微出入，属于演算常规无误。③占全国份额保留 3 位小数精确排序，全文同。④本系列检测将国家现行统计制度中"人民生活"消费支出前 4 类归为"物质生活消费"（简称"物质消费"），属维持生计基本性消费，占总消费比重以低为佳，可视为极致放大的恩格尔系数；后 4 类归为"非物生活消费"（简称"非物消费"），属维生之外拓展性消费，占消费比重以高为佳，定义为"非物生活需求系数"。表中各地各类消费增长高低一目了然，若干地区（北京、广东）物质消费年均增长高于非物消费年均增长，呈现为物质消费比重增高之"消费结构逆升级"。

本系列研究检测把城乡居民总消费归为物质消费与非物消费两个大类，其间增长关系构成相反的对应格局。

2000~2018 年，全国居民物质消费年均增长 11.59%。20 个省域年均增长高于全国总体年增，11 个省域年均增长低于全国总体年增。其中，北京年均增长 13.14% 最高，高达全国年增的 113.38%；吉林年均增长 9.76% 最低，仅为全国年增的 84.18%。

同期，全国居民非物消费年均增长 13.34%。11 个省域年均增长高于全国总体年增，20 个省域年均增长低于全国总体年增。其中，西藏年均增长 15.66% 最高，高达全国年增的 117.37%；广东年均增长 11.25% 最低，仅 为全国年增的 84.31%。

后台数据库检测表明，2000~2018 年，全国居民消费年均增长较明显 低于产值增长，极显著低于财政支出增长，较明显低于居民收入增长，较明 显高于物质消费增长，较明显低于非物消费增长。

二 居民总消费人均值相关均衡性检测

1. 城乡综合人均值及其地区差

全国及各地居民总消费分类地区差变化状况见表 2，分区域以地区差扩 减变化倒序位次排列。

2000 年，全国城乡居民消费人均值为 2851.61 元。10 个省域人均值高 于全国人均值，21 个省域人均值低于全国人均值。其中，上海人均值 8293.64 元最高，高达全国人均值的 290.84%；甘肃人均值 1801.62 元最 低，低至全国人均值的 63.18%。

2018 年，全国城乡居民消费人均值为 20384.33 元。8 个省域人均值高 于全国人均值，23 个省域人均值低于全国人均值。其中，上海人均值 42865.62 元最高，高达全国人均值的 210.29%；西藏人均值 12280.81 元最 低，低至全国人均值的 60.25%。

2000 年以来 18 年间，全国城乡居民消费人均值年均增长 11.55%。17 个省域人均值年均增长高于全国平均增长，14 个省域人均值年均增长低于 全国平均增长。其中，甘肃人均值年均增长 12.67% 最高，高于全国人均值 年增 1.13 个百分点；广东人均值年均增长 9.06% 最低，低于全国人均值年 增 2.49 个百分点。

各省域居民消费地区差指数依据其人均值与全国人均值的绝对偏差进行 演算，全国和四大区域地区差取相应省域与全国人均值的绝对偏差平均值进 行演算。当地居民消费人均值增大本身具有正面效应，但本来高于全国人均值的省域会导致地区差继续扩大，带来负面效应；而本来低于全国人均值的省域则导致地区差逐渐缩小，带来正面效应。

2000 年，全国城乡居民消费地区差为 1.3476，即 31 个省域人均值与全国人均值的绝对偏差平均值为 34.76%。24 个省域地区差小于全国地区差，7 个省域地区差大于全国地区差。其中，湖南地区差 1.0146 最低，即与全国人均值的绝对偏差为 1.46%，仅为全国总体地区差的 75.29%；上海地区差 2.9084 最高，即与全国人均值的绝对偏差为 190.84%，高达全国总体地区差的 215.82%。

2018 年，全国城乡居民消费地区差为 1.2411，即 31 个省域人均值与全国人均值的绝对偏差平均值为 24.11%。19 个省域地区差小于全国地区差，12 个省域地区差大于全国地区差。其中，内蒙古地区差 1.0186 最低，即与全国人均值的绝对偏差为 1.86%，仅为全国总体地区差的 82.07%；上海地区差 2.1029 最高，即与全国人均值的绝对偏差为 110.29%，高达全国总体地区差的 169.43%。

基于全国及各地城乡居民消费历年不同增长状况，与 2000 年相比，全国地区差显著缩小 7.90%。同期，23 个省域地区差缩小，8 个省域地区差扩大。这无疑表明，全国及绝大部分省域居民消费增长变化态势已经转入"区域均衡发展"的健康轨道。10 个省域地区差变化态势好于全国地区差变化态势，21 个省域地区差变化态势逊于全国地区差变化态势。其中，广东地区差变化态势最佳，缩减 33.40%；吉林地区差变化态势不佳，扩增 11.13%。

本项检测体系的地区差距相关性考察在经济、财政、民生全数据链当中通约演算，各地经济、社会、民生发展的地区差距具有贯通性。全国及各地产值地区差动态有可能影响居民生活各方面地区差变化，随之居民收入、总消费、物质消费或非物消费、积蓄地区差动态又有可能影响各分类单项消费地区差变化。

全国及各地居民总消费分类项不同增长导致各类消费的地区差变化差异。

表2　全国及各地居民总消费分类地区差变化状况

地　区	2000年总消费		2018年总消费		18年间地区差扩减（%）	2018年分类人均值地区差（无差距=1）			
	城乡人均值（元）	地区差（无差距=1）	城乡人均值（元）	地区差（无差距=1）		物质消费人均值（元）	物质消费地区差	非物消费人均值（元）	非物消费地区差
全　国	2851.61	1.3476	20384.33	1.2411	-7.90	13140.85	1.2644	7243.48	1.2111
广　东	5527.43	1.9384	26313.85	1.2909	-33.40	17879.95	1.3606	8433.90	1.1643
上　海	8293.64	2.9084	42865.62	2.1029	-27.70	28748.89	2.1878	14116.73	1.9489
北　京	7332.13	2.5712	39855.95	1.9552	-23.96	26731.67	2.0342	13124.28	1.8119
浙　江	5025.23	1.7622	29900.52	1.4668	-16.76	19665.18	1.4965	10235.34	1.4130
天　津	4946.50	1.7346	29976.13	1.4705	-15.23	18907.65	1.4388	11068.48	1.5281
福　建	3719.03	1.3042	23565.55	1.1561	-11.36	16541.73	1.2588	7023.82	1.0303
河　北	2124.97	1.2548	17369.99	1.1479	-8.52	11163.93	1.1504	6206.06	1.1432
海　南	2492.30	1.1260	17993.53	1.1173	-0.77	12076.55	1.0810	5916.98	1.1831
山　东	2966.95	1.0404	19506.37	1.0431	0.26	12227.80	1.0695	7278.57	1.0048
江　苏	3545.79	1.2434	25488.19	1.2504	0.56	16641.41	1.2664	8846.78	1.2213
东　部	4022.12	1.6884	25093.80	1.4001	-17.08	16560.28	1.4344	8533.52	1.3449
安　徽	2111.68	1.2595	17494.85	1.1418	-9.34	11839.80	1.0990	5655.05	1.2193
河　南	1884.71	1.3391	15790.00	1.2254	-8.49	10117.12	1.2301	5672.88	1.2168
江　西	2180.27	1.2354	16347.36	1.1980	-3.03	11082.70	1.1566	5264.66	1.2732
山　西	2104.29	1.2621	15317.74	1.2486	-1.07	9334.80	1.2896	5982.94	1.1740
湖　北	2769.44	1.0288	19956.05	1.0210	-0.76	12659.58	1.0366	7296.47	1.0073
湖　南	2893.25	1.0146	19549.47	1.0410	2.60	12083.61	1.0805	7465.86	1.0307
中　部	2312.50	1.1899	17466.42	1.1459	-3.70	11224.01	1.1487	6242.41	1.1536
甘　肃	1801.62	1.3682	15435.69	1.2428	-9.17	9920.92	1.2450	5514.77	1.2387
内蒙古	2588.83	1.0922	20005.19	1.0186	-6.74	12195.52	1.0719	7809.67	1.0782
四　川	2362.70	1.1715	18269.34	1.1037	-5.79	12034.19	1.0842	6235.60	1.1391
贵　州	1838.84	1.3552	14604.53	1.2835	-5.29	8815.16	1.3292	5789.37	1.2007
青　海	2233.07	1.2169	17147.25	1.1588	-4.77	10313.55	1.2152	6833.70	1.0566
陕　西	2206.74	1.2261	16906.09	1.1706	-4.53	10495.05	1.2013	6411.04	1.1149
宁　夏	2304.20	1.1920	17325.68	1.1500	-3.52	10060.26	1.2344	7265.42	1.0030
新　疆	2303.68	1.1921	16828.32	1.1744	-1.48	10519.06	1.1995	6309.26	1.1290
重　庆	2747.01	1.0367	19867.26	1.0254	-1.09	12908.07	1.0177	6959.19	1.0392
云　南	2163.44	1.2413	15030.74	1.2626	1.72	9202.72	1.2997	5828.02	1.1954

地　区	2000 年总消费		2018 年总消费		18 年间地区差扩减（％）	2018 年分类人均值地区差（无差距＝1）			
	城乡人均值（元）	地区差（无差距＝1）	城乡人均值（元）	地区差（无差距＝1）		物质消费人均值（元）	物质消费地区差	非物消费人均值（元）	非物消费地区差
西　藏	1940.69	1.3194	12280.81	1.3975	5.92	8929.98	1.3204	3350.83	1.5374
广　西	2409.09	1.1552	15361.34	1.2464	7.89	9599.41	1.2695	5761.93	1.2045
西　部	2274.77	1.2139	16860.21	1.1862	-2.28	10641.17	1.2073	6219.04	1.1614
辽　宁	3150.68	1.1049	21618.56	1.0605	-4.02	12923.25	1.0166	8695.31	1.2004
黑龙江	2705.19	1.0513	17164.42	1.1580	10.15	10158.26	1.2270	7006.16	1.0328
吉　林	2765.45	1.0302	17430.82	1.1449	11.13	10154.85	1.2272	7275.97	1.0045
东　北	2895.09	1.0621	19021.56	1.1211	5.56	11268.97	1.1569	7752.59	1.0792

注：①《中国统计年鉴》发布的城乡综合人均值与总量数据之间存在演算误差，对应同时发布的产值人均值和总量分别演算居民收入比有出入，本文恢复自行演算城乡人均值，以保证数据库测算模型的规范性及其历年通行测评的标准化；②地区差保留 4 位小数精确排序，地区差扩减负值为地区差缩小，全文同。

2000～2018 年，全国居民物质消费人均值地区差缩小 4.24%。20 个省域地区差小于全国总体地区差，11 个省域地区差大于全国总体地区差。其中，辽宁地区差 1.0166 最小，仅为全国地区差的 80.40%，相比 2000 年缩小 7.24%；上海地区差 2.1878 最大，高达全国地区差的 173.03%，相比 2000 年缩小 21.32%。

同期，全国居民非物消费人均值地区差缩小 14.48%。21 个省域地区差小于全国总体地区差，10 个省域地区差大于全国总体地区差。其中，宁夏地区差 1.0030 最小，仅为全国地区差的 82.82%，相比 2000 年缩小 14.05%；上海地区差 1.9489 最大，高达全国地区差的 160.92%，相比 2000 年缩小 39.39%。

后台数据库检测表明，全国产值地区差缩小 10.03%，财政支出地区差缩小 7.23%，居民收入地区差缩小 6.77%。

2. 城镇与乡村人均值及其城乡比

全国及各地居民总消费分类城乡比变化状况见表3，分区域以城乡比扩减变化倒序位次排列。

表3 全国及各地居民总消费分类城乡比变化状况

地 区	2000年总消费		2018年总消费		18年间城乡比扩减（%）	2018年分类人均值城乡比（乡村=1）			
	城乡比（乡村=1）	乡村人均值（元）	城乡比（乡村=1）	乡村人均值（元）		物质消费城乡比	乡村人均值（元）	非物质消费城乡比	乡村人均值（元）
全 国	2.9926	1670.13	2.1537	12124.27	-28.03	2.2063	7674.30	2.0631	4449.97
重 庆	3.9912	1395.53	2.0167	11976.81	-49.47	1.9882	7869.31	2.0715	4107.50
四 川	3.2708	1484.59	1.8458	12723.19	-43.57	1.7659	8627.95	2.0140	4095.24
云 南	4.0803	1270.83	2.3706	9122.90	-41.90	2.4239	5501.49	2.2896	3621.41
贵 州	3.9013	1096.64	2.2669	9170.24	-41.89	2.1160	5791.82	2.5256	3378.42
广 西	3.2610	1487.96	1.8988	10616.96	-41.77	1.9164	6594.67	1.8699	4022.29
西 藏	4.9744	1116.59	3.0903	7452.07	-37.88	3.3269	5187.93	2.5483	2264.14
陕 西	3.4180	1251.21	2.1812	10070.76	-36.18	2.2207	6168.30	2.1187	3902.46
青 海	3.4359	1218.23	2.2215	10352.35	-35.34	2.3065	6059.43	2.1014	4292.92
甘 肃	3.8067	1084.00	2.4939	9064.55	-34.49	2.7139	5492.12	2.1556	3572.43
宁 夏	2.9641	1417.13	2.0368	10789.62	-31.28	2.0464	6243.38	2.0237	4546.24
新 疆	3.5771	1236.45	2.5677	9421.29	-28.22	2.5318	5949.08	2.6293	3472.21
内蒙古	2.4322	1614.91	1.9300	12661.48	-20.65	2.1469	7109.98	1.6523	5551.50
西 部	3.4692	1343.59	2.1236	10620.54	-38.79	2.1186	6714.21	2.1323	3906.33
安 徽	3.2032	1321.50	1.6883	12748.08	-47.29	1.6878	8628.97	1.6893	4119.11
湖 北	2.9856	1555.61	1.7206	13946.26	-42.37	1.8131	8517.76	1.5754	5428.50
山 西	3.4307	1149.01	2.1576	9172.22	-37.11	2.1089	5685.54	2.2369	3486.68
河 南	2.9112	1315.83	2.0197	10392.01	-30.62	2.0993	6485.55	1.8877	3906.46
湖 南	2.6860	1942.94	1.9704	12720.54	-26.64	1.9174	8015.39	2.0606	4705.15
江 西	2.2059	1642.66	1.9072	10885.20	-13.54	1.8373	7574.53	2.0670	3310.67
中 部	2.9001	1491.73	1.9009	11682.73	-34.45	1.9077	7488.68	1.8888	4194.05
河 北	3.1852	1365.23	1.9439	11382.80	-38.97	2.0507	7041.36	1.7708	4341.44
天 津	3.0673	1995.61	1.9365	16863.33	-36.87	1.9143	10747.95	1.9754	6115.38
广 东	3.0298	2646.02	2.0066	15411.31	-33.77	2.0382	10337.53	1.9423	5073.78
海 南	2.7512	1483.90	2.0967	10955.77	-23.79	2.0167	7569.01	2.2755	3386.76
山 东	2.8361	1770.75	2.2004	11270.12	-22.41	2.3283	6760.58	2.0086	4509.54
江 苏	2.2773	2337.46	1.7784	16566.97	-21.91	1.9084	10219.10	1.5690	6347.87
福 建	2.3400	2409.69	1.8835	14942.80	-19.51	1.8970	10430.66	1.8523	4512.14
浙 江	2.1729	3230.88	1.7556	19706.83	-19.20	1.7440	13029.04	1.7782	6677.79
北 京	2.4793	3425.71	2.1255	20195.32	-14.27	2.1465	13421.94	2.0840	6773.38
上 海	2.1433	4137.61	2.3048	19964.73	7.54	2.2571	13656.69	2.4081	6308.04
东 部	2.9818	2150.11	2.1093	14361.58	-29.26	2.1804	9224.84	1.9816	5136.74

续表

地 区	2000 年总消费		2018 年总消费		18 年间城乡比扩减（%）	2018 年分类人均值城乡比（乡村 =1）			
	城乡比（乡村 =1）	乡村人均值（元）	城乡比（乡村 =1）	乡村人均值（元）		物质消费城乡比	乡村人均值（元）	非物质消费城乡比	乡村人均值（元）
黑龙江	2.4828	1540.35	1.8425	11416.78	−25.79	2.0609	6217.03	1.5814	5199.75
吉 林	2.5885	1553.35	2.0685	10826.24	−20.09	2.2320	5961.40	1.8680	4864.84
辽 宁	2.4842	1753.54	2.3088	11455.04	−7.06	2.4425	6534.06	2.1314	4920.98
东 北	2.5178	1623.79	2.1056	11262.03	−16.37	2.2870	6253.30	1.8790	5008.73

注：①城乡比保留 4 位小数精确排序，城乡比扩减负值为城乡比缩小，全文同；②限于制表篇幅，省略分类消费城镇人均值，可取乡村人均值的倍数比（乡村人均值乘以城乡比）演算城镇人均值。

2000 年，全国城镇居民消费人均值为 4998.00 元。12 个省域城镇人均值高于全国城镇人均值，19 个省域城镇人均值低于全国城镇人均值。其中，上海城镇人均值 8868.19 元最高，高达全国城镇人均值的 177.43%；江西城镇人均值 3623.56 元最低，低至全国城镇人均值的 72.50%。

同年，全国乡村居民消费人均值为 1670.13 元。10 个省域乡村人均值高于全国乡村人均值，21 个省域乡村人均值低于全国乡村人均值。其中，上海乡村人均值 4137.61 元最高，高达全国乡村人均值的 247.74%；甘肃乡村人均值 1084.00 元最低，低至全国乡村人均值的 64.91%。

2018 年，全国城镇居民消费人均值为 26112.31 元。8 个省域城镇人均值高于全国城镇人均值，23 个省域城镇人均值低于全国城镇人均值。其中，上海城镇人均值 46015.21 元最高，高达全国城镇人均值的 176.22%；山西城镇人均值 19789.84 元最低，低至全国城镇人均值的 75.79%。

同年，全国乡村居民消费人均值为 12124.27 元，仅为城镇人均值的 46.43%。12 个省域乡村人均值高于全国乡村人均值，19 个省域乡村人均值低于全国乡村人均值。其中，北京乡村人均值 20195.32 元最高，高达全国乡村人均值的 166.57%；西藏乡村人均值 7452.07 元最低，低至全国乡村人均值的 61.46%。

2000 年以来 18 年间，全国城镇居民消费人均值年均增长 9.62%。13

个省域城镇人均值年均增长高于全国城镇平均增长，18 个省域城镇人均值年均增长低于全国城镇平均增长。其中，内蒙古城镇人均值年均增长 10.69% 最高，高于全国城镇年增 1.07 个百分点；广东城镇人均值年均增长 7.79% 最低，低于全国城镇年增 1.83 个百分点。

同期，全国乡村居民消费人均值年均增长 11.64%，高于全国城镇年增 2.02 个百分点。在此期间，30 个省域乡村人均值年均增长高于自身城镇年增。17 个省域乡村人均值年均增长高于全国乡村平均增长，14 个省域乡村人均值年均增长低于全国乡村平均增长。其中，安徽乡村人均值年均增长 13.42% 最高，高于全国乡村年增 1.78 个百分点；上海乡村人均值年均增长 9.14% 最低，低于全国乡村年增 2.50 个百分点。

全国及各地居民消费城乡比及其扩减变化基于城镇与乡村人均绝对值及其不同增长进行演算，在民生发展的城乡差距长期存在的情况下，倘若乡村人均值增长滞后于城镇人均值增长，势必导致城乡比进一步扩大。

2000 年，全国居民消费城乡比为 2.9926，即全国城镇人均值为乡村人均值的 299.26%，其间倍差为 2.99。16 个省域城乡比小于全国城乡比，15 个省域城乡比大于全国城乡比。其中，上海城乡比 2.1433 最低，即城镇与乡村的人均值倍差为 2.14，仅为全国总体城乡比的 71.62%；西藏城乡比 4.9744 最高，即城镇与乡村的人均值倍差为 4.97，高达全国总体城乡比的 166.23%。

2018 年，全国居民消费城乡比为 2.1537，即全国城镇人均值为乡村人均值的 215.37%，其间倍差为 2.15。20 个省域城乡比小于全国城乡比，11 个省域城乡比大于全国城乡比。其中，安徽城乡比 1.6883 最低，即城镇与乡村的人均值倍差为 1.69，仅为全国总体城乡比的 78.39%；西藏城乡比 3.0903 最高，即城镇与乡村的人均值倍差为 3.09，高达全国总体城乡比的 143.49%。

基于全国城镇与乡村居民消费历年不同增长状况，与 2000 年相比，全国城乡比明显缩小 28.03%。同期，30 个省域城乡比缩小，1 个省域城乡比扩大。这无疑表明，全国及绝大部分省域居民消费增长变化态势已经转入

"城乡均衡发展"的健康轨道。18 个省域城乡比变化态势好于全国城乡比变化态势，13 个省域城乡比变化态势逊于全国城乡比变化态势。其中，重庆城乡比变化态势最佳，缩减 49.47%；上海城乡比变化态势不佳，扩增 7.54%。

本项检测体系的城乡差距相关性考察集中于民生数据链当中。首先，有必要检验城镇与乡村之间居民消费增长相关系数（可简化理解为城乡增长同步程度）：全国为 0.4328，呈很弱正相关，城乡增长同步性极差，26 个省域呈 60% 以下弱相关，其中 6 个省域呈负相关；江苏最高为 0.8116，上海最低为 −0.2373。

其次，全国及各地居民收入、总消费、积蓄的城乡差距动态有可能对分类单项消费的城乡差距变化产生影响，而物质消费和非物消费的城乡差距动态又有可能反过来对总消费、积蓄的城乡差距变化产生影响，尤其是各类消费需求之间城乡比变化具有贯通性。

全国及各地城乡之间居民总消费分类项不同增长导致各类消费的城乡比变化差异。

2000 ~ 2018 年，全国居民物质消费人均值城乡比缩小 18.84%。21 个省域城乡比小于全国总体城乡比，10 个省域城乡比大于全国总体城乡比。其中，安徽城乡比 1.6878 最小，仅为全国城乡比的 76.50%，相比 2000 年缩小 43.53%；西藏城乡比 3.3269 最大，高达全国城乡比的 150.79%，相比 2000 年缩小 13.20%。

同期，全国居民非物消费人均值城乡比缩小 45.84%。17 个省域城乡比小于全国总体城乡比，14 个省域城乡比大于全国总体城乡比。其中，江苏城乡比 1.5690 最小，仅为全国城乡比的 76.05%，相比 2000 年缩小 38.89%；新疆城乡比 2.6293 最大，高达全国城乡比的 127.44%，相比 2000 年缩小 49.02%。

后台数据库检测表明，全国居民收入城乡比缩小 3.65%，居民积蓄城乡比扩大 139.82%。

中国社会由历史承继下来的结构性、体制性"非均衡格局"弊端根深蒂固，长期存在的城乡差距、地区差距系全国及各地民生发展"非均衡性"的主要成因。进入"全面建成小康社会"进程以来，国家把解决"三农"问题列为"重中之重"，并致力于推进区域"均衡发展"。就本文涉及的居民总消费数据范围来看，国家大力推进缩小区域发展差距的几大战略已见成效，推进缩小城乡发展差距的长年多方努力更显成效。

三　居民总消费相关性比值协调性检测

全国及各地居民总消费分类相对比值变化状况见表4，分区域以居民消费率升降位次排列。

1. 居民消费与产值之比

2000年，全国居民消费率为35.91%，此为全国城乡居民消费与产值的相对比值。20个省域比值高于全国总体比值，11个省域比值低于全国总体比值。其中，贵州比值66.65%最高，高达全国总体比值的185.62%；上海比值27.95%最低，低至全国总体比值的77.85%。

到2018年，全国居民消费率为31.53%，意味着居民消费与产值的相对比值降低。17个省域比值高于全国总体比值，14个省域比值低于全国总体比值。其中，甘肃比值49.26%最高，高达全国总体比值的156.21%；江苏比值22.13%最低，低至全国总体比值的70.18%。

基于居民消费与产值历年不同增长状况，与2000年相比，全国居民消费率降低12.20%。同期，6个省域比值上升，25个省域比值下降。11个省域比值升降变化态势好于全国比值变化，20个省域比值升降变化态势逊于全国比值变化。其中，辽宁比值升降变化态势最佳，升高32.21%；贵州比值升降变化态势不佳，降低46.87%。

2. 居民消费与居民收入之比

2000年，全国居民消费比为77.43%，此为全国城乡居民消费与居民收入的相对比值，总消费需求开支占比以低为佳。13个省域比值低于全国总体比值，18个省域比值高于全国总体比值。其中，河北比值64.60%最低，低至全国总体比值的 83.44%；湖南比值 86.01% 最高，高达全国总体比值的 111.09%。

到 2018 年，全国居民消费比为 69.90%，居民消费与居民收入的相对比值降低，总消费需求开支占比以低为佳。12 个省域比值低于全国总体比值，19 个省域比值高于全国总体比值。其中，北京比值 63.89% 最低，低至全国总体比值的 91.40%；甘肃比值 82.30% 最高，高达全国总体比值的 117.74%。

基于居民消费与居民收入历年不同增长状况，与 2000 年相比，全国居民消费比降低 9.72%。同期，3 个省域比值上升，28 个省域比值下降。15 个省域比值升降变化态势好于全国比值变化，16 个省域比值升降变化态势逊于全国比值变化。其中，北京比值升降变化态势最佳，降低 21.29%；河北比值升降变化态势不佳，升高 9.35%。

本项检测体系建立各类相关性比值分析测算十分复杂，不同方面、不同层次的比值当然不具可比性。以下可对应比值之间历年变化相关系数（可简化理解为比值变化同步程度）检测在同一层面展开，或在上下层次递进（个别特殊例外详后）关系里展开：①居民消费率与财政支出比；②与居民收入比同属对应于产值的相对比值；③与居民积蓄率属上下层相邻的相对比值；④居民消费比与物质消费比；⑤与非物消费比同属对应于居民收入的相对比值。

表4 全国及各地居民总消费分类相对比值变化状况

单位：%

地 区	2000 年总消费		2018 年总消费		18 年间消费率升降	2018 年总消费分类数据相对比值			
	居民消费率	居民消费比	居民消费率	居民消费比		物质消费比	物质消费比重	非物消费比	非物消费比重
全 国	35.91	77.43	31.53	69.90	−12.20	45.06	64.47	24.84	35.53
辽 宁	28.19	79.42	37.27	71.98	32.21	43.03	59.78	28.95	40.22
黑龙江	32.62	76.03	39.66	74.63	21.58	44.17	59.18	30.46	40.82
吉 林	37.62	81.53	31.34	75.37	−16.69	43.91	58.26	31.46	41.74
东 北	31.54	78.74	36.38	73.56	15.35	43.58	59.24	29.98	40.76
河 北	27.99	64.60	36.36	70.64	29.90	45.40	64.27	25.24	35.73
上 海	27.95	75.57	31.76	67.53	13.63	45.29	67.07	22.24	32.93

续表

地 区	2000 年总消费		2018 年总消费		18 年间消费率升降	2018 年总消费分类数据相对比值			
	居民消费率	居民消费比	居民消费率	居民消费比		物质消费比	物质消费比重	非物质消费比	非物消费比重
海　南	36.66	72.99	34.63	71.04	−5.54	47.68	67.12	23.36	32.88
北　京	30.40	81.17	28.43	63.89	−6.48	42.85	67.07	21.04	32.93
天　津	28.51	72.17	24.83	75.70	−12.91	47.75	63.08	27.95	36.92
浙　江	37.46	75.76	30.31	64.09	−19.09	42.15	65.77	21.94	34.23
山　东	31.81	72.92	25.58	64.05	−19.59	40.15	62.69	23.90	37.31
福　建	33.22	75.37	25.84	69.94	−22.22	49.10	70.19	20.85	29.81
江　苏	30.14	72.48	22.13	65.22	−26.58	42.58	65.29	22.64	34.71
广　东	43.40	79.75	30.45	72.56	−29.84	49.30	67.95	23.26	32.05
东　部	32.69	74.75	27.94	67.70	−14.53	44.68	65.99	23.02	34.01
山　西	36.78	73.33	33.79	66.85	−8.13	40.74	60.94	26.11	39.06
河　南	34.58	72.08	31.48	68.59	−8.96	43.95	64.07	24.64	35.93
安　徽	44.19	74.19	36.67	69.90	−17.02	47.30	67.68	22.59	32.32
江　西	44.94	74.14	34.46	64.95	−23.32	44.03	67.80	20.92	32.20
湖　南	53.33	86.01	36.92	73.50	−30.77	45.43	61.81	28.07	38.19
湖　北	44.01	78.05	29.96	74.95	−31.92	47.55	63.44	27.40	36.56
中　部	43.57	76.81	33.55	70.26	−23.00	45.15	64.26	25.11	35.74
甘　肃	43.63	80.03	49.26	82.30	12.90	52.89	64.27	29.40	35.73
新　疆	31.25	77.65	34.01	75.13	8.83	46.96	62.51	28.17	37.49
云　南	45.36	83.74	40.47	69.90	−10.78	42.80	61.23	27.10	38.77
青　海	43.46	81.24	35.96	78.86	−17.26	47.43	60.15	31.43	39.85
四　川	47.67	80.28	37.37	77.48	−21.61	51.03	65.87	26.44	34.13
宁　夏	42.86	84.08	32.03	73.72	−25.27	42.81	58.07	30.91	41.93
内蒙古	39.82	77.52	29.29	68.79	−26.44	41.93	60.96	26.85	39.04
广　西	51.79	81.62	37.02	68.64	−28.52	42.89	62.49	25.75	37.51
西　藏	42.45	78.80	28.30	66.83	−33.33	48.59	72.71	18.23	27.29
重　庆	48.91	82.95	30.13	72.35	−38.40	47.01	64.97	25.34	35.03
陕　西	44.42	84.67	26.63	70.69	−40.05	43.88	62.08	26.81	37.92
贵　州	66.65	81.78	35.41	73.21	−46.87	44.19	60.36	29.02	39.64
西　部	47.95	81.34	34.60	73.16	−27.84	46.18	63.11	26.99	36.89

注：①居民消费率降低意味着民生消费需求拉动经济增长的作用下降；单独取居民消费与收入的关系来看，居民消费比降低意味着居民收入中生活消费开支比重下降。②表中各地各类消费比（占居民收入比）、消费比重（占居民总消费比）高低一目了然，比值升降负值为比值下降。物质消费比重降低、非物消费比重增高贴切体现"消费结构升级"。

全国及各地居民总消费分类项之间不同增长导致各类消费的比重变化差异。

2018 年，全国居民物质消费占总消费比重为 64.47%，相比 2000 年降低 6.12 个百分点。19 个省域此项比重低于全国总体比重，12 个省域此项比重高于全国总体比重。其中，宁夏此项比重 58.07% 最低，仅为全国比重的 90.07%，相比 2000 年降低 11.62 个百分点；西藏此项比重 72.71% 最高，高达全国比重的 112.80%，相比 2000 年降低 10.61 个百分点。

同时，全国居民非物消费占总消费比重为 35.53%，相比 2000 年增高 6.12 个百分点。19 个省域此项比重高于全国总体比重，12 个省域此项比重低于全国总体比重。其中，宁夏此项比重 41.93% 最高，高达全国比重的 118.01%，相比 2000 年增高 11.62 个百分点；西藏此项比重 27.29% 最低，仅为全国比重的 76.78%，相比 2000 年增高 10.61 个百分点。

"全面小康"追求"人民美好生活需要"提升，非物消费比重即为"美好生活需求系数"。分别检测非物消费比重变化倒数 7 位为北京、广东、上海、浙江、福建、海南、江苏，居住消费比重剧增前 7 位为北京、上海、福建、江苏、浙江、西藏、广东，居住消费比重最高前 7 位为北京、上海、江苏、福建、浙江、广东、河北，三者各除海南、西藏、河北外皆为 6 地恰好重合；随之检测居住消费比重"进占"食品消费比重"退让"份额，东部及北京、广东、上海、福建、浙江、天津超过 100%，江苏超过 90%，除天津外 6 地再度重合，全国、四大区域及 23 个省域超过 50%。由此可见，"住房刚需系数"正取代恩格尔系数制约"人民美好生活需要"提升，在全国最发达地区极为显著。

后台数据库检测表明，2000～2018 年，全国居民消费率降低 12.20%，而财政支出比升高 54.92%，居民收入比降低 2.72%，居民积蓄率升高 33.36%；居民消费比降低 9.72%，而物质消费比降低 17.56%，非物消费比升高 9.09%。需要补充说明，本来消费比与积蓄率在同一层次，完全切分居民收入形成绝对负相关，达到极致反而失去分析价值，换用消费率对应尚有各地比较意义。

四 "全面小康" 进程居民总消费指数排行

2018 年统计数据为目前已经正式出版公布的最新年度全国及各地系统数据。全国及各地居民总消费子系统专项指数排行见表 5，分区域以 2018 年度无差距横向测评结果位次排列。

1. 各年度理想值横向测评

2018 年度无差距理想值横向测评居民总消费指数，全国为 86.35，即设相应人均值城乡、地区无差距为理想值 100 加以比较衡量，全国总体尚存差距 13.65 个点。19 个省域此项指数高于全国指数，即指数检测结果高于全国平均水平；12 个省域此项指数低于全国指数，即指数检测结果低于全国平均水平。

在此类检测中，上海、湖北、浙江、天津、北京占据前 5 位。上海此项指数 95.46 最高，高于全国总体指数 9.11 个点；西藏此项指数 74.04 最低，低于全国总体指数 12.31 个点。

2. 2000 年以来基数值纵向测评

取 "十五" 以来 18 年基数值纵向测评居民总消费指数，全国为 191.88，即设 2000 年为基数值 100 加以对比衡量，至 2018 年提升 91.88%。15 个省域此项指数高于全国指数，即指数提升速度高于全国平均速度；16 个省域此项指数低于全国指数，即指数提升速度低于全国平均速度。

在此类检测中，安徽、甘肃、河北、河南、贵州占据前 5 位。安徽此项指数 218.02 最高，即指数提升高达 118.02%；上海此项指数 161.51 最低，即指数提升仅为 61.51%。

3. 2005 年以来基数值纵向测评

取 "十一五" 以来 13 年基数值纵向测评居民总消费指数，全国为 152.71，即设 2005 年为基数值 100 加以对比衡量，至 2018 年提升 52.71%。17 个省域此项指数高于全国指数，即指数提升速度高于全国平均速度；14 个省域此项指数低于全国指数，即指数提升速度低于全国平均速度。

在此类检测中，贵州、河南、安徽、四川、海南占据前 5 位。贵州此项指数 173.22 最高，即指数提升高达 73.22%；上海此项指数 132.79 最低，即指数提升仅为 32.79%。

4. 2010 年以来基数值纵向测评

取"十二五"以来 8 年基数值纵向测评居民总消费指数，全国为 127.85，即设 2010 年为基数值 100 加以对比衡量，至 2018 年提升 27.85%。16 个省域此项指数高于全国指数，即指数提升速度高于全国平均速度；15 个省域此项指数低于全国指数，即指数提升速度低于全国平均速度。

在此类检测中，甘肃、贵州、湖北、四川、天津占据前 5 位。甘肃此项指数 141.74 最高，即指数提升高达 41.74%；上海此项指数 114.95 最低，即指数提升仅为 14.95%。

表5　全国及各地居民总消费子系统专项指数排行

地　区	各五年期起始年纵向测评(基数值＝100)								2018 年度检测无差距横向测评(理想值＝100)	
	"十五"以来 18 年(2000~2018)		"十一五"以来 13 年(2005~2018)		"十二五"以来 8 年(2010~2018)		"十三五"以来 3 年(2015~2018)			
	检测指数	排行	检测指数	排行	检测指数	排行	检测指数	排行	检测指数	排行
全　国	191.88	—	152.71	—	127.85	—	105.59	—	86.35	—
黑龙江	176.15	26	142.28	25	121.68	26	107.22	8	89.56	12
辽　宁	181.83	20	143.59	24	125.27	23	106.83	10	89.36	13
吉　林	171.65	28	141.26	27	121.26	27	104.14	20	88.46	16
东　北	177.31	[4]	142.23	[4]	122.74	[4]	106.25	[3]	88.65	[1]
上　海	161.51	31	132.79	31	114.95	31	102.20	31	95.46	1
浙　江	172.59	27	137.34	30	118.58	29	103.07	28	93.87	3
天　津	185.80	19	155.65	16	135.68	5	103.68	23	93.82	4
北　京	168.79	29	139.30	29	117.97	30	102.81	29	92.99	5
福　建	177.37	25	148.41	21	126.15	21	103.56	25	92.05	6
广　东	166.08	30	142.27	26	126.51	20	106.56	12	91.28	8
江　苏	187.97	18	149.77	19	123.24	25	104.24	19	90.88	9
山　东	179.15	24	144.49	23	120.61	28	106.35	13	88.98	15
海　南	191.01	16	163.66	5	133.86	10	106.25	15	87.98	17
河　北	215.56	3	163.24	6	135.46	6	104.94	17	87.51	19
东　部	181.51	[3]	146.89	[3]	124.07	[3]	104.88	[4]	88.45	[2]

续表

地 区	各五年期起始年纵向测评（基数值＝100）								2018 年度检测无差距横向测评（理想值＝100）	
	"十五"以来18年（2000~2018）		"十一五"以来13年（2005~2018）		"十二五"以来8年（2010~2018）		"十三五"以来3年（2015~2018）			
	检测指数	排行	检测指数	排行	检测指数	排行	检测指数	排行	检测指数	排行
湖 北	196.03	14	162.15	9	139.58	3	110.56	1	95.34	2
湖 南	180.93	23	151.94	18	132.94	12	107.06	9	91.77	7
安 徽	218.02	1	166.15	3	133.95	9	109.18	2	89.21	14
江 西	190.65	17	149.18	20	127.33	18	104.73	18	85.42	23
河 南	210.89	4	169.82	2	130.38	15	105.87	16	85.30	24
山 西	196.87	11	153.36	17	125.65	22	103.97	22	82.81	29
中 部	198.59	[1]	159.74	[1]	131.93	[2]	107.05	[1]	88.26	[3]
四 川	205.73	6	165.82	4	138.05	4	107.23	7	90.26	10
重 庆	200.17	8	155.91	14	132.93	13	106.30	14	89.98	11
内蒙古	196.68	12	155.71	15	127.68	17	103.26	27	87.86	18
甘 肃	217.33	2	162.21	7	141.74	1	108.46	5	86.26	20
宁 夏	198.21	10	157.58	13	126.80	19	103.30	26	86.22	21
广 西	181.30	21	146.63	22	132.48	14	108.88	3	86.10	22
青 海	202.76	7	160.97	11	134.28	8	102.34	30	84.56	25
陕 西	200.15	9	160.62	12	124.87	24	103.67	24	84.08	26
云 南	193.36	15	161.69	10	128.98	16	106.75	11	83.97	27
新 疆	196.24	13	162.16	8	133.36	11	104.13	21	83.18	28
贵 州	206.20	5	173.22	1	140.31	2	108.18	6	80.51	30
西 藏	181.03	22	140.10	28	134.75	7	108.62	4	74.04	31
西 部	197.98	[2]	159.43	[2]	133.14	[1]	106.39	[2]	85.27	[4]

注：在分解独立的"中国民生消费需求景气评价体系"中，居民总消费二级子系统检测取总消费合计数值进行单独演算，占据50%的综合测算权重，本文表6、表7亦取总消费合计数值展开预测算。详见本书技术报告表2、表3，以区别于在"中国人民生活发展指数检测体系"中的相应测算。

5. 2015年以来基数值纵向测评

取"十三五"以来 3 年基数值纵向测评居民总消费指数，全国为105.59，即设 2015 年为基数值 100 加以对比衡量，至 2018 年提升 5.59%。16 个省域此项指数高于全国指数，即提升速度高于全国平均速度；15 个省域此项指数低于全国指数，即提升速度低于全国平均速度。

在此类检测中，湖北、安徽、广西、西藏、甘肃占据前 5 位。湖北此项指数 110.56 最高，即指数提升高达 10.56%；上海此项指数 102.20 最低，即指数提升仅为 2.20%。

6. 逐年度基数值纵向测评

囿于制表空间，表外数据演算补充：2018 年度基数值纵向测评居民总消费指数，全国为 101.93，即设上年 2017 年为基数值 100 加以对比衡量，至 2018 年提升 1.93%。15 个省域此项指数高于全国指数，即指数提升速度高于全国平均速度；16 个省域此项指数低于全国指数，即指数提升速度低于全国平均速度。

在此类检测中，湖北、海南、云南、广西、甘肃占据前 5 位。湖北此项指数 107.95 最高，即指数提升 7.95%；内蒙古此项指数 98.89 最低，即指数降低 1.11%。

现有增长关系格局存在经济增长与民生发展不够协调的问题，存在城乡、区域间民生发展不够均衡的问题，维持现有格局既有增长关系并非应然选择。实现经济、社会、民生发展的协调性，增强城乡、区域发展的均衡性，均为"全面建成小康社会"的既定目标，有些甚至具体化为约束性指标。假定全国及各地城乡比、地区差不再扩大以至消除，居民总消费增长将更加明显，各地排行也将发生变化，可为"全面建成小康社会"进程最后攻坚起到"倒计时"预测提示作用。

五 "全面小康"目标年居民总消费增长预测

1. 实现居民消费比最佳值及最小城乡比应然测算

实现居民消费需求拉动经济增长目标，具体指标即保持居民消费率不再下降，分解亦即保持居民收入比基础上再保持居民消费比，而消除城乡差距的第一步是缩小城乡差距。按全国及各地居民消费比历年最高值测算 2020 年居民消费总量、人均值，再取居民消费历年最小城乡比进行演算。

据此假定推演居民消费"应然增长"动向，亦即协调增长"应有目标"，预测全国及各地 2020 年居民总消费见表 6，分区域以 2018～2020 年纵向测评假定目标差距位次排列。

假定实现居民消费比最佳值及最小城乡比测算，2020 年全国城乡居民消费总量应达 418786.36 亿元，人均值应为 29787.99 元。16 个省域人均值高于全国人均值，15 个省域人均值低于全国人均值。其中，北京人均值 63331.57 元最高，高达全国人均值的 212.61%；甘肃人均值 19940.12 元最低，低至全国人均值的 66.94%。

全国城乡居民消费地区差应为 1.2856，即 31 个省域人均值与全国人均值的绝对偏差平均值为 28.56%。20 个省域地区差小于全国地区差，11 个省域地区差大于全国地区差。其中，宁夏地区差 1.0060 最小，即与全国人均值的绝对偏差为 0.60%，仅为全国总体地区差的 78.25%；北京地区差 2.1261 最大，即与全国人均值的绝对偏差为 112.61%，高达全国总体地区差的 165.37%。

基于城乡人均值测算反推，全国城镇居民消费人均值应为 37233.13 元。16 个省域城镇人均值高于全国城镇人均值，15 个省域城镇人均值低于全国城镇人均值。其中，北京城镇人均值 67656.89 元最高，高达全国城镇人均值的 181.71%；黑龙江城镇人均值 25965.07 元最低，低至全国城镇人均值的 69.74%。

基于城镇人均值演算反推，全国乡村居民消费人均值应为 17931.33 元，仅为城镇人均值的 48.16%。19 个省域乡村人均值高于全国乡村人均值，12 个省域乡村人均值低于全国乡村人均值。其中，上海乡村人均值 35227.88 元最高，高达全国乡村人均值的 196.46%；甘肃乡村人均值 11812.42 元最低，低至全国乡村人均值的 65.88%。

全国居民消费城乡比应为 2.0764，即全国城镇人均值为乡村人均值的 207.64%，其间倍差为 2.08。23 个省域城乡比小于全国城乡比，8 个省域城乡比大于全国城乡比。其中，安徽城乡比 1.5724 最小，即城镇与乡村的人均值倍差为 1.57，仅为全国总体城乡比的 75.72%；西藏城乡比 2.9311 最大，即城镇与乡村的人均值倍差为 2.93，高达全国总体城乡比的 141.16%。

2018 ~ 2020 年纵向测评居民总消费指数，全国应为 110.35，即设 2018

年为基数值 100 加以对比衡量，至 2020 年达到假定目标需提升 10.35%。6 个省域此项指数低于全国指数，即假定测算居民消费指数提升差距小于全国；25 个省域此项指数高于全国指数，即假定测算居民消费指数提升差距大于全国。其中，河北此项指数 100.88 最低，即达到假定增长测算目标的差距最小；西藏此项指数 146.28 最高，即达到假定增长测算目标的差距最大。

表6 全国及各地 2020 年居民总消费应然增长测算

地 区	实现居民消费比最佳值及最小城乡比测算				总消费专项指数测算			
	总消费数值		人均值差距		2018～2020 年纵向测评（基数值＝100）		2020 年度横向测评（理想值＝100）	
	城乡总量（亿元）	城乡人均（元）	地区差（无差距＝1）	城乡比（乡村＝1）	预测指数	差距排序（倒序）	预测指数	排序
全 国	418786.36	29787.99	1.2856	2.0764	110.35	—	86.22	—
黑龙江	8103.53	21508.39	1.2780	1.7824	101.56	2	81.00	28
辽 宁	12757.43	29158.42	1.0211	2.2901	107.62	5	88.42	23
吉 林	7642.89	28279.56	1.0506	1.9506	117.80	16	92.15	20
东 北	28503.86	26281.86	1.1166	2.0633	106.50	[1]	84.99	[4]
河 北	16522.69	21621.08	1.2742	1.8402	100.88	1	79.98	30
海 南	2543.18	26852.76	1.0985	2.0344	110.72	7	86.55	24
天 津	7529.15	46067.57	1.5465	1.7680	112.65	9	94.46	18
山 东	31217.66	30775.79	1.0332	2.1392	114.44	10	91.84	22
福 建	16023.22	40150.55	1.3479	1.8387	114.93	11	96.02	14
江 苏	36316.85	44723.60	1.5014	1.7302	115.39	12	96.64	13
浙 江	28118.94	48126.37	1.6156	1.7145	115.41	13	98.55	10
上 海	15423.26	61387.75	2.0608	1.8438	117.57	15	98.77	8
广 东	54112.84	46548.35	1.5627	1.9168	118.47	17	99.95	7
北 京	14183.45	63331.57	2.1261	1.9386	119.30	21	101.34	5
东 部	221991.24	40585.01	1.5167	2.0337	112.98	[2]	90.94	[3]
河 南	22221.39	23072.03	1.2255	1.9393	109.14	6	83.65	27
山 西	8720.83	23179.12	1.2219	2.0492	112.15	8	84.12	26
安 徽	18198.49	28668.17	1.0376	1.5724	118.57	18	95.80	15

续表

地区	实现居民消费比最佳值及最小城乡比测算				总消费专项指数测算			
	总消费数值		人均值差距		2018~2020年纵向测评（基数值=100）		2020年度横向测评（理想值=100）	
	城乡总量（亿元）	城乡人均（元）	地区差（无差距=1）	城乡比（乡村=1）	预测指数	差距排序（倒序）	预测指数	排序
江　西	12920.34	27557.15	1.0749	1.8766	119.00	19	91.94	21
湖　北	23059.28	38811.40	1.3029	1.6184	120.86	24	100.49	6
湖　南	25346.28	36373.12	1.2211	1.9037	123.78	26	101.97	4
中　部	110466.61	29584.00	1.1806	1.8132	115.64	[3]	91.24	[2]
甘　肃	5268.19	19940.12	1.3306	2.3794	103.37	3	79.08	31
新　疆	5840.04	22911.57	1.2308	2.4011	107.30	4	80.39	29
云　南	11028.33	22618.01	1.2407	2.2318	116.61	14	86.53	25
内蒙古	9288.86	36403.14	1.2221	1.8811	119.12	20	95.71	16
四　川	26090.72	31223.88	1.0482	1.7321	119.40	22	97.48	11
青　海	1738.74	28488.01	1.0436	2.1164	120.62	23	93.35	19
宁　夏	2096.09	29965.54	1.0060	1.9537	123.31	25	95.47	17
重　庆	13321.12	42435.27	1.4246	1.8694	128.74	27	103.58	3
广　西	14066.00	28372.24	1.0475	1.7880	128.94	28	98.63	9
陕　西	15050.98	38781.45	1.3019	2.0750	140.89	29	106.86	1
贵　州	13310.22	37124.45	1.2463	2.1342	143.71	30	105.80	2
西　藏	933.01	26452.07	1.1120	2.9311	146.28	31	97.28	12
西　部	118032.32	30898.35	1.1879	2.0115	121.98	[4]	93.45	[1]

注：①全国及26个省域城乡比自身趋于缩小，保持缩小趋势至2020年即为最小城乡比；5个省域城乡比自身趋于扩大，同样按各自历年最小城乡比假定测算。②纵向测评排序取倒序，指数越低差距越小；横向测评指数普遍接近，四大区域差异明显减小，部分省域指数超出理想值100，由其他指标明显提升所致。③全国城乡比一般应在各地数值之间，此处"失常"由全国及各地分别假定测算所致。④表外附加城镇、乡村人均值按最小城乡比反推演算，势必突破相应背景数值关系，于是全国及各地收入与总消费之差对应积蓄测算数值或有出入，实属此项测算设计使然。

　　在此假定"应然目标"下，纵向测评指数即为差距测量结果，指数越低意味着差距越小，越容易实现。

　　2020年度横向测评居民总消费指数，全国应为86.22，即设相应人均值城乡、地区无差距为理想值100加以比较衡量，全国总体尚存差距13.78个点。25 个省域此项指数高于全国指数，即假定测算居民消费指数高于全国；6 个省域此项指数依次低于全国指数，即假定测算居民消费指数低于全国。其中，陕西此项指数 106.86 最高，即达到假定目标情况下高于全国总体指数 20.64 个点；甘肃此项指数 79.08 最低，即达到假定目标情况下低于全国总体指数 7.14 个点。

在此项假定测算中，各省域居民总消费指数不仅普遍提升，而且相互接近；四大区域横向测评指数较为接近，地区性差异排序部分失去意义。由于预设全国所有省域同步达到"应然目标"，各地纵向测评差距愈大，倘若同时得以实现则横向测评排行有可能愈前，反之亦然。

保持居民消费率不再下降，实现居民消费最小城乡比"应然目标"，本身即为"协调增长"的基本需要。在假定实现最小城乡比情况下，与 2018 年相比，全国居民消费城乡比应较明显缩减，31 个省域城乡比相应缩减。在此项假定测算当中，由于全国及 26 个省域城乡比自身趋于缩小，保持缩小趋势至 2020 年即为最小城乡比；5 个省域城乡比自身趋于扩大，同样按各自历年最小城乡比假定测算，于是城乡综合演算的居民消费总量、人均值明显提升。由此可知，既有城乡差距在全国社会结构中的"非均衡性"影响极大。

但是，地区差距在全国社会结构中的"非均衡性"影响同样很大。假定各地按照自身历年最小城乡比测算下来，全国居民消费地区差将极显著扩增，16 个省域地区差相应扩增。

2. 实现居民消费比最佳值并弥合城乡比理想测算

城乡差距系民生发展"非均衡性"的最主要成因，仅仅实现居民消费既往历年最小城乡比显然不够。假定全国及各地实现居民消费比历年最佳值并同步弥合城乡比，以最小城乡比演算的各自城镇人均值作为城乡持平人均值进行测算，可以检测最终消除城乡差距的实际距离。

据此假定推演居民消费"理想增长"动向，亦即均衡发展"理想目标"，预测全国及各地 2020 年居民总消费见表 7，分区域以 2018～2020 年纵向测评假定目标差距位次排列。

假定实现居民消费比最佳值并弥合城乡比测算，2020 年全国城乡居民消费总量应达 523456.70 亿元，城乡持平人均值应为 37233.13 元，即前面测算的城镇人均值水平。16 个省域人均值高于全国人均值，15 个省域人均值低于全国人均值。其中，北京人均值 67656.89 元最高，高达全国人均值的 181.71%；黑龙江人均值 25965.07 元最低，低至全国人均值的 69.74%。

全国城乡居民消费地区差应为 1.2384，即 31 个省域人均值与全国人均值的绝对偏差平均值为 23.84%。17 个省域地区差小于全国地区差，14 个省域地区差大于全国地区差。其中，宁夏地区差 1.0043 最小，即与全国人均值的绝对偏差为 0.43%，仅为全国总体地区差的 81.09%；北京地区差 1.8171 最大，即与全国人均值的绝对偏差为 81.71%，高达全国总体地区差的 146.73%。

2018～2020 年纵向测评居民总消费指数，全国应为 141.26，即设 2018 年为基数值 100 加以对比衡量，至 2020 年达到假定目标需提升 41.26%。10 个省域此项指数低于全国指数，即假定测算居民消费指数提升差距小于全国；21 个省域此项指数高于全国指数，即假定测算居民消费指数提升差距大于全国。其中，黑龙江此项指数 123.20 最低，即达到假定增长测算目标的差距最小；西藏此项指数 239.84 最高，即达到假定增长测算目标的差距最大。

在此假定"理想目标"下，纵向测评指数即为差距测量结果，指数越低意味着差距越小，越容易实现。

2020 年度横向测评居民总消费指数，全国应为 96.79，即设相应人均值城乡、地区无差距为理想值 100 加以比较衡量，全国总体仅存差距 3.21 个点。24 个省域此项指数高于全国指数，即假定测算居民消费指数略高于全国；7 个省域此项指数低于全国指数，即假定测算居民消费指数略低于全国。其中，西藏此项指数 134.12 最高，即达到假定目标情况下高于全国总体指数 37.33 个点；黑龙江此项指数 88.31 最低，即达到假定目标情况下低于全国总体指数 8.48 个点。

表7 全国及各地2020年居民总消费理想增长测算

地区	实现居民消费比最值值并弥合城乡比测算			总消费专项指数测算			
				2018~2020年纵向测评（基数值=100）		2020年度横向测评（理想值=100）	
	城乡总量（亿元）	城乡持平人均值（元）	地区差（无差距=1）	预测指数	差距排序（倒序）	预测指数	排序
全 国	523456.70	37233.13	1.2384	141.26	—	96.79	—
黑龙江	9782.64	25965.07	1.3026	123.20	1	88.31	31
辽 宁	15446.36	35304.25	1.0518	140.11	9	98.56	23
吉 林	9603.07	35532.46	1.0457	147.50	21	102.14	17
东 北	34832.07	32367.89	1.1334	135.72	[1]	94.98	[4]
安 徽	21581.95	33998.16	1.0869	136.39	6	100.40	21
河 南	28546.26	29639.02	1.2040	139.33	8	94.92	29
湖 北	26952.76	45364.58	1.2184	142.00	12	106.44	7
山 西	10949.15	29101.78	1.2184	144.54	16	95.53	28
江 西	16054.05	34240.88	1.0804	144.97	18	100.35	22
湖 南	31618.43	45373.97	1.2186	151.13	23	110.15	5
中 部	135702.60	36487.81	1.1711	141.95	[2]	100.18	[2]
河 北	20376.15	26663.61	1.2839	126.01	2	89.17	30
天 津	8094.44	49526.34	1.3302	133.07	3	98.28	24
浙 江	32097.77	54936.24	1.4755	134.91	4	102.96	14
江 苏	41266.66	50819.20	1.3649	136.26	5	101.82	18
福 建	18784.50	47069.68	1.2642	138.44	7	102.61	15
海 南	3179.15	33567.79	1.0984	140.54	10	96.71	25
上 海	16319.36	64954.44	1.7445	141.41	11	100.83	19
北 京	15152.13	67656.89	1.8171	143.08	13	104.20	12
广 东	62562.48	53816.81	1.4454	143.91	15	106.40	8
山 东	38887.69	38337.25	1.0297	146.73	20	102.38	16
东 部	256720.32	48076.94	1.3854	142.11	[3]	99.84	[3]
四 川	32287.43	38639.74	1.0378	143.61	14	105.17	9
内蒙古	11148.00	43689.15	1.1734	144.55	17	103.26	13
甘 肃	7425.77	28106.56	1.2451	146.62	19	95.63	27
新 疆	8077.60	31689.91	1.1489	150.69	22	95.95	26
宁 夏	2593.39	37074.88	1.0043	152.16	24	104.83	11
青 海	2262.02	37061.54	1.0046	155.23	25	105.01	10
云 南	15224.03	31222.96	1.1614	155.78	26	100.54	20
重 庆	15680.57	49951.45	1.3416	155.97	27	110.89	4
广 西	17819.07	35942.47	1.0347	156.04	28	107.55	6
陕 西	18924.39	48761.95	1.3096	174.26	29	116.01	3

地区	实现居民消费比最佳值并弥合城乡比测算			总消费专项指数测算			
				2018~2020 年纵向测评（基数值=100）		2020 年度横向测评（理想值=100）	
	城乡总量（亿元）	城乡持平人均值（元）	地区差（无差距=1）	预测指数	差距排序（倒序）	预测指数	排序
贵　州	18110.26	50512.56	1.3567	186.76	30	119.56	2
西　藏	1697.86	48136.29	1.2928	239.84	31	134.12	1
西　部	151250.39	39916.01	1.1759	155.17	[4]	104.67	[1]

注：纵向测评排序取倒序，指数越低差距越小；横向测评指数普遍接近理想值100，各地尚存地区差距影响，但全国地区差略微缩小，较多省域指数超出理想值100，由其他指标明显提升所致。

　　在此项假定测算中，各省域居民总消费指数普遍十分接近；四大区域横向测评指数较为接近，地区性差异排序部分失去意义。由于预设全国所有省域同步达到"理想目标"，各地纵向测评差距愈大，倘若同时得以实现则横向测评排行有可能愈前，反之亦然。

　　实现弥合居民消费城乡比"理想目标"，本身即为"均衡发展"的理念要求。在假定弥合城乡比情况下，与2018年相比，全国居民消费地区差亦随之略微缩减，18个省域地区差相应缩减。据此假定测算可见，由于预设乡村居民消费高速增长，到2020年人均值与城镇持平，全国及各地城乡综合演算的居民消费总量、人均值大幅提升。由此得知，正是既有城乡差距加大了全国"非均衡性"地区差距。

　　设置"应然目标"和"理想目标"展开测算，特别针对中国社会结构体制造成的"非均衡性"地区鸿沟和城乡鸿沟。本项检测回溯"全面小康"建设进程展开测算推演，倘若保持2000年以来全国及各地居民消费增长变化态势，到2020年全国居民消费地区差将为1.2332，略微低于当前居民消费地区差；居民消费城乡比将为2.0764，较明显低于当前居民消费城乡比。这意味着，居民消费地区差和城乡比依然明显存在，仅仅"维持现状"任其"自然增长"显然不够。彻底消除全国及各地民生发展各个方面的地区差距和城乡差距，还需要强有力的政策措施和长时期的持续努力，期待新中国成立百年之际得以基本弥合。

全国省域居民物质消费分类演算指数排行

——2018年检测与2020年测算

王亚南　方彧　杨超*

摘　要： 物质消费指数系"中国人民生活发展指数检测体系"特定组
成部分，在此作为独立的"中国民生消费需求景气评价体
系"三个二级子系统之二。从2000年以来基数值纵向测评可
以看出，中部物质消费指数提升最高，西部次之，东部再次，
东北最低，表明区域均衡发展国家方略已见成效；西藏、安
徽、甘肃、贵州、北京占据前5位。2018年无差距理想值横
向测评发现，差距仍在于各方面协调性、均衡性还不够理想；
上海、北京、浙江、天津、湖北占据前5位。假定全国同步
实现物质消费历年最小城乡比直至弥合城乡比，民生消费需
求景气指数将更加明显提升。

关键词： 省域检测　物质消费　专项测评　指数排行

物质消费指数系"中国人民生活发展指数检测体系"特定组成部分，
在此作为独立的"中国民生消费需求景气评价体系"三个二级子系统之二，

---

* 王亚南，云南省社会科学院研究员，文化发展研究中心主任，主要研究方向为民俗学、民族
学及文化理论、文化战略和文化产业；方彧，中国老龄科学研究中心副研究员，中国社会科
学院博士，主要研究方向为口头传统、老龄文化和文化产业；杨超，云南省商务研究院院长
学术助理，主要从事商务信息大数据与决策咨询相关研究。

取物质消费分类数据综合演算，构成总消费特定部分，在整个指标系统综合演算中的权重倒序第二（详见技术报告表3、表4）。

物质消费为"维持生计"基本消费，"全面小康"进程中出现颇有意味的变化，占居民收入比、占总消费比重持续下降，呈现放大的恩格尔定律关系及其系数变动效应。各个子系统基础数据皆来源于国家统计局《中国统计年鉴》，均采用检测指标自足设计方式，分别实现与其余子系统对应数据的相关性分析测算，独立完成专项检测指数演算，最后汇总成为民生消费需求景气指数。

一 居民物质消费总量增长基本情况

根据正式出版公布的既往年度统计数据和最新年度统计数据，按照本项研究检测的构思设计进行演算，全国及各地居民物质消费分类总量增长状况见表1，分区域以总量增长变化位次排列。

2000年，全国城乡物质消费总量为25416.45亿元；2018年，全国城乡物质消费总量为183016.49亿元。2000年以来18年间，全国城乡物质消费总量年均增长11.59%。20个省域总量年均增长高于全国平均增长，11个省域总量年均增长低于全国平均增长。其中，北京总量年均增长13.14%最高，高于全国总量年增1.55个百分点；吉林总量年均增长9.76%最低，低于全国总量年增1.83个百分点。

全国物质消费总量始终为份额基准100，基于各地历年不同增长状况，东部总量份额上升，增高6.35%；中部总量份额下降，降低1.99%；西部总量份额下降，降低3.70%；东北总量份额下降，降低19.20%。总量份额变化取百分点易于直观对比，但取百分比更有利于精确排序。

20个省域总量占全国份额上升，11个省域总量占全国份额下降。其中，北京总量份额变化态势最佳，增高28.20%；吉林总量份额变化态势不佳，降低25.79%。各省域总量份额变化取决于年均增长幅度，其份额增减程度取百分比演算，排序结果即与年均增长指数排序一致。

物质消费增长放到相关背景中考察更有意义。全国物质消费总量历年平均增长率为 11.59%，低于产值年增 1.38 个百分点，低于财政支出年增 4.16 个百分点；低于居民收入年增 1.21 个百分点，低于居民积蓄年增 3.02 个百分点；低于居民总消费年增 0.57 个百分点，低于非物消费年增 1.75 个百分点。按分类单项消费增长率高低衡量，全国物质消费增长主要在于居住消费增长，而用品消费、衣着消费、食品消费增长低于整个物质消费增长。

表 1　全国及各地居民物质消费分类总量增长状况

单位：亿元，%

地　区	2000 年物质消费		2018 年物质消费		18 年间年均增长	物质消费分类总量 18 年间增长			
	城乡总量	占全国份额	城乡总量	占全国份额		食品消费	衣着消费	居住消费	用品消费
全　国	25416.45	100	183016.49	100	11.59	9.59	10.61	16.37	11.22
北　京	626.15	2.464	5780.32	3.158	13.14	9.34	10.09	22.83	8.52
天　津	337.55	1.328	2946.76	1.610	12.79	11.37	11.67	18.50	9.74
河　北	1003.84	3.950	8415.10	4.598	12.54	10.83	11.42	15.73	12.47
海　南	137.44	0.541	1123.12	0.614	12.38	10.65	11.84	17.64	12.76
上　海	871.75	3.430	6960.11	3.803	12.23	8.75	10.47	20.67	9.09
江　苏	1821.29	7.166	13379.95	7.311	11.72	9.27	10.84	17.17	10.08
广　东	2745.43	10.802	20128.35	10.998	11.70	10.11	11.42	15.41	10.19
浙　江	1533.85	6.035	11203.25	6.121	11.68	9.47	10.95	16.93	9.82
福　建	898.77	3.536	6494.28	3.548	11.61	9.65	9.85	17.19	10.04
山　东	1849.86	7.278	12260.10	6.699	11.08	9.53	9.53	15.66	10.31
东　部	11825.92	45.644	88691.34	48.542	11.84	9.75	10.64	16.98	10.15
安　徽	982.17	3.864	7446.64	4.069	11.91	9.83	11.42	16.90	12.76
江　西	680.30	2.677	5136.83	2.807	11.89	9.49	12.58	16.20	14.15
山　西	468.96	1.845	3463.21	1.892	11.75	9.59	10.54	17.45	11.12
河　南	1320.43	5.195	9694.29	5.297	11.71	9.47	11.66	15.40	12.97
湖　北	1196.81	4.709	7481.18	4.088	10.72	8.90	9.71	14.79	11.14
湖　南	1360.81	5.354	8313.01	4.542	10.58	8.53	10.98	15.04	10.59
中　部	6009.47	23.194	41535.16	22.733	11.34	9.23	11.08	15.69	11.99
新　疆	292.76	1.152	2594.00	1.417	12.89	11.39	11.99	17.38	13.08
甘　肃	322.55	1.269	2610.69	1.426	12.32	10.49	11.69	16.98	12.04
宁　夏	88.07	0.346	689.13	0.377	12.11	10.20	11.77	16.64	12.49

续表

地 区	2000 年物质消费		2018 年物质消费		18 年间年均增长	物质消费分类总量 18 年间增长			
	城乡总量	占全国份额	城乡总量	占全国份额		食品消费	衣着消费	居住消费	用品消费
青　海	81.56	0.321	619.33	0.338	11.92	9.80	11.89	18.28	12.17
内蒙古	410.14	1.614	3087.29	1.687	11.87	10.32	10.88	15.77	12.56
陕　西	549.56	2.162	4040.07	2.207	11.72	10.02	11.44	15.33	11.53
西　藏	41.56	0.164	304.07	0.166	11.69	9.51	11.94	20.72	14.07
四　川	1500.72	5.905	10014.25	5.472	11.12	9.67	11.28	14.47	11.95
云　南	669.40	2.634	4431.34	2.421	11.07	8.75	10.49	16.29	12.49
重　庆	606.62	2.387	3986.76	2.178	11.03	9.49	11.36	14.94	11.38
贵　州	526.55	2.072	3164.64	1.729	10.48	8.05	11.09	16.24	11.58
广　西	837.41	3.295	4708.99	2.573	10.07	8.44	9.85	13.56	10.27
西　部	5926.91	22.876	40250.56	22.030	11.23	9.47	11.16	15.31	11.79
辽　宁	921.59	3.626	5639.71	3.082	10.59	8.78	8.83	15.92	11.33
黑龙江	710.13	2.794	3840.68	2.099	9.83	8.35	8.80	13.39	10.81
吉　林	515.11	2.027	2752.47	1.504	9.76	7.99	9.10	13.54	10.83
东　北	2146.83	8.286	12232.86	6.695	10.15	8.46	8.88	14.48	11.06

　　注：①全国及各省域分别演算未予平衡，省域总量之和不等于全国总量，四大区域占全国份额已加以平衡。②数据演算屡经四舍五入，可能出现细微出入，属于演算常规无误。③占全国份额保留 3 位小数精确排序，全文同。④物质消费支出分类项包括食品烟酒、衣着、居住、生活用品及服务消费，分别简称"食品、衣着、居住、用品"消费，限于制表篇幅省略分类消费总量而直接测算增长率，表中各地各类消费增长高低一目了然。⑤食品消费占总消费比重即所谓"恩格尔系数"，中国社会传统历来"衣食温饱"并提，恩格尔系数"中国版"应以包含"衣食温饱"为宜，而居住消费已经成为国民物质生活"刚需"，本系列检测极度放大至整个物质消费占总消费比重，定义为"物质生活刚需系数"。

　　本系列研究检测把城乡居民总消费前 4 类归为物质消费，其间增长关系影响总消费结构变化。在此选取增长差异最为明显、对应比较最有意义的两项物质消费加以分析。

　　2000～2018 年，全国居民食品消费年均增长 9.59%。14 个省域年均增长高于全国总体年增，17 个省域年均增长低于全国总体年增。其中，新疆年均增长 11.39% 最高，高达全国年增的 118.86%；吉林年均增长 7.99% 最低，仅为全国年增的 83.38%。

同期,全国居民居住消费年均增长 16.37% 。14 个省域年均增长高于全国总体年增,17 个省域年均增长低于全国总体年增。其中,北京年均增长 22.83% 最高,高达全国年增的 139.45% ;黑龙江年均增长 13.39% 最低,仅为全国年增的 81.81% 。

后台数据库检测表明,2000~2018 年,全国居民物质消费年均增长明显低于产值增长,较明显低于居民收入增长,较明显低于居民总消费增长,明显高于食品消费增长,较明显高于衣着消费增长,极显著低于居住消费增长,略微高于用品消费增长。

二 物质消费人均值相关均衡性检测

1. 城乡综合人均值及其地区差

全国及各地居民物质消费分类地区差变化状况见表 2,分区域以地区差扩减变化倒序位次排列。

2000 年,全国城乡物质消费人均值为 2012.95 元。10 个省域人均值高于全国人均值,21 个省域人均值低于全国人均值。其中,上海人均值 5597.09 元最高,高达全国人均值的 278.05% ;甘肃人均值 1264.92 元最低,低至全国人均值的 62.84% 。

2018 年,全国城乡物质消费人均值为 13140.85 元。7 个省域人均值高于全国人均值,24 个省域人均值低于全国人均值。其中,上海人均值 28748.89 元最高,高达全国人均值的 218.78% ;贵州人均值 8815.16 元最低,低至全国人均值的 67.08% 。

2000 年以来 18 年间,全国城乡物质消费人均值年均增长 10.99% 。11 个省域人均值年均增长高于全国平均增长,20 个省域人均值年均增长低于全国平均增长。其中,甘肃人均值年均增长 12.12% 最高,高于全国人均值年增 1.14 个百分点;广东人均值年均增长 9.20% 最低,低于全国人均值年增 1.78 个百分点。

各省域物质消费地区差指数依据其人均值与全国人均值的绝对偏差进行

演算，全国和四大区域地区差取相应省域与全国人均值的绝对偏差平均值进行演算。当地物质消费人均值增大本身具有正面效应，但本来高于全国人均值的省域会导致地区差继续扩大，带来负面效应；而本来低于全国人均值的省域则导致地区差逐渐缩小，带来正面效应。

2000年，全国城乡物质消费地区差为1.3204，即31个省域人均值与全国人均值的绝对偏差平均值为32.04%。24个省域地区差小于全国地区差，7个省域地区差大于全国地区差。其中，湖北地区差1.0006最低，即与全国人均值的绝对偏差为0.06%，仅为全国总体地区差的75.78%；上海地区差2.7805最高，即与全国人均值的绝对偏差为178.05%，高达全国总体地区差的210.59%。

2018年，全国城乡物质消费地区差为1.2644，即31个省域人均值与全国人均值的绝对偏差平均值为26.44%。20个省域地区差小于全国地区差，11个省域地区差大于全国地区差。其中，辽宁地区差1.0166最低，即与全国人均值的绝对偏差为1.66%，仅为全国总体地区差的80.40%；上海地区差2.1878最高，即与全国人均值的绝对偏差为118.78%，高达全国总体地区差的173.03%。

基于全国及各地城乡物质消费历年不同增长状况，与2000年相比，全国地区差较明显缩小4.24%。同期，17个省域地区差缩小，14个省域地区差扩大。这无疑表明，全国及大部分省域物质消费增长变化态势已经转入"区域均衡发展"的健康轨道。12个省域地区差变化态势好于全国地区差变化态势，19个省域地区差变化态势逊于全国地区差变化态势。其中，广东地区差变化态势最佳，缩减25.30%；吉林地区差变化态势不佳，扩增17.82%。

本项检测体系的地区差距相关性考察在经济、财政、民生全数据链当中通约演算，各地经济、社会、民生发展的地区差距具有贯通性。全国及各地产值地区差动态有可能影响居民生活各方面地区差变化，随之居民收入、总消费、物质消费或非物消费、积蓄地区差动态又有可能影响各分类单项消费地区差变化。

表2　全国及各地居民物质消费分类地区差变化状况

地 区	2000 年物质消费		2018 年物质消费		18 年间地区差扩减（%）	2018 年分类地区差（无差距＝1）			
	城乡人均值（元）	地区差（无差距＝1）	城乡人均值（元）	地区差（无差距＝1）		食品消费地区差	衣着消费地区差	居住消费地区差	用品消费地区差
全　国	2012.95	1.3204	13140.85	1.2644	－4.24	1.2314	1.1924	1.3950	1.2143
广　东	3666.19	1.8213	17879.95	1.3606	－25.30	1.4824	1.1371	1.4057	1.1581
上　海	5597.09	2.7805	28748.89	2.1878	－21.32	1.8482	1.5139	2.9261	1.6510
天　津	3444.37	1.7111	18907.65	1.4388	－15.91	1.5029	1.4970	1.3429	1.4484
北　京	4790.74	2.3800	26731.67	2.0342	－14.53	1.3987	1.6326	2.9512	1.8871
浙　江	3381.87	1.6801	19665.18	1.4965	－10.93	1.4385	1.3868	1.6394	1.3353
河　北	1510.90	1.2494	11163.93	1.1504	－7.92	1.2327	1.0080	1.1149	1.0591
福　建	2672.52	1.3277	16541.73	1.2588	－5.19	1.3404	1.0624	1.3183	1.0013
海　南	1772.28	1.1196	12076.55	1.0810	－3.45	1.1602	1.4899	1.1938	1.3249
江　苏	2505.22	1.2445	16641.41	1.2664	1.76	1.1538	1.1872	1.4383	1.2129
山　东	2069.08	1.0279	12227.80	1.0695	4.05	1.0964	1.0999	1.1440	1.1577
东　部	2759.10	1.6342	16560.28	1.4344	－12.23	1.3654	1.3015	1.6474	1.3236
安　徽	1568.59	1.2208	11839.80	1.0990	－9.98	1.0393	1.1072	1.1555	1.1494
河　南	1399.13	1.3049	10117.12	1.2301	－5.73	1.2868	1.0775	1.2321	1.1244
江　西	1623.64	1.1934	11082.70	1.1566	－3.08	1.1386	1.1477	1.1886	1.1270
山　西	1453.67	1.2778	9334.80	1.2896	0.92	1.3426	1.0112	1.3033	1.2899
湖　北	2011.78	1.0006	12659.58	1.0366	3.60	1.0276	1.0173	1.0776	1.0207
湖　南	2078.52	1.0326	12083.61	1.0805	4.64	1.0553	1.0341	1.1418	1.0113
中　部	1687.53	1.1717	11224.01	1.1487	－1.96	1.1484	1.0658	1.1832	1.1204
甘　肃	1264.92	1.3716	9920.92	1.2450	－9.23	1.2231	1.1056	1.3111	1.2421
内蒙古	1732.73	1.1392	12195.52	1.0719	－5.91	1.0613	1.3514	1.2170	1.0177
四　川	1749.91	1.1307	12034.19	1.0842	－4.11	1.0590	1.0774	1.2736	1.0282
陕　西	1513.53	1.2481	10495.05	1.2013	－3.75	1.2193	1.0874	1.2671	1.0103
重　庆	1967.30	1.0227	12908.07	1.0177	－0.49	1.1087	1.1437	1.2467	1.1025
新　疆	1616.12	1.1971	10519.06	1.1995	0.20	1.1560	1.1388	1.3716	1.1032
青　海	1588.37	1.2109	10313.55	1.2152	0.36	1.1633	1.0581	1.3510	1.2256
贵　州	1410.53	1.2993	8815.16	1.3292	2.30	1.3061	1.2422	1.3997	1.2587
宁　夏	1605.61	1.2024	10060.26	1.2344	2.66	1.2429	1.0906	1.3451	1.1189
云　南	1587.58	1.2113	9202.72	1.2997	7.30	1.2752	1.3601	1.3177	1.2795
西　藏	1617.01	1.1967	8929.98	1.3204	10.34	1.1960	1.0080	1.5242	1.4647
广　西	1769.87	1.1208	9599.41	1.2695	13.27	1.1887	1.5158	1.3001	1.2624
西　部	1645.50	1.1959	10641.17	1.2073	0.95	1.1833	1.1816	1.3271	1.1761

续表

地　区	2000 年物质消费		2018 年物质消费		18 年间地区差扩减（％）	2018 年分类地区差（无差距＝1）			
	城乡人均值（元）	地区差（无差距＝1）	城乡人均值（元）	地区差（无差距＝1）		食品消费地区差	衣着消费地区差	居住消费地区差	用品消费地区差
辽　宁	2206.07	1.0959	12923.25	1.0166	− 7.24	1.0033	1.2376	1.1194	1.0139
黑龙江	1869.00	1.0715	10158.26	1.2270	14.51	1.1994	1.0706	1.3279	1.2853
吉　林	1929.27	1.0416	10154.85	1.2272	17.82	1.2253	1.0689	1.3007	1.2704
东　北	2016.37	1.0697	11268.97	1.1569	8.15	1.1427	1.1257	1.2493	1.1899

注：①本文恢复自行演算城乡人均值，物质消费城乡人均值由人民生活消费支出前4类（食品烟酒、衣着、居住、生活用品及服务，分别简称"食品、衣着、居住、用品"）城乡综合人均值合计构成；②地区差保留4位小数精确排序，地区差扩减负值为地区差缩小，全文同。

全国及各地居民物质消费分类项不同增长导致各类消费的地区差变化差异。

2000～2018 年，全国居民食品消费人均值地区差缩小 6.30%。19 个省域地区差小于全国总体地区差，12 个省域地区差大于全国总体地区差。其中，辽宁地区差 1.0033 最小，仅为全国地区差的 81.48%，相比 2000 年缩小 7.57%；上海地区差 1.8482 最大，高达全国地区差的 150.10%，相比 2000 年缩小 38.19%。

同期，全国居民居住消费人均值地区差扩大 5.93%。24 个省域地区差小于全国总体地区差，7 个省域地区差大于全国总体地区差。其中，湖北居住消费地区差 1.0776 最小，仅为全国地区差的 77.24%，相比 2000 年扩大 1.38%；北京居住消费地区差 2.9512 最大，高达全国地区差的 211.55%，相比 2000 年扩大 76.27%。

后台数据库检测表明，全国产值地区差缩小 10.03%，居民收入地区差缩小 6.77%，居民总消费地区差缩小 7.90%，衣着消费地区差缩小 10.61%，用品消费地区差缩小 20.42%。

2. 城镇与乡村人均值及其城乡比

全国及各地居民物质消费分类城乡比变化状况见表3，分区域以城乡比扩减变化倒序位次排列。

表3 全国及各地居民物质消费分类城乡比变化状况

地　区	2000年物质消费		2018年物质消费		18年间城乡比扩减（%）	2018年分类城乡比（乡村=1）			
	城乡比（乡村=1）	乡村人均值（元）	城乡比（乡村=1）	乡村人均值（元）		食品消费城乡比	衣着消费城乡比	居住消费城乡比	用品消费城乡比
全　国	2.7183	1250.25	2.2063	7674.30	−18.84	1.9857	2.7918	2.3510	2.2616
重　庆	3.5619	1075.35	1.9882	7869.31	−44.18	1.8176	3.1854	1.9025	2.1823
四　川	2.9593	1158.61	1.7659	8627.95	−40.33	1.6633	2.3905	1.7563	1.8166
广　西	3.0149	1140.62	1.9164	6594.67	−36.44	1.9345	2.9623	1.7156	2.0759
贵　州	3.3034	917.53	2.1160	5791.82	−35.94	2.1612	3.1631	1.7476	2.3626
陕　西	3.2554	883.90	2.2207	6168.30	−31.78	2.3007	3.2886	1.7690	2.7422
云　南	3.3790	1029.24	2.4239	5501.49	−28.25	2.1740	3.7627	2.5503	2.3134
甘　肃	3.4720	799.03	2.7139	5492.12	−21.83	2.4091	3.4172	2.9324	2.8152
青　海	2.8662	969.58	2.3065	6059.43	−19.53	2.0801	2.7796	2.3660	2.7991
宁　夏	2.5381	1077.45	2.0464	6243.38	−19.37	1.8219	2.5963	2.1588	2.1035
新　疆	3.0985	949.07	2.5318	5949.08	−18.29	2.4432	2.7960	2.4979	2.6913
西　藏	3.8326	1059.63	3.3269	5187.93	−13.19	3.3380	2.2287	4.0222	3.9581
内蒙古	2.2203	1144.57	2.1469	7109.98	−3.31	1.8939	3.4244	1.9653	2.8174
西　部	3.0833	1038.33	2.1186	6714.21	−31.29	1.9995	3.0377	2.0043	2.3066
安　徽	2.9887	1018.74	1.6878	8628.97	−43.53	1.5855	2.6158	1.6294	1.7106
湖　北	2.9021	1151.27	1.8131	8517.76	−37.52	1.7152	2.2236	1.8252	1.8457
山　西	2.9902	864.90	2.1089	5685.54	−29.47	1.8516	2.9078	2.0460	2.7484
河　南	2.6639	1016.53	2.0993	6485.55	−21.19	1.9435	2.3163	2.2083	2.1354
湖　南	2.4167	1473.11	1.9174	8015.39	−20.66	1.8441	2.9219	1.7328	2.1612
江　西	2.0698	1258.30	1.8373	7574.53	−11.23	1.8315	3.0959	1.5015	2.4599
中　部	2.6744	1136.49	1.9077	7488.68	−28.67	1.7989	2.5870	1.8314	2.0823
天　津	3.1966	1339.60	1.9143	10747.95	−40.11	1.8903	2.2196	2.0605	1.4113
河　北	2.8242	1031.63	2.0507	7041.36	−27.39	1.8502	2.4899	2.1938	1.9486
广　东	2.6838	1926.20	2.0382	10337.53	−24.06	1.7337	2.7032	2.4280	2.1128
福　建	2.2994	1750.30	1.8970	10430.66	−17.50	1.6856	2.2954	2.1146	1.9826
海　南	2.4040	1147.24	2.0167	7569.01	−16.11	1.7868	2.9823	2.3401	2.1161
浙　江	1.9931	2300.19	1.7440	13029.04	−12.50	1.5708	2.1930	1.8335	1.8677
江　苏	2.1688	1700.76	1.9084	10219.10	−12.01	1.7720	2.3718	1.9621	1.9012
北　京	2.3752	2325.51	2.1465	13421.94	−9.63	1.7859	2.1558	2.5863	1.5795
山　东	2.5616	1314.10	2.3283	6760.58	−9.11	2.0648	3.2269	2.3946	2.4953
上　海	2.0049	2972.65	2.2571	13656.69	12.58	1.4945	1.8834	3.8891	1.9386
东　部	2.7218	1570.87	2.1804	9224.84	−19.89	1.8900	2.6059	2.4911	2.1275

续表

地 区	2000 年物质消费		2018 年物质消费		18 年间城乡比扩减（%）	2018 年分类城乡比（乡村＝1）			
	城乡比（乡村＝1）	乡村人均值（元）	城乡比（乡村＝1）	乡村人均值（元）		食品消费城乡比	衣着消费城乡比	居住消费城乡比	用品消费城乡比
黑龙江	2.2451	1143.14	2.0609	6217.03	−8.20	1.8076	2.7626	2.1337	2.3906
吉 林	2.3925	1145.63	2.2320	5961.40	−6.71	1.8483	3.2196	2.3040	3.2092
辽 宁	2.3427	1281.99	2.4425	6534.06	4.26	2.3118	3.2333	2.2909	2.8324
东 北	2.3300	1195.91	2.2870	6253.30	−1.85	2.0375	3.0658	2.2790	2.8254

注：城乡比保留 4 位小数精确排序，城乡比扩减负值为城乡比缩小，全文同。

2000 年，全国城镇物质消费人均值为 3398.56 元。13 个省域城镇人均值高于全国城镇人均值，18 个省域城镇人均值低于全国城镇人均值。其中，上海城镇人均值 5959.91 元最高，高达全国城镇人均值的 175.37%；内蒙古城镇人均值 2541.32 元最低，低至全国城镇人均值的 74.78%。

同年，全国乡村物质消费人均值为 1250.25 元。11 个省域乡村人均值高于全国乡村人均值，20 个省域乡村人均值低于全国乡村人均值。其中，上海乡村人均值 2972.65 元最高，高达全国乡村人均值的 237.76%；甘肃乡村人均值 799.03 元最低，低至全国乡村人均值的 63.91%。

2018 年，全国城镇物质消费人均值为 16931.64 元。8 个省域城镇人均值高于全国城镇人均值，23 个省域城镇人均值低于全国城镇人均值。其中，上海城镇人均值 30824.54 元最高，高达全国城镇人均值的 182.05%；山西城镇人均值 11990.37 元最低，低至全国城镇人均值的 70.82%。

同年，全国乡村物质消费人均值为 7674.30 元，仅为城镇人均值的 45.33%。12 个省域乡村人均值高于全国乡村人均值，19 个省域乡村人均值低于全国乡村人均值。其中，上海乡村人均值 13656.69 元最高，高达全国乡村人均值的 177.95%；西藏乡村人均值 5187.93 元最低，低至全国乡村人均值的 67.60%。

2000 年以来 18 年间，全国城镇物质消费人均值年均增长 9.33%。12 个省域城镇人均值年均增长高于全国城镇平均增长，19 个省域城镇人均值年均增长低于全国城镇平均增长。其中，内蒙古城镇人均值年均增长 10.47% 最高，高于全国城镇年增 1.14 个百分点；广西城镇人均值年均增长 7.50% 最低，低于全国城镇年增 1.83 个百分点。

同期，全国乡村物质消费人均值年均增长 10.61%，高于全国城镇年增 1.28 个百分点。在此期间，29 个省域乡村人均值年均增长高于自身城镇年增。15 个省域乡村人均值年均增长高于全国乡村平均增长，16 个省域乡村人均值年均增长低于全国乡村平均增长。其中，安徽乡村人均值年均增长 12.60% 最高，高于全国乡村年增 2.00 个百分点；上海乡村人均值年均增长 8.84% 最低，低于全国乡村年增 1.77 个百分点。

全国及各地物质消费城乡比及其扩减变化基于城镇与乡村人均绝对值及其不同增长进行演算，在民生发展的城乡差距长期存在的情况下，倘若乡村人均值增长滞后于城镇人均值增长，势必导致城乡比进一步扩大。

2000 年，全国物质消费城乡比为 2.7183，即全国城镇人均值为乡村人均值的 271.83%，其间倍差为 2.72。16 个省域城乡比小于全国城乡比，15 个省域城乡比大于全国城乡比。其中，浙江城乡比 1.9931 最低，即城镇与乡村的人均值倍差为 1.99，仅为全国总体城乡比的 73.32%；西藏城乡比 3.8326 最高，即城镇与乡村的人均值倍差为 3.83，高达全国总体城乡比的 140.99%。

2018 年，全国物质消费城乡比为 2.2063，即全国城镇人均值为乡村人均值的 220.63%，其间倍差为 2.21。21 个省域城乡比小于全国城乡比，10 个省域城乡比大于全国城乡比。其中，安徽城乡比 1.6878 最低，即城镇与乡村的人均值倍差为 1.69，仅为全国总体城乡比的 76.50%；西藏城乡比 3.3269 最高，即城镇与乡村的人均值倍差为 3.33，高达全国总体城乡比的 150.79%。

基于全国城镇与乡村物质消费历年不同增长状况，与 2000 年相比，全国城乡比较明显缩小 18.84%。同期，29 个省域城乡比缩小，2 个省域城乡比扩大。这无疑表明，全国及绝大部分省域物质消费增长变化态势已经转入"城乡均衡发展"的健康轨道。17 个省域城乡比变化态势好于全国城乡比变化态势，14 个省域城乡比变化态势逊于全国城乡比变化态势。其中，重庆城乡比变化态势最佳，缩减 44.18%；上海城乡比变化态势不佳，扩增 12.58%。

本项检测体系的城乡差距相关性考察集中于民生数据链当中。首先，有必要检验城镇与乡村之间物质消费增长相关系数（可简化理解为城乡增长同步程度）：全国为 0.8596，呈较强正相关，城乡增长同步性较好，5 个省域呈 75% 以上强相关，18 个省域呈 60% 以下弱相关；江苏最高为 0.8405，辽宁最低为 -0.0181。

其次，全国及各地居民收入、总消费、积蓄的城乡差距动态有可能对分类单项消费的城乡差距变化产生影响，而物质消费和非物消费的城乡差距动态又有可能反过来对总消费、积蓄的城乡差距变化产生影响，尤其是各类消费需求之间城乡比变化具有贯通性。

全国及各地城乡之间居民物质消费分类项不同增长导致各类消费的城乡比变化差异。

2000~2018 年，全国居民食品消费人均值城乡比缩小 16.80%。22 个省域城乡比小于全国总体城乡比，9 个省域城乡比大于全国总体城乡比。其中，上海城乡比 1.4945 最小，仅为全国城乡比的 75.26%，相比 2000 年缩小 30.44%；西藏城乡比 3.3380 最大，高达全国城乡比的 168.10%，相比 2000 年扩大 15.02%。

同期，全国居民居住消费人均值城乡比扩大 21.35%。22 个省域城乡比小于全国总体城乡比，9 个省域城乡比大于全国总体城乡比。其中，江西居住消费城乡比 1.5015 最小，仅为全国城乡比的 63.86%，相比 2000 年缩小 26.75%；西藏居住消费城乡比 4.0222 最大，高达全国城乡比的 171.09%，相比 2000 年缩小 44.19%。

后台数据库检测表明，全国居民收入城乡比缩小 3.65%，居民总消费城乡比缩小 28.03%，衣着消费城乡比缩小 46.47%，用品消费城乡比缩小 61.16%。

中国社会由历史承继下来的结构性、体制性"非均衡格局"弊端根深蒂固，长期存在的城乡差距、地区差距系全国及各地民生发展"非均衡性"的主要成因。进入"全面建成小康社会"进程以来，国家把解决"三农"问题列为"重中之重"，并致力于推进区域"均衡发展"。就本文涉及的物质消费数据范围来看，国家大力推进缩小区域发展差距的几大战略已见成效，推进缩小城乡发展差距的长年多方努力更显成效。

三　物质消费相关性比值协调性检测

全国及各地居民物质消费分类相对比值变化状况见表4，分区域以物质消费比重升降倒序位次排列。

1. 物质消费与居民收入之比

2000年，全国物质消费比为54.66%，此为全国城乡物质消费与居民收入的相对比值，物质生活"基本消费"占比以低为佳。15个省域比值低于全国总体比值，16个省域比值高于全国总体比值。其中，河北比值45.93%最低，低至全国总体比值的84.04%；西藏比值65.66%最高，高达全国总体比值的120.13%。

到2018年，全国物质消费比为45.06%，意味着物质消费与居民收入的相对比值降低，物质生活"基本消费"占比以低为佳。16个省域比值低于全国总体比值，15个省域比值高于全国总体比值。其中，山东比值40.15%最低，低至全国总体比值的89.11%；甘肃比值52.89%最高，高达全国总体比值的117.39%。

基于物质消费与居民收入历年不同增长状况，与2000年相比，全国物质消费比降低17.56%。同期，无省域比值上升，31个省域比值下降。17个省域比值升降变化态势好于全国比值变化，14个省域比值升降变化态势逊于全国比值变化。其中，云南比值升降变化态势最佳，降低30.35%；河北比值升降变化态势不佳，降低1.15%。

2. 物质消费与居民消费之比

2000年，全国物质消费比重为70.59%，此为全国城乡物质消费与居民消费的相对比值，物质生活"基本消费"占比以低为佳。15个省域比值低于全国总体比值，16个省域比值高于全国总体比值。其中，北京比值65.34%最低，低至全国总体比值的92.56%；西藏比值83.32%最高，高达全国总体比值的118.04%。

到2018年，全国物质消费比重为64.47%，物质消费与居民消费的相对比值降低，物质生活"基本消费"占比以低为佳。19个省域比值低于全国总体比值，12个省域比值高于全国总体比值。其中，宁夏比值58.07%最低，低至全国总体比值的90.07%；西藏比值72.71%最高，高达全国总体比值的112.80%。

基于物质消费与居民消费历年不同增长状况，与2000年相比，全国物质消费比重降低8.67%。同期，2个省域比值上升，29个省域比值下降。23个省域比值升降变化态势好于全国比值变化，8个省域比值升降变化态势逊于全国比值变化。其中，贵州比值升降变化态势最佳，降低21.31%；北京比值升降变化态势不佳，增高2.65%。

表4　全国及各地居民物质消费分类相对比值变化状况

单位：%

地 区	2000年物质消费		2018年物质消费		18年间消费比重升降	2018年物质消费分类数据相对比值			
	物质消费比	物质消费比重	物质消费比	物质消费比重		食品消费比重	衣着消费比重	居住消费比重	用品消费比重
全 国	54.66	70.59	45.06	64.47	-8.67	28.29	6.54	23.46	6.18
北 京	53.04	65.34	42.85	67.07	2.65	20.24	5.46	35.42	5.95
广 东	52.90	66.33	49.30	67.95	2.44	32.49	4.37	25.55	5.54
上 海	51.00	67.49	45.29	67.49	-0.62	24.87	4.71	32.65	4.84
浙 江	50.98	67.30	42.15	65.77	-2.27	27.75	6.18	26.22	5.62
福 建	54.16	71.86	49.10	70.19	-2.32	32.81	5.30	26.76	5.32
海 南	51.90	71.11	47.68	67.12	-5.61	37.19	3.78	21.43	4.72
江 苏	51.21	70.65	42.58	65.29	-7.59	26.11	6.21	26.99	5.98
天 津	50.25	69.63	47.75	63.08	-9.41	28.92	6.66	21.43	6.07
河 北	45.93	71.10	45.40	64.27	-9.61	25.48	7.61	24.37	6.81
山 东	50.85	69.74	40.15	62.69	-10.11	26.72	7.52	20.99	7.46
东 部	51.27	68.60	44.68	65.99	-3.80	27.98	5.89	26.15	5.97

续表

地　区	2000 年物质消费		2018 年物质消费		18 年间消费比重升降	2018 年物质消费分类数据相对比值			
	物质消费比	物质消费比重	物质消费比	物质消费比重		食品消费比重	衣着消费比重	居住消费比重	用品消费比重
安　徽	55.11	74.28	47.30	67.68	-8.89	31.67	6.80	23.09	6.12
江　西	55.21	74.47	44.03	67.80	-8.96	30.39	6.95	23.74	6.72
山　西	50.66	69.08	40.74	60.94	-11.78	24.75	8.61	21.75	5.83
湖　北	56.70	72.64	47.55	63.44	-12.67	28.10	6.80	22.11	6.43
河　南	53.51	74.24	43.95	64.07	-13.70	26.05	7.79	23.26	6.97
湖　南	61.79	71.84	45.43	61.81	-13.96	27.87	6.59	21.00	6.35
中　部	56.05	72.97	45.15	64.26	-11.94	28.16	7.16	22.47	6.47
甘　肃	56.19	70.21	52.89	64.27	-8.46	29.03	7.72	21.35	6.17
内蒙古	51.88	66.93	41.93	60.96	-8.92	27.06	9.00	18.72	6.18
重　庆	59.41	71.62	47.01	64.97	-9.29	32.19	7.67	18.14	6.97
陕　西	58.07	68.59	43.88	62.08	-9.49	26.63	7.20	20.74	7.51
新　疆	54.47	70.15	46.96	62.51	-10.89	28.93	9.02	17.86	6.70
四　川	59.46	74.06	51.03	65.87	-11.06	33.43	6.73	19.02	6.69
西　藏	65.66	83.32	48.59	72.71	-12.73	37.76	10.94	18.53	5.48
广　西	59.97	73.47	42.89	62.49	-14.94	30.46	4.20	21.79	6.04
青　海	57.78	71.13	47.43	60.15	-15.44	28.14	8.23	18.10	5.68
云　南	61.45	73.38	42.80	61.23	-16.56	27.81	5.67	21.71	6.04
宁　夏	58.59	69.68	42.81	58.07	-16.66	25.20	8.39	18.08	6.40
贵　州	62.73	76.71	44.19	60.36	-21.31	27.40	6.92	19.66	6.38
西　部	58.84	72.34	46.18	63.11	-12.76	29.84	6.94	19.81	6.52
黑龙江	52.53	69.09	44.17	59.18	-14.34	26.90	8.31	18.73	5.24
辽　宁	55.61	70.02	43.03	59.78	-14.62	26.77	7.63	19.48	5.90
吉　林	56.88	69.76	43.91	58.26	-16.49	25.63	8.17	19.19	5.27
东　北	54.84	69.65	43.58	59.24	-14.95	26.55	7.97	19.18	5.54

注：①单独取物质消费与居民收入的关系（恩格尔定律关系极致放大）来看，物质消费比降低意味着居民收入中基本消费开支比重下降；单独取物质消费与居民总消费的关系（恩格尔系数极致放大）来看，物质消费比重值降低意味着居民总消费中基本消费开支占比下降。②表中各地各类消费比重（占居民总消费比）高低一目了然，比值升降负值为比值下降，物质消费比重以低为佳。

本项检测体系建立各类相关性比值分析测算十分复杂，不同方面、不同层次的比值当然不具可比性。以下可对应比值之间历年变化相关系数（可简化理解为比值变化同步程度）检测在同一层面展开：①物质消费比与居民消费比同属对应于居民收入的相对比值，②物质比重与食品比重，③与衣着比重，④与居住比重，⑤与用品比重同属对应于总消费的相对比值。

全国及各地居民物质消费分类项之间不同增长导致各类消费的比重变化差异。

2018年，全国居民食品消费占总消费比重为28.29%，相比2000年降低14.65个百分点。19个省域此项比重低于全国总体比重，12个省域此项比重高于全国总体比重。其中，北京此项比重20.24%最低，仅为全国比重的71.54%，相比2000年降低16.25个百分点；西藏此项比重37.76%最高，高达全国比重的133.46%，相比2000年降低23.99个百分点。

同年，全国居民居住消费占总消费比重为23.46%，相比2000年增高11.39个百分点。23个省域此项比重低于全国总体比重，8个省域此项比重高于全国总体比重。其中，新疆此项比重17.86%最低，仅为全国比重的76.12%，相比2000年增高7.94个百分点；北京此项比重35.42%最高，高达全国比重的150.94%，相比2000年增高27.55个百分点。

此间相关动向值得关注，全国居民居住消费占总消费比重猛增，以至"抢占"食品消费比重降低"让出"的大半份额，否则整个物质消费比重还会更大幅度下降。尤其需要注意，2018年北京居住消费比重最高，相比2000年剧增27.55个百分点；上海居住消费比重次高，相比2000年剧增23.74个百分点。于是，这18年间北京整个物质消费比重反而上升1.73个百分点，上海整个物质消费比重仅仅下降0.42个百分点，严重抑制"消费结构升级"，住房"刚需"遭遇中心城市高房价的不良影响由此可窥一斑。

后台数据库检测表明，2000~2018年，全国物质消费比降低17.56%，而居民消费比降低9.72%；物质消费比重降低8.67%，而食品消费比重降低34.12%，衣着消费比重降低22.14%，居住消费比重增高94.37%，用品消费比重降低14.07%。按分类单项消费比重值升降变化衡量，全国物质消费比重降低主要在于食品消费比重下降，其次在于衣着消费比重下降，再次在于用品消费比重下降，而居住消费比重反向上升。

四 "全面小康"进程居民物质消费指数排行

2018 年统计数据为目前已经正式出版公布的最新年度全国及各地系统数据。全国及各地居民物质消费子系统专项指数排行见表 5，分区域以 2018 年度无差距横向测评结果位次排列。

1. 各年度理想值横向测评

2018 年度无差距理想值横向测评物质消费指数，全国为 85.68，即设相应人均值城乡、地区无差距为理想值 100 加以比较衡量，全国总体尚存差距 14.32 个点。18 个省域此项指数高于全国指数，即指数检测结果高于全国平均水平；13 个省域此项指数低于全国指数，即指数检测结果低于全国平均水平。

在此类检测中，上海、北京、浙江、天津、湖北占据前 5 位。上海此项指数 97.09 最高，高于全国总体指数 11.41 个点；西藏此项指数 77.79 最低，低于全国总体指数 7.89 个点。

2. 2000 年以来基数值纵向测评

取"十五"以来 18 年基数值纵向测评物质消费指数，全国为 198.50，即设 2000 年为基数值 100 加以对比衡量，至 2018 年提升 98.50%。18 个省域此项指数高于全国指数，即指数提升速度高于全国平均速度；13 个省域此项指数低于全国指数，即指数提升速度低于全国平均速度。

在此类检测中，西藏、安徽、甘肃、贵州、北京占据前 5 位。西藏此项指数 241.58 最高，即指数提升高达 141.58%；吉林此项指数 166.22 最低，即指数提升仅为 66.22%。

3. 2005 年以来基数值纵向测评

取"十一五"以来 13 年基数值纵向测评物质消费指数，全国为 160.67，即设 2005 年为基数值 100 加以对比衡量，至 2018 年提升 60.67%。17 个省域此项指数高于全国指数，即指数提升速度高于全国平均速度；14 个省域此项指数低于全国指数，即指数提升速度低于全国平均速度。

在此类检测中，四川、贵州、安徽、海南、河南占据前5位。四川此项指数179.30最高，即指数提升高达79.30%；吉林此项指数141.81最低，即指数提升仅为41.81%。

表5　全国及各地居民物质消费子系统专项指数排行

地 区	各五年期起始年纵向测评（基数值=100）								2018年度检测无差距横向测评（理想值=100）	
	"十五"以来18年（2000~2018）		"十一五"以来13年（2005~2018）		"十二五"以来8年（2010~2018）		"十三五"以来3年（2015~2018）			
	检测指数	排行	检测指数	排行	检测指数	排行	检测指数	排行	检测指数	排行
全　国	198.50	—	160.67	—	129.84	—	105.06	—	85.68	—
上　海	196.42	22	151.74	24	133.09	12	103.36	27	97.09	1
北　京	219.05	5	169.82	10	139.74	3	104.63	18	95.32	2
浙　江	185.18	25	148.21	29	123.78	28	103.50	23	94.56	3
天　津	200.43	18	158.59	19	138.65	5	103.46	24	92.53	4
福　建	191.31	23	155.20	23	129.73	20	103.32	28	91.56	6
江　苏	196.79	21	161.42	17	129.98	19	103.43	25	90.81	7
广　东	169.85	30	149.02	27	129.69	21	106.23	9	90.30	9
河　北	208.63	11	165.04	14	134.98	8	105.54	13	88.08	13
山　东	180.10	28	149.75	25	121.66	29	105.77	11	87.99	14
海　南	203.86	12	175.66	4	134.68	9	105.35	15	84.11	22
东　部	190.19	[3]	156.15	[3]	128.78	[3]	104.76	[3]	88.32	[1]
湖　北	202.62	13	171.10	9	137.91	6	108.96	3	91.73	5
安　徽	231.80	2	176.05	3	134.56	10	109.73	2	90.33	8
湖　南	190.88	24	162.93	15	132.72	13	105.87	10	90.26	10
江　西	209.68	10	161.68	16	130.60	16	105.26	16	86.59	16
河　南	211.44	8	174.67	5	130.57	17	104.30	20	85.41	19
山　西	201.48	16	157.41	20	124.64	26	103.40	26	83.52	25
中　部	205.56	[1]	167.80	[1]	131.66	[2]	106.16	[1]	87.83	[2]
辽　宁	184.02	26	148.38	28	124.01	27	105.47	14	87.98	15
黑龙江	171.96	29	141.86	30	120.05	30	104.78	17	86.03	17
吉　林	166.22	31	141.81	31	117.17	31	101.83	31	84.23	21

续表

| 地 区 | 各五年期起始年纵向测评(基数值＝100) | | | | | | | | 2018 年度检测无差距横向测评(理想值＝100) | |
| | "十五"以来 18 年(2000～2018) | | "十一五"以来 13 年(2005～2018) | | "十二五"以来 8 年(2010～2018) | | "十三五"以来 3 年(2015～2018) | | | |
	检测指数	排行	检测指数	排行	检测指数	排行	检测指数	排行	检测指数	排行
东 北	174.49	[4]	143.46	[4]	120.53	[4]	104.26	[4]	85.87	[3]
四 川	215.34	6	179.30	1	139.33	4	106.39	7	89.43	11
重 庆	209.76	9	166.40	13	132.56	14	105.60	12	88.69	12
内蒙古	197.08	20	158.82	18	127.31	23	103.11	29	85.87	18
宁 夏	198.35	19	157.24	21	125.34	25	102.82	30	85.15	20
陕 西	201.56	15	173.33	7	125.39	24	104.02	22	83.95	23
新 疆	202.53	14	166.80	12	133.82	11	104.04	21	83.67	24
广 西	182.85	27	149.44	26	131.23	15	106.91	5	83.13	26
甘 肃	227.59	3	173.07	8	141.29	1	106.33	8	82.77	27
青 海	214.58	7	155.92	22	128.06	22	104.31	19	82.76	28
云 南	201.36	17	174.47	6	130.34	18	106.57	6	81.99	29
贵 州	220.60	4	178.76	2	140.72	2	108.74	4	80.45	30
西 藏	241.58	1	167.26	11	137.68	7	112.33	1	77.79	31
西 部	203.90	[2]	167.45	[2]	133.04	[1]	105.85	[2]	84.08	[4]

注：在分解独立的"中国民生消费需求景气评价体系"中，居民物质消费二级子系统检测取物质消费 4 个小项分类数据进行复合演算，占据 30% 的综合测算权重。由于如此复合演算过于复杂，本文表 6、表 7 仅取物质消费合计数值展开预测算。详见本书技术报告表 2、表 3，以区别于在"中国人民生活发展指数检测体系"中的相应测算。

4. 2010 年以来基数值纵向测评

取"十二五"以来 8 年基数值纵向测评物质消费指数，全国为 129.84，即设 2010 年为基数值 100 加以对比衡量，至 2018 年提升 29.84%。19 个省域此项指数高于全国指数，即指数提升速度高于全国平均速度；12 个省域此项指数低于全国指数，即指数提升速度低于全国平均速度。

在此类检测中，甘肃、贵州、北京、四川、天津占据前 5 位。甘肃此项指数 141.29 最高，即指数提升高达 41.29%；吉林此项指数 117.17 最低，即指数提升仅为 17.17%。

5. 2015年以来基数值纵向测评

取"十三五"以来3年基数值纵向测评物质消费指数，全国为105.06，即设2015年为基数值100加以对比衡量，至2018年提升5.06%。16个省域此项指数高于全国指数，即提升速度高于全国平均速度；15个省域此项指数低于全国指数，即提升速度低于全国平均速度。

在此类检测中，西藏、安徽、湖北、贵州、广西占据前5位。西藏此项指数112.33最高，即指数提升高达12.33%；吉林此项指数101.83最低，即指数提升仅为1.83%。

6. 逐年度基数值纵向测评

囿于制表空间，表外数据演算补充：2018年度基数值纵向测评物质消费指数，全国为101.84，即设上年2017年为基数值100加以对比衡量，至2018年提升1.84%。18个省域此项指数高于全国指数，即指数提升速度高于全国平均速度；13个省域此项指数低于全国指数，即指数提升速度低于全国平均速度。

在此类检测中，湖北、云南、安徽、湖南、广西占据前5位。湖北此项指数105.73最高，即指数提升5.73%；江苏此项指数99.84最低，即指数降低0.16%。

现有增长关系格局存在经济增长与民生发展不够协调的问题，存在城乡、区域间民生发展不够均衡的问题，维持现有格局既有增长关系并非应然选择。实现经济、社会、民生发展的协调性，增强城乡、区域发展的均衡性，均为"全面建成小康社会"的既定目标，有些甚至具体化为约束性指标。假定全国及各地城乡比、地区差不再扩大以至消除，物质消费增长将更加趋于平衡，各地排行也将发生变化，可为"全面建成小康社会"进程最后攻坚起到"倒计时"预测提示作用。

五 "全面小康"目标年物质消费增长预测

1. 实现物质消费比重最佳值及最小城乡比应然测算

居民物质消费率、消费比持续降低，亦即物质消费比重呈降低态势，而消除城乡差距的第一步是缩小城乡差距。按全国及各地物质消费比重历年最低值测算 2020 年物质消费总量、人均值，再取物质消费历年最小城乡比进行演算。

据此假定推演物质消费"应然增长"动向，亦即协调增长"应有目标"，预测全国及各地 2020 年居民物质消费见表 6，分区域以 2018～2020 年纵向测评假定目标差距位次排列。

假定实现物质消费比重最佳值及最小城乡比测算，2020 年全国城乡物质消费总量应达 266559. 24 亿元，人均值应为 18960. 18 元。16 个省域人均值高于全国人均值，15 个省域人均值低于全国人均值。其中，上海人均值 35848. 81 元最高，高达全国人均值的 189. 07%；黑龙江人均值 12508. 00 元最低，低至全国人均值的 65. 97%。

全国城乡物质消费地区差应为 1. 2620，即 31 个省域人均值与全国人均值的绝对偏差平均值为 26. 20%。17 个省域地区差小于全国地区差，14 个省域地区差大于全国地区差。其中，安徽地区差 1. 0016 最小，即与全国人均值的绝对偏差为 0. 16%，仅为全国总体地区差的 79. 36%；上海地区差 1. 8907 最大，即与全国人均值的绝对偏差为 89. 07%，高达全国总体地区差的 149. 82%。

基于城乡人均值测算反推，全国城镇物质消费人均值应为 23953. 75 元。16 个省域城镇人均值高于全国城镇人均值，15 个省域城镇人均值低于全国城镇人均值。其中，上海城镇人均值 37421. 72 元最高，高达全国城镇人均值的 156. 22%；黑龙江城镇人均值 15660. 07 元最低，低至全国城镇人均值的 65. 38%。

基于城镇人均值演算反推，全国乡村物质消费人均值应为 11007. 73 元，仅为城镇人均值的 45. 95%。19 个省域乡村人均值高于全国乡村人均值，12 个省域乡村人均值低于全国乡村人均值。其中，上海乡村人均值 24312. 28 元最高，高达全国乡村人均值的 220. 87%；甘肃乡村人均值 6941. 83 元最低，低至全国乡村人均值的 63. 06%。

表6 全国及各地2020年居民物质消费应然增长测算

地 区	实现物质消费比重最佳值及最小城乡比测算				物质消费专项指数测算			
	物质消费数值		人均值差距		2018~2020年纵向测评（基数值=100）		2020年度横向测评（理想值=100）	
	城乡总量（亿元）	城乡人均（元）	地区差（无差距=1）	城乡比（乡村=1）	预测指数	差距排序（倒序）	预测指数	排序
全 国	266559.24	18960.18	1.2620	2.1761	107.40	—	86.03	—
黑龙江	4712.53	12508.00	1.3403	2.0609	99.76	1	78.86	30
辽 宁	7511.95	17169.32	1.0945	2.3427	103.76	4	86.10	24
吉 林	4385.75	16227.79	1.1441	2.0640	114.60	18	88.01	22
东 北	16610.23	15315.40	1.1930	2.2242	103.98	[1]	82.67	[4]
河 北	10434.80	13654.66	1.2798	1.9523	100.24	2	81.14	28
浙 江	16741.87	28654.19	1.5113	1.6917	108.69	8	96.09	12
海 南	1692.56	17871.31	1.0574	1.9947	108.77	9	88.79	21
天 津	4581.14	28030.01	1.4784	1.7793	110.80	11	94.49	15
福 建	10374.20	25995.39	1.3711	1.8184	111.68	12	96.21	10
广 东	32083.13	27598.20	1.4556	1.9867	111.78	13	96.53	6
江 苏	21815.52	26865.46	1.4169	1.8353	112.04	14	95.94	13
山 东	19386.70	19112.29	1.0080	2.2036	112.64	15	92.16	19
北 京	7895.58	35255.15	1.8594	1.6458	112.68	16	96.18	11
上 海	9006.77	35848.81	1.8907	1.5392	114.72	19	96.46	8
东 部	134012.29	24500.47	1.4329	2.1547	108.43	[2]	89.84	[3]
河 南	14012.77	14549.19	1.2326	2.0617	107.17	6	84.26	26
山 西	5239.49	13926.06	1.2655	2.0015	110.01	10	84.37	25
安 徽	12054.68	18989.80	1.0016	1.5969	114.38	17	96.45	9
江 西	8667.28	18486.02	1.0250	1.8085	115.67	22	94.10	16
湖 南	15421.51	22130.61	1.1672	1.8751	117.47	25	98.05	5
湖 北	14351.80	24155.71	1.2740	1.7243	118.99	26	99.84	4
中 部	69747.53	18679.04	1.1610	1.8450	112.82	[3]	91.54	[1]
甘 肃	3324.19	12582.07	1.3364	2.6289	101.38	3	77.02	31
新 疆	3608.94	14158.53	1.2532	2.1667	106.95	5	80.52	29
云 南	6607.01	13550.32	1.2853	2.3928	108.17	7	81.76	27
四 川	16876.99	20197.41	1.0653	1.6779	115.28	20	96.53	7
青 海	1025.81	16807.16	1.1136	2.1690	115.29	21	87.63	23
内蒙古	5613.23	21998.29	1.1602	2.1349	116.25	23	93.84	17
宁 夏	1197.44	17118.46	1.0971	2.0190	116.92	24	89.96	20
广 西	8590.15	17327.01	1.0861	1.8328	121.20	27	94.69	14

地　区	实现物质消费比重最佳值及最小城乡比测算				物质消费专项指数测算			
	物质消费数值		人均值差距		2018～2020年纵向测评(基数值=100)		2020年度横向测评(理想值=100)	
	城乡总量(亿元)	城乡人均(元)	地区差(无差距=1)	城乡比(乡村=1)	预测指数	差距排序(倒序)	预测指数	排序
重　庆	8554.94	27252.30	1.4373	1.8734	122.86	28	101.63	2
陕　西	9240.03	23808.53	1.2557	2.1349	130.75	29	100.46	3
西　藏	659.44	18695.94	1.0139	2.6763	135.61	30	93.14	18
贵　州	7775.15	21686.20	1.1438	2.0428	139.91	31	104.10	1
西　部	73073.32	19129.04	1.1873	2.0503	117.01	[4]	91.25	[2]

注：①全国及13个省域城乡比自身趋于缩小，保持缩小趋势至2020年即为最小城乡比；18个省域城乡比自身趋于扩大，同样按各自历年最小城乡比假定测算。②纵向测评排序取倒序，指数越低差距越小；横向测评指数普遍接近，四大区域差异明显缩小，部分省域指数超出理想值100，由其他指标明显提升所致。③表外附加城镇、乡村人均值按最小城乡比反推演算，势必突破相应背景数值关系，于是全国及各地居民物质消费与非物质消费之和对应总消费测算数值或有出入，实属此项测算设计使然。

全国物质消费城乡比应为2.1761，即全国城镇人均值为乡村人均值的217.61%，其间倍差为2.18。26个省域城乡比小于全国城乡比，5个省域城乡比大于全国城乡比。其中，上海城乡比1.5392最小，即城镇与乡村的人均值倍差为1.54，仅为全国总体城乡比的70.73%；西藏城乡比2.6763最大，即城镇与乡村的人均值倍差为2.68，高达全国总体城乡比的122.99%。

2018～2020年纵向测评物质消费指数，全国应为107.40，即设2018年为基数值100加以对比衡量，至2020年达到假定目标需提升7.40%。6个省域此项指数低于全国指数，即假定测算物质消费指数提升差距小于全国；25个省域此项指数高于全国指数，即假定测算物质消费指数提升差距大于全国。其中，黑龙江此项指数99.76最低，即达到假定增长测算目标的差距最小；贵州此项指数139.91最高，即达到假定增长测算目标的差距最大。

在此假定"应然目标"下，纵向测评指数即为差距测量结果，指数越低意味着差距越小，越容易实现。

2020年度横向测评物质消费指数，全国应为86.03，即设相应人均值城乡、地区无差距为理想值 100 加以比较衡量，全国总体尚存差距 13.97 个点。24 个省域此项指数高于全国指数，即假定测算物质消费指数高于全国；7 个省域此项指数依次低于全国指数，即假定测算物质消费指数低于全国。其中，贵州此项指数 104.10 最高，即达到假定目标情况下高于全国总体指数 18.07 个点；甘肃此项指数 77.02 最低，即达到假定目标情况下低于全国总体指数 9.01 个点。

在此项假定测算中，各省域物质消费指数不仅普遍提升，而且相互接近；四大区域横向测评指数较为接近，地区性差异排序部分失去意义。由于预设全国所有省域同步达到"应然目标"，各地纵向测评差距愈大，倘若同时得以实现则横向测评排行有可能愈前，反之亦然。

保持物质消费比重下降态势，实现物质消费最小城乡比"应然目标"，本身即为"协调增长"的基本需要。在假定实现最小城乡比情况下，与2018 年相比，全国物质消费城乡比应略微缩减，30 个省域城乡比相应缩减；而全国物质消费地区差亦随之略微缩减，15 个省域地区差相应缩减。在此项假定测算当中，由于全国及 13 个省域城乡比自身趋于缩小，保持缩小趋势至2020 年即为最小城乡比；18 个省域城乡比自身趋于扩大，同样按各自历年最小城乡比假定测算，于是城乡综合演算的物质消费总量、人均值明显提升。由此可知，既有城乡差距在全国社会结构中的"非均衡性"影响极大。

2. 实现物质消费比重最佳值并弥合城乡比理想测算

城乡差距系民生发展"非均衡性"的最主要成因，仅仅实现物质消费既往历年最小城乡比显然不够。假定全国及各地实现物质消费比重历年最佳值并同步弥合城乡比，以最小城乡比演算的各自城镇人均值作为城乡持平人均值进行测算，可以检测最终消除城乡差距的实际距离。

据此假定推演物质消费"理想增长"动向，亦即均衡发展"理想目标"，预测全国及各地 2020 年居民物质消费见表 7，分区域以 2018～2020年纵向测评假定目标差距位次排列。

假定实现物质消费比重最佳值并弥合城乡比测算，2020 年全国城乡物质消费总量应达 336763.27 亿元，城乡持平人均值应为 23953.75 元，即前面测算的城镇人均值水平。16 个省域人均值高于全国人均值，15 个省域人均值低于全国人均值。其中，上海人均值 37421.72 元最高，高达全国人均值的 156.22%；黑龙江人均值 15660.07 元最低，低至全国人均值的 65.38%。

全国城乡物质消费地区差应为 1.2190，即 31 个省域人均值与全国人均值的绝对偏差平均值为 21.90%。17 个省域地区差小于全国地区差，14 个省域地区差大于全国地区差。其中，山东地区差 1.0002 最小，即与全国人均值的绝对偏差为 0.02%，仅为全国总体地区差的 82.05%；上海地区差 1.5622 最大，即与全国人均值的绝对偏差为 56.22%，高达全国总体地区差的 128.16%。

2018～2020 年纵向测评物质消费指数，全国应为 140.09，即设 2018 年为基数值 100 加以对比衡量，至 2020 年达到假定目标需提升 40.09%。16 个省域此项指数低于全国指数，即假定测算物质消费指数提升差距小于全国；15 个省域此项指数高于全国指数，即假定测算物质消费指数提升差距大于全国。其中，河北此项指数 126.94 最低，即达到假定增长测算目标的差距最小；西藏此项指数 211.03 最高，即达到假定增长测算目标的差距最大。

在此假定"理想目标"下，纵向测评指数即为差距测量结果，指数越低意味着差距越小，越容易实现。

表 7　全国及各地 2020 年居民物质消费理想增长测算

地　区	实现物质消费比重最佳值并弥合城乡比测算			物质消费专项指数测算			
				2018～2020 年纵向测评（基数值＝100）		2020 年度横向测评（理想值＝100）	
	城乡总量（亿元）	城乡持平人均值（元）	地区差（无差距＝1）	预测指数	差距排序（倒序）	预测指数	排序
全　国	336763.27	23953.75	1.2190	140.09	—	97.01	—
黑龙江	5900.11	15660.07	1.3462	127.30	2	88.08	31
辽　宁	9128.72	20864.63	1.1290	136.78	11	95.15	26
吉　林	5593.45	20696.41	1.1360	147.17	22	98.25	19
东　北	20622.28	19163.87	1.2037	136.42	[1]	92.97	[4]
河　北	13076.99	17112.15	1.2856	126.94	1	90.26	30
浙　江	19059.80	32621.38	1.3618	128.10	3	100.67	16

续表

地 区	实现物质消费比重最佳值并弥合城乡比测算			物质消费专项指数测算			
				2018~2020年纵向测评（基数值=100）		2020年度横向测评（理想值=100）	
	城乡总量（亿元）	城乡持平人均值（元）	地区差（无差距=1）	预测指数	差距排序（倒序）	预测指数	排序
天　津	4928.15	30153.20	1.2588	130.79	4	98.04	20
北　京	8327.00	37181.51	1.5522	132.87	6	97.66	23
上　海	9401.95	37421.72	1.5622	133.97	7	96.78	24
江　苏	25056.93	30857.20	1.2882	134.67	8	101.55	14
福　建	12134.25	30405.66	1.2693	135.00	9	102.60	11
海　南	2105.70	22233.55	1.0718	136.42	10	97.79	22
广　东	37316.45	32099.95	1.3401	137.85	12	103.41	9
山　东	24303.18	23959.18	1.0002	146.49	21	102.48	12
东　部	155710.41	29317.34	1.2990	139.18	[2]	99.23	[3]
安　徽	14367.69	22633.49	1.0551	132.65	5	101.04	15
山　西	6540.29	17383.44	1.2743	139.06	14	93.75	29
河　南	18330.83	19032.54	1.2054	139.10	15	95.67	25
江　西	10658.45	22732.88	1.0510	139.87	16	101.58	13
湖　北	17061.21	28715.96	1.1988	142.08	17	106.11	6
湖　南	19157.64	27492.13	1.1477	145.25	18	106.91	5
中　部	86116.10	23152.49	1.1554	139.42	[3]	100.38	[2]
四　川	20668.69	24735.10	1.0326	138.49	13	104.11	8
新　疆	4848.29	19020.73	1.2059	145.91	19	93.88	28
宁　夏	1493.55	21351.70	1.1086	146.38	20	99.28	18
内蒙古	6923.71	27134.11	1.1328	147.88	23	103.33	10
重　庆	10074.49	32092.94	1.3398	149.14	24	108.08	4
甘　肃	4821.45	18249.21	1.2381	150.11	25	94.66	27
广　西	10972.95	22133.30	1.0760	150.15	26	104.50	7
云　南	9314.27	19102.64	1.2025	152.05	27	97.97	21
青　海	1343.32	22009.27	1.0812	152.20	28	100.13	17
陕　西	11696.46	30137.95	1.2582	167.12	29	111.02	3
贵　州	10430.79	29093.23	1.2146	179.77	30	117.06	2
西　藏	1153.41	32700.55	1.3652	211.03	31	117.56	1
西　部	93741.39	24847.33	1.1880	151.18	[4]	102.96	[1]

注：纵向测评排序取倒序，指数越低差距越小；横向测评指数普遍接近理想值100，各地尚存地区差距影响，但全国地区差明显缩小，较多省域指数超出理想值100，由其他指标明显提升所致。

2020 年度横向测评物质消费指数，全国应为 97.01，即设相应人均值城乡、地区无差距为理想值 100 加以比较衡量，全国总体仅存差距 2.99 个点。23 个省域此项指数高于全国指数，即假定测算物质消费指数略高于全国；8 个省域此项指数低于全国指数，即假定测算物质消费指数略低于全国。其中，西藏此项指数 117.56 最高，即达到假定目标情况下高于全国总体指数 20.55 个点；黑龙江此项指数 88.08 最低，即达到假定目标情况下低于全国总体指数 8.93 个点。

在此项假定测算中，各省域物质消费指数普遍十分接近；四大区域横向测评指数较为接近，地区性差异排序部分失去意义。由于预设全国所有省域同步达到"理想目标"，各地纵向测评差距愈大，倘若同时得以实现则横向测评排行有可能愈前，反之亦然。

实现弥合物质消费城乡比"理想目标"，本身即为"均衡发展"的理念要求。在假定弥合城乡比情况下，与 2018 年相比，全国物质消费地区差亦随之极显著缩减，19 个省域地区差相应缩减。据此假定测算可见，由于预设乡村物质消费高速增长，到 2020 年人均值与城镇持平，全国及各地城乡综合演算的物质消费总量、人均值大幅提升。由此得知，正是既有城乡差距加大了全国"非均衡性"地区差距。

设置"应然目标"和"理想目标"展开测算，特别针对中国社会结构体制造成的"非均衡性"地区鸿沟和城乡鸿沟。本项检测回溯"全面小康"建设进程展开测算推演，倘若保持 2000 年以来全国及各地物质消费增长变化态势，到 2020 年全国居民物质消费地区差将为 1.2655，略微高于当前物质消费地区差；物质消费城乡比将为 2.1761，略微低于当前物质消费城乡比。这意味着，物质消费地区差和城乡比依然明显存在，甚至继续略微扩大，仅仅"维持现状"任其"自然增长"显然不够。彻底消除全国及各地民生发展各个方面的地区差距和城乡差距，还需要强有力的政策措施和长时期的持续努力，期待新中国成立百年之际得以基本弥合。

ℝ.5
全国省域居民非物消费分类演算指数排行

——2018年检测与2020年测算

王亚南　赵　娟　刘振中*

摘　要： 非物消费指数系"中国人民生活发展指数检测体系"特定组成部分，在此作为独立的"中国民生消费需求景气评价体系"三个二级子系统之三。从2000年以来基数值纵向测评可以看出，西部非物消费指数提升最高，中部次之，东北再次，东部最低，表明区域均衡发展国家方略已见成效；西藏、贵州、云南、青海、河南占据前5位。2018年无差距理想值横向测评发现，差距仍在于各方面协调性、均衡性还不够理想；湖北、天津、上海、吉林、黑龙江占据前5位。假定全国同步实现非物消费历年最小城乡比直至弥合城乡比，民生消费需求景气指数将更加明显提升。

关键词： 省域检测　非物消费　专项测评　指数排行

非物消费指数系"中国人民生活发展指数检测体系"特定组成部分，在此作为独立的"中国民生消费需求景气评价体系"三个二级子系统之三，

---

* 王亚南，云南省社会科学院研究员，文化发展研究中心主任，主要研究方向为民俗学、民族学及文化理论、文化战略和文化产业；赵娟，云南省社会科学院民族文学研究所副研究员，主要研究方向为古典文学、民族文化和文化产业；刘振中，云南省商务研究院院长学术助理、助理研究员，主要从事国际经贸关系和商务政策相关研究。

取非物消费分类数据综合演算，构成总消费特定部分，在整个指标系统综合演算中的权重倒序第一却超自身比重（详见技术报告表3、表4）。

非物消费为基本消费之余的"扩展性需求"，直接体现国民生活步入"全面小康"的历史性进步，其中"社会生活交往"需求和"精神文化生活"消费值得格外注意。各个子系统基础数据皆来源于国家统计局《中国统计年鉴》，均采用检测指标自足设计方式，分别实现与其余子系统对应数据的相关性分析测算，独立完成专项检测指数演算，最后汇总成为民生消费需求景气指数。

一 居民非物消费总量增长基本情况

根据正式出版公布的既往年度统计数据和最新年度统计数据，按照本项研究检测的构思设计进行演算，全国及各地居民非物消费分类总量增长状况见表1，分区域以总量增长变化位次排列。

2000年，全国城乡非物消费总量为10589.20亿元；2018年，全国城乡非物消费总量为100882.25亿元。2000年以来18年间，全国城乡非物消费总量年均增长13.34%。20个省域总量年均增长高于全国平均增长，11个省域总量年均增长低于全国平均增长。其中，西藏总量年均增长15.66%最高，高于全国总量年增2.32个百分点；广东总量年均增长11.25%最低，低于全国总量年增2.09个百分点。

全国非物消费总量始终为份额基准100，基于各地历年不同增长状况，中部总量份额上升，增高11.70%；西部总量份额上升，增高11.69%；东北总量份额下降，降低3.20%；东部总量份额下降，降低9.15%。总量份额变化取百分点易于直观对比，但取百分比更有利于精确排序。

20个省域总量占全国份额上升，11个省域总量占全国份额下降。其中，西藏总量份额变化态势最佳，增高43.97%；广东总量份额变化态势不佳，降低28.50%。各省域总量份额变化取决于年均增长幅度，其份额增减程度取百分比演算，排序结果即与年均增长指数排序一致。

非物消费增长放到相关背景中考察更有意义。全国非物消费总量历年平均增长率为 13.34%，高于产值年增 0.37 个百分点，低于财政支出年增 2.41 个百分点；高于居民收入年增 0.54 个百分点，低于居民积蓄年增 1.27 个百分点；高于居民总消费年增 1.18 个百分点，高于物质消费年增 1.75 个百分点。按分类单项消费增长率高低衡量，全国非物消费增长主要在于交通消费增长，其次在于医疗消费增长，文教消费、其他消费增长低于整个非物消费增长。

表 1　全国及各地居民非物消费分类总量增长状况

单位：亿元，%

地　区	2000 年非物消费		2018 年非物消费		18 年间年均增长	非物消费分类总量 18 年间增长			
	城乡总量	占全国份额	城乡总量	占全国份额		交通消费	文教消费	医疗消费	其他消费
全　国	10589.20	100	100882.25	100	13.34	16.28	11.72	14.35	8.51
河　南	458.26	4.328	5435.79	5.388	14.73	17.95	13.37	15.91	8.60
山　西	209.89	1.982	2219.67	2.200	14.00	17.03	12.89	15.60	7.46
江　西	233.23	2.203	2440.17	2.419	13.932	16.45	12.62	15.35	9.67
安　徽	340.05	3.211	3556.74	3.526	13.930	17.05	12.00	15.63	9.38
湖　南	533.41	5.037	5136.20	5.091	13.41	15.69	12.36	15.51	6.97
湖　北	450.73	4.257	4311.85	4.274	13.37	17.02	10.53	16.42	8.54
中　部	2225.58	20.529	23100.43	22.930	13.882	16.85	12.23	15.80	8.39
西　藏	8.32	0.079	114.10	0.113	15.66	20.10	13.56	13.88	9.01
贵　州	159.89	1.510	2078.39	2.060	15.310	19.63	13.14	16.07	8.12
宁　夏	38.32	0.362	497.68	0.493	15.309	18.22	13.84	15.55	10.54
新　疆	124.55	1.176	1555.86	1.542	15.06	18.51	13.12	15.81	10.47
青　海	33.11	0.313	410.36	0.407	15.01	19.19	13.05	15.85	8.25
云　南	242.81	2.293	2806.33	2.782	14.56	18.71	13.17	15.36	6.75
甘　肃	136.86	1.292	1451.00	1.439	14.02	17.60	11.92	15.93	9.08
四　川	525.52	4.963	5188.95	5.144	13.57	18.20	10.26	15.10	9.37
陕　西	251.71	2.377	2467.93	2.446	13.52	16.90	11.83	14.47	8.76
内蒙古	202.64	1.914	1977.02	1.960	13.49	16.77	11.53	14.25	8.80
广　西	302.45	2.856	2826.51	2.802	13.22	16.39	10.95	15.96	6.99
重　庆	240.42	2.270	2149.40	2.131	12.94	16.34	10.47	14.86	8.55
西　部	2266.59	20.907	23523.76	23.350	13.881	17.71	11.58	15.23	8.56

续表

地 区	2000 年非物消费		2018 年非物消费		18 年间年均增长	非物消费分类总量 18 年间增长			
	城乡总量	占全国份额	城乡总量	占全国份额		交通消费	文教消费	医疗消费	其他消费
辽　宁	394.61	3.727	3794.63	3.761	13.40	15.97	12.31	13.59	9.81
吉　林	223.26	2.108	1972.15	1.955	12.87	15.56	11.60	13.32	8.65
黑龙江	317.71	3.000	2648.92	2.626	12.50	14.63	11.09	13.41	8.80
东　北	935.58	8.630	8415.71	8.354	12.98	15.45	11.75	13.46	9.22
天　津	147.21	1.390	1725.02	1.710	14.65	19.54	12.30	14.57	10.73
河　北	407.99	3.853	4677.98	4.637	14.51	17.61	12.85	14.60	10.09
海　南	55.84	0.527	550.28	0.545	13.55	15.64	13.17	15.02	7.73
江　苏	756.50	7.144	7112.94	7.051	13.26	16.51	11.21	14.54	8.23
山　东	802.74	7.581	7297.80	7.234	13.05	17.00	10.91	13.43	8.09
北　京	332.16	3.137	2837.93	2.813	12.66	16.31	10.48	14.02	8.52
上　海	419.99	3.966	3417.66	3.388	12.35	14.66	11.18	13.75	8.63
福　建	351.94	3.324	2757.55	2.733	12.12	14.22	11.21	13.08	7.03
浙　江	745.35	7.039	5831.07	5.780	12.11	15.04	10.85	11.61	7.69
广　东	1393.79	13.162	9494.46	9.411	11.25	12.03	11.00	13.56	6.62
东　部	5413.50	49.934	45702.71	45.366	12.58	15.00	11.21	13.60	7.92

注：①全国及各省域分别演算未予平衡，省域总量之和不等于全国总量，四大区域占全国份额已加以平衡。②数据演算屡经四舍五入，可能出现细微出入，属于演算常规无误。③占全国份额、部分地区年均增长保留 3 位小数精确排序，全文同。④非物消费支出分类项包括交通通信、教育文化娱乐、医疗保健、其他用品及服务消费，分别简称"交通、文教、医疗、其他"消费，限于制表篇幅省略分类消费总量而直接测算增长率，表中各地各类消费增长高低一目了然。⑤食品消费与文教消费可谓民生消费需求两极，由维持物质生命到拓展精神生活，本系列检测将教育文化娱乐消费、交通通信消费、医疗保健消费占总消费比重分别定义为"精神生活需求系数""社会交往需求系数""身心健康需求系数"。

本系列研究检测把城乡居民总消费后 4 类归为非物消费，其间增长关系影响总消费结构变化。在此选取远离物质生活的社会交往需求、精神生活需求两项加以分析。

2000～2018 年，全国居民交通消费年均增长 16.28%。22 个省域年均增长高于全国总体年增，9 个省域年均增长低于全国总体年增。其中，西藏年均增长 20.10% 最高，高达全国年增的 123.44%；广东年均增长 12.03%

最低，仅为全国年增的 73.91%。

同期，全国居民文教消费年均增长 11.72%。17 个省域年均增长高于全国总体年增，14 个省域年均增长低于全国总体年增。其中，宁夏年均增长 13.84% 最高，高达全国年增的 118.05%；四川年均增长 10.26% 最低，仅为全国年增的 87.50%。

后台数据库检测表明，2000~2018 年，全国居民非物消费年均增长略微高于产值增长，较明显高于居民收入增长，较明显高于居民总消费增长，显著低于交通消费增长，明显高于文教消费增长，较明显低于医疗消费增长，极显著高于其他消费增长。

二 非物消费人均值相关均衡性检测

1. 城乡综合人均值及其地区差

全国及各地居民非物消费分类地区差变化状况见表 2，分区域以地区差扩减变化倒序位次排列。

2000 年，全国城乡非物消费人均值为 838.65 元。10 个省域人均值高于全国人均值，21 个省域人均值低于全国人均值。其中，上海人均值 2696.55 元最高，高达全国人均值的 321.53%；西藏人均值 323.68 元最低，低至全国人均值的 38.59%。

2018 年，全国城乡非物消费人均值为 7243.49 元。13 个省域人均值高于全国人均值，18 个省域人均值低于全国人均值。其中，上海人均值 14116.73 元最高，高达全国人均值的 194.89%；西藏人均值 3350.84 元最低，低至全国人均值的 46.26%。

2000 年以来 18 年间，全国城乡非物消费人均值年均增长 12.73%。21 个省域人均值年均增长高于全国平均增长，10 个省域人均值年均增长低于全国平均增长。其中，贵州人均值年均增长 15.57% 最高，高于全国人均值年增 2.84 个百分点；广东人均值年均增长 8.76% 最低，低于全国人均值年增 3.97 个百分点。

　　各省域非物消费地区差指数依据其人均值与全国人均值的绝对偏差进行演算，全国和四大区域地区差取相应省域与全国人均值的绝对偏差平均值进行演算。当地非物消费人均值增大本身具有正面效应，但本来高于全国人均值的省域会导致地区差继续扩大，带来负面效应；而本来低于全国人均值的省域则导致地区差逐渐缩小，带来正面效应。

　　2000 年，全国城乡非物消费地区差为 1.4162，即 31 个省域人均值与全国人均值的绝对偏差平均值为 41.62%。23 个省域地区差小于全国地区差，8 个省域地区差大于全国地区差。其中，黑龙江地区差 1.0029 最低，即与全国人均值的绝对偏差为 0.29%，仅为全国总体地区差的 70.82%；上海地区差 3.2153 最高，即与全国人均值的绝对偏差为 221.53%，高达全国总体地区差的 227.04%。

　　2018 年，全国城乡非物消费地区差为 1.2111，即 31 个省域人均值与全国人均值的绝对偏差平均值为 21.11%。21 个省域地区差小于全国地区差，10 个省域地区差大于全国地区差。其中，宁夏地区差 1.0030 最低，即与全国人均值的绝对偏差为 0.30%，仅为全国总体地区差的 82.82%；上海地区差 1.9489 最高，即与全国人均值的绝对偏差为 94.89%，高达全国总体地区差的 160.92%。

　　基于全国及各地城乡非物消费历年不同增长状况，与 2000 年相比，全国地区差极显著缩小 14.48%。同期，25 个省域地区差缩小，6 个省域地区差扩大。这无疑表明，全国及绝大部分省域非物消费增长变化态势已经转入"区域均衡发展"的健康轨道。7 个省域地区差变化态势好于全国地区差变化态势，24 个省域地区差变化态势逊于全国地区差变化态势。其中，广东地区差变化态势最佳，缩减 47.54%；辽宁地区差变化态势不佳，扩增 6.58%。

　　本项检测体系的地区差距相关性考察在经济、财政、民生全数据链当中通约演算，各地经济、社会、民生发展的地区差距具有贯通性。全国及各地产值地区差动态有可能影响居民生活各方面地区差变化，随之居民收入、总消费、物质消费或非物消费、积蓄地区差动态又有可能影响各分类单项消费地区差变化。

表2　全国及各地居民非物消费分类地区差变化状况

地 区	2000年非物消费		2018年非物消费		18年间地区差扩减（%）	2018年分类地区差（无差距=1）			
	城乡人均值（元）	地区差（无差距=1）	城乡人均值（元）	地区差（无差距=1）		交通消费地区差	文教消费地区差	医疗消费地区差	其他消费地区差
全　国	838.65	1.4162	7243.49	1.2111	-14.48	1.2308	1.2271	1.2266	1.2977
广　东	1861.24	2.2193	8433.90	1.1643	-47.54	1.2614	1.2153	1.1114	1.3464
北　京	2541.39	3.0303	13124.28	1.8119	-40.21	1.7384	1.7478	1.9090	2.1787
上　海	2696.55	3.2153	14116.73	1.9489	-39.39	1.7644	2.1705	1.7733	2.5546
浙　江	1643.37	1.9595	10235.34	1.4130	-27.89	1.5899	1.3481	1.2114	1.4322
福　建	1046.51	1.2479	7023.82	1.0303	-17.44	1.0942	1.0158	1.2713	1.0477
天　津	1502.13	1.7911	11068.48	1.5281	-14.68	1.5640	1.3968	1.5625	1.8163
河　北	614.08	1.2678	6206.06	1.1432	-9.83	1.1140	1.2125	1.0782	1.2106
山　东	897.87	1.0706	7278.57	1.0048	-6.15	1.0671	1.0118	1.0276	1.1510
江　苏	1040.57	1.2408	8846.78	1.2213	-1.57	1.2959	1.1539	1.1914	1.2241
海　南	720.01	1.1415	5916.98	1.1831	3.64	1.2794	1.0203	1.2580	1.1430
东　部	1263.02	1.8184	8533.52	1.3449	-26.04	1.3769	1.3293	1.3394	1.5105
贵　州	428.31	1.4893	5789.38	1.2007	-19.38	1.0564	1.2369	1.3299	1.3856
青　海	644.70	1.2313	6833.71	1.0566	-14.19	1.0053	1.2472	1.1018	1.0664
宁　夏	698.59	1.1670	7265.42	1.0030	-14.05	1.0272	1.0274	1.0353	1.1019
四　川	612.78	1.2693	6235.60	1.1391	-10.26	1.0888	1.2655	1.0698	1.0740
云　南	575.86	1.3134	5828.01	1.1954	-8.98	1.1542	1.1844	1.2237	1.3766
甘　肃	536.70	1.3600	5514.76	1.2387	-8.92	1.3719	1.2205	1.0452	1.2549
陕　西	693.21	1.1734	6411.04	1.1149	-4.99	1.2338	1.0820	1.0558	1.2000
西　藏	323.68	1.6141	3350.84	1.5374	-4.75	1.2957	1.7175	1.7160	1.4250
新　疆	687.56	1.1802	6309.26	1.1290	-4.34	1.1374	1.1991	1.0401	1.0662
重　庆	779.71	1.0703	6959.19	1.0392	-2.91	1.0399	1.0604	1.0035	1.0617
广　西	639.22	1.2378	5761.93	1.2045	-2.69	1.1938	1.1904	1.1887	1.3843
内蒙古	856.10	1.0208	7809.68	1.0782	5.62	1.1379	1.0084	1.0875	1.1149
西　部	629.28	1.2606	6219.05	1.1614	-7.87	1.1452	1.2033	1.1581	1.2093
河　南	485.58	1.4210	5672.88	1.2168	-14.37	1.3038	1.1964	1.0777	1.3116
安　徽	543.09	1.3524	5655.05	1.2193	-9.84	1.2209	1.1845	1.2752	1.1778
湖　北	757.66	1.0966	7296.48	1.0073	-8.14	1.0402	1.0237	1.1259	1.0031
江　西	556.63	1.3363	5264.66	1.2732	-4.72	1.2904	1.1750	1.4029	1.1822
山　西	650.62	1.2242	5982.94	1.1740	-4.10	1.3031	1.1215	1.0171	1.2457
湖　南	814.74	1.0285	7465.86	1.0307	0.21	1.1144	1.2760	1.0168	1.2510
中　部	624.97	1.2432	6242.41	1.1536	-7.21	1.2121	1.1628	1.1526	1.1952

地 区	2000 年非物消费		2018 年非物消费		18 年间地区差扩减（%）	2018 年分类地区差（无差距 = 1）			
	城乡人均值（元）	地区差（无差距 = 1）	城乡人均值（元）	地区差（无差距 = 1）		交通消费地区差	文教消费地区差	医疗消费地区差	其他消费地区差
吉　林	836.18	1.0030	7275.97	1.0045	0.15	1.0867	1.0295	1.1845	1.0430
黑龙江	836.18	1.0029	7006.16	1.0328	2.98	1.1929	1.1050	1.3085	1.0061
辽　宁	944.60	1.1263	8695.30	1.2004	6.58	1.0913	1.1963	1.3249	1.3927
东　北	878.72	1.0441	7752.59	1.0792	3.36	1.1236	1.1103	1.2726	1.1473

注：①本文恢复自行演算城乡人均值，非物消费城乡人均值由人民生活消费支出后 4 类（交通通信、教育文化娱乐、医疗保健、其他用品及服务，分别简称"交通、文教、医疗、其他"）城乡综合人均值合计构成；②地区差保留 4 位小数精确排序，地区差扩减负值为地区差缩小，全文同。

全国及各地居民非物消费分类项不同增长导致各类消费的地区差变化差异。

2000～2018 年，全国居民交通消费人均值地区差缩小 16.76%。18 个省域地区差小于全国总体地区差，13 个省域地区差大于全国总体地区差。其中，青海地区差 1.0053 最小，仅为全国地区差的 81.67%，相比 2000 年缩小 23.68%；上海地区差 1.7644 最大，高达全国地区差的 143.35%，相比 2000 年缩小 44.90%。

同期，全国居民文教消费人均值地区差缩小 13.11%。22 个省域地区差小于全国总体地区差，9 个省域地区差大于全国总体地区差。其中，内蒙古地区差 1.0084 最小，仅为全国地区差的 82.17%，相比 2000 年缩小 0.02%；上海地区差 2.1705 最大，高达全国地区差的 176.88%，相比 2000 年缩小 35.00%。

后台数据库检测表明，全国产值地区差缩小 10.03%，居民收入地区差缩小 6.77%，居民总消费地区差缩小 7.90%，医疗消费地区差缩小 13.61%，其他消费地区差缩小 9.63%。

2. 城镇与乡村人均值及其城乡比

全国及各地居民非物消费分类城乡比变化状况见表 3，分区域以城乡比扩减变化倒序位次排列。

2000 年，全国城镇非物消费人均值为 1599.44 元。11 个省域城镇人均值高于全国城镇人均值，20 个省域城镇人均值低于全国城镇人均值。其中，北京城镇人均值 2969.85 元最高，高达全国城镇人均值的 185.68%；江西城镇人均值 1019.13 元最低，低至全国城镇人均值的 63.72%。

同年，全国乡村非物消费人均值为 419.88 元。11 个省域乡村人均值高于全国乡村人均值，20 个省域乡村人均值低于全国乡村人均值。其中，上海乡村人均值 1164.96 元最高，高达全国乡村人均值的 277.45%；西藏乡村人均值 56.96 元最低，低至全国乡村人均值的 13.57%。

2018 年，全国城镇非物消费人均值为 9180.67 元。9 个省域城镇人均值高于全国城镇人均值，22 个省域城镇人均值低于全国城镇人均值。其中，上海城镇人均值 15190.67 元最高，高达全国城镇人均值的 165.46%；西藏城镇人均值 5769.79 元最低，低至全国城镇人均值的 62.85%。

同年，全国乡村非物消费人均值为 4449.96 元，仅为城镇人均值的 48.47%。15 个省域乡村人均值高于全国乡村人均值，16 个省域乡村人均值低于全国乡村人均值。其中，北京乡村人均值 6773.38 元最高，高达全国乡村人均值的 152.21%；西藏乡村人均值 2264.14 元最低，低至全国乡村人均值的 50.88%。

2000 年以来 18 年间，全国城镇非物消费人均值年均增长 10.19%。19 个省域城镇人均值年均增长高于全国城镇平均增长，12 个省域城镇人均值年均增长低于全国城镇平均增长。其中，辽宁城镇人均值年均增长 12.05% 最高，高于全国城镇年增 1.86 个百分点；广东城镇人均值年均增长 7.14% 最低，低于全国城镇年增 3.05 个百分点。

同期，全国乡村非物消费人均值年均增长 14.01%，高于全国城镇年增 3.82 个百分点。在此期间，31 个省域乡村人均值年均增长高于自身城镇年增。19 个省域乡村人均值年均增长高于全国乡村平均增长，12 个省域乡村人均值年均增长低于全国乡村平均增长。其中，西藏乡村人均值年均增长 22.70% 最高，高于全国乡村年增 8.69 个百分点；上海乡村人均值年均增长 9.84% 最低，低于全国乡村年增 4.18 个百分点。

全国及各地非物消费城乡比及其扩减变化基于城镇与乡村人均绝对值及其不同增长进行演算，在民生发展的城乡差距长期存在的情况下，倘若乡村人均值增长滞后于城镇人均值增长，势必导致城乡比进一步扩大。

2000 年，全国非物消费城乡比为 3.8093，即全国城镇人均值为乡村人均值的 380.93%，其间倍差为 3.81。15 个省域城乡比小于全国城乡比，16 个省域城乡比大于全国城乡比。其中，福建城乡比 2.4479 最低，即城镇与乡村的人均值倍差为 2.45，仅为全国总体城乡比 64.26%；西藏城乡比 26.2160 最高，即城镇与乡村的人均值倍差为 26.22，高达全国总体城乡比的 688.21%。

2018 年，全国非物消费城乡比为 2.0631，即全国城镇人均值为乡村人均值的 206.31%，其间倍差为 2.06。17 个省域城乡比小于全国城乡比，14 个省域城乡比大于全国城乡比。其中，江苏城乡比 1.5690 最低，即城镇与乡村的人均值倍差为 1.57，仅为全国总体城乡比的 76.05%；新疆城乡比 2.6293 最高，即城镇与乡村的人均值倍差为 2.63，高达全国总体城乡比的 127.44%。

基于全国城镇与乡村非物消费历年不同增长状况，与 2000 年相比，全国城乡比极显著缩小 45.84%。同期，31 个省域城乡比缩小，无省域城乡比扩大。这无疑表明，全国及所有省域非物消费增长变化态势已经转入"城乡均衡发展"的健康轨道。17 个省域城乡比变化态势好于全国城乡比变化态势，14 个省域城乡比变化态势逊于全国城乡比变化态势。其中，西藏城乡比变化态势最佳，缩减 90.28%；上海城乡比变化态势不佳，仅缩减 3.54%。

表 3　全国及各地居民非物消费分类城乡比变化状况

地　区	2000 年非物消费		2018 年非物消费		18 年间城乡比扩减（%）	2018 年分类城乡比（乡村 =1）			
	城乡比（乡村 =1）	乡村人均值（元）	城乡比（乡村 =1）	乡村人均值（元）		交通消费城乡比	文教消费城乡比	医疗消费城乡比	其他消费城乡比
全　国	3.8093	419.88	2.0631	4449.96	−45.84	2.0553	2.2850	1.6496	3.1487
西　藏	26.2160	56.96	2.5483	2264.14	−90.28	2.2368	2.8749	2.7665	4.1685
云　南	7.0678	241.59	2.2896	3621.41	−67.61	2.1415	2.3103	2.2175	4.5427
贵　州	6.9641	179.11	2.5256	3378.42	−63.73	2.8920	2.0785	2.3574	3.4804
青　海	5.6576	248.65	2.1014	4292.92	−62.86	2.0462	2.5339	1.7798	2.5698

续表

地 区	2000 年非物消费		2018 年非物消费		18 年间城乡比扩减（%）	2018 年分类城乡比（乡村＝1）			
	城乡比（乡村＝1）	乡村人均值（元）	城乡比（乡村＝1）	乡村人均值（元）		交通消费城乡比	文教消费城乡比	医疗消费城乡比	其他消费城乡比
重 庆	5.4329	320.18	2.0715	4107.50	-61.87	2.1619	1.9245	1.9110	3.3402
甘 肃	4.7452	284.97	2.1556	3572.43	-54.57	2.2719	2.0304	1.9489	3.7740
广 西	4.0693	347.34	1.8699	4022.29	-54.05	1.8997	1.9785	1.5619	2.8374
四 川	4.3778	325.98	2.0140	4095.24	-54.00	2.1323	2.5517	1.3624	2.8001
宁 夏	4.3154	339.68	2.0237	4546.24	-53.11	1.9402	2.2292	1.7235	3.4462
新 疆	5.1577	287.38	2.6293	3472.20	-49.02	2.6325	2.6232	2.2334	5.4643
陕 西	3.8093	367.31	2.1187	3902.46	-44.38	2.2517	2.1788	1.7986	2.9809
内蒙古	2.9477	470.34	1.6523	5551.49	-43.95	1.7772	1.4927	1.4340	3.0248
西 部	4.7819	305.25	2.1323	3906.33	-55.41	2.1970	2.1940	1.7806	3.3689
安 徽	3.9248	302.76	1.6893	4119.12	-56.96	1.6903	1.8664	1.3691	2.1013
山 西	4.7715	284.11	2.2369	3486.68	-53.12	2.2562	2.2950	2.0075	3.1844
湖 北	3.2236	404.34	1.5754	5428.50	-51.13	1.6053	1.7368	1.3620	1.6616
河 南	3.7514	299.30	1.8877	3906.46	-49.68	1.9523	1.9806	1.5695	3.0447
湖 南	3.5306	469.83	2.0606	4705.15	-41.64	2.2214	2.3380	1.4684	2.6964
江 西	2.6515	384.36	2.0670	3310.67	-22.04	2.0891	2.1776	1.5551	3.5387
中 部	3.6222	355.23	1.8888	4194.05	-47.85	1.9367	2.0614	1.5242	2.5354
河 北	4.3013	333.60	1.7708	4341.44	-58.83	1.7172	1.9686	1.5677	2.2244
广 东	3.9557	719.82	1.9423	5073.77	-50.90	2.1277	2.2645	1.1643	2.7027
山 东	3.6261	456.65	2.0086	4509.54	-44.61	1.9246	2.2936	1.6318	3.5185
海 南	3.9344	336.66	2.2755	3386.76	-42.16	2.3458	2.0753	2.3439	3.0475
江 苏	2.5674	636.70	1.5690	6347.87	-38.89	1.2905	2.0222	1.4862	2.3719
浙 江	2.6171	930.69	1.7782	6677.78	-32.05	1.6968	2.0606	1.4055	2.8816
天 津	2.8032	656.01	1.9754	6115.37	-29.53	1.7867	2.9093	1.4305	3.3078
福 建	2.4479	659.39	1.8523	4512.14	-24.33	1.9981	2.0064	1.3534	1.9534
北 京	2.6994	1100.20	2.0840	6773.38	-22.80	1.6352	3.0647	1.7450	4.5073
上 海	2.4965	1164.96	2.4081	6308.04	-3.54	1.7660	4.6797	1.8521	2.7245
东 部	3.6870	579.24	1.9816	5136.74	-46.25	1.8669	2.3641	1.5703	2.9810
黑龙江	3.1670	397.21	1.5814	5199.75	-50.07	1.5959	1.7422	1.2872	2.9280
吉 林	3.1393	407.72	1.8680	4864.84	-40.50	1.7269	2.0062	1.7019	3.1416
辽 宁	2.8687	471.55	2.1314	4920.98	-25.70	1.9511	2.5733	1.7179	3.6527
东 北	3.0427	427.88	1.8790	5008.72	-38.25	1.7984	2.1411	1.5369	3.3223

注：城乡比保留 4 位小数精确排序，城乡比扩减负值为城乡比缩小，全文同。

本项检测体系的城乡差距相关性考察集中于民生数据链当中。首先，有必要检验城镇与乡村之间非物消费增长相关系数（可简化理解为城乡增长同步程度）：全国为 −0.3848，呈稍强负相关，城乡增长同步性极差，14 个省域呈负相关，其中 1 个省域呈低于 −50% 强负相关；江苏最高为 0.6650，广西最低为 −0.5583。

其次，全国及各地居民收入、总消费、积蓄的城乡差距动态有可能对分类单项消费的城乡差距变化产生影响，而物质消费和非物消费的城乡差距动态又有可能反过来对总消费、积蓄的城乡差距变化产生影响，尤其是各类消费需求之间城乡比变化具有贯通性。

全国及各地城乡之间居民非物消费分类项不同增长导致各类消费的城乡比变化差异。

2000 ~ 2018 年，全国居民交通消费人均值城乡比缩小 51.54%。18 个省域城乡比小于全国总体城乡比，13 个省域城乡比大于全国总体城乡比。其中，江苏城乡比 1.2905 最小，仅为全国城乡比的 62.79%，相比 2000 年缩小 48.87%；贵州城乡比 2.8920 最大，高达全国城乡比的 140.71%，相比 2000 年缩小 76.78%。

同期，全国居民文教消费人均值城乡比缩小 32.04%。19 个省域城乡比小于全国总体城乡比，12 个省域城乡比大于全国总体城乡比。其中，内蒙古城乡比 1.4927 最小，仅为全国城乡比的 65.33%，相比 2000 年缩小 28.95%；上海城乡比 4.6797 最大，高达全国城乡比的 204.80%，相比 2000 年扩大 113.12%。

后台数据库检测表明，全国居民收入城乡比缩小 3.65%，居民总消费城乡比缩小 28.03%，医疗消费城乡比缩小 54.58%，其他消费城乡比缩小 36.11%。

中国社会由历史承继下来的结构性、体制性"非均衡格局"弊端根深蒂固，长期存在的城乡差距、地区差距系全国及各地民生发展"非均衡性"的主要成因。进入"全面建成小康社会"进程以来，国家把解决"三农"问题列为"重中之重"，并致力于推进区域"均衡发展"。就本文涉及的非物消费数据范围来看，国家大力推进缩小区域发展差距的几大战略已见成效，推进缩小城乡发展差距的长年多方努力更显成效。

三 非物消费相关性比值协调性检测

全国及各地居民非物消费分类相对比值变化状况见表4，分区域以非物消费比重升降位次排列。

1. 非物消费与居民收入之比

2000年，全国非物消费比为22.77%，此为全国城乡非物消费与居民收入的相对比值，非物生活"扩展消费"占比以高为佳。15个省域比值高于全国总体比值，16个省域比值低于全国总体比值。其中，北京比值28.13%最高，高达全国总体比值的123.55%；西藏比值13.14%最低，低至全国总体比值的57.72%。

到2018年，全国非物消费比为24.84%，意味着非物消费与居民收入的相对比值升高，非物生活"扩展消费"占比以高为佳。19个省域比值高于全国总体比值，12个省域比值低于全国总体比值。其中，吉林比值31.46%最高，高达全国总体比值的126.68%；西藏比值18.23%最低，低至全国总体比值的73.41%。

基于非物消费与居民收入历年不同增长状况，与2000年相比，全国非物消费比升高9.09%。同期，26个省域比值上升，5个省域比值下降。21个省域比值升降变化态势好于全国比值变化，10个省域比值升降变化态势逊于全国比值变化。其中，贵州比值升降变化态势最佳，升高52.34%；北京比值升降变化态势不佳，降低25.20%。

2. 非物消费与居民消费之比

2000年，全国非物消费比重为29.41%，此为全国城乡非物消费与居民消费的相对比值，非物生活"扩展消费"占比以高为佳。15个省域比值高于全国总体比值，16个省域比值低于全国总体比值。其中，北京比值34.66%最高，高达全国总体比值的117.86%；西藏比值16.68%最低，低至全国总体比值的 56.71%。

到 2018 年，全国非物消费比重为 35.53%，非物消费与居民消费的相对比值增高，非物生活"扩展消费"占比以高为佳。19 个省域比值高于全国总体比值，12 个省域比值低于全国总体比值。其中，宁夏比值 41.93% 最高，高达全国总体比值的 118.01%；西藏比值 27.29% 最低，低至全国总体比值的 76.78%。

基于非物消费与居民消费历年不同增长状况，与 2000 年相比，全国非物消费比重增高 20.81%。同期，29 个省域比值上升，2 个省域比值下降。21 个省域比值升降变化态势好于全国比值变化，10 个省域比值升降变化态势逊于全国比值变化。其中，贵州比值升降变化态势最佳，增高 70.20%；北京比值升降变化态势不佳，降低 4.99%。

表 4　全国及各地居民非物消费分类相对比值变化状况

单位：%

地　区	2000 年非物消费		2018 年非物消费		18 年间消费比重升降	2018 年非物消费分类数据相对比值			
	非物消费比	非物消费比重	非物消费比	非物消费比重		交通消费比重	文教消费比重	医疗消费比重	其他消费比重
全　国	22.77	29.41	24.84	35.53	20.81	13.46	11.23	8.42	2.42
吉　林	24.65	30.24	31.46	41.74	38.03	14.37	12.75	11.66	2.96
辽　宁	23.81	29.98	28.95	40.22	34.16	13.85	12.67	10.52	3.18
黑龙江	23.50	30.91	30.46	40.82	32.06	12.90	11.94	13.08	2.90
东　北	23.90	30.35	29.98	40.76	34.30	13.67	12.46	11.58	3.05
贵　州	19.05	23.29	29.02	39.64	70.20	17.72	11.96	7.87	2.09
西　藏	13.14	16.68	18.23	27.29	63.61	15.73	5.27	3.97	2.32
云　南	22.29	26.62	27.10	38.77	45.64	15.44	12.42	8.86	2.05
广　西	21.66	26.53	25.75	37.51	41.39	14.40	12.07	9.06	1.98
宁　夏	25.49	30.32	30.91	41.93	38.29	16.26	12.85	10.25	2.57
青　海	23.45	28.87	31.43	39.85	38.03	16.08	10.05	11.03	2.69
四　川	20.82	25.94	26.44	34.13	31.57	13.68	9.20	8.74	2.51
新　疆	23.18	29.85	28.17	37.49	25.59	14.06	10.90	9.79	2.74
重　庆	23.54	28.38	25.34	35.03	23.43	13.26	10.83	8.61	2.33
陕　西	26.60	31.41	26.81	37.92	20.73	12.43	12.43	10.72	2.34

地 区	2000 年非物消费		2018 年非物消费		18 年间消费比重升降	2018 年非物消费分类数据相对比值			
	非物消费比	非物消费比重	非物消费比	非物消费比重		交通消费比重	文教消费比重	医疗消费比重	其他消费比重
甘 肃	23.84	29.79	29.40	35.73	19.94	11.16	11.56	10.61	2.40
内蒙古	25.63	33.07	26.85	39.04	18.05	15.60	11.35	9.33	2.76
西 部	22.50	27.66	26.99	36.89	33.37	14.25	11.11	9.18	2.35
河 南	18.57	25.76	24.64	35.93	39.48	12.09	11.65	10.02	2.17
湖 南	24.22	28.16	28.07	38.19	35.62	12.43	14.94	8.92	1.90
湖 北	21.35	27.36	27.40	36.56	33.63	13.19	11.20	9.68	2.49
山 西	22.67	30.92	26.11	39.06	26.33	12.48	13.13	11.01	2.44
江 西	18.93	25.53	20.92	32.20	26.13	11.91	11.55	6.27	2.47
安 徽	19.08	25.72	22.59	32.32	25.66	12.22	10.67	7.11	2.32
中 部	20.76	27.03	25.11	35.74	32.22	12.40	12.21	8.88	2.25
河 北	18.67	28.90	25.24	35.73	23.63	13.99	10.38	9.11	2.25
山 东	22.07	30.26	23.90	37.31	23.30	15.01	11.60	8.55	2.15
天 津	21.92	30.37	27.95	36.92	21.57	14.31	10.67	8.94	3.00
江 苏	21.27	29.35	22.64	34.71	18.26	13.95	10.36	8.02	2.38
海 南	21.09	28.89	23.36	32.88	13.81	10.99	12.46	7.08	2.35
福 建	21.21	28.14	20.85	29.81	5.93	12.74	9.56	5.31	2.20
浙 江	24.77	32.70	21.94	34.23	4.68	14.59	10.32	6.95	2.37
上 海	24.57	32.51	22.24	32.93	1.29	11.29	11.59	7.10	2.95
广 东	26.85	33.67	23.26	32.05	-4.81	13.15	10.57	5.79	2.54
北 京	28.13	34.66	21.04	32.93	-4.99	11.96	10.04	8.22	2.71
东 部	23.47	31.40	23.02	34.01	8.31	13.57	10.64	7.35	2.45

注：①单独取非物消费与居民收入的关系（恩格尔定律关系反向扩展）来看，非物消费比增高意味着居民收入中扩展消费开支比重上升；单独取非物消费与居民总消费的关系（恩格尔系数反向扩展）来看，非物消费比重值增高意味着居民总消费中扩展消费开支占比上升。②表中各地各类消费比重（占居民总消费比）高低一目了然，比值升降负值为比值下降，非物消费比重以高为佳。

本项检测体系建立各类相关性比值分析测算十分复杂，不同方面、不同层次的比值当然不具可比性。以下可对应比值之间历年变化相关系数（可简化理解为比值变化同步程度）检测在同一层面展开：①非物消费比与居民消费比同属对应于居民收入的相对比值，②非物比重与交通比重，③与文教比重，④与医疗比重，⑤与其他比重同属对应于总消费的相对比值。

全国及各地居民非物消费分类项之间不同增长导致各类消费的比重变化差异。

2018 年，全国居民文教消费占总消费比重为 11.23%，相比 2000 年降低 0.81 个百分点。17 个省域此项比重高于全国总体比重，14 个省域此项比重低于全国总体比重。其中，湖南此项比重 14.94% 最高，高达全国比重的 133.05%，相比 2000 年增高 1.92 个百分点；西藏此项比重 5.27% 最低，仅为全国比重的 46.89%，相比 2000 年增高 0.79 个百分点。

同时，全国居民文教消费占非物消费比重为 31.60%，相比 2000 年降低 9.33 个百分点。13 个省域此项比重高于全国总体比重，18 个省域此项比重低于全国总体比重。其中，湖南此项比重 39.13% 最高，高达全国比重的 123.80%，相比 2000 年降低 7.10 个百分点；西藏此项比重 19.30% 最低，仅为全国比重的 61.07%，相比 2000 年降低 7.53 个百分点。

此间相关动向值得注意，全国居民交通通信消费增长最为显著，占总消费比重相比 2000 年增高 6.43 个百分点，足见"社会交往需求"已成为国民新"刚需"。交通通信消费包含交通消费和通信消费，交通消费涉及地理空间交往譬如国内外旅游，通信消费涉及信息空间交往譬如计算机和手机网络。医疗保健消费增长也较为明显，占总消费比重相比 2000 年增高 2.48 个百分点。带动国民消费结构升级主要在于交通通信消费比重显著提升、医疗保健消费比重较明显提升，文教消费比重并无较大变化，反而略微跌降。

后台数据库检测表明，2000～2018 年，全国非物消费比升高 9.09%，而居民消费比降低 9.72%；非物消费比重增高 20.81%，而交通消费比重增高 91.74%，文教消费比重降低 6.73%，医疗消费比重增高 41.75%，其他消费比重降低 44.90%。按分类单项消费比重值升降变化衡量，全国非物消费比重增高主要在于交通消费比重上升，其次在于医疗消费比重上升，而文教消费比重、其他消费比重反向下降。

四 "全面小康"进程居民非物消费指数排行

2018 年统计数据为目前已经正式出版公布的最新年度全国及各地系统数据。全国及各地居民非物消费子系统专项指数排行见表 5，分区域以 2018 年度无差距横向测评结果位次排列。

1. 各年度理想值横向测评

2018 年度无差距理想值横向测评非物消费指数，全国为 86.48，即设相应人均值城乡、地区无差距为理想值 100 加以比较衡量，全国总体尚存差距 13.52 个点。20 个省域此项指数高于全国指数，即指数检测结果高于全国平均水平；11 个省域此项指数低于全国指数，即指数检测结果低于全国平均水平。

在此类检测中，湖北、天津、上海、吉林、黑龙江占据前 5 位。湖北此项指数 97.62 最高，高于全国总体指数 11.14 个点；西藏此项指数 82.12 最低，低于全国总体指数 4.36 个点。

2. 2000 年以来基数值纵向测评

取"十五"以来 18 年基数值纵向测评非物消费指数，全国为 234.63，即设 2000 年为基数值 100 加以对比衡量，至 2018 年提升 134.63%。19 个省域此项指数高于全国指数，即指数提升速度高于全国平均速度；12 个省域此项指数低于全国指数，即指数提升速度低于全国平均速度。

在此类检测中，西藏、贵州、云南、青海、河南占据前 5 位。西藏此项指数 425.24 最高，即指数提升高达 325.24%；上海此项指数 175.30 最低，即指数提升仅为 75.30%。

3. 2005 年以来基数值纵向测评

取"十一五"以来 13 年基数值纵向测评非物消费指数，全国为 163.31，即设 2005 年为基数值 100 加以对比衡量，至 2018 年提升 63.31%。20 个省域此项指数高于全国指数，即指数提升速度高于全国平均速度；11 个省域此项指数低于全国指数，即指数提升速度低于全国平均速度。

表5 全国及各地居民非物消费子系统专项指数排行

地区	各五年期起始年纵向测评(基数值=100)								2018 年度检测无差距横向测评(理想值=100)	
	"十五"以来18年(2000~2018)		"十一五"以来13年(2005~2018)		"十二五"以来8年(2010~2018)		"十三五"以来3年(2015~2018)			
	检测指数	排行	检测指数	排行	检测指数	排行	检测指数	排行	检测指数	排行
全 国	234.63	—	163.31	—	138.44	—	108.08	—	86.48	—
吉 林	227.83	22	157.77	23	137.82	21	107.73	19	94.02	4
黑龙江	225.45	25	160.53	21	134.74	23	110.80	10	93.72	5
辽 宁	230.15	20	154.72	25	134.45	24	108.72	15	91.86	7
东 北	227.97	[3]	157.31	[3]	135.22	[3]	109.20	[2]	92.68	[1]
天 津	227.56	23	169.89	19	144.13	16	107.76	17	96.09	2
上 海	175.30	31	130.19	31	119.88	30	105.07	28	96.03	3
浙 江	186.08	28	136.57	29	120.40	29	102.91	31	93.40	6
江 苏	225.68	24	158.81	22	129.42	27	105.66	25	90.69	9
山 东	229.05	21	153.85	26	129.40	28	106.79	22	90.58	12
北 京	179.41	30	133.67	30	116.92	31	105.87	24	90.18	13
广 东	182.72	29	149.51	27	139.24	19	112.21	6	89.51	14
福 建	189.97	27	147.64	28	130.72	26	104.92	29	89.21	16
河 北	267.27	10	181.41	10	144.21	15	105.65	26	87.72	20
海 南	225.35	26	171.34	17	145.47	12	107.74	18	84.67	26
东 部	203.27	[4]	151.34	[4]	129.56	[4]	106.00	[4]	87.75	[2]
湖 北	272.98	9	186.51	7	165.14	4	114.01	5	97.62	1
湖 南	236.33	18	168.05	20	150.76	11	110.42	12	90.66	11
河 南	291.48	5	193.18	5	143.04	17	107.99	16	85.65	22
安 徽	278.89	8	178.59	11	144.69	14	109.48	13	85.14	25
山 西	254.02	14	174.23	13	132.59	25	103.40	30	84.43	27
江 西	235.01	19	155.38	24	138.44	20	107.32	21	84.08	30
中 部	261.69	[2]	177.29	[2]	145.76	[2]	109.01	[3]	87.63	[3]
内蒙古	238.88	17	171.52	16	140.65	18	105.63	27	90.84	8
宁 夏	265.95	11	185.85	8	145.07	13	108.96	14	90.68	10
重 庆	257.51	12	173.52	15	155.97	8	114.14	4	89.22	15
广 西	256.89	13	173.91	14	162.97	6	117.48	3	89.05	17

续表

地 区	各五年期起始年纵向测评（基数值＝100）								2018 年度检测无差距横向测评（理想值＝100）	
	"十五"以来18年（2000~2018）		"十一五"以来13年（2005~2018）		"十二五"以来8年（2010~2018）		"十三五"以来3年（2015~2018）			
	检测指数	排行	检测指数	排行	检测指数	排行	检测指数	排行	检测指数	排行
青 海	292.49	4	193.52	4	167.09	3	106.53	23	88.02	18
四 川	286.88	6	186.67	6	155.09	9	111.87	8	88.01	19
贵 州	353.46	2	224.12	2	175.48	1	118.76	2	85.97	21
云 南	303.68	3	201.52	3	158.42	7	111.48	9	85.61	23
陕 西	246.21	16	170.31	18	136.19	22	107.44	20	85.53	24
新 疆	248.69	15	177.85	12	153.23	10	110.79	11	84.22	28
甘 肃	281.16	7	183.21	9	164.78	5	112.05	7	84.18	29
西 藏	425.24	1	227.00	1	170.23	2	127.73	1	82.12	31
西 部	271.80	[1]	182.03	[1]	153.42	[1]	111.64	[1]	86.10	[4]

注：在分解独立的"中国民生消费需求景气评价体系"中，居民非物消费二级子系统检测取非物消费 4 个小项分类数据进行复合演算，占据 20% 的综合测算权重。由于如此复合演算过于复杂，本文表 6、表 7 仅取非物消费合计数值展开预测算。详见本书技术报告表 2、表 3，以区别于在"中国人民生活发展指数检测体系"中的相应测算。

在此类检测中，西藏、贵州、云南、青海、河南占据前 5 位。西藏此项指数 227.00 最高，即指数提升高达 127.00%；上海此项指数 130.19 最低，即指数提升仅为 30.19%。

4. 2010年以来基数值纵向测评

取"十二五"以来 8 年基数值纵向测评非物消费指数，全国为 138.44，即设 2010 年为基数值 100 加以对比衡量，至 2018 年提升 38.44%。20 个省域此项指数高于全国指数，即指数提升速度高于全国平均速度；11 个省域此项指数低于全国指数，即指数提升速度低于全国平均速度。

在此类检测中，贵州、西藏、青海、湖北、甘肃占据前 5 位。贵州此项指数 175.48 最高，即指数提升高达 75.48%；北京此项指数 116.92 最低，即指数提升仅为 16.92%。

5. 2015年以来基数值纵向测评

取"十三五"以来3年基数值纵向测评非物消费指数，全国为108.08，即设2015年为基数值100加以对比衡量，至2018年提升8.08%。15个省域此项指数高于全国指数，即提升速度高于全国平均速度；16个省域此项指数低于全国指数，即提升速度低于全国平均速度。

在此类检测中，西藏、贵州、广西、重庆、湖北占据前5位。西藏此项指数127.73最高，即指数提升高达27.73%；浙江此项指数102.91最低，即指数提升仅为2.91%。

6. 逐年度基数值纵向测评

囿于制表空间，表外数据演算补充：2018年度基数值纵向测评非物消费指数，全国为102.73，即设上年2017年为基数值100加以对比衡量，至2018年提升2.73%。18个省域此项指数高于全国指数，即指数提升速度高于全国平均速度；13个省域此项指数低于全国指数，即指数提升速度低于全国平均速度。

在此类检测中，西藏、湖北、贵州、广西、广东占据前5位。西藏此项指数130.71最高，即指数提升30.71%；内蒙古此项指数100.20最低，即指数提升仅为0.20%。

现有增长关系格局存在经济增长与民生发展不够协调的问题，存在城乡、区域间民生发展不够均衡的问题，维持现有格局既有增长关系并非应然选择。实现经济、社会、民生发展的协调性，增强城乡、区域发展的均衡性，均为"全面建成小康社会"的既定目标，有些甚至具体化为约束性指标。假定全国及各地城乡比、地区差不再扩大以至消除，非物消费增长将更加明显，各地排行也将发生变化，可为"全面建成小康社会"进程最后攻坚起到"倒计时"预测提示作用。

五　"全面小康"目标年非物消费增长预测

1. 实现非物消费比重最佳值及最小城乡比应然测算

居民非物消费率、消费比持续提升，亦即非物消费比重呈提升态势，而消除城乡差距的第一步是缩小城乡差距。按全国及非物消费比重历年最高值测算2020年非物消费总量、人均值，再取非物消费历年最小城乡比进行演算。

据此假定推演非物消费"应然增长"动向，亦即协调增长"应有目标"，预测全国及各地2020年居民非物消费见表6，分区域以2018～2020年纵向测评假定目标差距位次排列。

假定实现非物消费比重最佳值及最小城乡比测算，2020年全国城乡非物消费总量应达152227.12亿元，人均值应为10827.81元。20个省域人均值高于全国人均值，11个省域人均值低于全国人均值。其中，北京人均值28076.43元最高，高达全国人均值的259.30%；甘肃人均值7358.04元最低，低至全国人均值的67.96%。

全国城乡非物消费地区差应为1.3588，即31个省域人均值与全国人均值的绝对偏差平均值为35.88%。22个省域地区差小于全国地区差，9个省域地区差大于全国地区差。其中，四川地区差1.0183最小，即与全国人均值的绝对偏差为1.83%，仅为全国总体地区差的74.95%；北京地区差2.5930最大，即与全国人均值的绝对偏差为159.30%，高达全国总体地区差的190.83%。

基于城乡人均值测算反推，全国城镇非物消费人均值应为13275.09元。20个省域城镇人均值高于全国城镇人均值，11个省域城镇人均值低于全国城镇人均值。其中，北京城镇人均值29985.34元最高，高达全国城镇人均值的225.88%；河北城镇人均值9417.36元最低，低至全国城镇人均值的70.94%。

基于城镇人均值演算反推，全国乡村非物消费人均值应为6930.43元，仅为城镇人均值的52.21%。22个省域乡村人均值高于全国乡村人均值，9个省域乡村人均值低于全国乡村人均值。其中，北京乡村人均值15528.16元最高，高达全国乡村人均值的224.06%；甘肃乡村人均值4972.23元最低，低至全国乡村人均值的71.74%。

表6　全国及各地2020年居民非物消费应然增长测算

地　区	实现非物消费比重最佳值及最小城乡比测算				非物消费专项指数测算			
	非物消费数值		人均值差距		2018～2020年纵向测评（基数值＝100）		2020年度横向测评（理想值＝100）	
	城乡总量（亿元）	城乡人均（元）	地区差（无差距＝1）	城乡比（乡村＝1）	预测指数	差距排序（倒序）	预测指数	排序
全　国	152227.12	10827.81	1.3588	1.9155	109.42	—	86.31	—
黑龙江	3391.00	9000.39	1.1688	1.4662	102.63	1	88.18	24
辽　宁	5245.49	11989.10	1.1073	2.0534	108.61	5	91.51	21
吉　林	3257.13	12051.77	1.1130	1.7605	113.86	10	95.82	16
东　北	11893.62	10966.47	1.1297	1.7774	105.72	[1]	89.29	[4]
河　南	8208.62	8522.85	1.2129	1.7527	110.76	6	86.01	27
山　西	3481.34	9253.06	1.1454	2.0544	113.15	8	87.72	26
江　西	4253.06	9071.13	1.1622	2.0059	118.47	16	87.97	25
湖　南	9924.77	14242.52	1.3154	1.9494	119.68	17	100.46	11
安　徽	6143.81	9678.38	1.1062	1.5238	119.99	18	93.73	20
湖　北	8707.48	14655.69	1.3535	1.4633	121.60	20	102.88	8
中　部	40719.08	10904.95	1.2159	1.7601	115.23	[2]	91.03	[3]
河　北	6087.89	7966.42	1.2643	1.5923	103.34	2	83.02	29
海　南	850.62	8981.46	1.1705	2.1182	111.43	7	83.65	28
山　东	11830.96	11663.50	1.0772	1.8736	113.30	9	93.79	19
天　津	2948.01	18037.56	1.6659	1.7096	116.19	12	97.89	14
上　海	6416.49	25538.94	2.3586	2.2697	122.29	21	106.48	4
浙　江	11377.07	19472.18	1.7983	1.6785	122.42	22	105.61	5
江　苏	14501.33	17858.14	1.6493	1.4561	123.67	23	105.07	6
福　建	5649.02	14155.16	1.3073	1.7700	124.72	24	100.47	10
北　京	6287.87	28076.43	2.5930	1.9310	131.67	27	115.78	1
广　东	22029.71	18950.15	1.7501	1.7798	132.37	28	110.14	2
东　部	87978.95	16084.54	1.6635	1.8275	119.47	[3]	96.71	[1]
甘　肃	1944.00	7358.04	1.3204	1.9619	105.04	3	80.37	31
新　疆	2231.11	8753.04	1.1916	2.4340	106.92	4	81.42	30
云　南	4421.32	9067.69	1.1626	2.0177	115.44	11	88.99	23
宁　夏	898.65	12847.08	1.1865	1.8593	117.00	13	96.20	15
青　海	712.93	11680.85	1.0788	1.9056	117.55	14	94.25	18
内蒙古	3675.63	14404.85	1.3304	1.5490	118.00	15	98.78	13
四　川	9213.73	11026.47	1.0183	1.8377	121.20	19	95.77	17
广　西	5475.85	11045.22	1.0201	1.7207	127.56	25	100.35	12

续表

地 区	实现非物消费比重最佳值及最小城乡比测算				非物消费专项指数测算			
	非物消费数值		人均值差距		2018～2020年纵向测评（基数值=100）		2020年度横向测评（理想值=100）	
	城乡总量（亿元）	城乡人均（元）	地区差（无差距=1）	城乡比（乡村=1）	预测指数	差距排序（倒序）	预测指数	排序
重 庆	4766.18	15182.97	1.4022	1.8624	127.78	26	101.83	9
陕 西	5810.95	14972.92	1.3828	1.9850	132.96	29	103.90	7
贵 州	5535.07	15438.25	1.4258	2.2722	142.99	30	108.15	3
西 藏	273.57	7756.13	1.2837	2.0497	144.03	31	90.08	22
西 部	44959.01	11769.31	1.2336	1.9504	119.82	[4]	92.62	[2]

注：①全国及26个省域城乡比自身趋于缩小，保持缩小趋势至2020年即为最小城乡比；5个省域城乡比自身趋于扩大，同样按各自历年最小城乡比假定测算。②纵向测评排序取倒序，指数越低差距越小；横向测评指数普遍接近，四大区域差异明显减小，部分省域指数超出理想值100，由其他指标明显提升所致。③全国人均值、横向测评结果一般应在各地数值之间，此处"失常"由全国及各地分别假定测算所致。④表外附加城镇、乡村人均值按最小城乡比反推演算，势必突破相应背景数值关系，于是全国及各地居民物质消费与非物消费之和对应总消费测算数值或有出入，实属此项测算设计使然。

全国非物消费城乡比应为1.9155，即全国城镇人均值为乡村人均值的191.55%，其间倍差为1.92。18个省域城乡比小于全国城乡比，13个省域城乡比大于全国城乡比。其中，江苏城乡比1.4561最小，即城镇与乡村的人均值倍差为1.46，仅为全国总体城乡比的76.02%；新疆城乡比2.4340最大，即城镇与乡村的人均值倍差为2.43，高达全国总体城乡比的127.07%。

2018～2020年纵向测评非物消费指数，全国应为109.42，即设2018年为基数值100加以对比衡量，至2020年达到假定目标需提升9.42%。5个省域此项指数低于全国指数，即假定测算非物消费指数提升差距小于全国；26个省域此项指数高于全国指数，即假定测算非物消费指数提升差距大于全国。其中，黑龙江此项指数102.63最低，即达到假定增长测算目标的差距最小；西藏此项指数144.03最高，即达到假定增长测算目标的差距最大。

在此假定"应然目标"下，纵向测评指数即为差距测量结果，指数越低意味着差距越小，越容易实现。

2020年度横向测评非物消费指数，全国应为86.31，即设相应人均值城乡、地区无差距为理想值 100 加以比较衡量，全国总体尚存差距 13.69 个点。26 个省域此项指数高于全国指数，即假定测算非物消费指数高于全国；5 个省域此项指数依次低于全国指数，即假定测算非物消费指数低于全国。其中，北京此项指数 115.78 最高，即达到假定目标情况下高于全国总体指数 29.47 个点；甘肃此项指数 80.37 最低，即达到假定目标情况下低于全国总体指数 5.94 个点。

在此项假定测算中，各省域非物消费指数不仅普遍提升，而且相互接近；四大区域横向测评指数较为接近，地区性差异排序部分失去意义。由于预设全国所有省域同步达到"应然目标"，各地纵向测评差距愈大，倘若同时得以实现则横向测评排行有可能愈前，反之亦然。

保持非物消费比重上升态势，实现非物消费最小城乡比"应然目标"，本身即为"协调增长"的基本需要。在假定实现最小城乡比情况下，与 2018 年相比，全国非物消费城乡比应显著缩减，31 个省域城乡比相应缩减。在此项假定测算当中，由于全国及 26 个省域城乡比自身趋于缩小，保持缩小趋势至 2020 年即为最小城乡比；5 个省域城乡比自身趋于扩大，同样按各自历年最小城乡比假定测算，于是城乡综合演算的非物消费总量、人均值明显提升。由此可知，既有城乡差距在全国社会结构中的"非均衡性"影响极大。

但是，地区差距在全国社会结构中的"非均衡性"影响同样很大。假定各地按照自身历年最小城乡比测算下来，全国非物消费地区差将极显著扩增，21 个省域地区差相应扩增。

2. 实现非物消费比重最佳值并弥合城乡比理想测算

城乡差距系民生发展"非均衡性"的最主要成因，仅仅实现非物消费既往历年最小城乡比显然不够。假定全国及各地实现非物消费比重历年最佳值并同步弥合城乡比，以最小城乡比演算的各自城镇人均值作为城乡持平人均值进行测算，可以检测最终消除城乡差距的实际距离。

据此假定推演非物消费"理想增长"动向，亦即均衡发展"理想目标"，预测全国及各地 2020 年居民非物消费见表 7，分区域以 2018～2020 年纵向测评假定目标差距位次排列。

假定实现非物消费比重最佳值并弥合城乡比测算，2020 年全国城乡非物消费总量应达 186633.13 亿元，城乡持平人均值应为 13275.09 元，即前面测算的城镇人均水平。20 个省域人均值高于全国人均值，11 个省域人均值低于全国人均值。其中，北京人均值 29985.34 元最高，高达全国人均值的 225.88%；河北人均值 9417.36 元最低，低至全国人均值的 70.94%。

全国城乡非物消费地区差应为 1.3040，即 31 个省域人均值与全国人均值的绝对偏差平均值为 30.40%。21 个省域地区差小于全国地区差，10 个省域地区差大于全国地区差。其中，广西地区差 1.0402 最小，即与全国人均值的绝对偏差为 4.02%，仅为全国总体地区差的 79.77%；北京地区差 2.2588 最大，即与全国人均值的绝对偏差为 125.88%，高达全国总体地区差的 173.21%。

2018～2020 年纵向测评非物消费指数，全国应为 136.36，即设 2018 年为基数值 100 加以对比衡量，至 2020 年达到假定目标需提升 36.36%。9 个省域此项指数低于全国指数，即假定测算非物消费指数提升差距小于全国；22 个省域此项指数高于全国指数，即假定测算非物消费指数提升差距大于全国。其中，黑龙江此项指数 114.47 最低，即达到假定增长测算目标的差距最小；西藏此项指数 201.94 最高，即达到假定增长测算目标的差距最大。

表 7　全国及各地 2020 年居民非物消费理想增长测算

| 地 区 | 实现非物消费比重最佳值并弥合城乡比测算 | | | 非物消费专项指数测算 | | | |
| | | | | 2018～2020 年纵向测评（基数值＝100） | | 2020 年度横向测评（理想值＝100） | |
	城乡总量（亿元）	城乡持平人均值（元）	地区差（无差距＝1）	预测指数	差距排序（倒序）	预测指数	排序
全　国	186633.13	13275.09	1.3040	136.36	—	96.11	—
黑龙江	3872.44	10278.22	1.2258	114.47	1	91.02	30
辽　宁	6233.66	14247.66	1.0733	135.99	8	101.11	22
吉　林	3976.65	14714.08	1.1084	137.32	11	104.17	16
东　北	14082.75	13048.89	1.1358	127.23	[1]	96.86	[4]
河　南	10215.42	10606.47	1.2010	134.48	4	94.90	28
安　徽	7211.44	11360.22	1.1442	135.86	7	97.94	26

续表

地 区	实现非物消费比重最佳值并弥合城乡比测算			非物消费专项指数测算			
				2018～2020 年纵向测评(基数值＝100)		2020 年度横向测评(理想值＝100)	
	城乡总量(亿元)	城乡持平人均值(元)	地区差(无差距＝1)	预测指数	差距排序(倒序)	预测指数	排序
湖　北	9891.56	16648.62	1.2541	136.34	9	106.04	13
山　西	4373.58	11624.56	1.1243	144.81	16	99.21	24
江　西	5380.60	11476.01	1.1355	149.50	20	99.69	23
湖　南	12460.80	17881.84	1.3470	149.59	21	111.03	6
中　部	49533.40	13334.17	1.2010	139.63	[2]	99.77	[3]
河　北	7196.68	9417.36	1.2906	120.09	2	88.53	31
天　津	3158.80	19327.29	1.4559	135.37	5	101.69	21
江　苏	15918.46	19603.32	1.4767	136.87	10	106.79	12
山　东	14300.50	14098.09	1.0620	138.59	12	102.54	20
浙　江	12931.97	22133.43	1.6673	141.91	13	110.51	8
海　南	1073.60	11335.85	1.1461	144.40	15	95.69	27
福　建	6570.17	16463.35	1.2402	147.24	18	107.33	11
上　海	6878.15	27376.47	2.0622	151.85	23	111.50	5
北　京	6715.38	29985.34	2.2588	154.01	26	118.02	2
广　东	25139.95	21625.61	1.6290	155.07	28	115.41	3
东　部	99883.67	18677.41	1.5289	143.86	[3]	104.09	[2]
内蒙古	4206.44	16485.08	1.2418	134.37	3	103.09	18
甘　肃	2577.34	9755.23	1.2651	135.73	6	92.26	29
宁　夏	1098.00	15696.86	1.1824	143.29	14	105.05	15
青　海	900.62	14756.07	1.1116	146.02	17	103.94	17
四　川	11618.74	13904.64	1.0474	148.79	19	105.58	14
云　南	5909.76	12120.32	1.0870	151.03	22	102.77	19
新　疆	3097.40	12151.69	1.0846	152.18	24	99.08	25
广　西	6846.12	13809.17	1.0402	152.40	25	108.78	10
重　庆	5606.08	17858.52	1.3453	154.34	27	109.49	9
陕　西	7227.93	18624.00	1.4029	165.15	29	114.14	4
贵　州	7679.47	21419.34	1.6135	192.84	30	125.44	1
西　藏	420.98	11935.39	1.1009	201.94	31	110.91	7
西　部	57188.88	15067.89	1.2102	152.19	[4]	104.42	[1]

　　注：①纵向测评排序取倒序，指数越低差距越小；横向测评指数普遍接近理想值100，各地尚存地区差影响，但全国地区差极著扩大，较多省域指数超出理想值100，由其他指标明显提升所致。②全国横向测评结果一般应在各地数值之间，此处"失常"由全国及各地分别假定测算所致。

在此假定"理想目标"下，纵向测评指数即为差距测量结果，指数越低意味着差距越小，越容易实现。

2020 年度横向测评非物消费指数，全国应为 96.11，即设即设相应人均值城乡、地区无差距为理想值 100 加以比较衡量，全国总体仅存差距 3.89 个点。26 个省域此项指数高于全国指数，即假定测算非物消费指数略高于全国；5 个省域此项指数低于全国指数，即假定测算非物消费指数略低于全国。其中，贵州此项指数 125.44 最高，即达到假定目标情况下高于全国总体指数 29.33 个点；河北此项指数 88.53 最低，即达到假定目标情况下低于全国总体指数 7.58 个点。

在此项假定测算中，各省域非物消费指数普遍十分接近；四大区域横向测评指数较为接近，地区性差异排序部分失去意义。由于预设全国所有省域同步达到"理想目标"，各地纵向测评差距愈大，倘若同时得以实现则横向测评排行有可能愈前，反之亦然。

实现弥合非物消费城乡比"理想目标"，本身即为"均衡发展"的理念要求。在假定弥合城乡比情况下，与 2018 年相比，全国非物消费地区差仍将极显著扩增，19 个省域地区差相应扩增，但对比最小城乡比测算，扩大程度和范围明显减小。据此假定测算可见，由于预设乡村非物消费高速增长，到 2020 年人均值与城镇持平，全国及各地城乡综合演算的非物消费总量、人均值大幅提升。由此得知，正是既有城乡差距加大了全国"非均衡性"地区差距。

设置"应然目标"和"理想目标"展开测算，特别针对中国社会结构体制造成的"非均衡性"地区鸿沟和城乡鸿沟。本项检测回溯"全面小康"建设进程展开测算推演，倘若保持 2000 年以来全国及各地非物消费增长变化态势，到 2020 年全国居民非物消费地区差将为 1.1943，略微低于当前非物消费地区差；非物消费城乡比将为 1.9087，较明显低于当前非物消费城乡比。这意味着，非物消费地区差和城乡比依然明显存在，仅仅"维持现状"任其"自然增长"显然不够。彻底消除全国及各地民生发展各个方面的地区差距和城乡差距，还需要强有力的政策措施和长时期的持续努力，期待新中国成立百年之际得以基本弥合。

省域报告[*]

Provincial Reports

R . 6

上海：2018年度民生需求景气排名第1位

袁春生**

摘　要：　2000~2018 年，上海城乡民生消费数据人均值持续稳步增长，
2018 年居民总消费为 2000 年的 5.17 倍，物质消费为 5.14 倍，非
物消费为 5.24 倍。非物消费比重略微增高 0.42 个百分点，消费
结构出现一定升级变化。居民消费率从 27.95% 明显升高至
31.76%，"十二五"以来明显上升。居民积蓄率从 24.43% 持续
极显著升高至 32.47%，反过来对消费需求的抑制作用加重。居
民总消费、物质消费、非物消费地区差逐渐缩小；居民非物消费

---

　*　限于篇幅无法全面展开省域分析，以兼顾排行位次与区域分布方式选取省域报告：按技术报
告兼综合指数排行报告表 4（排行汇总表）年度横向及各类纵向测评结果，取东、中、西部
和东北（为平衡归并邻近河北、山东）各自省、自治区、直辖市单列排名前三位，共 12 省 3
自治区 3 直辖市，依次按各地最高位次拟题排文，相同位次以先横向后较长时段纵向测评为
序。未有独立报告的省域见各类排行详尽展列表的各地对比。
**　袁春生，云南省社会科学院科研处副处长、副研究员，主要从事民族文化、民族政治研究。

城乡比逐渐缩小，但居民总消费、物质消费城乡比持续扩大。

关键词： 上海居民　民生需求　物质消费　非物消费　景气排行

一　上海人民生活主要数据相关情况

上海城乡主要民生数据增长变化基本情况见图 1，限于制图容量，未直接列出居民收入数据，可据其他数据推算，另产值、财政收入、财政支出数据置于后台演算。

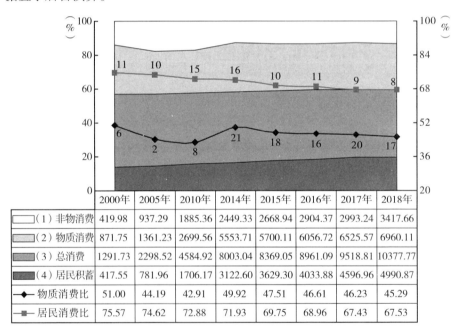

	2000年	2005年	2010年	2014年	2015年	2016年	2017年	2018年
□（1）非物消费	419.98	937.29	1885.36	2449.33	2668.94	2904.37	2993.24	3417.66
▨（2）物质消费	871.75	1361.23	2699.56	5553.71	5700.11	6056.72	6525.57	6960.11
▨（3）总消费	1291.73	2298.52	4584.92	8003.04	8369.05	8961.09	9518.81	10377.77
▨（4）居民积蓄	417.55	781.96	1706.17	3122.60	3629.30	4033.88	4596.96	4990.87
◆物质消费比	51.00	44.19	42.91	49.92	47.51	46.61	46.23	45.29
■居民消费比	75.57	74.62	72.88	71.93	69.75	68.96	67.43	67.53

图 1　上海城乡主要民生数据增长变化基本情况

左轴面积：城乡居民（1）非物消费、（2）物质消费、（3）总消费、（4）积蓄总量（亿元转换为%），（1）＋（2）＝（3），（3）＋（4）＝居民收入，各项数值间呈直观比例。右轴曲线：物质消费比、居民消费比（占居民收入比）（%），二者之差即为非物消费比，二者之比即为物质消费比重（占总消费比），二者之差再与居民消费比之比即为非物消费比重。标注物质消费比、居民消费比省域位次。

1. 城乡居民收入、积蓄财富总量增长简况

2000～2018年，上海城乡居民收入总量年均增长12.98%，积蓄总量年均增长14.78%。居民收入年均增长率高于当地产值增长1.70个百分点，低于当地财政收入增长3.10个百分点。

2. 城乡居民消费总量及其分类增长状况

2000～2018年，上海城乡居民消费总量年均增长12.27%。居民消费年均增长率高于当地产值增长0.99个百分点，低于当地财政支出增长3.39个百分点。同期，上海城乡居民物质消费总量年均增长12.23%，低于居民收入增长0.75个百分点，低于总消费增长0.04个百分点；上海城乡居民非物消费总量年均增长12.35%，低于居民收入增长0.63个百分点，高于总消费增长0.08个百分点。

3. 城乡居民消费需求相关比值变化状况

在上海居民收入当中，2002年有79.33%用于全部生活消费支出，为历年最高比值；2013年仅有64.63%用于全部生活消费支出，为历年最低（最佳）比值；2000年有51.00%用于物质消费支出，为历年最高比值；2013年仅有37.86%用于物质消费支出，为历年最低（最佳）比值。居民收入与总消费之差即为居民积蓄，物质消费与总消费之差即为非物消费。

这18年间，上海居民消费比降低8.04个百分点，物质消费比降低5.71个百分点，反过来导致非物消费比降低2.33个百分点。继续深入分析，居民消费比与物质消费比升降方向及其程度有差异，意味着物质消费占总消费比重变化，反过来又导致非物消费占总消费比重变化。由这些相对比值关系变化就能够看出民生消费需求态势，从中体现出民生发展的基本走向。

二 上海居民总消费增长及相关性分析

居民总消费及其相关性分析为民生消费需求检测系统的二级子系统之首。上海城乡居民总消费及其相关性变动态势见图2。

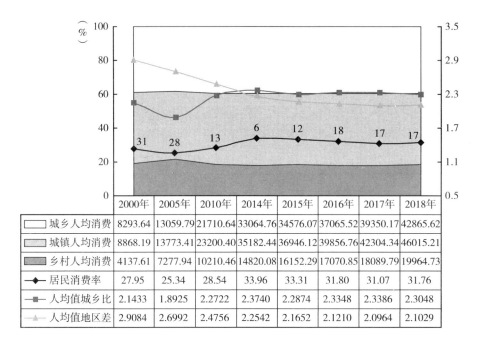

	2000年	2005年	2010年	2014年	2015年	2016年	2017年	2018年
城乡人均消费	8293.64	13059.79	21710.64	33064.76	34576.07	37065.52	39350.17	42865.62
城镇人均消费	8868.19	13773.41	23200.40	35182.44	36946.12	39856.76	42304.34	46015.21
乡村人均消费	4137.61	7277.94	10210.46	14820.08	16152.29	17070.85	18089.79	19964.73
居民消费率	27.95	25.34	28.54	33.96	33.31	31.80	31.07	31.76
人均值城乡比	2.1433	1.8925	2.2722	2.3740	2.2874	2.3348	2.3386	2.3048
人均值地区差	2.9084	2.6992	2.4756	2.2542	2.1652	2.1210	2.0964	2.1029

图2 上海城乡居民总消费及其相关性变动态势

左轴面积：城乡综合、城镇、乡村居民总消费人均值（元转换为%），各项数值间呈直观比例。右轴曲线：居民总消费城乡比（乡村=1）、地区差（无差距=1）。左轴曲线：居民消费率（与产值比）（%）。标注居民消费率省域位次。

1. 城乡综合人均值及地区差变动状况

2000~2018年，上海城乡居民人均总消费年均增长9.55%（由于人口增长，人均值增长率略低于总量增长率）。人均值地区差最小（最佳，后同）值为2017年的2.0964，最大值为2000年的2.9084。这18年间，上海居民总消费地区差缩小27.70%。

由于各地相应变化，上海此项地区差位次保持第31位不变。据既往历年动态推演测算，上海地区差到2020年将为2.0505，相比当前极显著缩减；2035年将为1.7579，继续极显著缩减。

2. 城镇与乡村人均值及城乡比变动状况

2000~2018年，上海城镇居民人均总消费年均增长9.58%，乡村居民人均总消费年均增长9.14%，乡村年均增长率低于城镇0.44个百分点。城乡之间增长相关系数为－0.2373，即历年增长逆向程度为23.73%，呈很弱负相关性。

同期，上海居民总消费城乡比最小（最佳，后同）值为2006年的1.8438，最大值为2014年的2.3740。这18年间，上海居民总消费城乡比扩大7.54%。

由于各地相应变化，上海此项城乡比位次从第1位降为第26位。据既往历年动态推演测算，上海城乡比到2020年将为2.3235，相比当前略微扩增；2035年将为2.4685，继续略微扩增。

3. 城乡综合居民消费率历年变化状况

2000~2018年，上海居民消费率升高3.81个百分点，其中"十二五"以来升高3.22个百分点。应对国际金融危机实施"拉动内需，扩大消费，改善民生"政策以来，尤其是进入"十二五"以来，上海居民消费率明显上升。由于各地相应变化，上海居民消费率位次从第31位升为第17位。

这18年间，上海居民消费率最高（最佳）值为2014年的33.96%，最低值为2006年的24.29%，近年来尚未达到2014年最佳值。这表明，当地居民消费拉动经济增长的同步协调性有所增强。还应注意，上海居民消费率上升程度小于当地居民收入比上升程度，反过来意味着居民积蓄率上升，亦即积蓄对消费的抑制作用加重。

在上海历年居民总消费用度支出中，物质消费年均增长9.52%，低于居民收入年增0.73个百分点，低于总消费年增0.04个百分点，物质消费比重下降；非物消费年均增长9.63%，低于居民收入年增0.61个百分点，高于总消费年增0.08个百分点，非物消费比重上升。

三 上海居民物质生活消费结构性分析

上海居民物质消费分类结构性关系见图3。

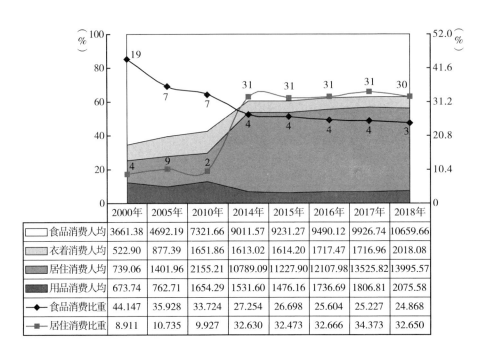

	2000年	2005年	2010年	2014年	2015年	2016年	2017年	2018年
☐ 食品消费人均	3661.38	4692.19	7321.66	9011.57	9231.27	9490.12	9926.74	10659.66
☐ 衣着消费人均	522.90	877.39	1651.86	1613.02	1614.20	1717.47	1716.96	2018.08
☐ 居住消费人均	739.06	1401.96	2155.21	10789.09	11227.90	12107.98	13525.82	13995.57
☐ 用品消费人均	673.74	762.71	1654.29	1531.60	1476.16	1736.69	1806.81	2075.58
◆ 食品消费比重	44.147	35.928	33.724	27.254	26.698	25.604	25.227	24.868
■ 居住消费比重	8.911	10.735	9.927	32.630	32.473	32.666	34.373	32.650

图3 上海居民物质消费分类结构性关系

左轴面积：城乡综合演算的居民物质消费单项（食品烟酒、衣着、居住、生活用品及服务四项）人均值（元转换为%），各项数值间呈直观比例。右轴曲线：食品、居住消费比重（占总消费比，保留3位小数协调整个物质消费比重演算小数四舍五入）（%），显示物质生活需求变化最大的两个方面。标注食品、居住消费比重省域位次（物质消费比重以低为佳取倒序）。

1. 食品消费人均值增长及其比重变化

2000～2018年，上海城乡居民人均食品消费年均增长6.12%。人均值地区差最小值为2017年的1.8073，最大值为2000年的2.9902；城乡比最小值为2018年的1.4945，最大值为2002年的2.2023。这18年间，上海居民食品消费地区差缩小38.19%，城乡比缩小30.44%。由于各地相应变化，上海地区差位次保持第31位不变，城乡比位次从第7位升为第1位。

上海居民食品消费比重降低19.28个百分点。最低（最佳，物质消费占比以低为佳，后同）比重值为2018年的24.87%，最高比重值为2000年的44.15%。由于各地相应变化，上海比重位次从第19位升为第3位。

2. 衣着消费人均值增长及其比重变化

2000～2018 年，上海城乡居民人均衣着消费年均增长 7.79%。人均值地区差最小值为 2017 年的 1.3459，最大值为 2000 年的 2.1828；城乡比最小值为 2018 年的 1.8834，最大值为 2008 年的 3.2538。这 18 年间，上海居民衣着消费地区差缩小 30.64%，城乡比缩小 33.20%。由于各地相应变化，上海地区差位次从第 30 位升为第 29 位，城乡比位次保持第 1 位不变。

上海居民衣着消费比重降低 1.60 个百分点。最低比重值为 2017 年的 4.36%，最高比重值为 2011 年的 8.06%。由于各地相应变化，上海比重位次保持第 4 位不变。

3. 居住消费人均值增长及其比重变化

2000～2018 年，上海城乡居民人均居住消费年均增长 17.75%。人均值地区差最小值为 2012 年的 1.3884，最大值为 2014 年的 3.3278；城乡比最小值为 2007 年的 0.6733，最大值为 2018 年的 3.8891。这 18 年间，上海居民居住消费地区差扩大 36.32%，城乡比扩大 279.71%。由于各地相应变化，上海地区差位次保持第 30 位不变，城乡比位次从第 2 位降为第 30 位。

上海居民居住消费比重增高 23.74 个百分点。最低比重值为 2012 年的 7.26%，最高比重值为 2017 年的 34.37%。由于各地相应变化，上海比重位次从第 4 位降为第 30 位。

4. 用品消费人均值增长及其比重变化

2000～2018 年，上海城乡居民人均用品消费年均增长 6.45%。人均值地区差最小值为 2015 年的 1.5259，最大值为 2003 年的 3.4657；城乡比最小值为 2005 年的 1.7470，最大值为 2010 年的 3.4094。这 18 年间，上海居民用品消费地区差缩小 49.86%，城乡比缩小 40.66%。由于各地相应变化，上海地区差位次保持第 30 位不变，城乡比位次从第 2 位降为第 8 位。

上海居民用品消费比重降低 3.28 个百分点。最低比重值为 2015 年的 4.27%，最高比重值为 2000 年的 8.12%。由于各地相应变化，上海比重位次从第 26 位升为第 2 位。

本项检测将全部物质消费视为“全面小康”人民生活必需消费，只看食品消费或者扩大为衣食温饱显然已不具有足够的解释力。不难看出，上海居民食品消费比重降低"让出"的余地却被居住消费比重增高"超量抢占"，这两项冲抵反而留给处在上位的物质消费比重增高 4.46 个百分点（另综合衣着、用品消费比重变化，整个物质消费比重降低 0.42 个百分点），否则 2000 年以来 18 年间上海居民整个物质消费比重（可视为恩格尔系数极致放大）理当显著下降。房价虚高已经严重影响到上海民生发展质量。

在上海历年居民物质消费用度支出中，居住消费年均增长 17.75% 最高，高于总消费年增 8.20 个百分点，所占比重上升，成为牵制物质消费比重降低的主要因素；衣着消费年均增长 7.79% 次之，低于总消费年增 1.76 个百分点，所占比重下降；用品消费年均增长 6.45% 排第三位，低于总消费年增 3.10 个百分点，所占比重下降；食品消费年均增长 6.12% 最低，低于总消费年增 3.43 个百分点，所占比重下降；这四项综合测算，物质消费比重降低 0.42 个百分点，由此看出社会公议"消费结构升级"的实际动向。

四 上海居民非物生活消费结构性分析

（一）非物生活分类消费增长分析

上海居民非物消费分类结构性关系见图 4。

1. 交通消费人均值增长及其比重变化

2000~2018 年，上海城乡居民人均交通消费年均增长 11.88%。人均值地区差最小值为 2017 年的 1.5721，最大值为 2007 年的 3.6884；城乡比最小值为 2018 年的 1.7660，最大值为 2008 年的 3.8350。这 18 年间，上海居民交通消费地区差缩小 44.90%，城乡比缩小 28.85%。由于各地相应变化，上海地区差位次从第 30 位降为第 31 位，城乡比位次从第 3 位降为第 9 位。

上海居民交通消费比重增高 3.56 个百分点。最高（最佳，非物消费占比以高为佳，后同）比重值为 2007 年的 17.77%，最低比重值为 2000 年的 7.73%。由于各地相应变化，上海比重位次从第 5 位降为第 29 位。

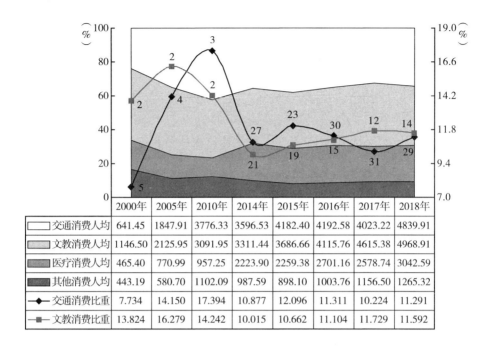

	2000年	2005年	2010年	2014年	2015年	2016年	2017年	2018年
交通消费人均	641.45	1847.91	3776.33	3596.53	4182.40	4192.58	4023.22	4839.91
文教消费人均	1146.50	2125.95	3091.95	3311.44	3686.66	4115.76	4615.38	4968.91
医疗消费人均	465.40	770.99	957.25	2223.90	2259.38	2701.16	2578.74	3042.59
其他消费人均	443.19	580.70	1102.09	987.59	898.10	1003.76	1156.50	1265.32
交通消费比重	7.734	14.150	17.394	10.877	12.096	11.311	10.224	11.291
文教消费比重	13.824	16.279	14.242	10.015	10.662	11.104	11.729	11.592

图4 上海居民非物消费分类结构性关系

　　左轴面积：城乡综合演算的居民非物消费单项（交通通信、教育文化娱乐、医疗保健、其他用品及服务四项）人均值（元转换为%），各项数值间呈直观比例。右轴曲线：交通通信、教育文化娱乐消费比重（占总消费比，保留3位小数对应整个非物消费比重演算小数四舍五入协调）（%），显示社会生活交往、精神文化生活需求变化。标注交通通信、教育文化娱乐消费比重省域位次。

2. 文教消费人均值增长及其比重变化

　　2000~2018年，上海城乡居民人均文教消费年均增长8.49%。人均值地区差最小值为2016年的2.1005，最大值为2004年的3.5752；城乡比最小值为2001年的2.0212，最大值为2018年的4.6797。这18年间，上海居民文教消费地区差缩小35.00%，城乡比扩大113.12%。由于各地相应变化，上海地区差位次保持第31位不变，城乡比位次从第2位降为第31位。

　　上海居民文教消费比重降低2.23个百分点。最高比重值为2004年的17.10%，最低比重值为2014年的10.02%。由于各地相应变化，上海比重位次从第2位降为第14位。

3. 医疗消费人均值增长及其比重变化

2000~2018 年，上海城乡居民人均医疗消费年均增长 10.99%。人均值地区差最小值为 2012 年的 1.2736，最大值为 2002 年的 2.9748；城乡比最小值为 2013 年的 0.6782，最大值为 2002 年的 2.6176。这 18 年间，上海居民医疗消费地区差缩小 35.45%，城乡比缩小 22.74%。由于各地相应变化，上海地区差位次保持第 30 位不变，城乡比位次从第 5 位降为第 23 位。

上海居民医疗消费比重增高 1.49 个百分点。最高比重值为 2016 年的 7.29%，最低比重值为 2008 年的 4.11%。由于各地相应变化，上海比重位次从第 17 位降为第 25 位。

4. 其他消费人均值增长及其比重变化

2000~2018 年，上海城乡居民人均其他消费年均增长 6.00%。人均值地区差最小值为 2015 年的 2.2583，最大值为 2009 年的 3.8943；城乡比最小值为 2002 年的 2.7189，最大值为 2009 年的 5.9343。这 18 年间，上海居民其他消费地区差缩小 27.59%，城乡比缩小 33.97%。由于各地相应变化，上海地区差位次保持第 31 位不变，城乡比位次从第 11 位升为第 9 位。

上海居民其他消费比重降低 2.39 个百分点。最高比重值为 2001 年的 5.92%，最低比重值为 2015 年的 2.60%。由于各地相应变化，上海比重位次从第 6 位升为第 4 位。

恩格尔系数检测仅能对应"基本小康"阶段，即使扩展为整个物质消费也难以适用于"全面小康"进程。为此，本项检测将全部非物消费视为"全面小康"民生应有消费。"交通消费"作为"交通通信消费"简称，包含通信消费，而通信消费里的信息内容消费部分显然应当归属于精神消费。假设上海居民信息内容消费占通信消费一半，通信消费又占整个交通通信消费一半，那么信息内容消费比重则上升 0.89 个百分点，再与文教消费比重变化合并演算，2000 年以来 18 年间上海居民精神消费比重仅仅下降 1.34 个百分点。

在上海历年居民非物消费用度支出中，交通消费年均增长 11.88% 最高，高于总消费年增 2.33 个百分点，所占比重上升，成为提升非物消费比

重增高的主要因素；医疗消费年均增长 10.99% 次之，高于总消费年增 1.44
个百分点，所占比重上升，成为提升非物消费比重增高的重要因素；文教消
费年均增长 8.49% 排第三位，低于总消费年增 1.06 个百分点，所占比重下
降；其他消费年均增长 6.00% 最低，低于总消费年增 3.55 个百分点，所占
比重下降；这四项综合测算，非物消费比重增高 0.42 个百分点，由此看出
社会公议"消费结构升级"的实际动向。

（二）居民收入、积蓄与非物消费之间增长关系

分析居民收入、积蓄与非物生活各项消费之间增长关系，可以检测究竟
是什么因素对居民非物生活各项消费增长产生重要影响。上海居民收入、积
蓄与非物消费增长态势见图 5，因相关系数分析需有历年不间断增长指数，
而制图空间有限，故截取 2000～2010（后台检测 2000～2018）年。

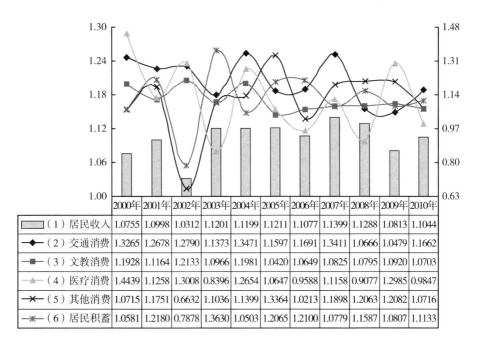

	2000年	2001年	2002年	2003年	2004年	2005年	2006年	2007年	2008年	2009年	2010年
（1）居民收入	1.0755	1.0998	1.0312	1.1201	1.1199	1.1211	1.1077	1.1399	1.1288	1.0813	1.1044
（2）交通消费	1.3265	1.2678	1.2790	1.1373	1.3471	1.1597	1.1691	1.3411	1.0666	1.0479	1.1662
（3）文教消费	1.1928	1.1164	1.2133	1.0966	1.1981	1.0420	1.0649	1.0825	1.0795	1.0920	1.0703
（4）医疗消费	1.4439	1.1258	1.3008	0.8396	1.2654	1.0647	0.9588	1.1158	0.9077	1.2985	0.9847
（5）其他消费	1.0715	1.1751	0.6632	1.1036	1.1399	1.3364	1.0213	1.1898	1.2063	1.2082	1.0716
（6）居民积蓄	1.0581	1.2180	0.7878	1.3630	1.0503	1.2065	1.2100	1.0779	1.1587	1.0807	1.1133

图 5 上海居民收入、积蓄与非物消费增长态势

左轴柱形：居民收入年增指数。右轴曲线：非物消费各单项、积蓄年增指数，上年 = 1（小
于 1 为负增长）。曲线（3）、（4）与（6）之间大体形成横向镜面峰谷对应水中倒影负相关关系。

1. 居民收入与非物消费历年增长相关性

2000～2010 年，标号（1）居民收入与（2）交通消费历年增长之间，相关系数为－0.1150，即 11.50% 程度上逆向变动，呈很弱负相关性；与（3）文教消费历年增长之间，相关系数为－0.6220，即 62.20% 程度上逆向变动，呈很强负相关性；与（4）医疗消费历年增长之间，相关系数为－0.6140，即 61.40% 程度上逆向变动，呈很强负相关性；与（5）其他消费历年增长之间，相关系数为 0.7702，即 77.02% 程度上同步变动，呈稍强正相关性。

这些数据之间的增长相关性表明，上海居民收入增加也不能"必然"带来本地居民生活消费向着非物质需求，尤其是精神文化需求方向"升级"。

2. 居民积蓄与非物消费历年增长相关性

2000～2010 年，标号（6）居民积蓄与（2）交通消费历年增长之间，相关系数为－0.4130，即 41.30% 程度上逆向变动，呈稍强负相关性；与（3）文教消费历年增长之间，相关系数为－0.6644，即 66.44% 程度上逆向变动，呈很强负相关性；与（4）医疗消费历年增长之间，相关系数为－0.6971，即 69.71% 程度上逆向变动，呈很强负相关性；与（5）其他消费历年增长之间，相关系数为 0.6568，即 65.68% 程度上同步变动，呈较弱正相关性。

在当地这些数据之间的增长相关性中，相互间影响的正反方向、强弱程度一目了然。

特别是（4）医疗消费、（3）文教消费、（2）交通消费与（6）居民积蓄增长曲线之间，形成横向镜面峰谷对应水中倒影，其间分别呈 69.71%、66.44%、41.30% 逆向增长相关性。"积蓄负相关性"对于医疗消费明显成立，对于文教消费明显成立，对于交通消费接近成立，对于其他消费不成立。经后台数据库扩展演算，文教消费与积蓄增长之间 2000～2013 年长时段逆向程度为 64.30%，呈很强负相关；2000～2004 年逆向极值达 91.44%，呈极强负相关。

上海居民积蓄增长已经严重地抑制了本地居民消费向着增强人们身心健康、提升精神文化需求、扩展社会生活交往方向更快地"升级"。

五　上海民生消费需求景气指数检测

上海民生消费需求景气指数变动态势见图6。

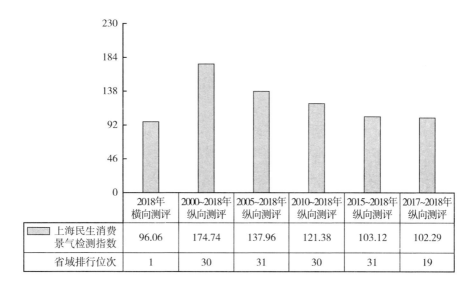

	2018年横向测评	2000~2018年纵向测评	2005~2018年纵向测评	2010~2018年纵向测评	2015~2018年纵向测评	2017~2018年纵向测评
上海民生消费景气检测指数	96.06	174.74	137.96	121.38	103.12	102.29
省域排行位次	1	30	31	30	31	19

图6　上海民生消费需求景气指数变动态势

数轴柱型：共时性年度横向测评（全国城乡地区无差距理想值＝100），类似"不论年龄比高矮"，有利于发达地区；历时性阶段纵向测评（起点年自身基数值＝100），类似"不论高矮比生长"，有利于后发地区，从左至右①"十五"以来，②"十一五"以来，③"十二五"以来，④"十三五"以来，⑤上年以来，多向度检测省域排行，考察不同阶段进展状况。

1. 各年度理想值横向测评

以假定各类民生数据城乡、地区无差距理想值为100，2018年上海城乡民生需求景气指数为96.06，低于无差距理想值3.94%。上海此项检测指数在省域间排行变化，2000年为第1位，2005年与之持平，2010年与之持平，2015年为第2位，2018年与上年持平，皆为第1位。

2. 2000年以来基数值纵向测评

以"九五"末年2000年数据指标演算基数值为100，"十五"以来至2018年上海城乡民生需求景气指数为174.74，高于起点年基数值74.74%。上海此项检测分值低于全国总体检测结果分值，即2000年以来民生需求景气提升程度低于全国平均水平，处于省域间第30位。

3. 2005年以来基数值纵向测评

以"十五"末年2005年数据指标演算基数值为100，"十一五"以来至2018年上海城乡民生需求景气指数为137.96，高于起点年基数值37.96%。上海此项检测分值低于全国总体检测结果分值，即2005年以来民生需求景气提升程度低于全国平均水平，处于省域间第31位。

4. 2010年以来基数值纵向测评

以"十一五"末年2010年数据指标演算基数值为100，"十二五"以来至2018年上海城乡民生需求景气指数为121.38，高于起点年基数值21.38%。上海此项检测分值低于全国总体检测结果分值，即2010年以来民生需求景气提升程度低于全国平均水平，处于省域间第30位。

5. 2015年以来基数值纵向测评

以"十二五"末年2015年数据指标演算基数值为100，"十三五"以来至2018年上海城乡民生需求景气指数为103.12，高于起点年基数值3.12%。上海此项检测分值低于全国总体检测结果分值，即2015年以来民生需求景气提升程度低于全国平均水平，处于省域间第31位。

6. 逐年度基数值纵向测评

以上一年（2017年）起点数据指标演算基数值为100，2018年上海城乡民生需求景气指数为102.29，高于起点年基数值2.29%。上海此项检测指数在省域间排行变化，2000年为第13位，2005年为第15位，2010年为第1位，2015年为第31位，2018年从上年第28位上升为第19位。

西藏：2000～2018年民生需求
景气提升度第1位

汪 洋*

摘 要： 2000～2018年，西藏城乡民生消费数据人均值持续明显增长，2018年居民总消费为2000年的6.33倍，物质消费为5.52倍，非物消费为10.35倍。非物消费比重极显著增高10.61个百分点，消费结构出现极大升级变化。但居民消费率从42.45%极显著降低至28.30%，"十二五"以来略有回升。居民积蓄率从21.20%持续极显著升高至33.17%，反过来对消费需求的抑制作用加重。居民非物消费地区差逐渐缩小，但居民总消费、物质消费地区差继续扩大；居民总消费、物质消费、非物消费城乡比逐渐缩小。

关键词： 西藏居民 民生需求 物质消费 非物消费 景气排行

一 西藏人民生活主要数据相关情况

西藏城乡主要民生数据增长变化基本情况见图1，限于制图容量，未直接列出居民收入数据，可据其他数据推算，另产值、财政收入、财政支出数据置于后台演算。

---

* 汪洋，云南省社会科学院图书馆副馆长、副研究员，主要从事民族生态文化研究。

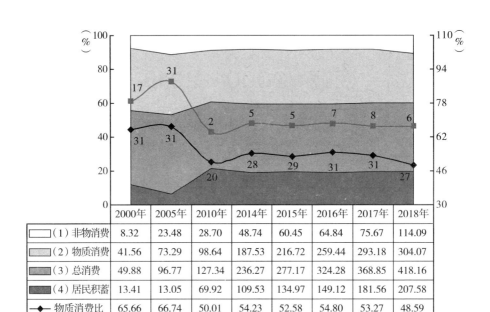

	2000年	2005年	2010年	2014年	2015年	2016年	2017年	2018年
□（1）非物消费	8.32	23.48	28.70	48.74	60.45	64.84	75.67	114.09
▨（2）物质消费	41.56	73.29	98.64	187.53	216.72	259.44	293.18	304.07
▨（3）总消费	49.88	96.77	127.34	236.27	277.17	324.28	368.85	418.16
▨（4）居民积蓄	13.41	13.05	69.92	109.53	134.97	149.12	181.56	207.58
◆物质消费比	65.66	66.74	50.01	54.23	52.58	54.80	53.27	48.59
■居民消费比	78.80	88.12	64.55	68.33	67.25	68.50	67.01	66.83

图1　西藏城乡主要民生数据增长变化基本情况

左轴面积：城乡居民（1）非物消费、（2）物质消费、（3）总消费、（4）积蓄总量（亿元转换为%），（1）＋（2）＝（3），（3）＋（4）＝居民收入，各项数值间呈直观比例。右轴曲线：物质消费比、居民消费比（占居民收入比）（%），二者之差即为非物消费比，二者之比即为物质消费比重（占总消费比），二者之差再与居民消费比之比即为非物消费比重。标注物质消费比、居民消费比省域位次。

1. 城乡居民收入、积蓄财富总量增长简况

2000～2018年，西藏城乡居民收入总量年均增长13.57%，积蓄总量年均增长16.44%。居民收入年均增长率低于当地产值增长1.52个百分点，低于当地财政收入增长9.63个百分点。

2. 城乡居民消费总量及其分类增长状况

2000～2018年，西藏城乡居民消费总量年均增长12.54%。居民消费年均增长率低于当地产值增长2.55个百分点，低于当地财政支出增长8.87个百分点。同期，西藏城乡居民物质消费总量年均增长11.69%，低于居民收入增长1.88个百分点，低于总消费增长0.85个百分点；西藏城乡居民非物

消费总量年均增长 15.66%，高于居民收入增长 2.09 个百分点，高于总消费增长 3.12 个百分点。

3. 城乡居民消费需求相关比值变化状况

在西藏居民收入当中，2005 年有 88.12% 用于全部生活消费支出，为历年最高比值；2012 年仅有 56.77% 用于全部生活消费支出，为历年最低（最佳）比值；2005 年有 66.74% 用于物质消费支出，为历年最高比值；2013 年仅有 43.30% 用于物质消费支出，为历年最低（最佳）比值。居民收入与总消费之差即为居民积蓄，物质消费与总消费之差即为非物消费。

这 18 年间，西藏居民消费比降低 11.97 个百分点，物质消费比降低 17.07 个百分点，反过来导致非物消费比升高 5.10 个百分点。继续深入分析，居民消费比与物质消费比升降方向及其程度有差异，意味着物质消费占总消费比重变化，反过来又导致非物消费占总消费比重变化。由这些相对比值关系变化就能够看出民生消费需求态势，从中体现出民生发展的基本走向。

二 西藏居民总消费增长及相关性分析

居民总消费及其相关性分析为民生消费需求检测系统的二级子系统之首。西藏城乡居民总消费及其相关性变动态势见图 2。

1. 城乡综合人均值及地区差变动状况

2000～2018 年，西藏城乡居民人均总消费年均增长 10.79%（由于人口增长，人均值增长率略低于总量增长率）。人均值地区差最小（最佳，后同）值为 2004 年的 1.2604，最大值为 2012 年的 1.5795。这 18 年间，西藏居民总消费地区差扩大 5.92%。

由于各地相应变化，西藏此项地区差位次从第 23 位降为第 27 位。据既往历年动态推演测算，西藏地区差到 2020 年将为 1.4096，相比当前较明显扩增；2035 年将为 1.4670，继续较明显扩增。

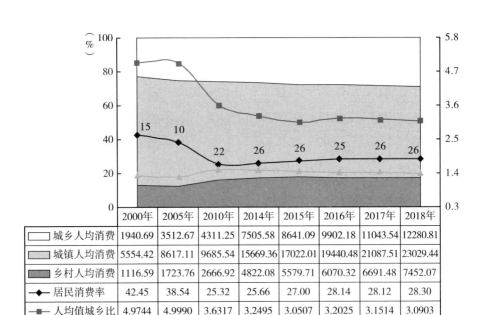

	2000年	2005年	2010年	2014年	2015年	2016年	2017年	2018年
城乡人均消费	1940.69	3512.67	4311.25	7505.58	8641.09	9902.18	11043.54	12280.81
城镇人均消费	5554.42	8617.11	9685.54	15669.36	17022.01	19440.48	21087.51	23029.44
乡村人均消费	1116.59	1723.76	2666.92	4822.08	5579.71	6070.32	6691.48	7452.07
居民消费率	42.45	38.54	25.32	25.66	27.00	28.14	28.12	28.30
人均值城乡比	4.9744	4.9990	3.6317	3.2495	3.0507	3.2025	3.1514	3.0903
人均值地区差	1.3194	1.2740	1.5084	1.4883	1.4589	1.4334	1.4117	1.3975

图 2　西藏城乡居民总消费及其相关性变动态势

左轴面积：城乡综合、城镇、乡村居民总消费人均值（元转换为%），各项数值间呈直观比例。右轴曲线：居民总消费城乡比（乡村 =1）、地区差（无差距 =1）。左轴曲线：居民消费率（与产值比）（%）。标注居民消费率省域位次。

2. 城镇与乡村人均值及城乡比变动状况

2000 ~ 2018 年，西藏城镇居民人均总消费年均增长 8.22%，乡村居民人均总消费年均增长 11.12%，乡村年均增长率高于城镇 2.90 个百分点。城乡之间增长相关系数为 -0.1006，即历年增长逆向程度为 10.06%，呈很弱负相关性。

同期，西藏居民总消费城乡比最小（最佳，后同）值为 2015 年的 3.0507，最大值为 2003 年的 7.8100。这 18 年间，西藏居民总消费城乡比缩小 37.88%。

由于各地相应变化，西藏此项城乡比位次保持第 31 位不变。据既往历年动态推演测算，西藏城乡比到 2020 年将为 2.9311，相比当前明显缩减；2035 年将为 1.9713，继续显著缩减。

3. 城乡综合居民消费率历年变化状况

2000～2018年，西藏居民消费率降低14.15个百分点，其中"十二五"以来升高2.98个百分点。应对国际金融危机实施"拉动内需，扩大消费，改善民生"政策以来，尤其是进入"十二五"以来，西藏居民消费率略有回升。由于各地相应变化，西藏居民消费率位次从第15位降为第26位。

这18年间，西藏居民消费率最高（最佳）值为2000年的42.45%，最低值为2012年的21.08%，近年来仍未回复2000年初始值（亦即最佳值）。这表明，当地居民消费拉动经济增长的同步协调性尚待增强。还应注意，西藏居民消费率下降程度大于当地居民收入比下降程度，反过来意味着居民积蓄率上升，亦即积蓄对消费的抑制作用加重。

在西藏历年居民总消费用度支出中，物质消费年均增长9.96%，低于居民收入年增1.85个百分点，低于总消费年增0.83个百分点，物质消费比重下降；非物消费年均增长13.87%，高于居民收入年增2.05个百分点，高于总消费年增3.07个百分点，非物消费比重上升。

三 西藏居民物质生活消费结构性分析

西藏居民物质消费分类结构性关系见图3。

1. 食品消费人均值增长及其比重变化

2000～2018年，西藏城乡居民人均食品消费年均增长7.81%。人均值地区差最小值为2005年的1.0173，最大值为2012年的1.4160；城乡比最小值为2014年的2.4327，最大值为2003年的5.2886。这18年间，西藏居民食品消费地区差扩大17.10%，城乡比扩大15.02%。由于各地相应变化，西藏地区差位次从第2位降为第15位，城乡比位次从第28位降为第31位。

西藏居民食品消费比重降低23.99个百分点。最低（最佳，物质消费占比以低为佳，后同）比重值为2018年的37.76%，最高比重值为2000年的61.75%。由于各地相应变化，西藏比重位次保持第31位不变。

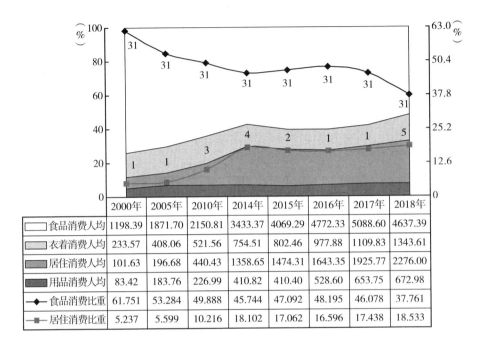

	2000年	2005年	2010年	2014年	2015年	2016年	2017年	2018年
□食品消费人均	1198.39	1871.70	2150.81	3433.37	4069.29	4772.33	5088.60	4637.39
▨衣着消费人均	233.57	408.06	521.56	754.51	802.46	977.88	1109.83	1343.61
▨居住消费人均	101.63	196.68	440.43	1358.65	1474.31	1643.35	1925.77	2276.00
▨用品消费人均	83.42	183.76	226.99	410.82	410.40	528.60	653.75	672.98
◆食品消费比重	61.751	53.284	49.888	45.744	47.092	48.195	46.078	37.761
■居住消费比重	5.237	5.599	10.216	18.102	17.062	16.596	17.438	18.533

图3　西藏居民物质消费分类结构性关系

左轴面积：城乡综合演算的居民物质消费单项（食品烟酒、衣着、居住、生活用品及服务四项）人均值（元转换为%），各项数值间呈直观比例。右轴曲线：食品、居住消费比重（占总消费比，保留3位小数协调整个物质消费比重演算小数四舍五入）（%），显示物质生活需求变化最大的两个方面。标注食品、居住消费比重省域位次（物质消费比重以低为佳取倒序）。

2. 衣着消费人均值增长及其比重变化

2000～2018 年，西藏城乡居民人均衣着消费年均增长 10.21%。人均值地区差最小值为 2018 年的 1.0080，最大值为 2012 年的 1.4747；城乡比最小值为 2018 年的 2.2287，最大值为 2002 年的 10.7951。这 18 年间，西藏居民衣着消费地区差缩小 1.67%，城乡比缩小 77.85%。由于各地相应变化，西藏地区差位次从第 2 位升为第 1 位，城乡比位次从第 31 位升为第 6 位。

西藏居民衣着消费比重降低 1.09 个百分点。最低比重值为 2015 年的 9.29%，最高比重值为 2002 年的 14.23%。由于各地相应变化，西藏比重位次保持第 31 位不变。

3. 居住消费人均值增长及其比重变化

2000～2018年, 西藏城乡居民人均居住消费年均增长18.85%。人均值地区差最小值为2006年的1.2287, 最大值为2013年的1.7545; 城乡比最小值为2006年的1.3097, 最大值为2000年的7.2076。这18年间, 西藏居民居住消费地区差缩小10.60%, 城乡比缩小44.19%。由于各地相应变化, 西藏地区差位次保持第28位不变, 城乡比位次保持第31位不变。

西藏居民居住消费比重增高13.30个百分点。最低比重值为2000年的5.24%, 最高比重值为2018年的18.53%。由于各地相应变化, 西藏比重位次从第1位降为第5位。

4. 用品消费人均值增长及其比重变化

2000～2018年, 西藏城乡居民人均用品消费年均增长12.30%。人均值地区差最小值为2004年的1.2224, 最大值为2012年的1.6749; 城乡比最小值为2006年的1.6869, 最大值为2003年的8.3240。这18年间, 西藏居民用品消费地区差缩小8.01%, 城乡比缩小42.72%。由于各地相应变化, 西藏地区差位次从第26位降为第29位, 城乡比位次从第20位降为第31位。

西藏居民用品消费比重增高1.18个百分点。最低比重值为2000年的4.30%, 最高比重值为2013年的6.01%。由于各地相应变化, 西藏比重位次从第1位降为第6位。

本项检测将全部物质消费视为"全面小康"人民生活必需消费, 只看食品消费或者扩大为衣食温饱显然已不具有足够的解释力。不难看出, 西藏居民食品消费比重降低"让出"的余地却被居住消费比重增高"大量抢占", 这两项冲抵仅仅留给处在上位的物质消费比重降低10.69个百分点, 否则2000年以来18年间西藏居民整个物质消费比重 (可视为恩格尔系数极致放大) 理当显著下降。房价虚高已经明显影响到西藏民生发展质量。

在西藏历年居民物质消费用度支出中, 居住消费年均增长18.85%最高, 高于总消费年增8.06个百分点, 所占比重上升, 成为牵制物质消费比重降低的主要因素; 用品消费年均增长12.30%次之, 高于总消费年增1.51个百分点, 所占比重上升, 成为牵制物质消费比重降低的重要因素; 衣着消费年均增长 10.21% 排第三位，低于总消费年增 0.58 个百分点，所占比重下降；食品消费年均增长 7.81% 最低，低于总消费年增 2.98 个百分点，所占比重下降；这四项综合测算，物质消费比重降低 10.61 个百分点，由此看出社会公议"消费结构升级"的实际动向。

四　西藏居民非物生活消费结构性分析

（一）非物生活分类消费增长分析

西藏居民非物消费分类结构性关系见图 4。

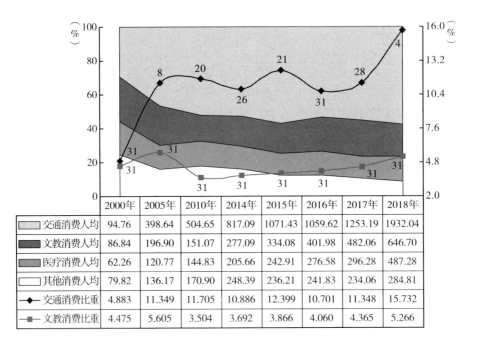

	2000年	2005年	2010年	2014年	2015年	2016年	2017年	2018年
交通消费人均	94.76	398.64	504.65	817.09	1071.43	1059.62	1253.19	1932.04
文教消费人均	86.84	196.90	151.07	277.09	334.08	401.98	482.06	646.70
医疗消费人均	62.26	120.77	144.83	205.66	242.91	276.58	296.28	487.28
其他消费人均	79.82	136.17	170.90	248.39	236.21	241.83	234.06	284.81
交通消费比重	4.883	11.349	11.705	10.886	12.399	10.701	11.348	15.732
文教消费比重	4.475	5.605	3.504	3.692	3.866	4.060	4.365	5.266

图 4　西藏居民非物消费分类结构性关系

左轴面积：城乡综合演算的居民非物消费单项（交通通信、教育文化娱乐、医疗保健、其他用品及服务四项）人均值（元转换为%），各项数值间呈直观比例。右轴曲线：交通通信、教育文化娱乐消费比重（占总消费比，保留 3 位小数对应整个非物消费比重演算小数四舍五入协调）（%），显示社会生活交往、精神文化生活需求变化。标注交通通信、教育文化娱乐消费比重省域位次。

1. 交通消费人均值增长及其比重变化

2000~2018年，西藏城乡居民人均交通消费年均增长18.23%。人均值地区差最小值为2003年的1.2291，最大值为2013年的1.7168；城乡比最小值为2013年的0.9576，最大值为2002年的49.1372。这18年间，西藏居民交通消费地区差缩小15.14%，城乡比缩小92.21%。由于各地相应变化，西藏地区差位次从第26位升为第23位，城乡比位次从第31位升为第25位。

西藏居民交通消费比重增高10.85个百分点。最高（最佳，非物消费占比以高为佳，后同）比重值为2018年的15.73%，最低比重值为2000年的4.88%。由于各地相应变化，西藏比重位次从第31位升为第4位。

2. 文教消费人均值增长及其比重变化

2000~2018年，西藏城乡居民人均文教消费年均增长11.80%。人均值地区差最小值为2004年的1.6873，最大值为2012年的1.8766；城乡比最小值为2018年的2.8749，最大值为2001年的43.9991。这18年间，西藏居民文教消费地区差缩小1.69%，城乡比缩小92.38%。由于各地相应变化，西藏地区差位次从第26位降为第29位，城乡比位次从第31位升为第28位。

西藏居民文教消费比重增高0.79个百分点。最高比重值为2013年的7.33%，最低比重值为2012年的3.24%。由于各地相应变化，西藏比重位次保持第31位不变。

3. 医疗消费人均值增长及其比重变化

2000~2018年，西藏城乡居民人均医疗消费年均增长12.11%。人均值地区差最小值为2001年的1.5926，最大值为2014年的1.8047；城乡比最小值为2018年的2.7665，最大值为2000年的16.4779。这18年间，西藏居民医疗消费地区差扩大5.12%，城乡比缩小83.21%。由于各地相应变化，西藏地区差位次从第27位降为第29位，城乡比位次保持第31位不变。

西藏居民医疗消费比重增高0.76个百分点。最高比重值为2018年的

3.97%，最低比重值为2017年的2.68%。由于各地相应变化，西藏比重位次保持第31位不变。

4. 其他消费人均值增长及其比重变化

2000～2018年，西藏城乡居民人均其他消费年均增长7.32%。人均值地区差最小值为2005年的1.0869，最大值为2011年的1.5370；城乡比最小值为2014年的3.6539，最大值为2001年的31.0393。这18年间，西藏居民其他消费地区差扩大4.42%，城乡比缩小83.68%。由于各地相应变化，西藏地区差位次从第21位降为第27位，城乡比位次从第31位升为第28位。

西藏居民其他消费比重降低1.79个百分点。最高比重值为2013年的4.63%，最低比重值为2017年的2.12%。由于各地相应变化，西藏比重位次从第19位降为第23位。

恩格尔系数检测仅能对应"基本小康"阶段，即使扩展为整个物质消费也难以适用于"全面小康"进程。为此，本项检测将全部非物消费视为"全面小康"民生应有消费。"交通消费"作为"交通通信消费"简称，包含通信消费，而通信消费里的信息内容消费部分显然应当归属于精神消费。假设西藏居民信息内容消费占通信消费一半，通信消费又占整个交通通信消费一半，那么信息内容消费比重则增高2.71个百分点，再与文教消费比重变化合并演算，2000年以来18年间西藏居民精神消费比重理当上升3.50个百分点。

在西藏历年居民非物消费用度支出中，交通消费年均增长18.23%最高，高于总消费年增7.44个百分点，所占比重上升，成为提升非物消费比重增高的主要因素；医疗消费年均增长12.11%次之，高于总消费年增1.32个百分点，所占比重上升，成为提升非物消费比重增高的重要因素；文教消费年均增长11.80%排第三位，高于总消费年增1.01个百分点，所占比重上升；其他消费年均增长7.32%最低，低于总消费年增3.47个百分点，所占比重下降；这四项综合测算，非物消费比重增高10.61个百分点，由此看出社会公议"消费结构升级"的实际动向。

（二）居民收入、积蓄与非物消费之间增长关系

分析居民收入、积蓄与非物生活各项消费之间增长关系，可以检测究竟是什么因素对居民非物生活各项消费增长产生重要影响。西藏居民收入、积蓄与非物消费增长态势见图5，因相关系数分析需有历年不间断增长指数，而制图空间有限，故截取 2000～2010（后台检测 2000～2018）年。

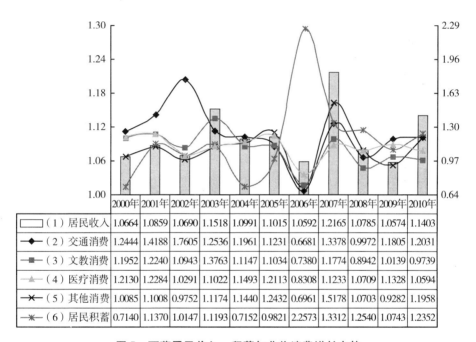

	2000年	2001年	2002年	2003年	2004年	2005年	2006年	2007年	2008年	2009年	2010年
（1）居民收入	1.0664	1.0859	1.0690	1.1518	1.0991	1.1015	1.0592	1.2165	1.0785	1.0574	1.1403
（2）交通消费	1.2444	1.4188	1.7605	1.2536	1.1961	1.1231	0.6681	1.3378	0.9972	1.1805	1.2031
（3）文教消费	1.1952	1.2240	1.0943	1.3763	1.1147	1.1034	0.7380	1.1774	0.8942	1.0139	0.9739
（4）医疗消费	1.2130	1.2284	1.0291	1.1022	1.1493	1.2113	0.8308	1.1233	1.0709	1.1328	1.0594
（5）其他消费	1.0085	1.1008	0.9752	1.1174	1.1440	1.2432	0.6961	1.5178	1.0703	0.9282	1.1958
（6）居民积蓄	0.7140	1.1370	1.0147	1.1193	0.7152	0.9821	2.2573	1.3312	1.2540	1.0743	1.2352

图5 西藏居民收入、积蓄与非物消费增长态势

左轴柱形：居民收入年增指数。右轴曲线：非物消费各单项、积蓄年增指数，上年＝1（小于1为负增长）。曲线（2）、（3）、（4）与（6）之间大体形成横向镜面峰谷对应水中倒影负相关关系。

1. 居民收入与非物消费历年增长相关性

2000～2010年，标号（1）居民收入与（2）交通消费历年增长之间，相关系数为0.1787，即17.87%程度上同步变动，呈极弱正相关性；与（3）文教消费历年增长之间，相关系数为0.4328，即43.28%程度上同步变动，呈很弱正相关性；与（4）医疗消费历年增长之间，相关系数为0.1456，即

14.56%程度上同步变动，呈极弱正相关性；与（5）其他消费历年增长之间，相关系数为0.8449，即84.49%程度上同步变动，呈稍强正相关性。

这些数据之间的增长相关性表明，西藏居民收入增加也不能"必然"带来本地居民生活消费向着非物质需求，尤其是精神文化需求方向"升级"。

2. 居民积蓄与非物消费历年增长相关性

2000~2010年，标号（6）居民积蓄与（2）交通消费历年增长之间，相关系数为 -0.6088，即60.88%程度上逆向变动，呈很强负相关性；与（3）文教消费历年增长之间，相关系数为 -0.6524，即65.24%程度上逆向变动，呈很强负相关性；与（4）医疗消费历年增长之间，相关系数为 -0.8326，即83.26%程度上逆向变动，呈极强负相关性；与（5）其他消费历年增长之间，相关系数为 -0.3987，即39.87%程度上逆向变动，呈稍强负相关性。

在当地这些数据之间的增长相关性中，相互间影响的正反方向、强弱程度一目了然。

特别是（4）医疗消费、（3）文教消费、（2）交通消费与（6）居民积蓄增长曲线之间，形成横向镜面峰谷对应水中倒影，其间分别呈83.26%、65.24%、60.88%逆向增长相关性。"积蓄负相关性"对于医疗消费显著成立，对于文教消费明显成立，对于交通消费明显成立，对于其他消费不明显。经后台数据库扩展演算，文教消费与积蓄增长之间2000~2012年长时段逆向程度为65.43%，呈很强负相关；2004~2008年逆向极值达79.42%，呈极强负相关。

西藏居民积蓄增长已经严重地抑制了本地居民消费向着增强人们身心健康、提升精神文化需求、扩展社会生活交往方向更快地"升级"。

五 西藏民生消费需求景气指数检测

西藏民生消费需求景气指数变动态势见图6。

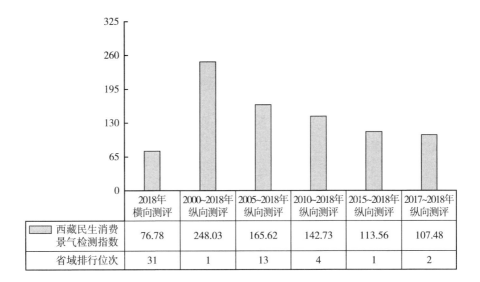

图 6 西藏民生消费需求景气指数变动态势

数轴柱型: 共时性年度横向测评 (全国城乡地区无差距理想值 = 100), 类似 "不论年龄比高矮", 有利于发达地区; 历时性阶段纵向测评 (起点年自身基数值 = 100), 类似 "不论高矮比生长", 有利于后发地区, 从左至右①"十五"以来, ②"十一五"以来, ③"十二五"以来, ④"十三五"以来, ⑤上年以来, 多向度检测省域排行, 考察不同阶段进展状况。

1. 各年度理想值横向测评

以假定各类民生数据城乡、地区无差距理想值为100, 2018 年西藏城乡民生需求景气指数为 76.78, 低于无差距理想值 23.22%。西藏此项检测指数在省域间排行变化, 2000 年为第 31 位, 2005 年与之持平, 2010 年与之持平, 2015 年与之持平, 2018 年与上年持平, 皆为第 31 位。

2. 2000年以来基数值纵向测评

以"九五"末年 2000 年数据指标演算基数值为100, "十五"以来至 2018 年西藏城乡民生需求景气指数为 248.03, 高于起点年基数值148.03%。西藏此项检测分值高于全国总体检测结果分值, 即 2000 年以来民生需求景气提升程度高于全国平均水平, 处于省域间第 1 位。

3. 2005年以来基数值纵向测评

以"十五"末年 2005 年数据指标演算基数值为100, "十一五"以来至

2018 年西藏城乡民生需求景气指数为 165.62，高于起点年基数值 65.62%。西藏此项检测分值高于全国总体检测结果分值，即 2005 年以来民生需求景气提升程度高于全国平均水平，处于省域间第 13 位。

4. 2010 年以来基数值纵向测评

以"十一五"末年 2010 年数据指标演算基数值为 100，"十二五"以来至 2018 年西藏城乡民生需求景气指数为 142.73，高于起点年基数值 42.73%。西藏此项检测分值高于全国总体检测结果分值，即 2010 年以来民生需求景气提升程度高于全国平均水平，处于省域间第 4 位。

5. 2015 年以来基数值纵向测评

以"十二五"末年 2015 年数据指标演算基数值为 100，"十三五"以来至 2018 年西藏城乡民生需求景气指数为 113.56，高于起点年基数值 13.56%。西藏此项检测分值高于全国总体检测结果分值，即 2015 年以来民生需求景气提升程度高于全国平均水平，处于省域间第 1 位。

6. 逐年度基数值纵向测评

以上一年（2017 年）起点数据指标演算基数值为 100，2018 年西藏城乡民生需求景气指数为 107.48，高于起点年基数值 7.48%。西藏此项检测指数在省域间排行变化，2000 年为第 1 位，2005 年为第 19 位，2010 年为第 12 位，2015 年为第 1 位，2018 年与上年持平，皆为第 2 位。

贵州：2005～2018年民生需求
景气提升度第1位

郭　娜*

摘　要： 2000～2018年，贵州城乡民生消费数据人均值持续显著增长，2018年居民总消费为2000年的7.94倍，物质消费为6.25倍，非物消费为13.52倍。非物消费比重极显著增高16.35个百分点，消费结构出现极大升级变化。但居民消费率从66.65%极显著降低至35.41%，"十二五"以来继续跌降。居民积蓄率从18.22%持续极显著升高至26.79%，反过来对消费需求的抑制作用加重。居民总消费、非物消费地区差逐渐缩小，但居民物质消费地区差继续扩大；居民总消费、物质消费、非物消费城乡比逐渐缩小。

关键词： 贵州居民　民生需求　物质消费　非物消费　景气排行

一　贵州人民生活主要数据相关情况

贵州城乡主要民生数据增长变化基本情况见图1，限于制图容量，未直接列出居民收入数据，可据其他数据推算，另产值、财政收入、财政支出数据置于后台演算。

---

* 郭娜，云南省社会科学院民族学研究所副研究员，主要从事可持续发展、民族生态学研究。

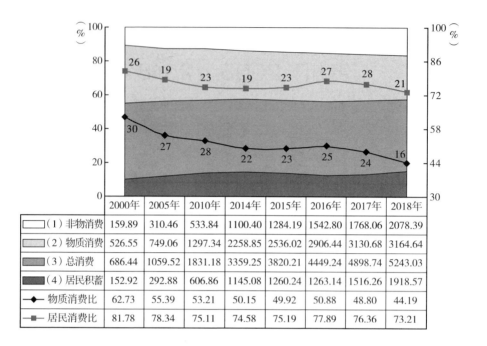

	2000年	2005年	2010年	2014年	2015年	2016年	2017年	2018年
□（1）非物消费	159.89	310.46	533.84	1100.40	1284.19	1542.80	1768.06	2078.39
▨（2）物质消费	526.55	749.06	1297.34	2258.85	2536.02	2906.44	3130.68	3164.64
▨（3）总消费	686.44	1059.52	1831.18	3359.25	3820.21	4449.24	4898.74	5243.03
▨（4）居民积蓄	152.92	292.88	606.86	1145.08	1260.24	1263.14	1516.26	1918.57
◆物质消费比	62.73	55.39	53.21	50.15	49.92	50.88	48.80	44.19
■居民消费比	81.78	78.34	75.11	74.58	75.19	77.89	76.36	73.21

图1　贵州城乡主要民生数据增长变化基本情况

左轴面积：城乡居民（1）非物消费、（2）物质消费、（3）总消费、（4）积蓄总量（亿元转换为%），（1）+（2）=（3），（3）+（4）=居民收入，各项数值间呈直观比例。右轴曲线：物质消费比、居民消费比（占居民收入比）（%），二者之差即为非物消费比，二者之比即为物质消费比重（占总消费比），二者之差再与居民消费比之比即为非物消费比重。标注物质消费比、居民消费比省域位次。

1. 城乡居民收入、积蓄财富总量增长简况

2000~2018年，贵州城乡居民收入总量年均增长12.65%，积蓄总量年均增长15.09%。居民收入年均增长率低于当地产值增长3.31个百分点，低于当地财政收入增长5.54个百分点。

2. 城乡居民消费总量及其分类增长状况

2000~2018年，贵州城乡居民消费总量年均增长11.96%。居民消费年均增长率低于当地产值增长4.00个百分点，低于当地财政支出增长7.61个百分点。同期，贵州城乡居民物质消费总量年均增长10.48%，低于居民收入增长2.17个百分点，低于总消费增长1.48个百分点；贵州城乡居民非物

消费总量年均增长 15.31%，高于居民收入增长 2.66 个百分点，高于总消费增长 3.35 个百分点。

3. 城乡居民消费需求相关比值变化状况

在贵州居民收入当中，2000 年有 81.78% 用于全部生活消费支出，为历年最高比值；2012 年仅有 71.95% 用于全部生活消费支出，为历年最低（最佳）比值；2000 年有 62.73% 用于物质消费支出，为历年最高比值；2018 年仅有 44.19% 用于物质消费支出，为历年最低（最佳）比值。居民收入与总消费之差即为居民积蓄，物质消费与总消费之差即为非物消费。

这 18 年间，贵州居民消费比降低 8.57 个百分点，物质消费比降低 18.54 个百分点，反过来导致非物消费比升高 9.97 个百分点。继续深入分析，居民消费比与物质消费比升降方向及其程度有差异，意味着物质消费占总消费比重变化，反过来又导致非物消费占总消费比重变化。由这些相对比值关系变化就能够看出民生消费需求态势，从中体现出民生发展的基本走向。

二 贵州居民总消费增长及相关性分析

居民总消费及其相关性分析为民生消费需求检测系统的二级子系统之首。贵州城乡居民总消费及其相关性变动态势见图 2。

1. 城乡综合人均值及地区差变动状况

2000～2018 年，贵州城乡居民人均总消费年均增长 12.20%（由于人口增长，人均值增长率略低于总量增长率）。人均值地区差最小（最佳，后同）值为 2017 年的 1.2684，最大值为 2008 年的 1.4450。这 18 年间，贵州居民总消费地区差缩小 5.29%。

由于各地相应变化，贵州此项地区差位次保持第 25 位不变。据既往历年动态推演测算，贵州地区差到 2020 年将为 1.2745，相比当前较明显缩减；2035 年将为 1.2454，继续较明显缩减。

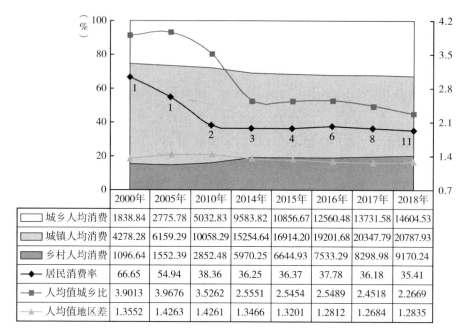

	2000年	2005年	2010年	2014年	2015年	2016年	2017年	2018年
城乡人均消费	1838.84	2775.78	5032.83	9583.82	10856.67	12560.48	13731.58	14604.53
城镇人均消费	4278.28	6159.29	10058.29	15254.64	16914.20	19201.68	20347.79	20787.93
乡村人均消费	1096.64	1552.39	2852.48	5970.25	6644.93	7533.29	8298.98	9170.24
居民消费率	66.65	54.94	38.36	36.25	36.37	37.78	36.18	35.41
人均值城乡比	3.9013	3.9676	3.5262	2.5551	2.5454	2.5489	2.4518	2.2669
人均值地区差	1.3552	1.4263	1.4261	1.3466	1.3201	1.2812	1.2684	1.2835

图2 贵州城乡居民总消费及其相关性变动态势

左轴面积：城乡综合、城镇、乡村居民总消费人均值（元转换为%），各项数值间呈直观比例。右轴曲线：居民总消费城乡比（乡村=1）、地区差（无差距=1）。左轴曲线：居民消费率（与产值比）（%）。标注居民消费率省域位次。

2. 城镇与乡村人均值及城乡比变动状况

2000~2018年，贵州城镇居民人均总消费年均增长9.18%，乡村居民人均总消费年均增长12.52%，乡村年均增长率高于城镇3.34个百分点。城乡之间增长相关系数为0.5734，即历年增长同步程度为57.34%，呈很弱正相关性。

同期，贵州居民总消费城乡比最小（最佳，后同）值为2018年的2.2669，最大值为2004年的4.2384。这18年间，贵州居民总消费城乡比缩小41.89%。

由于各地相应变化，贵州此项城乡比位次从第28位升为第25位。据既往历年动态推演测算，贵州城乡比到2020年将为2.1342，相比当前明显缩减；2035年将为1.3575，继续极显著缩减。

3. 城乡综合居民消费率历年变化状况

2000～2018 年，贵州居民消费率降低 31.24 个百分点，其中"十二五"以来降低 2.95 个百分点。应对国际金融危机实施"拉动内需，扩大消费，改善民生"政策以来，尤其是进入"十二五"以来，贵州居民消费率继续跌降。由于各地相应变化，贵州居民消费率位次从第 1 位降为第 11 位。

这 18 年间，贵州居民消费率最高（最佳）值为 2000 年的 66.65%，最低值为 2013 年的 34.85%，近年来仍未回复 2000 年初始值（亦即最佳值）。这表明，当地居民消费拉动经济增长的同步协调性尚待增强。还应注意，贵州居民消费率下降程度小于当地居民收入比下降程度，反过来意味着居民积蓄率上升，亦即积蓄对消费的抑制作用加重。

在贵州历年居民总消费用度支出中，物质消费年均增长 10.72%，低于居民收入年增 2.18 个百分点，低于总消费年增 1.48 个百分点，物质消费比重下降；非物消费年均增长 15.57%，高于居民收入年增 2.67 个百分点，高于总消费年增 3.36 个百分点，非物消费比重上升。

三 贵州居民物质生活消费结构性分析

贵州居民物质消费分类结构性关系见图 3。

1. 食品消费人均值增长及其比重变化

2000～2018 年，贵州城乡居民人均食品消费年均增长 8.28%。人均值地区差最小值为 2000 年的 1.2195，最大值为 2009 年的 1.3625；城乡比最小值为 2018 年的 2.1612，最大值为 2009 年的 3.4331。这 18 年间，贵州居民食品消费地区差扩大 7.10%，城乡比缩小 19.15%。由于各地相应变化，贵州地区差位次从第 18 位降为第 24 位，城乡比位次从第 23 位降为第 25 位。

贵州居民食品消费比重降低 24.57 个百分点。最低（最佳，物质消费占比以低为佳，后同）比重值为 2018 年的 27.40%，最高比重值为 2000 年的 51.97%。由于各地相应变化，贵州比重位次从第 29 位升为第 14 位。

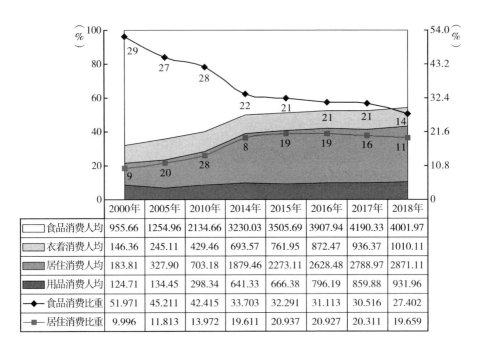

	2000年	2005年	2010年	2014年	2015年	2016年	2017年	2018年
食品消费人均	955.66	1254.96	2134.66	3230.03	3505.69	3907.94	4190.33	4001.97
衣着消费人均	146.36	245.11	429.46	693.57	761.95	872.47	936.37	1010.11
居住消费人均	183.81	327.90	703.18	1879.46	2273.11	2628.48	2788.97	2871.11
用品消费人均	124.71	134.45	298.34	641.33	666.38	796.19	859.88	931.96
食品消费比重	51.971	45.211	42.415	33.703	32.291	31.113	30.516	27.402
居住消费比重	9.996	11.813	13.972	19.611	20.937	20.927	20.311	19.659

图3　贵州居民物质消费分类结构性关系

左轴面积：城乡综合演算的居民物质消费单项（食品烟酒、衣着、居住、生活用品及服务四项）人均值（元转换为%），各项数值间呈直观比例。右轴曲线：食品、居住消费比重（占总消费比，保留3位小数协调整个物质消费比重演算小数四舍五入）（%），显示物质生活需求变化最大的两个方面。标注食品、居住消费比重省域位次（物质消费比重以低为佳取倒序）。

2. 衣着消费人均值增长及其比重变化

2000～2018年，贵州城乡居民人均衣着消费年均增长11.33%。人均值地区差最小值为2018年的1.2422，最大值为2008年的1.4965；城乡比最小值为2018年的3.1631，最大值为2004年的10.5191。这18年间，贵州居民衣着消费地区差缩小10.57%，城乡比缩小62.98%。由于各地相应变化，贵州地区差位次从第24位升为第23位，城乡比位次从第28位升为第23位。

贵州居民衣着消费比重降低1.04个百分点。最低比重值为2017年的6.82%，最高比重值为2006年的9.55%。由于各地相应变化，贵州比重位次从第12位降为第15位。

3. 居住消费人均值增长及其比重变化

2000～2018 年，贵州城乡居民人均居住消费年均增长 16.50%。人均值地区差最小值为 2013 年的 1.2214，最大值为 2004 年的 1.5039；城乡比最小值为 2009 年的 1.2705，最大值为 2002 年的 3.1810。这 18 年间，贵州居民居住消费地区差缩小 4.53%，城乡比缩小 26.75%。由于各地相应变化，贵州地区差位次保持第 25 位不变，城乡比位次从第 23 位升为第 5 位。

贵州居民居住消费比重增高 9.66 个百分点。最低比重值为 2000 年的 10.00%，最高比重值为 2015 年的 20.94%。由于各地相应变化，贵州比重位次从第 9 位降为第 11 位。

4. 用品消费人均值增长及其比重变化

2000～2018 年，贵州城乡居民人均用品消费年均增长 11.82%。人均值地区差最小值为 2017 年的 1.2524，最大值为 2004 年的 1.5227；城乡比最小值为 2018 年的 2.3626，最大值为 2000 年的 10.6966。这 18 年间，贵州居民用品消费地区差缩小 9.48%，城乡比缩小 77.91%。由于各地相应变化，贵州地区差位次从第 19 位降为第 20 位，城乡比位次从第 31 位升为第 19 位。

贵州居民用品消费比重降低 0.40 个百分点。最低比重值为 2004 年的 4.40%，最高比重值为 2013 年的 7.11%。由于各地相应变化，贵州比重位次从第 13 位降为第 21 位。

本项检测将全部物质消费视为"全面小康"人民生活必需消费，只看食品消费或者扩大为衣食温饱显然已不具有足够的解释力。不难看出，贵州居民食品消费比重降低"让出"的余地却被居住消费比重增高"大量抢占"，这两项冲抵仅仅留给处在上位的物质消费比重降低 14.91 个百分点，否则 2000 年以来 18 年间贵州居民整个物质消费比重（可视为恩格尔系数极致放大）理当显著下降。房价虚高已经明显影响到贵州民生发展质量。

在贵州历年居民物质消费用度支出中，居住消费年均增长 16.50% 最高，高于总消费年增 4.30 个百分点，所占比重上升，成为牵制物质消费比重降低的主要因素；用品消费年均增长 11.82% 次之，低于总消费年增 0.38

个百分点，所占比重下降；衣着消费年均增长 11.33% 排第三位，低于总消费年增 0.87 个百分点，所占比重下降；食品消费年均增长 8.28% 最低，低于总消费年增 3.92 个百分点，所占比重下降；这四项综合测算，物质消费比重降低 16.35 个百分点，由此看出社会公议"消费结构升级"的实际动向。

四　贵州居民非物生活消费结构性分析

（一）非物生活分类消费增长分析

贵州居民非物消费分类结构性关系见图 4。

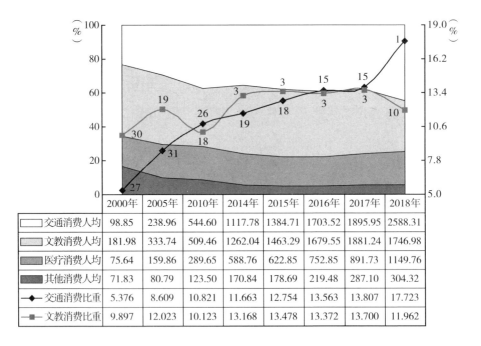

	2000年	2005年	2010年	2014年	2015年	2016年	2017年	2018年
交通消费人均	98.85	238.96	544.60	1117.78	1384.71	1703.52	1895.95	2588.31
文教消费人均	181.98	333.74	509.46	1262.04	1463.29	1679.55	1881.24	1746.98
医疗消费人均	75.64	159.86	289.65	588.76	622.85	752.85	891.73	1149.76
其他消费人均	71.83	80.79	123.50	170.84	178.69	219.48	287.10	304.32
交通消费比重	5.376	8.609	10.821	11.663	12.754	13.563	13.807	17.723
文教消费比重	9.897	12.023	10.123	13.168	13.478	13.372	13.700	11.962

图 4　贵州居民非物消费分类结构性关系

　　左轴面积：城乡综合演算的居民非物消费单项（交通通信、教育文化娱乐、医疗保健、其他用品及服务四项）人均值（元转换为%），各项数值间呈直观比例。右轴曲线：交通通信、教育文化娱乐消费比重（占总消费比，保留 3 位小数对应整个非物消费比重演算小数四舍五入协调）（%），显示社会生活交往、精神文化生活需求变化。标注交通通信、教育文化娱乐消费比重省域位次。

1. 交通消费人均值增长及其比重变化

2000～2018年，贵州城乡居民人均交通消费年均增长19.89%。人均值地区差最小值为2018年的1.0564，最大值为2009年的1.5838；城乡比最小值为2017年的2.6735，最大值为2000年的12.4547。这18年间，贵州居民交通消费地区差缩小29.87%，城乡比缩小76.78%。由于各地相应变化，贵州地区差位次从第24位升为第5位，城乡比位次从第29位降为第31位。

贵州居民交通消费比重增高12.35个百分点。最高（最佳，非物消费占比以高为佳，后同）比重值为2018年的17.72%，最低比重值为2000年的5.38%。由于各地相应变化，贵州比重位次从第27位升为第1位。

2. 文教消费人均值增长及其比重变化

2000～2018年，贵州城乡居民人均文教消费年均增长13.39%。人均值地区差最小值为2017年的1.1217，最大值为2008年的1.5491；城乡比最小值为2018年的2.0785，最大值为2008年的7.6554。这18年间，贵州居民文教消费地区差缩小15.86%，城乡比缩小56.10%。由于各地相应变化，贵州地区差位次从第25位升为第23位，城乡比位次从第26位升为第15位。

贵州居民文教消费比重增高2.07个百分点。最高比重值为2017年的13.70%，最低比重值为2008年的9.02%。由于各地相应变化，贵州比重位次从第30位升为第10位。

3. 医疗消费人均值增长及其比重变化

2000～2018年，贵州城乡居民人均医疗消费年均增长16.32%。人均值地区差最小值为2018年的1.3299，最大值为2007年的1.6351；城乡比最小值为2015年的1.9406，最大值为2000年的8.4277。这18年间，贵州居民医疗消费地区差缩小14.39%，城乡比缩小72.03%。由于各地相应变化，贵州地区差位次保持第26位不变，城乡比位次保持第30位不变。

贵州居民医疗消费比重增高3.76个百分点。最高比重值为2018年的

7.87%，最低比重值为 2000 年的 4.11%。由于各地相应变化，贵州比重位次从第 29 位升为第 23 位。

4. 其他消费人均值增长及其比重变化

2000～2018 年，贵州城乡居民人均其他消费年均增长 8.35%。人均值地区差最小值为 2017 年的 1.3785，最大值为 2011 年的 1.6033；城乡比最小值为 2014 年的 3.1945，最大值为 2005 年的 10.0063。这 18 年间，贵州居民其他消费地区差缩小 2.98%，城乡比缩小 56.57%。由于各地相应变化，贵州地区差位次从第 26 位升为第 25 位，城乡比位次从第 25 位升为第 23 位。

贵州居民其他消费比重降低 1.82 个百分点。最高比重值为 2000 年的 3.91%，最低比重值为 2015 年的 1.65%。由于各地相应变化，贵州比重位次从第 25 位降为第 28 位。

恩格尔系数检测仅能对应"基本小康"阶段，即使扩展为整个物质消费也难以适用于"全面小康"进程。为此，本项检测将全部非物消费视为"全面小康"民生应有消费。"交通消费"作为"交通通信消费"简称，包含通信消费，而通信消费里的信息内容消费部分显然应当归属于精神消费。假设贵州居民信息内容消费占通信消费一半，通信消费又占整个交通通信消费一半，那么信息内容消费比重则增高 3.09 个百分点，再与文教消费比重变化合并演算，2000 年以来 18 年间贵州居民精神消费比重理当上升 5.15 个百分点。

在贵州历年居民非物消费用度支出中，交通消费年均增长 19.89% 最高，高于总消费年增 7.69 个百分点，所占比重上升，成为提升非物消费比重增高的主要因素；医疗消费年均增长 16.32% 次之，高于总消费年增 4.12 个百分点，所占比重上升，成为提升非物消费比重增高的重要因素；文教消费年均增长 13.39% 排第三位，高于总消费年增 1.19 个百分点，所占比重上升；其他消费年均增长 8.35% 最低，低于总消费年增 3.85 个百分点，所占比重下降；这四项综合测算，非物消费比重增高 16.35 个百分点，由此看出社会公议"消费结构升级"的实际动向。

（二）居民收入、积蓄与非物消费之间增长关系

分析居民收入、积蓄与非物生活各项消费之间增长关系，可以检测究竟是什么因素对居民非物生活各项消费增长产生重要影响。贵州居民收入、积蓄与非物消费增长态势见图5，因相关系数分析需有历年不间断增长指数，而制图空间有限，故截取2005～2015（后台检测2000～2018）年。

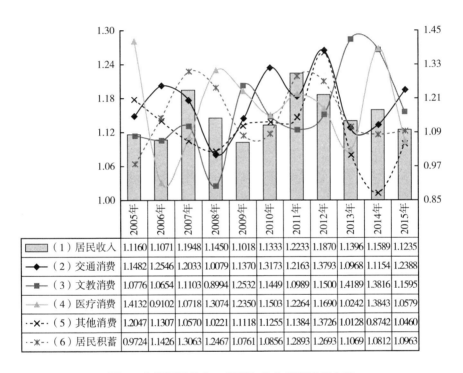

	2005年	2006年	2007年	2008年	2009年	2010年	2011年	2012年	2013年	2014年	2015年
（1）居民收入	1.1160	1.1071	1.1948	1.1450	1.1018	1.1333	1.2233	1.1870	1.1396	1.1589	1.1235
（2）交通消费	1.1482	1.2546	1.2033	1.0079	1.1370	1.3173	1.2163	1.3793	1.0968	1.1154	1.2388
（3）文教消费	1.0776	1.0654	1.1103	0.8994	1.2532	1.1449	1.0989	1.1500	1.4189	1.3816	1.1595
（4）医疗消费	1.4132	0.9102	1.0718	1.3074	1.2350	1.1503	1.2264	1.1690	1.0242	1.3843	1.0579
（5）其他消费	1.2047	1.1307	1.0570	1.0221	1.1118	1.1255	1.1384	1.3726	1.0128	0.8742	1.0460
（6）居民积蓄	0.9724	1.1426	1.3063	1.2467	1.0761	1.0856	1.2893	1.2693	1.1069	1.0812	1.0963

图5　贵州居民收入、积蓄与非物消费增长态势

左轴柱形：居民收入年增指数。右轴曲线：非物消费各单项、积蓄年增指数，上年＝1（小于1为负增长）。

1. 居民收入与非物消费历年增长相关性

2005～2015年，标号（1）居民收入与（2）交通消费历年增长之间，相关系数为0.2082，即20.82%程度上同步变动，呈极弱正相关性；与（3）文教消费历年增长之间，相关系数为－0.0674，即6.74%程度上逆

向变动，呈极弱负相关性；与（4）医疗消费历年增长之间，相关系数为 0.0926，即 9.26% 程度上同步变动，呈极弱正相关性；与（5）其他消费历年增长之间，相关系为 0.1188，即 11.88% 程度上同步变动，呈极弱正相关性。

这些数据之间的增长相关性表明，贵州居民收入增加也不能"必然"带来本地居民生活消费向着非物质需求，尤其是精神文化需求方向"升级"。

2. 居民积蓄与非物消费历年增长相关性

2005～2015 年，标号（6）居民积蓄与（2）交通消费历年增长之间，相关系数为 0.1732，即 17.32% 程度上同步变动，呈极弱正相关性；与（3）文教消费历年增长之间，相关系数为 -0.3742，即 37.42% 程度上逆向变动，呈稍强负相关性；与（4）医疗消费历年增长之间，相关系数为 -0.2467，即 24.67% 程度上逆向变动，呈很弱负相关性；与（5）其他消费历年增长之间，相关系数为 0.1794，即 17.94% 程度上同步变动，呈极弱正相关性。

在当地这些数据之间的增长相关性中，相互间影响的正反方向、强弱程度一目了然。

在此期间"积蓄负相关性"对于文教消费不明显，对于医疗消费不明显，对于交通消费不成立，对于其他消费不成立。经后台数据库扩展演算，文教消费与积蓄增长之间 2006～2018 年长时段逆向程度为 54.07%，呈较强负相关；2011～2015 年逆向极值达 73.00%，呈极强负相关。

贵州居民积蓄增长在一定程度上抑制了本地居民消费向着非物质需求，尤其是提升精神文化需求、增强身心健康需求方向更快地"升级"。

五 贵州民生消费需求景气指数检测

贵州民生消费需求景气指数变动态势见图 6。

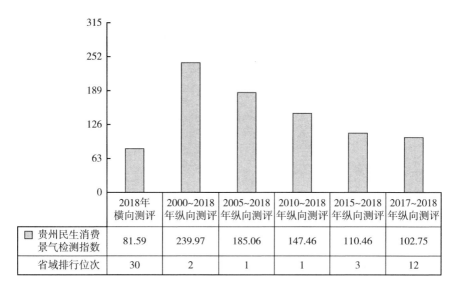

	2018年横向测评	2000~2018年纵向测评	2005~2018年纵向测评	2010~2018年纵向测评	2015~2018年纵向测评	2017~2018年纵向测评
贵州民生消费景气检测指数	81.59	239.97	185.06	147.46	110.46	102.75
省域排行位次	30	2	1	1	3	12

图6 贵州民生消费需求景气指数变动态势

数轴柱型：共时性年度横向测评（全国城乡地区无差距理想值＝100），类似"不论年龄比高矮"，有利于发达地区；历时性阶段纵向测评（起点年自身基数值＝100），类似"不论高矮比生长"，有利于后发地区，从左至右①"十五"以来，②"十一五"以来，③"十二五"以来，④"十三五"以来，⑤上年以来，多向度检测省域排行，考察不同阶段进展状况。

1. 各年度理想值横向测评

以假定各类民生数据城乡、地区无差距理想值为100，2018年贵州城乡民生需求景气指数为81.59，低于无差距理想值18.41%。贵州此项检测指数在省域间排行变化，2000年为第28位，2005年为第30位，2010年为第29位，2015年为第30位，2018年从上年第29位下降为第30位。

2. 2000年以来基数值纵向测评

以"九五"末年2000年数据指标演算基数值为100，"十五"以来至2018年贵州城乡民生需求景气指数为239.97，高于起点年基数值139.97%。贵州此项检测分值高于全国总体检测结果分值，即2000年以来民生需求景气提升程度高于全国平均水平，处于省域间第2位。

3. 2005年以来基数值纵向测评

以"十五"末年2005年数据指标演算基数值为100，"十一五"以来至

2018 年贵州城乡民生需求景气指数为 185.06，高于起点年基数值 85.06%。贵州此项检测分值高于全国总体检测结果分值，即 2005 年以来民生需求景气提升程度高于全国平均水平，处于省域间第 1 位。

4. 2010年以来基数值纵向测评

以"十一五"末年 2010 年数据指标演算基数值为 100，"十二五"以来至 2018 年贵州城乡民生需求景气指数为 147.46，高于起点年基数值 47.46%。贵州此项检测分值高于全国总体检测结果分值，即 2010 年以来民生需求景气提升程度高于全国平均水平，处于省域间第 1 位。

5. 2015年以来基数值纵向测评

以"十二五"末年 2015 年数据指标演算基数值为 100，"十三五"以来至 2018 年贵州城乡民生需求景气指数为 110.46，高于起点年基数值 10.46%。贵州此项检测分值高于全国总体检测结果分值，即 2015 年以来民生需求景气提升程度高于全国平均水平，处于省域间第 3 位。

6. 逐年度基数值纵向测评

以上一年（2017 年）起点数据指标演算基数值为 100，2018 年贵州城乡民生需求景气指数为 102.75，高于起点年基数值 2.75%。贵州此项检测指数在省域间排行变化，2000 年为第 19 位，2005 年为第 8 位，2010 年为第 5 位，2015 年为第 9 位，2018 年从上年第 7 位下降为第 12 位。

湖北：2018年度民生需求景气排名第2位

邓云斐*

摘　要： 2000～2018年，湖北城乡民生消费数据人均值持续明显增长，2018年居民总消费为2000年的7.21倍，物质消费为6.29倍，非物消费为9.63倍。非物消费比重极显著增高9.20个百分点，消费结构出现极大升级变化。但居民消费率从44.01%极显著降低至29.96%，"十二五"以来明显回升。居民积蓄率从21.95%持续明显升高至25.05%，反过来对消费需求的抑制作用加重。居民总消费、非物消费地区差逐渐缩小，但居民物质消费地区差继续扩大；居民总消费、物质消费、非物消费城乡比逐渐缩小。

关键词： 湖北居民　民生需求　物质消费　非物消费　景气排行

一　湖北人民生活主要数据相关情况

湖北城乡主要民生数据增长变化基本情况见图1，限于制图容量，未直接列出居民收入数据，可据其他数据推算，另产值、财政收入、财政支出数据置于后台演算。

1. 城乡居民收入、积蓄财富总量增长简况

2000～2018年，湖北城乡居民收入总量年均增长11.81%，积蓄总量年

---

* 邓云斐，云南省社会科学院东南亚研究所副研究员，主要从事民族文化和社会问题研究。

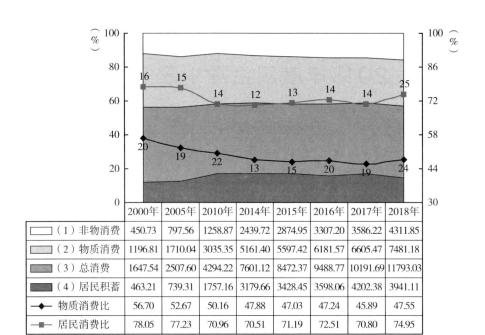

	2000年	2005年	2010年	2014年	2015年	2016年	2017年	2018年
□（1）非物消费	450.73	797.56	1258.87	2439.72	2874.95	3307.20	3586.22	4311.85
▨（2）物质消费	1196.81	1710.04	3035.35	5161.40	5597.42	6181.57	6605.47	7481.18
▨（3）总消费	1647.54	2507.60	4294.22	7601.12	8472.37	9488.77	10191.69	11793.03
▨（4）居民积蓄	463.21	739.31	1757.16	3179.66	3428.45	3598.06	4202.38	3941.11
◆ 物质消费比	56.70	52.67	50.16	47.88	47.03	47.24	45.89	47.55
■ 居民消费比	78.05	77.23	70.96	70.51	71.19	72.51	70.80	74.95

图1 湖北城乡主要民生数据增长变化基本情况

左轴面积：城乡居民（1）非物消费、（2）物质消费、（3）总消费、（4）积蓄总量（亿元转换为%），（1）+（2）=（3），（3）+（4）=居民收入，各项数值间呈直观比例。右轴曲线：物质消费比、居民消费比（占居民收入比）（%），二者之差即为非物消费比，二者之比即为物质消费比重（占总消费比），二者之差再与居民消费比之比即为非物消费比重。标注物质消费比、居民消费比省域位次。

均增长12.63%。居民收入年均增长率低于当地产值增长2.50个百分点，低于当地财政收入增长4.61个百分点。

2. 城乡居民消费总量及其分类增长状况

2000～2018年，湖北城乡居民消费总量年均增长11.55%。居民消费年均增长率低于当地产值增长2.76个百分点，低于当地财政支出增长6.45个百分点。同期，湖北城乡居民物质消费总量年均增长10.72%，低于居民收入增长1.09个百分点，低于总消费增长0.83个百分点；湖北城乡居民非物消费总量年均增长13.37%，高于居民收入增长1.56个百分点，高于总消费增长1.82个百分点。

3. 城乡居民消费需求相关比值变化状况

在湖北居民收入当中，2002 年有 78.81% 用于全部生活消费支出，为历年最高比值；2013 年仅有 69.27% 用于全部生活消费支出，为历年最低（最佳）比值；2000 年有 56.70% 用于物质消费支出，为历年最高比值；2017 年仅有 45.89% 用于物质消费支出，为历年最低（最佳）比值。居民收入与总消费之差即为居民积蓄，物质消费与总消费之差即为非物消费。

这 18 年间，湖北居民消费比降低 3.10 个百分点，物质消费比降低 9.15 个百分点，反过来导致非物消费比升高 6.05 个百分点。继续深入分析，居民消费比与物质消费比升降方向及其程度有差异，意味着物质消费占总消费比重变化，反过来又导致非物消费占总消费比重变化。由这些相对比值关系变化就能够看出民生消费需求态势，从中体现出民生发展的基本走向。

二　湖北居民总消费增长及相关性分析

居民总消费及其相关性分析为民生消费需求检测系统的二级子系统之首。湖北城乡居民总消费及其相关性变动态势见图 2。

1. 城乡综合人均值及地区差变动状况

2000~2018 年，湖北城乡居民人均总消费年均增长 11.60%（由于人口增长，人均值增长率略低于总量增长率）。人均值地区差最小（最佳，后同）值为 2018 年的 1.0210，最大值为 2010 年的 1.1445。这 18 年间，湖北居民总消费地区差缩小 0.76%。

由于各地相应变化，湖北此项地区差位次保持第 2 位不变。据既往历年动态推演测算，湖北地区差到 2020 年将为 1.0185，相比当前略微缩减；2035 年将为 1.0138，继续略微缩减。

2. 城镇与乡村人均值及城乡比变动状况

2000~2018 年，湖北城镇居民人均总消费年均增长 9.55%，乡村居民人均总消费年均增长 12.96%，乡村年均增长率高于城镇 3.41 个百分点。

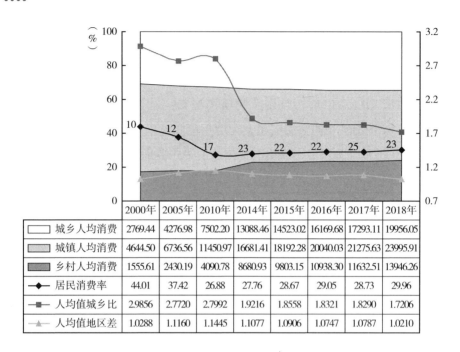

图2　湖北城乡居民总消费及其相关性变动态势

左轴面积：城乡综合、城镇、乡村居民总消费人均值（元转换为%），各项数值间呈直观比例。右轴曲线：居民总消费城乡比（乡村＝1）、地区差（无差距＝1）。左轴曲线：居民消费率（与产值比）（%）。标注居民消费率省域位次。

城乡之间增长相关系数为0.0768，即历年增长同步程度为7.68%，呈极弱正相关性。

同期，湖北居民总消费城乡比最小（最佳，后同）值为2018年的1.7206，最大值为2003年的3.3099。这18年间，湖北居民总消费城乡比缩小42.37%。

由于各地相应变化，湖北此项城乡比位次从第16位升为第2位。据既往历年动态推演测算，湖北城乡比到2020年将为1.6184，相比当前明显缩减；2035年将为1.0224，继续极显著缩减。

3. 城乡综合居民消费率历年变化状况

2000～2018年，湖北居民消费率降低14.05个百分点，其中"十二五"以来升高3.08个百分点。应对国际金融危机实施"拉动内需，扩大消费，改善民生"政策以来，尤其是进入"十二五"以来，湖北居民消费率明显回升。由于各地相应变化，湖北居民消费率位次从第10位降为第23位。

这18年间，湖北居民消费率最高（最佳）值为2002年的44.83%，最低值为2011年的26.40%，近年来仍未回复2000年初始值，更未达到2002年最佳值。这表明，当地居民消费拉动经济增长的同步协调性尚待增强。还应注意，湖北居民消费率下降程度小于当地居民收入比下降程度，反过来意味着居民积蓄率上升，亦即积蓄对消费的抑制作用加重。

在湖北历年居民总消费用度支出中，物质消费年均增长10.76%，低于居民收入年增1.09个百分点，低于总消费年增0.84个百分点，物质消费比重下降；非物消费年均增长13.41%，高于居民收入年增1.56个百分点，高于总消费年增1.81个百分点，非物消费比重上升。

三 湖北居民物质生活消费结构性分析

湖北居民物质消费分类结构性关系见图3。

1. 食品消费人均值增长及其比重变化

2000～2018年，湖北城乡居民人均食品消费年均增长8.94%。人均值地区差最小值为2003年的1.0014，最大值为2010年的1.0775；城乡比最小值为2018年的1.7152，最大值为2011年的2.7441。这18年间，湖北居民食品消费地区差扩大0.86%，城乡比缩小20.26%。由于各地相应变化，湖北地区差位次从第1位降为第2位，城乡比位次从第8位升为第6位。

湖北居民食品消费比重降低15.28个百分点。最低（最佳，物质消费占比以低为佳，后同）比重值为2018年的28.10%，最高比重值为2008年的43.68%。由于各地相应变化，湖北比重位次从第17位降为第18位。

2. 衣着消费人均值增长及其比重变化

2000～2018年，湖北城乡居民人均衣着消费年均增长9.75%。人均值地区差最小值为2002年的1.0008，最大值为2001年的1.0874；城乡比最小值为2018年的2.2236，最大值为2003年的8.3464。这18年间，湖北居

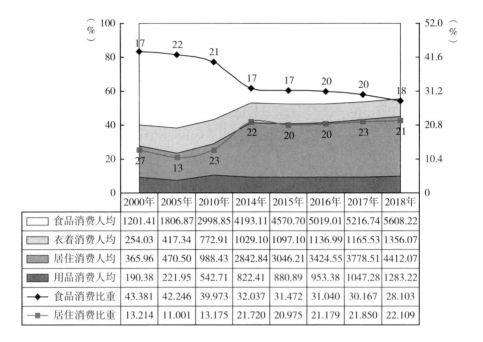

	2000年	2005年	2010年	2014年	2015年	2016年	2017年	2018年
食品消费人均	1201.41	1806.87	2998.85	4193.11	4570.70	5019.01	5216.74	5608.22
衣着消费人均	254.03	417.34	772.91	1029.10	1097.10	1136.99	1165.53	1356.07
居住消费人均	365.96	470.50	988.43	2842.84	3046.21	3424.55	3778.51	4412.07
用品消费人均	190.38	221.95	542.71	822.41	880.89	953.38	1047.28	1283.22
食品消费比重	43.381	42.246	39.973	32.037	31.472	31.040	30.167	28.103
居住消费比重	13.214	11.001	13.175	21.720	20.975	21.179	21.850	22.109

图3 湖北居民物质消费分类结构性关系

左轴面积：城乡综合演算的居民物质消费单项（食品烟酒、衣着、居住、生活用品及服务四项）人均值（元转换为%），各项数值间呈直观比例。右轴曲线：食品、居住消费比重（占总消费比，保留3位小数协调整个物质消费比重演算小数四舍五入）（%），显示物质生活需求变化最大的两个方面。标注食品、居住消费比重省域位次（物质消费比重以低为佳取倒序）。

民衣着消费地区差缩小4.06%，城乡比缩小68.47%。由于各地相应变化，湖北地区差位次从第5位升为第4位，城乡比位次从第26位升为第5位。

湖北居民衣着消费比重降低2.38个百分点。最低比重值为2017年的6.74%，最高比重值为2011年的10.69%。由于各地相应变化，湖北比重位次从第19位升为第13位。

3. 居住消费人均值增长及其比重变化

2000～2018年，湖北城乡居民人均居住消费年均增长14.83%。人均值地区差最小值为2012年的1.0001，最大值为2006年的1.1786；城乡比最小值为2013年的1.0287，最大值为2000年的3.6456。这18年间，湖北居民居住消费地区差扩大 1.38%，城乡比缩小 49.94%。由于各地相应变化，湖北地区差位次从第 7 位升为第 1 位，城乡比位次从第 29 位升为第 8 位。

湖北居民居住消费比重增高 8.90 个百分点。最低比重值为 2004 年的 10.98%，最高比重值为 2018 年的 22.11%。由于各地相应变化，湖北比重位次从第 27 位升为第 21 位。

4. 用品消费人均值增长及其比重变化

2000～2018 年，湖北城乡居民人均用品消费年均增长 11.18%。人均值地区差最小值为 2009 年的 1.0052，最大值为 2004 年的 1.1612；城乡比最小值为 2016 年的 1.7395，最大值为 2002 年的 5.5639。这 18 年间，湖北居民用品消费地区差缩小 4.57%，城乡比缩小 66.05%。由于各地相应变化，湖北地区差位次从第 4 位降为第 6 位，城乡比位次从第 16 位升为第 5 位。

湖北居民用品消费比重降低 0.44 个百分点。最低比重值为 2004 年的 4.72%，最高比重值为 2010 年的 7.23%。由于各地相应变化，湖北比重位次从第 15 位降为第 23 位。

本项检测将全部物质消费视为"全面小康"人民生活必需消费，只看食品消费或者扩大为衣食温饱显然已不具有足够的解释力。不难看出，湖北居民食品消费比重降低"让出"的余地却被居住消费比重增高"大量抢占"，这两项冲抵仅仅留给处在上位的物质消费比重降低 6.38 个百分点，否则 2000 年以来 18 年间湖北居民整个物质消费比重（可视为恩格尔系数极致放大）理当显著下降。房价虚高已经明显影响到湖北民生发展质量。

在湖北历年居民物质消费用度支出中，居住消费年均增长 14.83% 最高，高于总消费年增 3.23 个百分点，所占比重上升，成为牵制物质消费比重降低的主要因素；用品消费年均增长 11.18% 次之，低于总消费年增 0.42 个百分点，所占比重下降；衣着消费年均增长 9.75% 排第三位，低于总消费年增 1.85 个百分点，所占比重下降；食品消费年均增长 8.94% 最低，低于总消费年增 2.66 个百分点，所占比重下降；这四项综合测算，物质消费比重降低 9.20 个百分点，由此看出社会公议"消费结构升级"的实际动向。

四　湖北居民非物生活消费结构性分析

（一）非物生活分类消费增长分析

湖北居民非物消费分类结构性关系见图4。

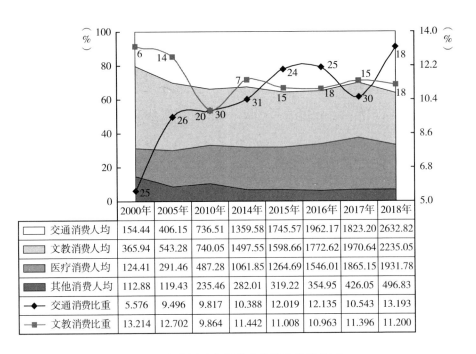

	2000年	2005年	2010年	2014年	2015年	2016年	2017年	2018年
□ 交通消费人均	154.44	406.15	736.51	1359.58	1745.57	1962.17	1823.20	2632.82
▨ 文教消费人均	365.94	543.28	740.05	1497.55	1598.66	1772.62	1970.64	2235.05
▤ 医疗消费人均	124.41	291.46	487.28	1061.85	1264.69	1546.01	1865.15	1931.78
▦ 其他消费人均	112.88	119.43	235.46	282.01	319.22	354.95	426.05	496.83
◆ 交通消费比重	5.576	9.496	9.817	10.388	12.019	12.135	10.543	13.193
■ 文教消费比重	13.214	12.702	9.864	11.442	11.008	10.963	11.396	11.200

图4　湖北居民非物消费分类结构性关系

　　左轴面积：城乡综合演算的居民非物消费单项（交通通信、教育文化娱乐、医疗保健、其他用品及服务四项）人均值（元转换为%），各项数值间呈直观比例。右轴曲线：交通通信、文化教育娱乐消费比重（占总消费比，保留3位小数对应整个非物消费比重演算小数四舍五入协调）（%），显示社会生活交往、精神文化生活需求变化。标注交通通信、文化教育娱乐消费比重省域位次。

1.交通消费人均值增长及其比重变化

　　2000～2018年，湖北城乡居民人均交通消费年均增长17.06%。人均值地区差最小值为2018年的1.0402，最大值为2009年的1.3940；城乡比最小值为 2017 年的 1.5395，最大值为 2002 年的 5.3789。这 18 年间，湖北居民交通消费地区差缩小 15.36%，城乡比缩小 58.45%。由于各地相应变化，湖北地区差位次从第 10 位升为第 4 位，城乡比位次从第 12 位升为第 3 位。

湖北居民交通消费比重增高 7.62 个百分点。最高（最佳，非物消费占比以高为佳，后同）比重值为 2018 年的 13.19%，最低比重值为 2000 年的 5.58%。由于各地相应变化，湖北比重位次从第 25 位升为第 18 位。

2. 文教消费人均值增长及其比重变化

2000～2018 年，湖北城乡居民人均文教消费年均增长 10.58%。人均值地区差最小值为 2018 年的 1.0237，最大值为 2010 年的 1.2413；城乡比最小值为 2018 年的 1.7368，最大值为 2013 年的 4.7196。这 18 年间，湖北居民文教消费地区差缩小 3.96%，城乡比缩小 39.94%。由于各地相应变化，湖北地区差位次从第 4 位降为第 5 位，城乡比位次从第 11 位升为第 2 位。

湖北居民文教消费比重降低 2.01 个百分点。最高比重值为 2002 年的 14.76%，最低比重值为 2008 年的 9.77%。由于各地相应变化，湖北比重位次从第 6 位降为第 18 位。

3. 医疗消费人均值增长及其比重变化

2000～2018 年，湖北城乡居民人均医疗消费年均增长 16.46%。人均值地区差最小值为 2014 年的 1.0082，最大值为 2000 年的 1.2656；城乡比最小值为 2014 年的 1.3091，最大值为 2004 年的 4.1669。这 18 年间，湖北居民医疗消费地区差缩小 11.04%，城乡比缩小 54.59%。由于各地相应变化，湖北地区差位次从第 13 位降为第 15 位，城乡比位次从第 10 位升为第 4 位。

湖北居民医疗消费比重增高 5.19 个百分点。最高比重值为 2017 年的 10.79%，最低比重值为 2000 年的 4.49%。由于各地相应变化，湖北比重位次从第 24 位升为第 11 位。

4. 其他消费人均值增长及其比重变化

2000～2018 年，湖北城乡居民人均其他消费年均增长 8.58%。人均值地区差最小值为 2018 年的 1.0031，最大值为 2013 年的 1.3869；城乡比最小值为 2014 年的 1.6426，最大值为 2000 年的 3.9676。这 18 年间，湖北居民其他消费地区差缩小8.93%，城乡比缩小58.12%。由于各地相应变化，湖北地区差位次从第9位升为第1位，城乡比位次从第9位升为第1位。

湖北居民其他消费比重降低1.59个百分点。最高比重值为2001年的4.31%，最低比重值为2014年的2.15%。由于各地相应变化，湖北比重位次从第20位升为第13位。

恩格尔系数检测仅能对应"基本小康"阶段，即使扩展为整个物质消费也难以适用于"全面小康"进程。为此，本项检测将全部非物消费视为"全面小康"民生应有消费。"交通消费"作为"交通通信消费"简称，包含通信消费，而通信消费里的信息内容消费部分显然应当归属于精神消费。假设湖北居民信息内容消费占通信消费一半，通信消费又占整个交通通信消费一半，那么信息内容消费比重则增高1.90个百分点，再与文教消费比重变化合并演算，2000年以来18年间湖北居民精神消费比重仅仅下降0.11个百分点。

在湖北历年居民非物消费用度支出中，交通消费年均增长17.06%最高，高于总消费年增5.46个百分点，所占比重上升，成为提升非物消费比重增高的主要因素；医疗消费年均增长16.46%次之，高于总消费年增4.86个百分点，所占比重上升，成为提升非物消费比重增高的重要因素；文教消费年均增长10.58%排第三位，低于总消费年增1.02个百分点，所占比重下降；其他消费年均增长8.58%最低，低于总消费年增3.02个百分点，所占比重下降；这四项综合测算，非物消费比重增高9.20个百分点，由此看出社会公议"消费结构升级"的实际动向。

（二）居民收入、积蓄与非物消费之间增长关系

分析居民收入、积蓄与非物生活各项消费之间增长关系，可以检测究竟是什么因素对居民非物生活各项消费增长产生重要影响。湖北居民收入、积蓄与非物消费增长态势见图5，因相关系数分析需有历年不间断增长指数，而制图空间有限，故截取2004～2014（后台检测2000～2018）年。

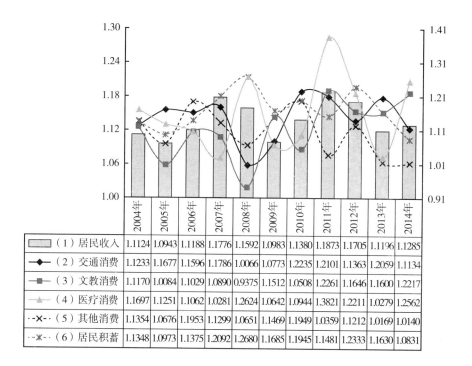

	2004年	2005年	2006年	2007年	2008年	2009年	2010年	2011年	2012年	2013年	2014年
（1）居民收入	1.1124	1.0943	1.1188	1.1776	1.1592	1.0983	1.1380	1.1873	1.1705	1.1196	1.1285
（2）交通消费	1.1233	1.1677	1.1596	1.1786	1.0066	1.0773	1.2235	1.2101	1.1363	1.2059	1.1134
（3）文教消费	1.1170	1.0084	1.1029	1.0890	0.9375	1.1512	1.0508	1.2261	1.1646	1.1600	1.2217
（4）医疗消费	1.1697	1.1251	1.1062	1.0281	1.2624	1.0642	1.0944	1.3821	1.2211	1.0279	1.2562
（5）其他消费	1.1354	1.0676	1.1953	1.1299	1.0651	1.1469	1.1949	1.0359	1.1212	1.0169	1.0140
（6）居民积蓄	1.1348	1.0973	1.1375	1.2092	1.2680	1.1685	1.1945	1.1481	1.2333	1.1630	1.0831

图5 湖北居民收入、积蓄与非物消费增长态势

左轴柱形：居民收入年增指数。右轴曲线：非物消费各单项、积蓄年增指数，上年＝1（小于1为负增长）。

1. 居民收入与非物消费历年增长相关性

2004～2014年，标号（1）居民收入与（2）交通消费历年增长之间，相关系数为0.1192，即11.92%程度上同步变动，呈极弱正相关性；与（3）文教消费历年增长之间，相关系数为0.1347，即13.47%程度上同步变动，呈极弱正相关性；与（4）医疗消费历年增长之间，相关系数为0.4837，即48.37%程度上同步变动，呈很弱正相关性；与（5）其他消费历年增长之间，相关系数为－0.1334，即13.34%程度上逆向变动，呈很弱负相关性。

这些数据之间的增长相关性表明，湖北居民收入增加也不能"必然"带来本地居民生活消费向着非物质需求，尤其是精神文化需求方向"升级"。

2. 居民积蓄与非物消费历年增长相关性

2004~2014 年，标号（6）居民积蓄与（2）交通消费历年增长之间，相关系数为 -0.3122，即 31.22% 程度上逆向变动，呈较弱负相关性；与（3）文教消费历年增长之间，相关系数为 -0.4259，即 42.59% 程度上逆向变动，呈稍强负相关性；与（4）医疗消费历年增长之间，相关系数为 -0.0186，即 1.86% 程度上逆向变动，呈极弱负相关性；与（5）其他消费历年增长之间，相关系数为 0.2410，即 24.10% 程度上同步变动，呈极弱正相关性。

在当地这些数据之间的增长相关性中，相互间影响的正反方向、强弱程度一目了然。

在此期间"积蓄负相关性"对于文教消费接近成立，对于交通消费不明显，对于医疗消费不明显，对于其他消费不成立。经后台数据库扩展演算，文教消费与积蓄增长之间 2001~2010 年长时段逆向程度为 53.85%，呈较强负相关；2007~2011 年逆向极值达 96.31%，呈极强负相关。

湖北居民积蓄增长在一定程度上抑制了本地居民消费向着提升精神文化需求方向更快地"升级"。

五　湖北民生消费需求景气指数检测

湖北民生消费需求景气指数变动态势见图 6。

1. 各年度理想值横向测评

以假定各类民生数据城乡、地区无差距理想值为 100，2018 年湖北城乡民生需求景气指数为 94.72，低于无差距理想值 5.28%。湖北此项检测指数在省域间排行变化，2000 年为第 14 位，2005 年为第 16 位，2010 年为第 15 位，2015 年为第 11 位，2018 年从上年第 14 位上升为第 2 位。

2. 2000 年以来基数值纵向测评

以"九五"末年 2000 年数据指标演算基数值为 100，"十五"以来至

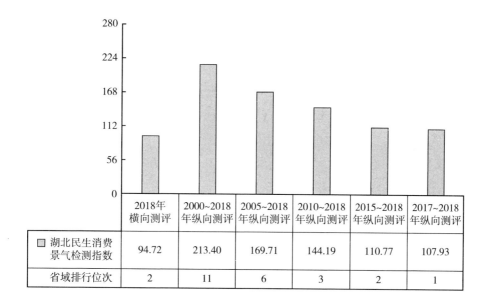

	2018年横向测评	2000~2018年纵向测评	2005~2018年纵向测评	2010~2018年纵向测评	2015~2018年纵向测评	2017~2018年纵向测评
▢ 湖北民生消费景气检测指数	94.72	213.40	169.71	144.19	110.77	107.93
省域排行位次	2	11	6	3	2	1

图6 湖北民生消费需求景气指数变动态势

数轴柱型: 共时性年度横向测评(全国城乡地区无差距理想值=100),类似"不论年龄比高矮",有利于发达地区;历时性阶段纵向测评(起点年自身基数值=100),类似"不论高矮比生长",有利于后发地区,从左至右①"十五"以来,②"十一五"以来,③"十二五"以来,④"十三五"以来,⑤上年以来,多向度检测省域排行,考察不同阶段进展状况。

2018年湖北城乡民生需求景气指数为213.40,高于起点年基数值113.40%。湖北此项检测分值高于全国总体检测结果分值,即2000年以来民生需求景气提升程度高于全国平均水平,处于省域间第11位。

3. 2005年以来基数值纵向测评

以"十五"末年2005年数据指标演算基数值为100,"十一五"以来至2018年湖北城乡民生需求景气指数为169.71,高于起点年基数值69.71%。湖北此项检测分值高于全国总体检测结果分值,即2005年以来民生需求景气提升程度高于全国平均水平,处于省域间第6位。

4. 2010年以来基数值纵向测评

以"十一五"末年2010年数据指标演算基数值为100,"十二五"以来至2018年湖北城乡民生需求景气指数为144.19,高于起点年基数值44.19%。湖北此项检测分值高于全国总体检测结果分值，即 2010 年以来民生需求景气提升程度高于全国平均水平，处于省域间第 3 位。

5. 2015年以来基数值纵向测评

以"十二五"末年 2015 年数据指标演算基数值为 100，"十三五"以来至 2018 年湖北城乡民生需求景气指数为 110.77，高于起点年基数值10.77%。湖北此项检测分值高于全国总体检测结果分值，即 2015 年以来民生需求景气提升程度高于全国平均水平，处于省域间第 2 位。

6. 逐年度基数值纵向测评

以上一年（2017 年）起点数据指标演算基数值为 100，2018 年湖北城乡民生需求景气指数为 107.93，高于起点年基数值 7.93%。湖北此项检测指数在省域间排行变化，2000 年为第 30 位，2005 年为第 26 位，2010 年为第 20 位，2015 年为第 13 位，2018 年从上年第 22 位上升为第 1 位。

河南：2005~2018年民生需求
景气提升度第2位

沈宗涛*

摘　要：　2000~2018 年，河南城乡民生消费数据人均值持续显著增长，
2018 年居民总消费为 2000 年的 8.38 倍，物质消费为 7.23
倍，非物消费为 11.68 倍。非物消费比重极显著增高 10.17
个百分点，消费结构出现极大升级变化。但居民消费率从
34.58% 明显降低至 31.48%，"十二五"以来明显回升。居
民积蓄率从 27.92% 持续明显升高至 31.41%，反过来对消费
需求的抑制作用加重。居民总消费、物质消费、非物消费地
区差逐渐缩小；居民总消费、物质消费、非物消费城乡比逐
渐缩小。

关键词：　河南居民　民生需求　物质消费　非物消费　景气排行

一　河南人民生活主要数据相关情况

河南城乡主要民生数据增长变化基本情况见图 1，限于制图容量，未直接列出居民收入数据，可据其他数据推算，另产值、财政收入、财政支出数据置于后台演算。

---

* 沈宗涛，云南省社会科学院信息中心主任、助理研究员，主要从事数据分析研究。

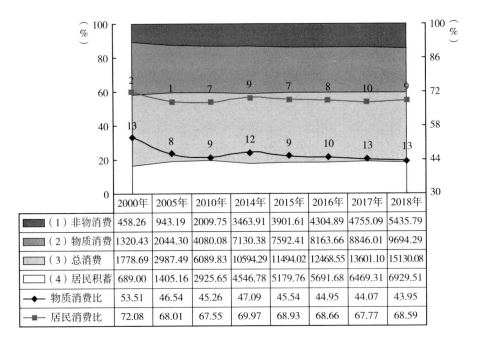

	2000年	2005年	2010年	2014年	2015年	2016年	2017年	2018年
（1）非物消费	458.26	943.19	2009.75	3463.91	3901.61	4304.89	4755.09	5435.79
（2）物质消费	1320.43	2044.30	4080.08	7130.38	7592.41	8163.66	8846.01	9694.29
（3）总消费	1778.69	2987.49	6089.83	10594.29	11494.02	12468.55	13601.10	15130.08
（4）居民积蓄	689.00	1405.16	2925.65	4546.78	5179.76	5691.68	6469.31	6929.51
物质消费比	53.51	46.54	45.26	47.09	45.54	44.95	44.07	43.95
居民消费比	72.08	68.01	67.55	69.97	68.93	68.66	67.77	68.59

图 1　河南城乡主要民生数据增长变化基本情况

左轴面积：城乡居民（1）非物消费、（2）物质消费、（3）总消费、（4）积蓄总量（亿元转换为%），（1）+（2）=（3），（3）+（4）=居民收入，各项数值间呈直观比例。右轴曲线：物质消费比、居民消费比（占居民收入比）（%），二者之差即为非物消费比，二者之比即为物质消费比重（占总消费比），二者之差再与居民消费比之比即为非物消费比重。标注物质消费比、居民消费比省域位次。

1. 城乡居民收入、积蓄财富总量增长简况

2000～2018 年，河南城乡居民收入总量年均增长 12.94%，积蓄总量年均增长 13.68%。居民收入年均增长率低于当地产值增长 0.39 个百分点，低于当地财政收入增长 3.41 个百分点。

2. 城乡居民消费总量及其分类增长状况

2000～2018 年，河南城乡居民消费总量年均增长 12.63%。居民消费年均增长率低于当地产值增长 0.70 个百分点，低于当地财政支出增长 5.70 个百分点。同期，河南城乡居民物质消费总量年均增长 11.71%，低于居民收入增长 1.23 个百分点，低于总消费增长 0.92 个百分点；河南城乡居民非物

消费总量年均增长 14.73%，高于居民收入增长 1.79 个百分点，高于总消费增长 2.10 个百分点。

3. 城乡居民消费需求相关比值变化状况

在河南居民收入当中，2000 年有 72.08% 用于全部生活消费支出，为历年最高比值；2013 年仅有 66.25% 用于全部生活消费支出，为历年最低（最佳）比值；2000 年有 53.51% 用于物质消费支出，为历年最高比值；2013 年仅有 43.32% 用于物质消费支出，为历年最低（最佳）比值。居民收入与总消费之差即为居民积蓄，物质消费与总消费之差即为非物消费。

这 18 年间，河南居民消费比降低 3.49 个百分点，物质消费比降低 9.56 个百分点，反过来导致非物消费比升高 6.07 个百分点。继续深入分析，居民消费比与物质消费比升降方向及其程度有差异，意味着物质消费占总消费比重变化，反过来又导致非物消费占总消费比重变化。由这些相对比值关系变化就能够看出民生消费需求态势，从中体现出民生发展的基本走向。

二 河南居民总消费增长及相关性分析

居民总消费及其相关性分析为民生消费需求检测系统的二级子系统之首。河南城乡居民总消费及其相关性变动态势见图 2。

1. 城乡综合人均值及地区差变动状况

2000～2018 年，河南城乡居民人均总消费年均增长 12.53%（由于人口增长，人均值增长率略低于总量增长率）。人均值地区差最小（最佳，后同）值为 2018 年的 1.2254，最大值为 2004 年的 1.3655。这 18 年间，河南居民总消费地区差缩小 8.49%。

由于各地相应变化，河南此项地区差位次从第 24 位升为第 19 位。据既往历年动态推演测算，河南地区差到 2020 年将为 1.2138，相比当前较明显缩减；2035 年将为 1.1480，继续明显缩减。

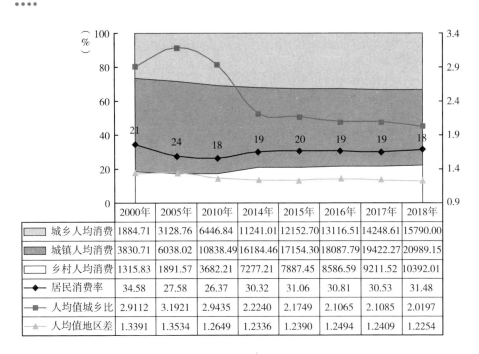

	2000年	2005年	2010年	2014年	2015年	2016年	2017年	2018年
城乡人均消费	1884.71	3128.76	6446.84	11241.01	12152.70	13116.51	14248.61	15790.00
城镇人均消费	3830.71	6038.02	10838.49	16184.46	17154.30	18087.79	19422.27	20989.15
乡村人均消费	1315.83	1891.57	3682.21	7277.21	7887.45	8586.59	9211.52	10392.01
居民消费率	34.58	27.58	26.37	30.32	31.06	30.81	30.53	31.48
人均值城乡比	2.9112	3.1921	2.9435	2.2240	2.1749	2.1065	2.1085	2.0197
人均值地区差	1.3391	1.3534	1.2649	1.2336	1.2390	1.2494	1.2409	1.2254

图 2 河南城乡居民总消费及其相关性变动态势

左轴面积：城乡综合、城镇、乡村居民总消费人均值（元转换为%），各项数值间呈直观比例。右轴曲线：居民总消费城乡比（乡村=1）、地区差（无差距=1）。左轴曲线：居民消费率（与产值比）（%）。标注居民消费率省域位次。

2. 城镇与乡村人均值及城乡比变动状况

2000～2018 年，河南城镇居民人均总消费年均增长 9.91%，乡村居民人均总消费年均增长 12.17%，乡村年均增长率高于城镇 2.26 个百分点。城乡之间增长相关系数为 0.4248，即历年增长同步程度为 42.48%，呈很弱正相关性。

同期，河南居民总消费城乡比最小（最佳，后同）值为 2018 年的 2.0197，最大值为 2003 年的 3.2754。这 18 年间，河南居民总消费城乡比缩小 30.62%。

由于各地相应变化，河南此项城乡比位次从第 14 位降为第 16 位。据既往历年动态推演测算，河南城乡比到 2020 年将为 1.9393，相比当前较明显缩减；2035 年将为 1.4300，继续明显缩减。

3.城乡综合居民消费率历年变化状况

2000～2018年，河南居民消费率降低3.10个百分点，其中"十二五"以来升高5.11个百分点。应对国际金融危机实施"拉动内需，扩大消费，改善民生"政策以来，尤其是进入"十二五"以来，河南居民消费率明显回升。由于各地相应变化，河南居民消费率位次从第21位升为第18位。

这18年间，河南居民消费率最高（最佳）值为2000年的34.58%，最低值为2008年的25.94%，近年来仍未回复2000年初始值（亦即最佳值）。这表明，当地居民消费拉动经济增长的同步协调性尚待增强。还应注意，河南居民消费率下降程度大于当地居民收入比下降程度，反过来意味着居民积蓄率上升，亦即积蓄对消费的抑制作用加重。

在河南历年居民总消费用度支出中，物质消费年均增长11.62%，低于居民收入年增1.23个百分点，低于总消费年增0.92个百分点，物质消费比重下降；非物消费年均增长14.63%，高于居民收入年增1.79个百分点，高于总消费年增2.10个百分点，非物消费比重上升。

三　河南居民物质生活消费结构性分析

河南居民物质消费分类结构性关系见图3。

1.食品消费人均值增长及其比重变化

2000～2018年，河南城乡居民人均食品消费年均增长9.37%。人均值地区差最小值为2014年的1.2801，最大值为2005年的1.3597；城乡比最小值为2018年的1.9435，最大值为2012年的2.7075。这18年间，河南居民食品消费地区差缩小3.28%，城乡比缩小8.33%。由于各地相应变化，河南地区差位次保持第23位不变，城乡比位次从第5位降为第22位。

河南居民食品消费比重降低17.45个百分点。最低（最佳，物质消费占比以低为佳，后同）比重值为2018年的26.05%，最高比重值为2000年的43.50%。由于各地相应变化，河南比重位次从第18位升为第7位。

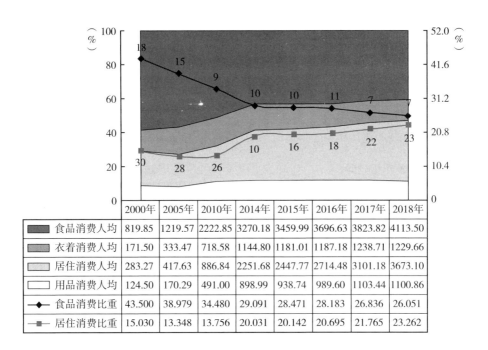

	2000年	2005年	2010年	2014年	2015年	2016年	2017年	2018年
食品消费人均	819.85	1219.57	2222.85	3270.18	3459.99	3696.63	3823.82	4113.50
衣着消费人均	171.50	333.47	718.58	1144.80	1181.01	1187.18	1238.71	1229.66
居住消费人均	283.27	417.63	886.84	2251.68	2447.77	2714.48	3101.18	3673.10
用品消费人均	124.50	170.29	491.00	898.99	938.74	989.60	1103.44	1100.86
食品消费比重	43.500	38.979	34.480	29.091	28.471	28.183	26.836	26.051
居住消费比重	15.030	13.348	13.756	20.031	20.142	20.695	21.765	23.262

图3　河南居民物质消费分类结构性关系

左轴面积：城乡综合演算的居民物质消费单项（食品烟酒、衣着、居住、生活用品及服务四项）人均值（元转换为%），各项数值间呈直观比例。右轴曲线：食品、居住消费比重（占总消费比，保留3位小数协调整个物质消费比重演算小数四舍五入）（%），显示物质生活需求变化最大的两个方面。标注食品、居住消费比重省域位次（物质消费比重以低为佳取倒序）。

2. 衣着消费人均值增长及其比重变化

2000~2018年，河南城乡居民人均衣着消费年均增长11.57%。人均值地区差最小值为2015年的1.0062，最大值为2001年的1.2915；城乡比最小值为2018年的2.3163，最大值为2003年的6.2540。这18年间，河南居民衣着消费地区差缩小16.09%，城乡比缩小56.35%。由于各地相应变化，河南地区差位次从第17位升为第11位，城乡比位次从第19位升为第8位。

河南居民衣着消费比重降低1.31个百分点。最低比重值为2018年的7.79%，最高比重值为2011年的11.97%。由于各地相应变化，河南比重位次从第18位降为第23位。

3. 居住消费人均值增长及其比重变化

2000～2018 年，河南城乡居民人均居住消费年均增长 15.30%。人均值地区差最小值为 2009 年的 1.0773，最大值为 2014 年的 1.3055；城乡比最小值为 2012 年的 1.1227，最大值为 2001 年的 2.8554。这 18 年间，河南居民居住消费地区差扩大 4.65%，城乡比缩小 16.82%。由于各地相应变化，河南地区差位次从第 14 位升为第 10 位，城乡比位次从第 26 位升为第 19 位。

河南居民居住消费比重增高 8.23 个百分点。最低比重值为 2013 年的 12.10%，最高比重值为 2018 年的 23.26%。由于各地相应变化，河南比重位次从第 30 位升为第 23 位。

4. 用品消费人均值增长及其比重变化

2000～2018 年，河南城乡居民人均用品消费年均增长 12.87%。人均值地区差最小值为 2014 年的 1.0019，最大值为 2000 年的 1.3915；城乡比最小值为 2018 年的 2.1354，最大值为 2003 年的 5.4593。这 18 年间，河南居民用品消费地区差缩小 19.20%，城乡比缩小 52.64%。由于各地相应变化，河南地区差位次从第 20 位升为第 12 位，城乡比位次从第 7 位降为第 15 位。

河南居民用品消费比重增高 0.37 个百分点。最低比重值为 2004 年的 5.19%，最高比重值为 2013 年的 8.23%。由于各地相应变化，河南比重位次从第 12 位降为第 28 位。

本项检测将全部物质消费视为"全面小康"人民生活必需消费，只看食品消费或者扩大为衣食温饱显然已不具有足够的解释力。不难看出，河南居民食品消费比重降低"让出"的余地却被居住消费比重增高"大量抢占"，这两项冲抵仅仅留给处在上位的物质消费比重降低 9.22 个百分点，否则 2000 年以来 18 年间河南居民整个物质消费比重（可视为恩格尔系数极致放大）理当显著下降。房价虚高已经明显影响到河南民生发展质量。

在河南历年居民物质消费用度支出中，居住消费年均增长 15.30% 最高，高于总消费年增 2.77 个百分点，所占比重上升，成为牵制物质消费比重降低的主要因素；用品消费年均增长 12.87% 次之，高于总消费年增 0.34 个百分点，所占比重上升，成为牵制物质消费比重降低的重要因素；衣着消费年均增长 11.57% 排第三位，低于总消费年增 0.96 个百分点，所占比重下降；食品消费年均增长 9.37% 最低，低于总消费年增 3.16 个百分点，所占比重下降；这四项综合测算，物质消费比重降低 10.17 个百分点，由此看出社会公议"消费结构升级"的实际动向。

四 河南居民非物生活消费结构性分析

（一）非物生活分类消费增长分析

河南居民非物消费分类结构性关系见图4。

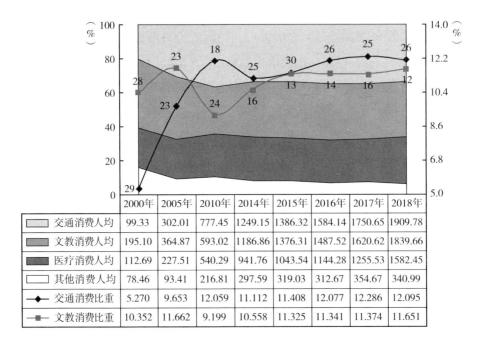

	2000年	2005年	2010年	2014年	2015年	2016年	2017年	2018年
交通消费人均	99.33	302.01	777.45	1249.15	1386.32	1584.14	1750.65	1909.78
文教消费人均	195.10	364.87	593.02	1186.86	1376.31	1487.52	1620.62	1839.66
医疗消费人均	112.69	227.51	540.29	941.76	1043.54	1144.28	1255.53	1582.45
其他消费人均	78.46	93.41	216.81	297.59	319.03	312.67	354.67	340.99
交通消费比重	5.270	9.653	12.059	11.112	11.408	12.077	12.286	12.095
文教消费比重	10.352	11.662	9.199	10.558	11.325	11.341	11.374	11.651

图4 河南居民非物消费分类结构性关系

左轴面积：城乡综合演算的居民非物消费单项（交通通信、教育文化娱乐、医疗保健、其他用品及服务四项）人均值（元转换为%），各项数值间呈直观比例。右轴曲线：交通通信、教育文化娱乐消费比重（占总消费比，保留3位小数对应整个非物消费比重演算小数四舍五入协调）（%），显示社会生活交往、精神文化生活需求变化。标注交通通信、教育文化娱乐消费比重省域位次。

1. 交通消费人均值增长及其比重变化

2000～2018年，河南城乡居民人均交通消费年均增长17.85%。人均值地区差最小值为2018年的1.3038，最大值为2000年的1.5041；城乡比最小值为2016年的1.6465，最大值为2002年的6.1769。这18年间，河南居民交通消费地区差缩小13.32%，城乡比缩小55.30%。由于各地相应变化，河南地区差位次从第23位降为第26位，城乡比位次保持第16位不变。

河南居民交通消费比重增高6.83个百分点。最高（最佳，非物消费占比以高为佳，后同）比重值为2017年的12.29%，最低比重值为2000年的5.27%。由于各地相应变化，河南比重位次从第29位升为第26位。

2. 文教消费人均值增长及其比重变化

2000～2018年，河南城乡居民人均文教消费年均增长13.28%。人均值地区差最小值为2018年的1.1964，最大值为2002年的1.4787；城乡比最小值为2018年的1.9806，最大值为2011年的4.9387。这18年间，河南居民文教消费地区差缩小16.44%，城乡比缩小35.28%。由于各地相应变化，河南地区差位次从第24位升为第18位，城乡比位次从第15位升为第8位。

河南居民文教消费比重增高1.30个百分点。最高比重值为2003年的11.80%，最低比重值为2010年的9.20%。由于各地相应变化，河南比重位次从第28位升为第12位。

3. 医疗消费人均值增长及其比重变化

2000～2018年，河南城乡居民人均医疗消费年均增长15.81%。人均值地区差最小值为2018年的1.0777，最大值为2005年的1.3527；城乡比最小值为2018年的1.5695，最大值为2002年的5.2797。这18年间，河南居民医疗消费地区差缩小19.26%，城乡比缩小64.48%。由于各地相应变化，河南地区差位次从第19位升为第10位，城乡比位次从第24位升为第15位。

河南居民医疗消费比重增高4.04个百分点。最高比重值为2018年的10.02%，最低比重值为2000年的5.98%。由于各地相应变化，河南比重位次从第16位升为第9位。

4. 其他消费人均值增长及其比重变化

2000~2018年，河南城乡居民人均其他消费年均增长 8.50%。人均值地区差最小值为2014年的1.1817，最大值为2004年的1.4328；城乡比最小值为2002年的2.8554，最大值为2005年的5.7252。这18年间，河南居民其他消费地区差缩小4.64%，城乡比缩小25.24%。由于各地相应变化，河南地区差位次从第24位升为第21位，城乡比位次从第10位降为第16位。

河南居民其他消费比重降低2.00个百分点。最高比重值为2000年的4.16%，最低比重值为2018年的2.16%。由于各地相应变化，河南比重位次从第18位降为第26位。

恩格尔系数检测仅能对应"基本小康"阶段，即使扩展为整个物质消费也难以适用于"全面小康"进程。为此，本项检测将全部非物消费视为"全面小康"民生应有消费。"交通消费"作为"交通通信消费"简称，包含通信消费，而通信消费里的信息内容消费部分显然应当归属于精神消费。假设河南居民信息内容消费占通信消费一半，通信消费又占整个交通通信消费一半，那么信息内容消费比重则增高1.71个百分点，再与文教消费比重变化合并演算，2000年以来18年间河南居民精神消费比重理当上升3.01个百分点。

在河南历年居民非物消费用度支出中，交通消费年均增长17.85%最高，高于总消费年增5.32个百分点，所占比重上升，成为提升非物消费比重增高的主要因素；医疗消费年均增长15.81%次之，高于总消费年增3.28个百分点，所占比重上升，成为提升非物消费比重增高的重要因素；文教消费年均增长13.28%排第三位，高于总消费年增0.75个百分点，所占比重上升；其他消费年均增长8.50%最低，低于总消费年增4.03个百分点，所占比重下降；这四项综合测算，非物消费比重增高10.17个百分点，由此看出社会公议"消费结构升级"的实际动向。

（二）居民收入、积蓄与非物消费之间增长关系

分析居民收入、积蓄与非物生活各项消费之间增长关系，可以检测究竟

是什么因素对居民非物生活各项消费增长产生重要影响。河南居民收入、积蓄与非物消费增长态势见图5，因相关系数分析需有历年不间断增长指数，而制图空间有限，故截取2000～2010（后台检测2000～2018）年。

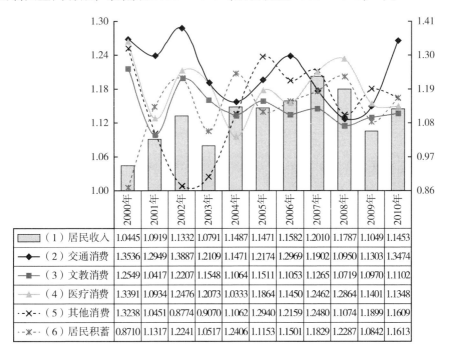

	2000年	2001年	2002年	2003年	2004年	2005年	2006年	2007年	2008年	2009年	2010年
（1）居民收入	1.0445	1.0919	1.1332	1.0791	1.1487	1.1471	1.1582	1.2010	1.1787	1.1049	1.1453
（2）交通消费	1.3536	1.2949	1.3887	1.2109	1.1471	1.2174	1.2969	1.1902	1.0950	1.1303	1.3474
（3）文教消费	1.2549	1.0417	1.2207	1.1548	1.1064	1.1511	1.1053	1.1265	1.0719	1.0970	1.1102
（4）医疗消费	1.3391	1.0934	1.2476	1.2073	1.0333	1.1864	1.1450	1.2462	1.2864	1.1401	1.1348
（5）其他消费	1.3238	1.0451	0.8774	0.9070	1.1062	1.2940	1.2159	1.2480	1.1074	1.1899	1.1609
（6）居民积蓄	0.8710	1.1317	1.2241	1.0517	1.2406	1.1153	1.1501	1.1829	1.2287	1.0842	1.1613

图5 河南居民收入、积蓄与非物消费增长态势

左轴柱形：居民收入年增指数。右轴曲线：非物消费各单项、积蓄年增指数，上年=1（小于1为负增长）。曲线（3）与（6）之间大体形成横向镜面峰谷对应水中倒影负相关关系。

1. 居民收入与非物消费历年增长相关性

2000～2010年，标号（1）居民收入与（2）交通消费历年增长之间，相关系数为 - 0.3641，即36.41%程度上逆向变动，呈稍强负相关性；与（3）文教消费历年增长之间，相关系数为 - 0.4070，即40.70%程度上逆向变动，呈稍强负相关性；与（4）医疗消费历年增长之间，相关系数为 - 0.1200，即12.00%程度上逆向变动，呈很弱负相关性；与（5）其他消费历年增长之间，相关系数为0.1234，即12.34%程度上同步变动，呈极弱正相关性。

这些数据之间的增长相关性表明，河南居民收入增加也不能"必然"带来本地居民生活消费向着非物质需求，尤其是精神文化需求方向"升级"。

2. 居民积蓄与非物消费历年增长相关性

2000~2010年，标号（6）居民积蓄与（2）交通消费历年增长之间，相关系数为－0.2922，即29.22%程度上逆向变动，呈较弱负相关性；与（3）文教消费历年增长之间，相关系数为－0.5253，即52.53%程度上逆向变动，呈较强负相关性；与（4）医疗消费历年增长之间，相关系数为－0.4242，即42.42%程度上逆向变动，呈稍强负相关性；与（5）其他消费历年增长之间，相关系数为－0.3774，即37.74%程度上逆向变动，呈稍强负相关性。

在当地这些数据之间的增长相关性中，相互间影响的正反方向、强弱程度一目了然。

特别是（3）文教消费、（4）医疗消费与（6）居民积蓄增长曲线之间，形成横向镜面峰谷对应水中倒影，其间分别呈52.53%、42.42%逆向增长相关性。"积蓄负相关性"对于文教消费基本成立，对于医疗消费接近成立，对于其他消费不明显，对于交通消费不明显。经后台数据库扩展演算，文教消费与积蓄增长之间2000~2010年长时段逆向程度为52.53%，呈较强负相关；2003~2008年逆向极值达82.42%，呈极强负相关。

河南居民积蓄增长已经严重地抑制了本地居民消费向着提升精神文化需求、增强人们身心健康方向更快地"升级"。

五　河南民生消费需求景气指数检测

河南民生消费需求景气指数变动态势见图6。

1. 各年度理想值横向测评

以假定各类民生数据城乡、地区无差距理想值为100，2018年河南城乡民生需求景气指数为85.40，低于无差距理想值14.60%。河南此项检测指

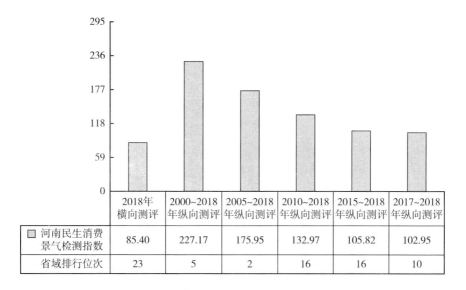

	2018年横向测评	2000~2018年纵向测评	2005~2018年纵向测评	2010~2018年纵向测评	2015~2018年纵向测评	2017~2018年纵向测评
☐ 河南民生消费景气检测指数	85.40	227.17	175.95	132.97	105.82	102.95
省域排行位次	23	5	2	16	16	10

图6　河南民生消费需求景气指数变动态势

数轴柱型：共时性年度横向测评（全国城乡地区无差距理想值＝100），类似"不论年龄比高矮"，有利于发达地区；历时性阶段纵向测评（起点年自身基数值＝100），类似"不论高矮比生长"，有利于后发地区，从左至右①"十五"以来，②"十一五"以来，③"十二五"以来，④"十三五"以来，⑤上年以来，多向度检测省域排行，考察不同阶段进展状况。

数在省域间排行变化，2000年为第24位，2005年为第28位，2010年为第19位，2015年为第24位，2018年从上年第22位下降为第23位。

2. 2000年以来基数值纵向测评

以"九五"末年2000年数据指标演算基数值为100，"十五"以来至2018年河南城乡民生需求景气指数为227.17，高于起点年基数值127.17%。河南此项检测分值高于全国总体检测结果分值，即2000年以来民生需求景气提升程度高于全国平均水平，处于省域间第5位。

3. 2005年以来基数值纵向测评

以"十五"末年2005年数据指标演算基数值为100，"十一五"以来至2018年河南城乡民生需求景气指数为175.95，高于起点年基数值75.95%。河南此项检测分值高于全国总体检测结果分值，即2005年以来民生需求景气提升程度高于全国平均水平，处于省域间第 2 位。

4. 2010 年以来基数值纵向测评

以"十一五"末年 2010 年数据指标演算基数值为 100，"十二五"以来至 2018 年河南城乡民生需求景气指数为 132.97，高于起点年基数值 32.97%。河南此项检测分值高于全国总体检测结果分值，即 2010 年以来民生需求景气提升程度高于全国平均水平，处于省域间第 16 位。

5. 2015 年以来基数值纵向测评

以"十二五"末年 2015 年数据指标演算基数值为 100，"十三五"以来至 2018 年河南城乡民生需求景气指数为 105.82，高于起点年基数值 5.82%。河南此项检测分值低于全国总体检测结果分值，即 2015 年以来民生需求景气提升程度低于全国平均水平，处于省域间第 16 位。

6. 逐年度基数值纵向测评

以上一年（2017 年）起点数据指标演算基数值为 100，2018 年河南城乡民生需求景气指数为 102.95，高于起点年基数值 2.95%。河南此项检测指数在省域间排行变化，2000 年为第 7 位，2005 年为第 21 位，2010 年为第 10 位，2015 年为第 19 位，2018 年从上年第 18 位上升为第 10 位。

甘肃：2010～2018年民生需求
景气提升度第2位

李 雪*

摘 要： 2000～2018年，甘肃城乡民生消费数据人均值持续明显增长，2018年居民总消费为2000年的8.57倍，物质消费为7.84倍，非物消费为10.28倍。非物消费比重显著增高5.94个百分点，消费结构出现较大升级变化。居民消费率从43.63%显著升高至49.26%，"十二五"以来明显上升。居民积蓄率从19.97%持续较明显降低至17.70%，反过来对消费需求的抑制作用减轻。居民总消费、物质消费、非物消费地区差逐渐缩小；居民总消费、物质消费、非物消费城乡比逐渐缩小。

关键词： 甘肃居民 民生需求 物质消费 非物消费 景气排行

一 甘肃人民生活主要数据相关情况

甘肃城乡主要民生数据增长变化基本情况见图1，限于制图容量，未直接列出居民收入数据，可据其他数据推算，另产值、财政收入、财政支出数据置于后台演算。

---

* 李雪，云南省社会科学院哲学研究所助理研究员，主要从事文学、伦理学研究。

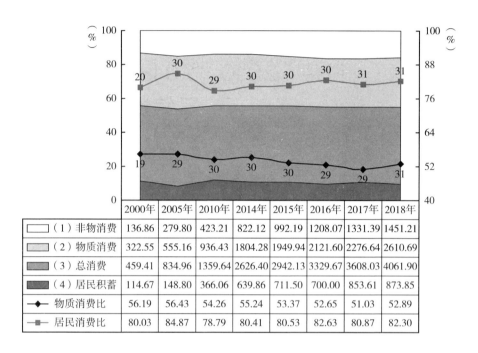

	2000年	2005年	2010年	2014年	2015年	2016年	2017年	2018年
（1）非物消费	136.86	279.80	423.21	822.12	992.19	1208.07	1331.39	1451.21
（2）物质消费	322.55	555.16	936.43	1804.28	1949.94	2121.60	2276.64	2610.69
（3）总消费	459.41	834.96	1359.64	2626.40	2942.13	3329.67	3608.03	4061.90
（4）居民积蓄	114.67	148.80	366.06	639.86	711.50	700.00	853.61	873.85
◆ 物质消费比	56.19	56.43	54.26	55.24	53.37	52.65	51.03	52.89
■ 居民消费比	80.03	84.87	78.79	80.41	80.53	82.63	80.87	82.30

图1　甘肃城乡主要民生数据增长变化基本情况

　　左轴面积：城乡居民（1）非物消费、（2）物质消费、（3）总消费、（4）积蓄总量（亿元转换为%），（1）＋（2）＝（3），（3）＋（4）＝居民收入，各项数值间呈直观比例。右轴曲线：物质消费比、居民消费比（占居民收入比），二者之差即为非物消费比，二者之比即为物质消费比重（占总消费比）（%），二者之差再与居民消费比之比即为非物消费比重。标注物质消费比、居民消费比省域位次。

　　1. 城乡居民收入、积蓄财富总量增长简况

　　2000～2018年，甘肃城乡居民收入总量年均增长12.70%，积蓄总量年均增长11.94%。居民收入年均增长率高于当地产值增长0.59个百分点，低于当地财政收入增长3.19个百分点。

　　2. 城乡居民消费总量及其分类增长状况

　　2000～2018年，甘肃城乡居民消费总量年均增长12.87%。居民消费年均增长率高于当地产值增长0.76个百分点，低于当地财政支出增长5.25个百分点。同期，甘肃城乡居民物质消费总量年均增长12.32%，低于居民收入增长0.38个百分点，低于总消费增长0.55个百分点；甘肃城乡居民非物

消费总量年均增长 14.02%，高于居民收入增长 1.32 个百分点，高于总消费增长 1.15 个百分点。

3. 城乡居民消费需求相关比值变化状况

在甘肃居民收入当中，2005 年有 84.87% 用于全部生活消费支出，为历年最高比值；2002 年仅有 78.14% 用于全部生活消费支出，为历年最低（最佳）比值；2009 年有 56.49% 用于物质消费支出，为历年最高比值；2017 年仅有 51.03% 用于物质消费支出，为历年最低（最佳）比值。居民收入与总消费之差即为居民积蓄，物质消费与总消费之差即为非物消费。

这 18 年间，甘肃居民消费比升高 2.27 个百分点，物质消费比降低 3.30 个百分点，反过来导致非物消费比升高 5.57 个百分点。继续深入分析，居民消费比与物质消费比升降方向及其程度有差异，意味着物质消费占总消费比重变化，反过来又导致非物消费占总消费比重变化。由这些相对比值关系变化就能够看出民生消费需求态势，从中体现出民生发展的基本走向。

二 甘肃居民总消费增长及相关性分析

居民总消费及其相关性分析为民生消费需求检测系统的二级子系统之首。甘肃城乡居民总消费及其相关性变动态势见图 2。

1. 城乡综合人均值及地区差变动状况

2000～2018 年，甘肃城乡居民人均总消费年均增长 12.67%（由于人口增长，人均值增长率略低于总量增长率）。人均值地区差最小（最佳，后同）值为 2018 年的 1.2428，最大值为 2010 年的 1.4031。这 18 年间，甘肃居民总消费地区差缩小 9.17%。

由于各地相应变化，甘肃此项地区差位次从第 26 位升为第 20 位。据既往历年动态推演测算，甘肃地区差到 2020 年将为 1.2283，相比当前明显缩减；2035 年将为 1.1309，继续显著缩减。

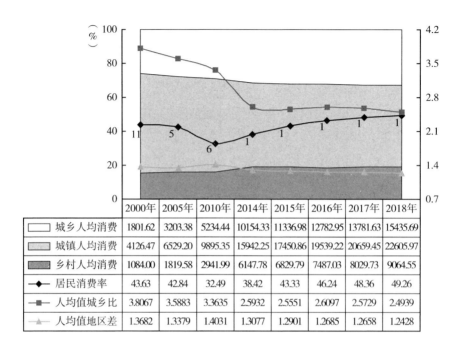

	2000年	2005年	2010年	2014年	2015年	2016年	2017年	2018年
城乡人均消费	1801.62	3203.38	5234.44	10154.33	11336.98	12782.95	13781.63	15435.69
城镇人均消费	4126.47	6529.20	9895.35	15942.25	17450.86	19539.22	20659.45	22605.97
乡村人均消费	1084.00	1819.58	2941.99	6147.78	6829.79	7487.03	8029.73	9064.55
居民消费率	43.63	42.84	32.49	38.42	43.33	46.24	48.36	49.26
人均值城乡比	3.8067	3.5883	3.3635	2.5932	2.5551	2.6097	2.5729	2.4939
人均值地区差	1.3682	1.3379	1.4031	1.3077	1.2901	1.2685	1.2658	1.2428

图2　甘肃城乡居民总消费及其相关性变动态势

左轴面积：城乡综合、城镇、乡村居民总消费人均值（元转换为%），各项数值间呈直观比例。右轴曲线：居民总消费城乡比（乡村=1）、地区差（无差距=1）。左轴曲线：居民消费率（与产值比）（%）。标注居民消费率省域位次。

2. 城镇与乡村人均值及城乡比变动状况

2000~2018年，甘肃城镇居民人均总消费年均增长9.91%，乡村居民人均总消费年均增长12.52%，乡村年均增长率高于城镇2.61个百分点。城乡之间增长相关系数为0.1298，即历年增长同步程度为12.98%，呈极弱正相关性。

同期，甘肃居民总消费城乡比最小（最佳，后同）值为2018年的2.4939，最大值为2002年的4.3911。这18年间，甘肃居民总消费城乡比缩小34.49%。

由于各地相应变化，甘肃此项城乡比位次从第27位降为第29位。据既往历年动态推演测算，甘肃城乡比到2020年将为2.3794，相比当前明显缩减；2035 年将为 1.6727，继续显著缩减。

3. 城乡综合居民消费率历年变化状况

2000～2018 年，甘肃居民消费率升高 5.63 个百分点，其中"十二五"以来升高 16.77 个百分点。应对国际金融危机实施"拉动内需，扩大消费，改善民生"政策以来，尤其是进入"十二五"以来，甘肃居民消费率明显上升。由于各地相应变化，甘肃居民消费率位次从第 11 位升为第 1 位。

这 18 年间，甘肃居民消费率最高（最佳）值为 2018 年的 49.26%，最低值为 2011 年的 32.23%，近年来达到历年最佳值。这表明，当地居民消费拉动经济增长的同步协调性有所增强。还应注意，甘肃居民消费率上升程度大于当地居民收入比上升程度，反过来意味着居民积蓄率下降，亦即积蓄对消费的抑制作用减轻。

在甘肃历年居民总消费用度支出中，物质消费年均增长 12.12%，低于居民收入年增 0.38 个百分点，低于总消费年增 0.55 个百分点，物质消费比重下降；非物消费年均增长 13.82%，高于居民收入年增 1.32 个百分点，高于总消费年增 1.14 个百分点，非物消费比重上升。

三 甘肃居民物质生活消费结构性分析

甘肃居民物质消费分类结构性关系见图 3。

1. 食品消费人均值增长及其比重变化

2000～2018 年，甘肃城乡居民人均食品消费年均增长 10.30%。人均值地区差最小值为 2018 年的 1.2231，最大值为 2002 年的 1.3863；城乡比最小值为 2014 年的 2.3135，最大值为 2002 年的 3.3735。这 18 年间，甘肃居民食品消费地区差缩小 10.93%，城乡比缩小 18.52%。由于各地相应变化，甘肃地区差位次从第 25 位升为第 18 位，城乡比位次保持第 29 位不变。

甘肃居民食品消费比重降低 13.57 个百分点。最低（最佳，物质消费占比以低为佳，后同）比重值为 2018 年的 29.03%，最高比重值为 2000 年的 42.60%。由于各地相应变化，甘肃比重位次从第 16 位降为第 22 位。

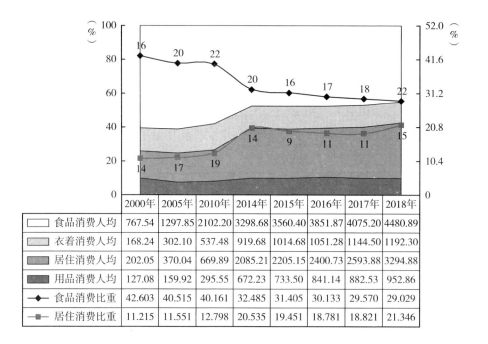

	2000年	2005年	2010年	2014年	2015年	2016年	2017年	2018年
食品消费人均	767.54	1297.85	2102.20	3298.68	3560.40	3851.87	4075.20	4480.89
衣着消费人均	168.24	302.10	537.48	919.68	1014.68	1051.28	1144.50	1192.30
居住消费人均	202.05	370.04	669.89	2085.21	2205.15	2400.73	2593.88	3294.88
用品消费人均	127.08	159.92	295.55	672.23	733.50	841.14	882.53	952.86
食品消费比重	42.603	40.515	40.161	32.485	31.405	30.133	29.570	29.029
居住消费比重	11.215	11.551	12.798	20.535	19.451	18.781	18.821	21.346

图3 甘肃居民物质消费分类结构性关系

左轴面积：城乡综合演算的居民物质消费单项（食品烟酒、衣着、居住、生活用品及服务四项）人均值（元转换为%），各项数值间呈直观比例。右轴曲线：食品、居住消费比重（占总消费比，保留3位小数协调整个物质消费比重演算小数四舍五入）（%），显示物质生活需求变化最大的两个方面。标注食品、居住消费比重省域位次（物质消费比重以低为佳取倒序）。

2. 衣着消费人均值增长及其比重变化

2000~2018年，甘肃城乡居民人均衣着消费年均增长11.49%。人均值地区差最小值为2017年的1.1029，最大值为2010年的1.3554；城乡比最小值为2018年的3.4172，最大值为2004年的8.9419。这18年间，甘肃居民衣着消费地区差缩小14.81%，城乡比缩小60.00%。由于各地相应变化，甘肃地区差位次从第19位升为第15位，城乡比位次从第27位降为第29位。

甘肃居民衣着消费比重降低1.61个百分点。最低比重值为2018年的7.72%，最高比重值为2012年的10.84%。由于各地相应变化，甘肃比重位次从第 20 位降为第 22 位。

3. 居住消费人均值增长及其比重变化

2000~2018 年, 甘肃城乡居民人均居住消费年均增长 16.78%。人均值地区差最小值为 2013 年的 1.2625, 最大值为 2001 年的 1.4622; 城乡比最小值为 2009 年的 1.2352, 最大值为 2014 年的 3.2763。这 18 年间, 甘肃居民居住消费地区差缩小 7.22%, 城乡比扩大 66.01%。由于各地相应变化, 甘肃地区差位次从第 24 位升为第 17 位, 城乡比位次从第 13 位降为第 29 位。

甘肃居民居住消费比重增高 10.13 个百分点。最低比重值为 2001 年的 10.51%, 最高比重值为 2018 年的 21.35%。由于各地相应变化, 甘肃比重位次从第 14 位降为第 15 位。

4. 用品消费人均值增长及其比重变化

2000~2018 年, 甘肃城乡居民人均用品消费年均增长 11.84%。人均值地区差最小值为 2016 年的 1.2118, 最大值为 2010 年的 1.4717; 城乡比最小值为 2015 年的 2.5279, 最大值为 2000 年的 9.5245。这 18 年间, 甘肃居民用品消费地区差缩小 9.93%, 城乡比缩小 70.44%。由于各地相应变化, 甘肃地区差位次从第 18 位降为第 19 位, 城乡比位次从第 30 位升为第 27 位。

甘肃居民用品消费比重降低 0.88 个百分点。最低比重值为 2005 年的 4.99%, 最高比重值为 2000 年的 7.05%。由于各地相应变化, 甘肃比重位次保持第 18 位不变。

本项检测将全部物质消费视为 "全面小康" 人民生活必需消费, 只看食品消费或者扩大为衣食温饱显然已不具有足够的解释力。不难看出, 甘肃居民食品消费比重降低 "让出" 的余地却被居住消费比重增高 "大量抢占", 这两项冲抵仅仅留给处在上位的物质消费比重降低 3.44 个百分点, 否则 2000 年以来 18 年间甘肃居民整个物质消费比重 (可视为恩格尔系数极致放大) 理当显著下降。房价虚高已经明显影响到甘肃民生发展质量。

在甘肃历年居民物质消费用度支出中, 居住消费年均增长 16.78% 最高, 高于总消费年增 4.11 个百分点, 所占比重上升, 成为牵制物质消费比重降低的主要因素; 用品消费年均增长 11.84% 次之, 低于总消费年增 0.83

个百分点，所占比重下降；衣着消费年均增长 11.49% 排第三位，低于总消费年增 1.18 个百分点，所占比重下降；食品消费年均增长 10.30% 最低，低于总消费年增 2.37 个百分点，所占比重下降；这四项综合测算，物质消费比重降低 5.94 个百分点，由此看出社会公议"消费结构升级"的实际动向。

四 甘肃居民非物生活消费结构性分析

（一）非物生活分类消费增长分析

甘肃居民非物消费分类结构性关系见图 4。

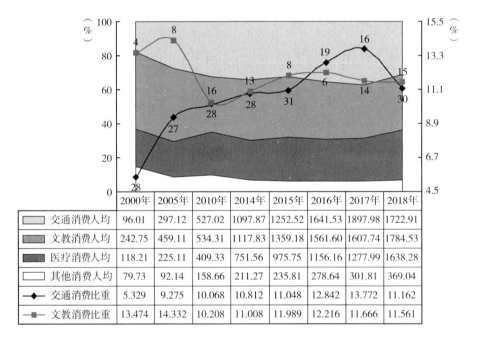

	2000年	2005年	2010年	2014年	2015年	2016年	2017年	2018年
交通消费人均	96.01	297.12	527.02	1097.87	1252.52	1641.53	1897.98	1722.91
文教消费人均	242.75	459.11	534.31	1117.83	1359.18	1561.60	1607.74	1784.53
医疗消费人均	118.21	225.11	409.33	751.56	975.75	1156.16	1277.99	1638.28
其他消费人均	79.73	92.14	158.66	211.27	235.81	278.64	301.81	369.04
◆交通消费比重	5.329	9.275	10.068	10.812	11.048	12.842	13.772	11.162
■文教消费比重	13.474	14.332	10.208	11.008	11.989	12.216	11.666	11.561

图 4 甘肃居民非物消费分类结构性关系

左轴面积：城乡综合演算的居民非物消费单项（交通通信、教育文化娱乐、医疗保健、其他用品及服务四项）人均值（元转换为%），各项数值间呈直观比例。右轴曲线：交通通信、教育文化娱乐消费比重（占总消费比，保留 3 位小数对应整个非物消费比重演算小数四舍五入协调）（%），显示社会生活交往、精神文化生活需求变化。标注交通通信、教育文化娱乐消费比重省域位次。

1. 交通消费人均值增长及其比重变化

2000～2018 年，甘肃城乡居民人均交通消费年均增长 17.40%。人均值地区差最小值为 2017 年的 1.2584，最大值为 2010 年的 1.5594；城乡比最小值为 2014 年的 2.2299，最大值为 2002 年的 6.4580。这 18 年间，甘肃居民交通消费地区差缩小 9.78%，城乡比缩小 62.52%。由于各地相应变化，甘肃地区差位次从第 25 位降为第 27 位，城乡比位次从第 27 位降为第 28 位。

甘肃居民交通消费比重增高 5.83 个百分点。最高（最佳，非物消费占比以高为佳，后同）比重值为 2017 年的 13.77%，最低比重值为 2000 年的 5.33%。由于各地相应变化，甘肃比重位次从第 28 位降为第 30 位。

2. 文教消费人均值增长及其比重变化

2000～2018 年，甘肃城乡居民人均文教消费年均增长 11.72%。人均值地区差最小值为 2016 年的 1.2030，最大值为 2011 年的 1.4724；城乡比最小值为 2018 年的 2.0304，最大值为 2007 年的 5.0678。这 18 年间，甘肃居民文教消费地区差缩小 5.60%，城乡比缩小 48.12%。由于各地相应变化，甘肃地区差位次从第 20 位降为第 22 位，城乡比位次从第 23 位升为第 12 位。

甘肃居民文教消费比重降低 1.91 个百分点。最高比重值为 2002 年的 15.13%，最低比重值为 2011 年的 9.46%。由于各地相应变化，甘肃比重位次从第 4 位降为第 15 位。

3. 医疗消费人均值增长及其比重变化

2000～2018 年，甘肃城乡居民人均医疗消费年均增长 15.73%。人均值地区差最小值为 2018 年的 1.0452，最大值为 2004 年的 1.3975；城乡比最小值为 2014 年的 1.9191，最大值为 2002 年的 5.0203。这 18 年间，甘肃居民医疗消费地区差缩小 19.74%，城乡比缩小 49.50%。由于各地相应变化，甘肃地区差位次从第 17 位升为第 7 位，城乡比位次从第 20 位降为第 25 位。

甘肃居民医疗消费比重增高 4.05 个百分点。最高比重值为 2018 年的

10.61%，最低比重值为 2004 年的 6.51%。由于各地相应变化，甘肃比重位次从第 14 位升为第 6 位。

4. 其他消费人均值增长及其比重变化

2000～2018 年，甘肃城乡居民人均其他消费年均增长 8.89%。人均值地区差最小值为 2018 年的 1.2549，最大值为 2008 年的 1.4935；城乡比最小值为 2013 年的 3.2899，最大值为 2007 年的 12.0453。这 18 年间，甘肃居民其他消费地区差缩小 8.08%，城乡比缩小 59.86%。由于各地相应变化，甘肃地区差位次从第 22 位升为第 20 位，城乡比位次从第 30 位升为第 27 位。

甘肃居民其他消费比重降低 2.04 个百分点。最高比重值为 2001 年的 4.63%，最低比重值为 2015 年的 2.08%。由于各地相应变化，甘肃比重位次从第 14 位降为第 16 位。

恩格尔系数检测仅能对应"基本小康"阶段，即使扩展为整个物质消费也难以适用于"全面小康"进程。为此，本项检测将全部非物消费视为"全面小康"民生应有消费。"交通消费"作为"交通通信消费"简称，包含通信消费，而通信消费里的信息内容消费部分显然应当归属于精神消费。假设甘肃居民信息内容消费占通信消费一半，通信消费又占整个交通通信消费一半，那么信息内容消费比重则增高 1.46 个百分点，再与文教消费比重变化合并演算，2000 年以来 18 年间甘肃居民精神消费比重仅仅下降 0.46 个百分点。

在甘肃历年居民非物消费用度支出中，交通消费年均增长 17.40% 最高，高于总消费年增 4.73 个百分点，所占比重上升，成为提升非物消费比重增高的主要因素；医疗消费年均增长 15.73% 次之，高于总消费年增 3.06 个百分点，所占比重上升，成为提升非物消费比重增高的重要因素；文教消费年均增长 11.72% 排第三位，低于总消费年增 0.95 个百分点，所占比重下降；其他消费年均增长 8.89% 最低，低于总消费年增 3.78 个百分点，所占比重下降；这四项综合测算，非物消费比重增高 5.94 个百分点，由此看出社会公议"消费结构升级"的实际动向。

（二）居民收入、积蓄与非物消费之间增长关系

分析居民收入、积蓄与非物生活各项消费之间增长关系，可以检测究竟是什么因素对居民非物生活各项消费增长产生重要影响。甘肃居民收入、积蓄与非物消费增长态势见图5，因相关系数分析需有历年不间断增长指数，而制图空间有限，故截取 2000～2010（后台检测 2000～2018）年。

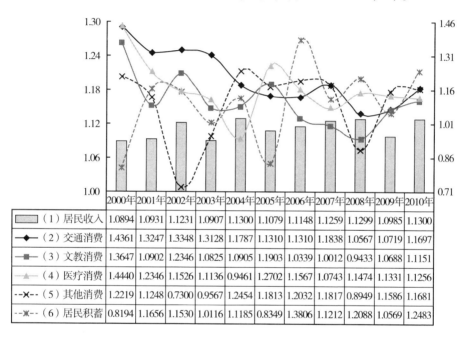

	2000年	2001年	2002年	2003年	2004年	2005年	2006年	2007年	2008年	2009年	2010年
（1）居民收入	1.0894	1.0931	1.1231	1.0907	1.1300	1.1079	1.1148	1.1259	1.1299	1.0985	1.1300
（2）交通消费	1.4361	1.3247	1.3348	1.3128	1.1787	1.1310	1.1310	1.1838	1.0567	1.0719	1.1697
（3）文教消费	1.3647	1.0902	1.2346	1.0825	1.0905	1.1903	1.0339	1.0012	0.9433	1.0688	1.1151
（4）医疗消费	1.4440	1.2346	1.1526	1.1136	0.9461	1.2702	1.1567	1.0743	1.1474	1.1331	1.1256
（5）其他消费	1.2219	1.1248	0.7300	0.9567	1.2454	1.1813	1.2032	1.1817	0.8949	1.1586	1.1681
（6）居民积蓄	0.8194	1.1656	1.1530	1.0116	1.1185	0.8349	1.3806	1.1212	1.2088	1.0569	1.2483

图5　甘肃居民收入、积蓄与非物消费增长态势

左轴柱形：居民收入年增指数。右轴曲线：非物消费各单项、积蓄年增指数，上年＝1（小于1为负增长）。曲线（3）、（4）与（6）之间大体形成横向镜面峰谷对应水中倒影负相关关系。

1.居民收入与非物消费历年增长相关性

2000～2010 年，标号（1）居民收入与（2）交通消费历年增长之间，相关系数为 - 0.5139，即 51.39% 程度上逆向变动，呈较强负相关性；与（3）文教消费历年增长之间，相关系数为 - 0.4172，即 41.72% 程度上逆向变动，呈稍强负相关性；与（4）医疗消费历年增长之间，相关系数为

－0.6172，即61.72%程度上逆向变动，呈很强负相关性；与（5）其他消费历年增长之间，相关系数为－0.1386，即13.86%程度上逆向变动，呈很弱负相关性。

这些数据之间的增长相关性表明，甘肃居民收入增加也不能"必然"带来本地居民生活消费向着非物质需求，尤其是精神文化需求方向"升级"。

2. 居民积蓄与非物消费历年增长相关性

2000～2010年，标号（6）居民积蓄与（2）交通消费历年增长之间，相关系数为－0.3802，即38.02%程度上逆向变动，呈稍强负相关性；与（3）文教消费历年增长之间，相关系数为－0.6410，即64.10%程度上逆向变动，呈很强负相关性；与（4）医疗消费历年增长之间，相关系数为－0.5393，即53.93%程度上逆向变动，呈较强负相关性；与（5）其他消费历年增长之间，相关系数为－0.1548，即15.48%程度上逆向变动，呈很弱负相关性。

在当地这些数据之间的增长相关性中，相互间影响的正反方向、强弱程度一目了然。

特别是（3）文教消费、（4）医疗消费与（6）居民积蓄增长曲线之间，形成横向镜面峰谷对应水中倒影，其间分别呈64.10%、53.93%逆向增长相关性。"积蓄负相关性"对于文教消费明显成立，对于医疗消费基本成立，对于交通消费不明显，对于其他消费不明显。经后台数据库扩展演算，文教消费与积蓄增长之间2000～2013年长时段逆向程度为52.32%，呈较强负相关；2003～2007年逆向极值达77.03%，呈极强负相关。

甘肃居民积蓄增长已经严重地抑制了本地居民消费向着提升精神文化需求、增强人们身心健康方向更快地"升级"。

五　甘肃民生消费需求景气指数检测

甘肃民生消费需求景气指数变动态势见图6。

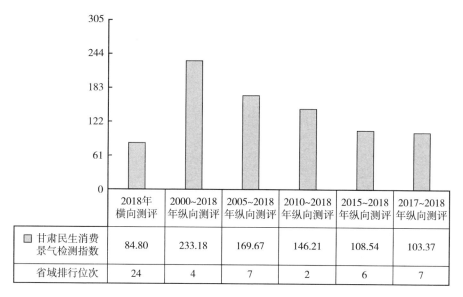

	2018年横向测评	2000~2018年纵向测评	2005~2018年纵向测评	2010~2018年纵向测评	2015~2018年纵向测评	2017~2018年纵向测评
甘肃民生消费景气检测指数	84.80	233.18	169.67	146.21	108.54	103.37
省域排行位次	24	4	7	2	6	7

图6　甘肃民生消费需求景气指数变动态势

数轴柱型：共时性年度横向测评（全国城乡地区无差距理想值＝100），类似"不论年龄比高矮"，有利于发达地区；历时性阶段纵向测评（起点年自身基数值＝100），类似"不论高矮比生长"，有利于后发地区，从左至右①"十五"以来，②"十一五"以来，③"十二五"以来，④"十三五"以来，⑤上年以来，多向度检测省域排行，考察不同阶段进展状况。

1. 各年度理想值横向测评

以假定各类民生数据城乡、地区无差距理想值为100，2018年甘肃城乡民生需求景气指数为84.80，低于无差距理想值15.20%。甘肃此项检测指数在省域间排行变化，2000年为第27位，2005年为第22位，2010年为第30位，2015年为第27位，2018年从上年第26位上升为第24位。

2. 2000年以来基数值纵向测评

以"九五"末年2000年数据指标演算基数值为100，"十五"以来至2018年甘肃城乡民生需求景气指数为233.18，高于起点年基数值133.18%。甘肃此项检测分值高于全国总体检测结果分值，即2000年以来民生需求景气提升程度高于全国平均水平，处于省域间第4位。

3. 2005年以来基数值纵向测评

以"十五"末年2005年数据指标演算基数值为100，"十一五"以来至

2018 年甘肃城乡民生需求景气指数为 169.67，高于起点年基数值 69.67%。甘肃此项检测分值高于全国总体检测结果分值，即 2005 年以来民生需求景气提升程度高于全国平均水平，处于省域间第 7 位。

4. 2010 年以来基数值纵向测评

以"十一五"末年 2010 年数据指标演算基数值为 100，"十二五"以来至 2018 年甘肃城乡民生需求景气指数为 146.21，高于起点年基数值 46.21%。甘肃此项检测分值高于全国总体检测结果分值，即 2010 年以来民生需求景气提升程度高于全国平均水平，处于省域间第 2 位。

5. 2015 年以来基数值纵向测评

以"十二五"末年 2015 年数据指标演算基数值为 100，"十三五"以来至 2018 年甘肃城乡民生需求景气指数为 108.54，高于起点年基数值 8.54%。甘肃此项检测分值高于全国总体检测结果分值，即 2015 年以来民生需求景气提升程度高于全国平均水平，处于省域间第 6 位。

6. 逐年度基数值纵向测评

以上一年（2017 年）起点数据指标演算基数值为 100，2018 年甘肃城乡民生需求景气指数为 103.37，高于起点年基数值 3.37%。甘肃此项检测指数在省域间排行变化，2000 年为第 2 位，2005 年为第 3 位，2010 年为第 28 位，2015 年为第 5 位，2018 年从上年第 13 位上升为第 7 位。

浙江：2018年度民生需求景气排名第3位

李恒杰*

摘　要： 2000～2018年，浙江城乡民生消费数据人均值持续明显增长，2018年居民总消费为2000年的5.95倍，物质消费为5.81倍，非物消费为6.23倍。非物消费比重较明显增高1.53个百分点，消费结构出现一定升级变化。但居民消费率从37.46%极显著降低至30.31%，"十二五"以来略有回升。居民积蓄率从24.24%持续极显著升高至35.91%，反过来对消费需求的抑制作用加重。居民总消费、物质消费、非物消费地区差逐渐缩小；居民总消费、物质消费、非物消费城乡比逐渐缩小。

关键词： 浙江居民　民生需求　物质消费　非物消费　景气排行

一　浙江人民生活主要数据相关情况

浙江城乡主要民生数据增长变化基本情况见图1，限于制图容量，未直接列出居民收入数据，可据其他数据推算，另产值、财政收入、财政支出数据置于后台演算。

1. 城乡居民收入、积蓄财富总量增长简况

2000～2018年，浙江城乡居民收入总量年均增长12.87%，积蓄总量年

---

* 李恒杰，云南省商务研究院院长助理、助理研究员，主要从事市场流通与商务政策相关研究。

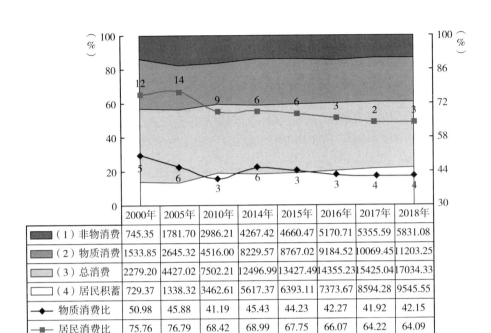

图1　浙江城乡主要民生数据增长变化基本情况

左轴面积：城乡居民（1）非物消费、（2）物质消费、（3）总消费、（4）积蓄总量（亿元转换为%），（1）+（2）=（3），（3）+（4）=居民收入，各项数值间呈直观比例。右轴曲线：物质消费比、居民消费比（占居民收入比），二者之差即为非物消费比，二者之比即为物质消费比重（占总消费比）（%），二者之差再与居民消费比之比即为非物消费比重。标注物质消费比、居民消费比省域位次。

均增长15.36%。居民收入年均增长率低于当地产值增长0.22个百分点，低于当地财政收入增长4.99个百分点。

2. 城乡居民消费总量及其分类增长状况

2000~2018年，浙江城乡居民消费总量年均增长11.82%。居民消费年均增长率低于当地产值增长1.27个百分点，低于当地财政支出增长6.29个百分点。同期，浙江城乡居民物质消费总量年均增长11.68%，低于居民收入增长1.19个百分点，低于总消费增长0.14个百分点；浙江城乡居民非物消费总量年均增长12.11%，低于居民收入增长0.76个百分点，高于总消费增长0.29个百分点。

3. 城乡居民消费需求相关比值变化状况

在浙江居民收入当中,2005年有76.79%用于全部生活消费支出,为历年最高比值;2013年仅有63.71%用于全部生活消费支出,为历年最低(最佳)比值;2000年有50.98%用于物质消费支出,为历年最高比值;2013年仅有38.16%用于物质消费支出,为历年最低(最佳)比值。居民收入与总消费之差即为居民积蓄,物质消费与总消费之差即为非物消费。

这18年间,浙江居民消费比降低11.67个百分点,物质消费比降低8.83个百分点,反过来导致非物消费比降低2.84个百分点。继续深入分析,居民消费比与物质消费比升降方向及其程度有差异,意味着物质消费占总消费比重变化,反过来又导致非物消费占总消费比重变化。由这些相对比值关系变化就能够看出民生消费需求态势,从中体现出民生发展的基本走向。

二 浙江居民总消费增长及相关性分析

居民总消费及其相关性分析为民生消费需求检测系统的二级子系统之首。浙江城乡居民总消费及其相关性变动态势见图2。

1. 城乡综合人均值及地区差变动状况

2000～2018年,浙江城乡居民人均总消费年均增长10.42%(由于人口增长,人均值增长率略低于总量增长率)。人均值地区差最小(最佳,后同)值为2017年的1.4613,最大值为2005年的1.9026。这18年间,浙江居民总消费地区差缩小16.76%。

由于各地相应变化,浙江此项地区差位次保持第28位不变。据既往历年动态推演测算,浙江地区差到2020年将为1.4415,相比当前显著缩减;2035年将为1.2907,继续极显著缩减。

2. 城镇与乡村人均值及城乡比变动状况

2000～2018年,浙江城镇居民人均总消费年均增长9.27%,乡村居民人均总消费年均增长10.57%,乡村年均增长率高于城镇1.30个百分点。

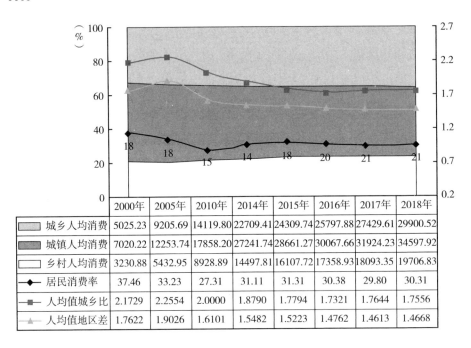

	2000年	2005年	2010年	2014年	2015年	2016年	2017年	2018年
城乡人均消费	5025.23	9205.69	14119.80	22709.41	24309.74	25797.88	27429.61	29900.52
城镇人均消费	7020.22	12253.74	17858.20	27241.74	28661.27	30067.66	31924.23	34597.92
乡村人均消费	3230.88	5432.95	8928.89	14497.81	16107.72	17358.93	18093.35	19706.83
居民消费率	37.46	33.23	27.31	31.11	31.31	30.38	29.80	30.31
人均值城乡比	2.1729	2.2554	2.0000	1.8790	1.7794	1.7321	1.7644	1.7556
人均值地区差	1.7622	1.9026	1.6101	1.5482	1.5223	1.4762	1.4613	1.4668

图2　浙江城乡居民总消费及其相关性变动态势

左轴面积：城乡综合、城镇、乡村居民总消费人均值，各项数值间呈直观比例（元转换为%）。右轴曲线：居民总消费城乡比（乡村＝1）、地区差（无差距＝1）。左轴曲线：居民消费率（与产值比）（%）。标注居民消费率省域位次。

城乡之间增长相关系数为0.4846，即历年增长同步程度为48.46%，呈很弱正相关性。

同期，浙江居民总消费城乡比最小（最佳，后同）值为2016年的1.7321，最大值为2002年的2.3594。这18年间，浙江居民总消费城乡比缩小19.20%。

由于各地相应变化，浙江此项城乡比位次从第2位降为第3位。据既往历年动态推演测算，浙江城乡比到2020年将为1.7145，相比当前较明显缩减；2035年将为1.4354，继续较明显缩减。

3. 城乡综合居民消费率历年变化状况

2000～2018年，浙江居民消费率降低7.15个百分点，其中"十二五"以来升高3.00个百分点。应对国际金融危机实施"拉动内需，扩大消费，改善民生"政策以来，尤其是进入"十二五"以来，浙江居民消费率略有回升。由于各地相应变化，浙江居民消费率位次从第18位降为第21位。

这18年间，浙江居民消费率最高（最佳）值为2001年的38.67%，最低值为2010年的27.31%，近年来仍未回复2000年初始值，更未达到2001年最佳值。这表明，当地居民消费拉动经济增长的同步协调性尚待增强。还应注意，浙江居民消费率下降程度大于当地居民收入比下降程度，反过来意味着居民积蓄率上升，亦即积蓄对消费的抑制作用加重。

在浙江历年居民总消费用度支出中，物质消费年均增长10.27%，低于居民收入年增1.17个百分点，低于总消费年增0.14个百分点，物质消费比重下降；非物消费年均增长10.70%，低于居民收入年增0.75个百分点，高于总消费年增0.28个百分点，非物消费比重上升。

三 浙江居民物质生活消费结构性分析

浙江居民物质消费分类结构性关系见图3。

1. 食品消费人均值增长及其比重变化

2000～2018年，浙江城乡居民人均食品消费年均增长8.09%。人均值地区差最小值为2016年的1.4244，最大值为2002年的1.7989；城乡比最小值为2016年的1.5339，最大值为2002年的2.3042。这18年间，浙江居民食品消费地区差缩小13.81%，城乡比缩小19.73%。由于各地相应变化，浙江地区差位次保持第28位不变，城乡比位次从第4位升为第2位。

浙江居民食品消费比重降低12.92个百分点。最低（最佳，物质消费占比以低为佳，后同）比重值为2018年的27.75%，最高比重值为2000年的40.67%。由于各地相应变化，浙江比重位次从第9位降为第15位。

2. 衣着消费人均值增长及其比重变化

2000～2018年，浙江城乡居民人均衣着消费年均增长9.55%。人均值地区差最小值为2017年的1.2624，最大值为2005年的1.9811；城乡比最小值为2016年的1.9982，最大值为2005年的3.9643。这18年间，浙江居

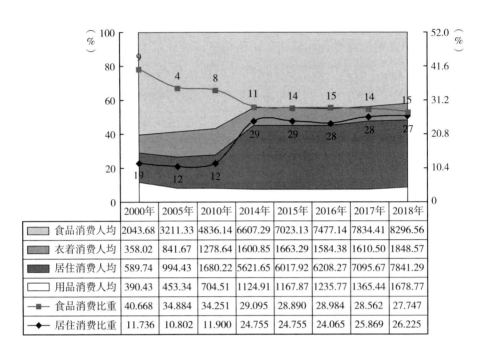

	2000年	2005年	2010年	2014年	2015年	2016年	2017年	2018年
食品消费人均	2043.68	3211.33	4836.14	6607.29	7023.13	7477.14	7834.41	8296.56
衣着消费人均	358.02	841.67	1278.64	1600.85	1663.29	1584.51	1610.50	1848.57
居住消费人均	589.74	994.43	1680.22	5621.65	6017.92	6208.27	7095.67	7841.29
用品消费人均	390.43	453.34	704.51	1124.91	1167.87	1235.77	1365.44	1678.77
■ 食品消费比重	40.668	34.884	34.251	29.095	28.890	28.984	28.562	27.747
◆ 居住消费比重	11.736	10.802	11.900	24.755	24.755	24.065	25.869	26.225

图3　浙江居民物质消费分类结构性关系

左轴面积：城乡综合演算的居民物质消费单项（食品烟酒、衣着、居住、生活用品及服务四项）人均值（元转换为%），各项数值间呈直观比例。右轴曲线：食品、居住消费比重（占总消费比，保留3位小数协调整个物质消费比重演算小数四舍五入）（%），显示物质生活需求变化最大的两个方面。标注食品、居住消费比重省域位次（物质消费比重以低为佳取倒序）。

民衣着消费地区差缩小7.21%，城乡比缩小35.59%。由于各地相应变化，浙江地区差位次保持第26位不变，城乡比位次从第5位升为第3位。

浙江居民衣着消费比重降低0.94个百分点。最低比重值为2017年的5.87%，最高比重值为2011年的9.67%。由于各地相应变化，浙江比重位次从第6位降为第8位。

3.居住消费人均值增长及其比重变化

2000~2018年，浙江城乡居民人均居住消费年均增长15.46%。人均值地区差最小值为2011年的1.3131，最大值为2003年的1.8711；城乡比最小值为2010年的0.6936，最大值为2014年的2.0902。这18年间，浙江居民居住消费地区差缩小4.29%，城乡比扩大77.40%。由于各地相应变化，浙江地区差位次保持第29位不变，城乡比位次从第3位降为第9位。

浙江居民居住消费比重增高14.49个百分点。最低比重值为2011年的9.56%，最高比重值为2018年的26.22%。由于各地相应变化，浙江比重位次从第19位降为第27位。

4. 用品消费人均值增长及其比重变化

2000～2018年，浙江城乡居民人均用品消费年均增长8.44%。人均值地区差最小值为2016年的1.1580，最大值为2001年的2.5481；城乡比最小值为2016年的1.6324，最大值为2001年的5.9433。这18年间，浙江居民用品消费地区差缩小30.02%，城乡比缩小58.86%。由于各地相应变化，浙江地区差位次从第28位升为第27位，城乡比位次从第8位升为第6位。

浙江居民用品消费比重降低2.15个百分点。最低比重值为2006年的4.65%，最高比重值为2001年的9.44%。由于各地相应变化，浙江比重位次从第25位升为第8位。

本项检测将全部物质消费视为"全面小康"人民生活必需消费，只看食品消费或者扩大为衣食温饱显然已不具有足够的解释力。不难看出，浙江居民食品消费比重降低"让出"的余地却被居住消费比重增高"超量抢占"，这两项冲抵反而留给处在上位的物质消费比重增高1.57个百分点，否则2000年以来18年间浙江居民整个物质消费比重（可视为恩格尔系数极致放大）理当显著下降。房价虚高已经严重影响到浙江民生发展质量。

在浙江历年居民物质消费用度支出中，居住消费年均增长15.46%最高，高于总消费年增5.04个百分点，所占比重上升，成为牵制物质消费比重降低的主要因素；衣着消费年均增长9.55%次之，低于总消费年增0.87个百分点，所占比重下降；用品消费年均增长8.44%排第三位，低于总消费年增1.98个百分点，所占比重下降；食品消费年均增长8.09%最低，低于总消费年增2.33个百分点，所占比重下降；这四项综合测算，物质消费比重降低1.53个百分点，由此看出社会公议"消费结构升级"的实际动向。

四　浙江居民非物生活消费结构性分析

（一）非物生活分类消费增长分析

浙江居民非物消费分类结构性关系见图4。

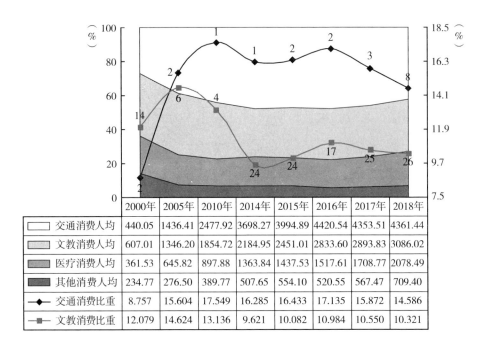

	2000年	2005年	2010年	2014年	2015年	2016年	2017年	2018年
□ 交通消费人均	440.05	1436.41	2477.92	3698.27	3994.89	4420.54	4353.51	4361.44
▨ 文教消费人均	607.01	1346.20	1854.72	2184.95	2451.01	2833.60	2893.83	3086.02
▨ 医疗消费人均	361.53	645.82	897.88	1363.84	1437.53	1517.61	1708.77	2078.49
▨ 其他消费人均	234.77	276.50	389.77	507.65	554.10	520.55	567.47	709.40
◆ 交通消费比重	8.757	15.604	17.549	16.285	16.433	17.135	15.872	14.586
■ 文教消费比重	12.079	14.624	13.136	9.621	10.082	10.984	10.550	10.321

图4　浙江居民非物消费分类结构性关系

　　左轴面积：城乡综合演算的居民非物消费单项（交通通信、教育文化娱乐、医疗保健、其他用品及服务四项）人均值（元转换为%），各项数值间呈直观比例。右轴曲线：交通通信、文化教育娱乐消费比重（占总消费比，保留3位小数对应整个非物消费比重演算小数四舍五入协调）（%），显示社会生活交往、精神文化生活需求变化。标注交通通信、文化教育娱乐消费比重省域位次。

1.交通消费人均值增长及其比重变化

　　2000～2018年，浙江城乡居民人均交通消费年均增长13.59%。人均值地区差最小值为2018年的1.5899，最大值为2006年的2.5585；城乡比最小值为 2017 年的 1.5974，最大值为 2006 年的 3.7485。这 18 年间，浙江居民交通消费地区差缩小 27.63%，城乡比缩小 24.98%。由于各地相应变化，浙江地区差位次从第 28 位降为第 29 位，城乡比位次从第 1 位降为第 6 位。

浙江居民交通消费比重增高 5.83 个百分点。最高（最佳，非物消费占比以高为佳，后同）比重值为 2013 年的 18.84%，最低比重值为 2001 年的 8.65%。由于各地相应变化，浙江比重位次从第 2 位降为第 8 位。

2. 文教消费人均值增长及其比重变化

2000～2018 年，浙江城乡居民人均文教消费年均增长 9.45%。人均值地区差最小值为 2018 年的 1.3481，最大值为 2005 年的 2.1189；城乡比最小值为 2014 年的 1.9500，最大值为 2011 年的 3.3284。这 18 年间，浙江居民文教消费地区差缩小 23.76%，城乡比缩小 26.32%。由于各地相应变化，浙江地区差位次保持第 27 位不变，城乡比位次从第 10 位降为第 13 位。

浙江居民文教消费比重降低 1.76 个百分点。最高比重值为 2004 年的 14.99%，最低比重值为 2014 年的 9.62%。由于各地相应变化，浙江比重位次从第 14 位降为第 26 位。

3. 医疗消费人均值增长及其比重变化

2000～2018 年，浙江城乡居民人均医疗消费年均增长 10.20%。人均值地区差最小值为 2016 年的 1.1435，最大值为 2000 年的 2.1342；城乡比最小值为 2015 年的 1.2348，最大值为 2000 年的 2.7045。这 18 年间，浙江居民医疗消费地区差缩小 43.24%，城乡比缩小 48.03%。由于各地相应变化，浙江地区差位次从第 28 位升为第 19 位，城乡比位次从第 6 位降为第 7 位。

浙江居民医疗消费比重降低 0.24 个百分点。最高比重值为 2004 年的 7.58%，最低比重值为 2016 年的 5.88%。由于各地相应变化，浙江比重位次从第 7 位降为第 27 位。

4. 其他消费人均值增长及其比重变化

2000～2018 年，浙江城乡居民人均其他消费年均增长 6.34%。人均值地区差最小值为 2017 年的 1.2284，最大值为 2001 年的 2.1196；城乡比最小值为 2002 年的 1.5778，最大值为 2011 年的 3.6062。这 18 年间，浙江居民其他消费地区差缩小 23.36%，城乡比扩大 3.41%。由于各地相应变化，浙江地区差位次保持第 28 位不变，城乡比位次从第 2 位降为第 12 位。

浙江居民其他消费比重降低 2.30 个百分点。最高比重值为 2001 年的 5.24%，最低比重值为 2016 年的 2.02%。由于各地相应变化，浙江比重位次从第 10 位降为第 18 位。

恩格尔系数检测仅能对应"基本小康"阶段，即使扩展为整个物质消费也难以适用于"全面小康"进程。为此，本项检测将全部非物消费视为"全面小康"民生应有消费。"交通消费"作为"交通通信消费"简称，包含通信消费，而通信消费里的信息内容消费部分显然应当归属于精神消费。假设浙江居民信息内容消费占通信消费一半，通信消费又占整个交通通信消费一半，那么信息内容消费比重则增高 1.46 个百分点，再与文教消费比重变化合并演算，2000 年以来 18 年间浙江居民精神消费比重仅仅下降 0.30 个百分点。

在浙江历年居民非物消费用度支出中，交通消费年均增长 13.59% 最高，高于总消费年增 3.17 个百分点，所占比重上升，成为提升非物消费比重增高的主要因素；医疗消费年均增长 10.20% 次之，低于总消费年增 0.22 个百分点，所占比重下降；文教消费年均增长 9.45% 排第三位，低于总消费年增 0.97 个百分点，所占比重下降；其他消费年均增长 6.34% 最低，低于总消费年增 4.08 个百分点，所占比重下降；这四项综合测算，非物消费比重增高 1.53 个百分点，由此看出社会公议"消费结构升级"的实际动向。

（二）居民收入、积蓄与非物消费之间增长关系

分析居民收入、积蓄与非物生活各项消费之间增长关系，可以检测究竟是什么因素对居民非物生活各项消费增长产生重要影响。浙江居民收入、积蓄与非物消费增长态势见图 5，因相关系数分析需有历年不间断增长指数，而制图空间有限，故截取 2000～2010（后台检测 2000～2018）年。

1. 居民收入与非物消费历年增长相关性

2000～2010 年，标号（1）居民收入与（2）交通消费历年增长之间，

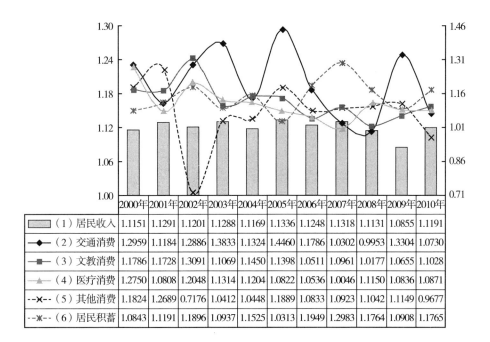

	2000年	2001年	2002年	2003年	2004年	2005年	2006年	2007年	2008年	2009年	2010年
（1）居民收入	1.1151	1.1291	1.1201	1.1288	1.1169	1.1336	1.1248	1.1318	1.1131	1.0855	1.1191
（2）交通消费	1.2959	1.1184	1.2886	1.3833	1.1324	1.4460	1.1786	1.0302	0.9953	1.3304	1.0730
（3）文教消费	1.1786	1.1728	1.3091	1.1069	1.1450	1.1398	1.0511	1.0961	1.0177	1.0655	1.1028
（4）医疗消费	1.2750	1.0808	1.2048	1.1314	1.1204	1.0822	1.0536	1.0046	1.1150	1.0836	1.0871
（5）其他消费	1.1824	1.2689	0.7176	1.0412	1.0448	1.1889	1.0833	1.0923	1.1042	1.1149	0.9677
（6）居民积蓄	1.0843	1.1191	1.1896	1.0937	1.1525	1.0313	1.1949	1.2983	1.1764	1.0908	1.1765

图5　浙江居民收入、积蓄与非物消费增长态势

左轴柱形：居民收入年增指数。右轴曲线：非物消费各单项、积蓄年增指数，上年 = 1（小于1为负增长）。曲线（2）与（6）之间大体形成横向镜面峰谷对应水中倒影负相关关系。

相关系数为 - 0.0547，即 5.47% 程度上逆向变动，呈极弱负相关性；与（3）文教消费历年增长之间，相关系数为 0.2180，即21.80% 程度上同步变动，呈极弱正相关性；与（4）医疗消费历年增长之间，相关系数为 - 0.1936，即19.36% 程度上逆向变动，呈很弱负相关性；与（5）其他消费历年增长之间，相关系数为 0.0689，即6.89% 程度上同步变动，呈极弱正相关性。

这些数据之间的增长相关性表明，浙江居民收入增加也不能"必然"带来本地居民生活消费向着非物质需求，尤其是精神文化需求方向"升级"。

2. 居民积蓄与非物消费历年增长相关性

2000～2010 年，标号（6）居民积蓄与（2）交通消费历年增长之间，

相关系数为 - 0.7527，即 75.27% 程度上逆向变动，呈极强负相关性；与
（3）文教消费历年增长之间，相关系数为 - 0.1023，即 10.23% 程度上逆向
变动，呈很弱负相关性；与（4）医疗消费历年增长之间，相关系数为
- 0.3939，即 39.39% 程度上逆向变动，呈稍强负相关性；与（5）其他消
费历年增长之间，相关系数为 - 0.3878，即 38.78% 程度上逆向变动，呈稍
强负相关性。

在当地这些数据之间的增长相关性中，相互间影响的正反方向、强弱程
度一目了然。

特别是（2）交通消费与（6）居民积蓄增长曲线之间，形成横向镜面
峰谷对应水中倒影，其间呈 75.27% 逆向增长相关性。"积蓄负相关性"对
于交通消费显著成立，对于医疗消费不明显，对于其他消费不明显，对于文
教消费不明显。经后台数据库扩展演算，文教消费与积蓄增长之间 2004 ~
2008 年长时段逆向程度为 40.13%，呈稍强负相关；2003 ~ 2007 年逆向极
值达 51.50%，呈较强负相关。

浙江居民积蓄增长已经严重地抑制了本地居民消费向着扩展社会生活交
往方向更快地"升级"。

五 浙江民生消费需求景气指数检测

浙江民生消费需求景气指数变动态势见图 6。

1. 各年度理想值横向测评

以假定各类民生数据城乡、地区无差距理想值为 100，2018 年浙江城乡
民生需求景气指数为 93.98，低于无差距理想值 6.02%。浙江此项检测指数
在省域间排行变化，2000 年为第 3 位，2005 年与之持平，2010 年与之持
平，2015 年与之持平，2018 年从上年第 4 位上升为第 3 位。

2. 2000 年以来基数值纵向测评

以"九五"末年 2000 年数据指标演算基数值为 100，"十五"以来至
2018 年浙江城乡民生需求景气指数为 179.07，高于起点年基数值 79.07%。

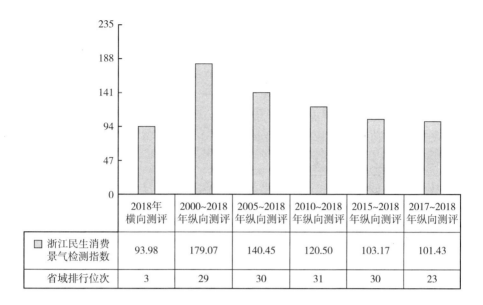

图6 浙江民生消费需求景气指数变动态势

数轴柱型：共时性年度横向测评（全国城乡地区无差距理想值＝100），类似"不论年龄比高矮"，有利于发达地区；历时性阶段纵向测评（起点年自身基数值＝100），类似"不论高矮比生长"，有利于后发地区，从左至右①"十五"以来，②"十一五"以来，③"十二五"以来，④"十三五"以来，⑤上年以来，多向度检测省域排行，考察不同阶段进展状况。

浙江此项检测分值低于全国总体检测结果分值，即2000年以来民生需求景气提升程度低于全国平均水平，处于省域间第29位。

3. 2005年以来基数值纵向测评

以"十五"末年2005年数据指标演算基数值为100，"十一五"以来至2018年浙江城乡民生需求景气指数为140.45，高于起点年基数值40.45%。浙江此项检测分值低于全国总体检测结果分值，即2005年以来民生需求景气提升程度低于全国平均水平，处于省域间第30位。

4. 2010年以来基数值纵向测评

以"十一五"末年2010年数据指标演算基数值为100，"十二五"以来至2018年浙江城乡民生需求景气指数为120.50，高于起点年基数值20.50%。浙江此项检测分值低于全国总体检测结果分值，即2010年以来民生需求景气提升程度低于全国平均水平，处于省域间第 31 位。

5. 2015年以来基数值纵向测评

以"十二五"末年 2015 年数据指标演算基数值为 100，"十三五"以来至 2018 年浙江城乡民生需求景气指数为 103.17，高于起点年基数值 3.17%。浙江此项检测分值低于全国总体检测结果分值，即 2015 年以来民生需求景气提升程度低于全国平均水平，处于省域间第 30 位。

6. 逐年度基数值纵向测评

以上一年（2017 年）起点数据指标演算基数值为 100，2018 年浙江城乡民生需求景气指数为 101.43，高于起点年基数值 1.43%。浙江此项检测指数在省域间排行变化，2000 年为第 10 位，2005 年为第 9 位，2010 年与之持平，2015 年为第 25 位，2018 年从上年第 29 位上升为第 23 位。

R.13
安徽：2000~2018年民生需求景气提升度第3位

关键词：　安徽居民　民生需求　物质消费　非物消费　景气排行

一　安徽人民生活主要数据相关情况

安徽城乡主要民生数据增长变化基本情况见图1，限于制图容量，未直接列出居民收入数据，可据其他数据推算，另产值、财政收入、财政支出数据置于后台演算。

---

* 杨超，云南省商务研究院院长学术助理，主要从事商务信息大数据与决策咨询相关研究。

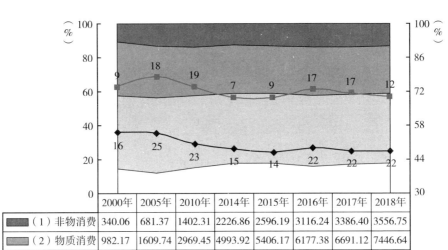

	2000年	2005年	2010年	2014年	2015年	2016年	2017年	2018年
（1）非物消费	340.06	681.37	1402.31	2226.86	2596.19	3116.24	3386.40	3556.75
（2）物质消费	982.17	1609.74	2969.45	4993.92	5406.17	6177.38	6691.12	7446.64
（3）总消费	1322.23	2291.11	4371.76	7220.78	8002.36	9293.62	10077.52	11003.39
（4）居民积蓄	459.92	641.34	1548.21	3168.77	3521.47	3450.63	4065.14	4739.30
物质消费比	55.11	54.89	50.16	48.07	46.91	48.47	47.31	47.30
居民消费比	74.19	78.13	73.85	69.50	69.44	72.92	71.26	69.90

图1 安徽城乡主要民生数据增长变化基本情况

左轴面积：城乡居民（1）非物消费、（2）物质消费、（3）总消费、（4）积蓄总量（亿元转换为%），（1）+（2）=（3），（3）+（4）=居民收入，各项数值间呈直观比例。右轴曲线：物质消费比、居民消费比（占居民收入比）（%），二者之差即为非物消费比，二者之比即为物质消费比重（占总消费比），二者之差再与居民消费比之比即为非物消费比重。标注物质消费比、居民消费比省域位次。

1. 城乡居民收入、积蓄财富总量增长简况

2000～2018年，安徽城乡居民收入总量年均增长12.87%，积蓄总量年均增长13.84%。居民收入年均增长率低于当地产值增长0.99个百分点，低于当地财政收入增长4.20个百分点。

2. 城乡居民消费总量及其分类增长状况

2000～2018年，安徽城乡居民消费总量年均增长12.49%。居民消费年均增长率低于当地产值增长1.37个百分点，低于当地财政支出增长5.72个百分点。同期，安徽城乡居民物质消费总量年均增长11.91%，低于居民收入增长0.96个百分点，低于总消费增长0.58个百分点；安徽城乡居民非物消费总量年均增长13.93%，高于居民收入增长1.06个百分点，高于总消费增长1.44个百分点。

3. 城乡居民消费需求相关比值变化状况

在安徽居民收入当中，2005年有78.13%用于全部生活消费支出，为历年最高比值；2015年仅有69.44%用于全部生活消费支出，为历年最低（最佳）比值；2000年有55.11%用于物质消费支出，为历年最高比值；2015年仅有46.91%用于物质消费支出，为历年最低（最佳）比值。居民收入与总消费之差即为居民积蓄，物质消费与总消费之差即为非物消费。

这18年间，安徽居民消费比降低4.29个百分点，物质消费比降低7.81个百分点，反过来导致非物消费比升高3.52个百分点。继续深入分析，居民消费比与物质消费比升降方向及其程度有差异，意味着物质消费占总消费比重变化，反过来又导致非物消费占总消费比重变化。由这些相对比值关系变化就能够看出民生消费需求态势，从中体现出民生发展的基本走向。

二 安徽居民总消费增长及相关性分析

居民总消费及其相关性分析为民生消费需求检测系统的二级子系统之首。安徽城乡居民总消费及其相关性变动态势见图2。

1. 城乡综合人均值及地区差变动状况

2000～2018年，安徽城乡居民人均总消费年均增长12.46%（由于人口增长，人均值增长率略低于总量增长率）。人均值地区差最小（最佳，后同）值为2017年的1.1376，最大值为2002年的1.2874。这18年间，安徽居民总消费地区差缩小9.34%。

由于各地相应变化，安徽此项地区差位次从第20位升为第9位。据既往历年动态推演测算，安徽地区差到2020年将为1.1339，相比当前较明显缩减；2035年将为1.1072，继续较明显缩减。

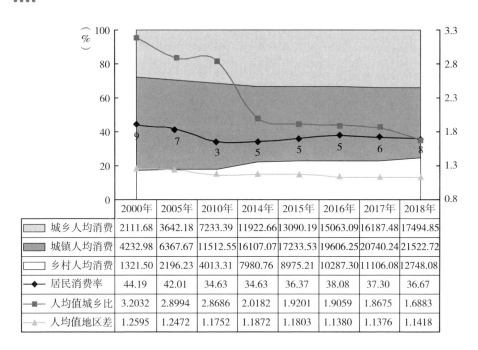

	2000年	2005年	2010年	2014年	2015年	2016年	2017年	2018年
▨ 城乡人均消费	2111.68	3642.18	7233.39	11922.66	13090.19	15063.09	16187.48	17494.85
▨ 城镇人均消费	4232.98	6367.67	11512.55	16107.07	17233.53	19606.25	20740.24	21522.72
☐ 乡村人均消费	1321.50	2196.23	4013.31	7980.76	8975.21	10287.30	11106.08	12748.08
◆ 居民消费率	44.19	42.01	34.63	34.63	36.37	38.08	37.30	36.67
▪ 人均值城乡比	3.2032	2.8994	2.8686	2.0182	1.9201	1.9059	1.8675	1.6883
▲ 人均值地区差	1.2595	1.2472	1.1752	1.1872	1.1803	1.1380	1.1376	1.1418

图2 安徽城乡居民总消费及其相关性变动态势

左轴面积：城乡综合、城镇、乡村居民总消费人均值（元转换为%），各项数值间呈直观比例。右轴曲线：居民总消费城乡比（乡村=1）、地区差（无差距=1）。左轴曲线：居民消费率（与产值比）（%）。标注居民消费率省域位次。

2. 城镇与乡村人均值及城乡比变动状况

2000～2018年，安徽城镇居民人均总消费年均增长9.46%，乡村居民人均总消费年均增长13.42%，乡村年均增长率高于城镇3.96个百分点。城乡之间增长相关系数为 -0.1499，即历年增长逆向程度为14.99%，呈很弱负相关性。

同期，安徽居民总消费城乡比最小（最佳，后同）值为2018年的1.6883，最大值为2002年的3.2095。这18年间，安徽居民总消费城乡比缩小47.29%。

由于各地相应变化，安徽此项城乡比位次从第20位升为第1位。据既往历年动态推演测算，安徽城乡比到2020年将为1.5724，相比当前显著缩减；2035年将为0.9221，继续极显著缩减为"城乡倒挂"，即乡村人均值高于城镇人均值。诚然，这只是长期预测的理论演算值，揭示出一种积极向好的趋势。

3. 城乡综合居民消费率历年变化状况

2000～2018年，安徽居民消费率降低7.52个百分点，其中"十二五"以来升高2.04个百分点。应对国际金融危机实施"拉动内需，扩大消费，改善民生"政策以来，尤其是进入"十二五"以来，安徽居民消费率略有回升。由于各地相应变化，安徽居民消费率位次从第9位升为第8位。

这18年间，安徽居民消费率最高（最佳）值为2000年的44.19%，最低值为2013年的33.46%，近年来仍未回复2000年初始值（亦即最佳值）。这表明，当地居民消费拉动经济增长的同步协调性尚待增强。还应注意，安徽居民消费率下降程度大于当地居民收入比下降程度，反过来意味着居民积蓄率上升，亦即积蓄对消费的抑制作用加重。

在安徽历年居民总消费用度支出中，物质消费年均增长11.88%，低于居民收入年增0.95个百分点，低于总消费年增0.58个百分点，物质消费比重下降；非物消费年均增长13.90%，高于居民收入年增1.06个百分点，高于总消费年增1.44个百分点，非物消费比重上升。

三　安徽居民物质生活消费结构性分析

安徽居民物质消费分类结构性关系见图3。

1. 食品消费人均值增长及其比重变化

2000～2018年，安徽城乡居民人均食品消费年均增长9.80%。人均值地区差最小值为2018年的1.0393，最大值为2002年的1.2083；城乡比最小值为2018年的1.5855，最大值为2003年的3.0472。这18年间，安徽居民食品消费地区差缩小10.31%，城乡比缩小43.20%。由于各地相应变化，安徽地区差位次从第15位升为第3位，城乡比位次从第24位升为第3位。

安徽居民食品消费比重降低17.11个百分点。最低（最佳，物质消费占比以低为佳，后同）比重值为2018年的31.67%，最高比重值为2000年的

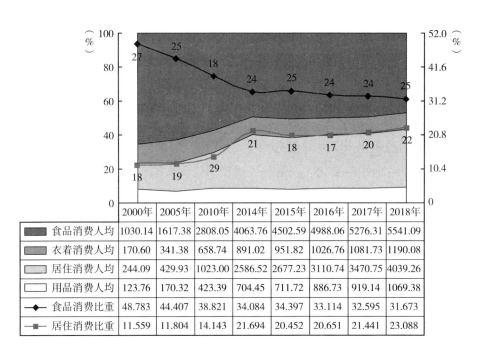

	2000年	2005年	2010年	2014年	2015年	2016年	2017年	2018年
食品消费人均	1030.14	1617.38	2808.05	4063.76	4502.59	4988.06	5276.31	5541.09
衣着消费人均	170.60	341.38	658.74	891.02	951.82	1026.76	1081.73	1190.08
居住消费人均	244.09	429.93	1023.00	2586.52	2677.23	3110.74	3470.75	4039.26
用品消费人均	123.76	170.32	423.39	704.45	711.72	886.73	919.14	1069.38
食品消费比重	48.783	44.407	38.821	34.084	34.397	33.114	32.595	31.673
居住消费比重	11.559	11.804	14.143	21.694	20.452	20.651	21.441	23.088

图3　安徽居民物质消费分类结构性关系

左轴面积：城乡综合演算的居民物质消费单项（食品烟酒、衣着、居住、生活用品及服务四项）人均值（元转换为%），各项数值间呈直观比例。右轴曲线：食品、居住消费比重（占总消费比，保留3位小数协调整个物质消费比重演算小数四舍五入）（%），显示物质生活需求变化最大的两个方面。标注食品、居住消费比重省域位次（物质消费比重以低为佳取倒序）。

48.78%。由于各地相应变化，安徽比重位次从第27位升为第25位。

2. 衣着消费人均值增长及其比重变化

2000~2018年，安徽城乡居民人均衣着消费年均增长11.40%。人均值地区差最小值为2018年的1.1072，最大值为2001年的1.2934；城乡比最小值为2018年的2.6158，最大值为2002年的7.3794。这18年间，安徽居民衣着消费地区差缩小14.03%，城乡比缩小57.46%。由于各地相应变化，安徽地区差位次从第18位升为第16位，城乡比位次从第24位升为第13位。

安徽居民衣着消费比重降低1.28个百分点。最低比重值为2017年的6.68%，最高比重值为2006年的9.64%。由于各地相应变化，安徽比重位次保持第14位不变。

3. 居住消费人均值增长及其比重变化

2000～2018 年，安徽城乡居民人均居住消费年均增长 16.87%。人均值地区差最小值为 2009 年的 1.0195，最大值为 2000 年的 1.2911；城乡比最小值为 2012 年的 1.2257，最大值为 2014 年的 2.1011。这 18 年间，安徽居民居住消费地区差缩小 10.50%，城乡比缩小 13.52%。由于各地相应变化，安徽地区差位次从第 20 位升为第 6 位，城乡比位次从第 14 位升为第 2 位。

安徽居民居住消费比重增高 11.53 个百分点。最低比重值为 2000 年的 11.56%，最高比重值为 2018 年的 23.09%。由于各地相应变化，安徽比重位次从第 18 位降为第 22 位。

4. 用品消费人均值增长及其比重变化

2000～2018 年，安徽城乡居民人均用品消费年均增长 12.73%。人均值地区差最小值为 2018 年的 1.1494，最大值为 2002 年的 1.3957；城乡比最小值为 2018 年的 1.7106，最大值为 2001 年的 5.4991。这 18 年间，安徽居民用品消费地区差缩小 17.62%，城乡比缩小 67.32%。由于各地相应变化，安徽地区差位次从第 22 位升为第 14 位，城乡比位次从第 15 位升为第 3 位。

安徽居民用品消费比重增高 0.25 个百分点。最低比重值为 2004 年的 4.38%，最高比重值为 2018 年的 6.11%。由于各地相应变化，安徽比重位次从第 7 位降为第 17 位。

本项检测将全部物质消费视为"全面小康"人民生活必需消费，只看食品消费或者扩大为衣食温饱显然已不具有足够的解释力。不难看出，安徽居民食品消费比重降低"让出"的余地却被居住消费比重增高"大量抢占"，这两项冲抵仅仅留给处在上位的物质消费比重降低 5.58 个百分点，否则 2000 年以来 18 年间安徽居民整个物质消费比重（可视为恩格尔系数极致放大）理当显著下降。房价虚高已经明显影响到安徽民生发展质量。

在安徽历年居民物质消费用度支出中，居住消费年均增长 16.87% 最高，高于总消费年增 4.41 个百分点，所占比重上升，成为牵制物质消费比重降低的主要因素；用品消费年均增长 12.73% 次之，高于总消费年增 0.27 个百分点，所占比重上升，成为牵制物质消费比重降低的重要因素；衣着消

费年均增长 11.40% 排第三位，低于总消费年增 1.06 个百分点，所占比重
下降；食品消费年均增长 9.80% 最低，低于总消费年增 2.66 个百分点，所
占比重下降；这四项综合测算，物质消费比重降低 6.60 个百分点，由此看
出社会公议"消费结构升级"的实际动向。

四 安徽居民非物生活消费结构性分析

（一）非物生活分类消费增长分析

安徽居民非物消费分类结构性关系见图 4。

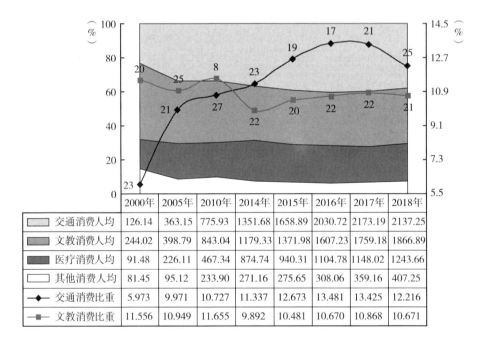

	2000年	2005年	2010年	2014年	2015年	2016年	2017年	2018年
交通消费人均	126.14	363.15	775.93	1351.68	1658.89	2030.72	2173.19	2137.25
文教消费人均	244.02	398.79	843.04	1179.33	1371.98	1607.23	1759.18	1866.89
医疗消费人均	91.48	226.11	467.34	874.74	940.31	1104.78	1148.02	1243.66
其他消费人均	81.45	95.12	233.90	271.16	275.65	308.06	359.16	407.25
交通消费比重	5.973	9.971	10.727	11.337	12.673	13.481	13.425	12.216
文教消费比重	11.556	10.949	11.655	9.892	10.481	10.670	10.868	10.671

图 4 安徽居民非物消费分类结构性关系

　　左轴面积：城乡综合演算的居民非物消费单项（交通通信、教育文化娱乐、医疗保健、其
他用品及服务四项）人均值（元转换为%），各项数值间呈直观比例。右轴曲线：交通通信、
教育文化娱乐消费比重（占总消费比，保留 3 位小数对应整个非物消费比重演算小数四舍五入
协调）（%），显示社会生活交往、精神文化生活需求变化。标注交通通信、教育文化娱乐消费
比重省域位次。

1. 交通消费人均值增长及其比重变化

2000～2018年，安徽城乡居民人均交通消费年均增长17.03%。人均值地区差最小值为2016年的1.1499，最大值为2009年的1.4000；城乡比最小值为2018年的1.6903，最大值为2000年的5.2681。这18年间，安徽居民交通消费地区差缩小10.90%，城乡比缩小67.91%。由于各地相应变化，安徽地区差位次从第20位升为第18位，城乡比位次从第20位升为第5位。

安徽居民交通消费比重增高6.24个百分点。最高（最佳，非物消费占比以高为佳，后同）比重值为2016年的13.48%，最低比重值为2000年的5.97%。由于各地相应变化，安徽比重位次从第23位降为第25位。

2. 文教消费人均值增长及其比重变化

2000～2018年，安徽城乡居民人均文教消费年均增长11.97%。人均值地区差最小值为2010年的1.1357，最大值为2002年的1.4634；城乡比最小值为2018年的1.8664，最大值为2013年的5.0554。这18年间，安徽居民文教消费地区差缩小8.12%，城乡比缩小46.62%。由于各地相应变化，安徽地区差位次从第19位升为第15位，城乡比位次从第20位升为第4位。

安徽居民文教消费比重降低0.89个百分点。最高比重值为2007年的12.53%，最低比重值为2014年的9.89%。由于各地相应变化，安徽比重位次从第20位降为第21位。

3. 医疗消费人均值增长及其比重变化

2000～2018年，安徽城乡居民人均医疗消费年均增长15.60%。人均值地区差最小值为2012年的1.0004，最大值为2000年的1.4600；城乡比最小值为2014年的1.2538，最大值为2004年的4.3039。这18年间，安徽居民医疗消费地区差缩小12.66%，城乡比缩小56.14%。由于各地相应变化，安徽地区差位次从第24位升为第23位，城乡比位次从第12位升为第6位。

安徽居民医疗消费比重增高2.78个百分点。最高比重值为2012年的8.09%，最低比重值为2000年的4.33%。由于各地相应变化，安徽比重位次从第25位升为第24位。

4. 其他消费人均值增长及其比重变化

2000～2018 年，安徽城乡居民人均其他消费年均增长 9.35%。人均值地区差最小值为 2018 年的 1.1778，最大值为 2006 年的 1.3816；城乡比最小值为 2018 年的 2.1013，最大值为 2003 年的 5.9451。这 18 年间，安徽居民其他消费地区差缩小 12.86%，城乡比缩小 55.00%。由于各地相应变化，安徽地区差位次从第 20 位升为第 13 位，城乡比位次从第 13 位升为第 3 位。

安徽居民其他消费比重降低 1.53 个百分点。最高比重值为 2000 年的 3.86%，最低比重值为 2016 年的 2.05%。由于各地相应变化，安徽比重位次从第 29 位升为第 22 位。

恩格尔系数检测仅能对应"基本小康"阶段，即使扩展为整个物质消费也难以适用于"全面小康"进程。为此，本项检测将全部非物消费视为"全面小康"民生应有消费。"交通消费"作为"交通通信消费"简称，包含通信消费，而通信消费里的信息内容消费部分显然应当归属于精神消费。假设安徽居民信息内容消费占通信消费一半，通信消费又占整个交通通信消费一半，那么信息内容消费比重则增高 1.56 个百分点，再与文教消费比重变化合并演算，2000 年以来 18 年间安徽居民精神消费比重理当上升 0.68 个百分点。

在安徽历年居民非物消费用度支出中，交通消费年均增长 17.03% 最高，高于总消费年增 4.57 个百分点，所占比重上升，成为提升非物消费比重增高的主要因素；医疗消费年均增长 15.60% 次之，高于总消费年增 3.14 个百分点，所占比重上升，成为提升非物消费比重增高的重要因素；文教消费年均增长 11.97% 排第三位，低于总消费年增 0.51 个百分点，所占比重下降；其他消费年均增长 9.35% 最低，低于总消费年增 3.11 个百分点，所占比重下降；这四项综合测算，非物消费比重增高 6.60 个百分点，由此看出社会公议"消费结构升级"的实际动向。

（二）居民收入、积蓄与非物消费之间增长关系

分析居民收入、积蓄与非物生活各项消费之间增长关系，可以检测究竟

是什么因素对居民非物生活各项消费增长产生重要影响。安徽居民收入、积蓄与非物消费增长态势见图5，因相关系数分析需有历年不间断增长指数，而制图空间有限，故截取2008～2018（后台检测2000～2018）年。

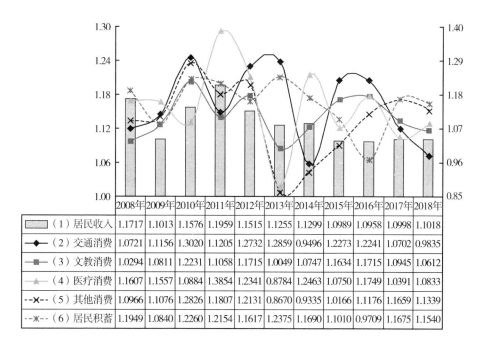

	2008年	2009年	2010年	2011年	2012年	2013年	2014年	2015年	2016年	2017年	2018年
▭（1）居民收入	1.1717	1.1013	1.1576	1.1959	1.1515	1.1255	1.1299	1.0989	1.0958	1.0998	1.1018
◆（2）交通消费	1.0721	1.1156	1.3020	1.1205	1.2732	1.2859	0.9496	1.2273	1.2241	1.0702	0.9835
■（3）文教消费	1.0294	1.0811	1.2231	1.1058	1.1715	1.0049	1.0747	1.1634	1.1715	1.0945	1.0612
▲（4）医疗消费	1.1607	1.1557	1.0884	1.3854	1.2341	0.8784	1.2463	1.0750	1.1749	1.0391	1.0833
--×--（5）其他消费	1.0966	1.1076	1.2826	1.1807	1.2131	0.8670	0.9335	1.0166	1.1176	1.1659	1.1339
--*--（6）居民积蓄	1.1949	1.0840	1.2260	1.2154	1.1617	1.2375	1.1690	1.1010	0.9709	1.1675	1.1540

图5　安徽居民收入、积蓄与非物消费增长态势

左轴柱形：居民收入年增指数。右轴曲线：非物消费各单项、积蓄年增指数，上年＝1（小于1为负增长）。

1. 居民收入与非物消费历年增长相关性

2008～2018年，标号（1）居民收入与（2）交通消费历年增长之间，相关系数为0.0993，即9.93%程度上同步变动，呈极弱正相关性；与（3）文教消费历年增长之间，相关系数为0.0080，即0.80%程度上同步变动，呈极弱正相关性；与（4）医疗消费历年增长之间，相关系数为0.5259，即52.59%程度上同步变动，呈很弱正相关性；与（5）其他消费历年增长之间，相关系数为0.2983，即29.83%程度上同步变动，呈极弱正相关性。

这些数据之间的增长相关性表明，安徽居民收入增加也不能"必然"

带来本地居民生活消费向着非物质需求，尤其是精神文化需求方向"升级"。

2. 居民积蓄与非物消费历年增长相关性

2008～2018 年，标号（6）居民积蓄与（2）交通消费历年增长之间，相关系数为－0.0121，即1.21%程度上逆向变动，呈极弱负相关性；与（3）文教消费历年增长之间，相关系数为－0.3187，即31.87%程度上逆向变动，呈较弱负相关性；与（4）医疗消费历年增长之间，相关系数为－0.1266，即12.66%程度上逆向变动，呈很弱负相关性；与（5）其他消费历年增长之间，相关系数为－0.0163，即1.63%程度上逆向变动，呈极弱负相关性。

在当地这些数据之间的增长相关性中，相互间影响的正反方向、强弱程度一目了然。

在此期间"积蓄负相关性"对于文教消费不明显，对于医疗消费不明显，对于其他消费不明显，对于交通消费不明显。经后台数据库扩展演算，文教消费与积蓄增长之间2011～2018 年长时段逆向程度为68.47%，呈很强负相关；2013～2017 年逆向极值达89.01%，呈极强负相关。

安徽居民积蓄增长在一定程度上抑制了本地居民消费向着非物质需求，尤其是提升精神文化需求、增强身心健康需求方向更快地"升级"。

五　安徽民生消费需求景气指数检测

安徽民生消费需求景气指数变动态势见图6。

1. 各年度理想值横向测评

以假定各类民生数据城乡、地区无差距理想值为100，2018 年安徽城乡民生需求景气指数为88.73，低于无差距理想值11.27%。安徽此项检测指数在省域间排行变化，2000 年为第23 位，2005 年为第18 位，2010 年为第16 位，2015 年为第17 位，2018 年从上年第17 位上升为第15 位。

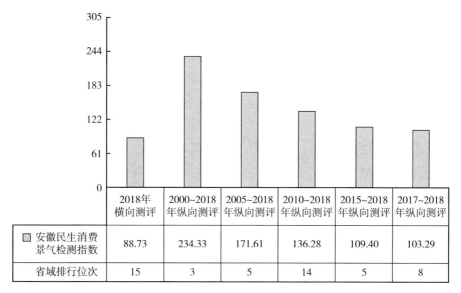

图6　安徽民生消费需求景气指数变动态势

数轴柱型：共时性年度横向测评（全国城乡地区无差距理想值＝100），类似"不论年龄比高矮"，有利于发达地区；历时性阶段纵向测评（起点年自身基数值＝100），类似"不论高矮比生长"，有利于后发地区，从左至右①"十五"以来，②"十一五"以来，③"十二五"以来，④"十三五"以来，⑤上年以来，多向度检测省域排行，考察不同阶段进展状况。

2. 2000年以来基数值纵向测评

以"九五"末年2000年数据指标演算基数值为100，"十五"以来至2018年安徽城乡民生需求景气指数为234.33，高于起点年基数值134.33%。安徽此项检测分值高于全国总体检测结果分值，即2000年以来民生需求景气提升程度高于全国平均水平，处于省域间第3位。

3. 2005年以来基数值纵向测评

以"十五"末年2005年数据指标演算基数值为100，"十一五"以来至2018年安徽城乡民生需求景气指数为171.61，高于起点年基数值71.61%。安徽此项检测分值高于全国总体检测结果分值，即2005年以来民生需求景气提升程度高于全国平均水平，处于省域间第5位。

4. 2010年以来基数值纵向测评

以"十一五"末年2010年数据指标演算基数值为100，"十二五"以来至 2018 年安徽城乡民生需求景气指数为 136.28，高于起点年基数值 36.28%。安徽此项检测分值高于全国总体检测结果分值，即 2010 年以来民生需求景气提升程度高于全国平均水平，处于省域间第 14 位。

5. 2015年以来基数值纵向测评

以"十二五"末年 2015 年数据指标演算基数值为 100，"十三五"以来至 2018 年安徽城乡民生需求景气指数为 109.40，高于起点年基数值 9.40%。安徽此项检测分值高于全国总体检测结果分值，即 2015 年以来民生需求景气提升程度高于全国平均水平，处于省域间第 5 位。

6. 逐年度基数值纵向测评

以上一年（2017 年）起点数据指标演算基数值为 100，2018 年安徽城乡民生需求景气指数为 103.29，高于起点年基数值 3.29%。安徽此项检测指数在省域间排行变化，2000 年为第 25 位，2005 年为第 5 位，2010 年为第 17 位，2015 年为第 11 位，2018 年从上年第 26 位上升为第 8 位。

R.14

四川：2005～2018年民生需求
景气提升度第3位

摘　要：　2000～2018年，四川城乡民生消费数据人均值持续明显增长，2018年居民总消费为2000年的7.73倍，物质消费为6.88倍，非物消费为10.18倍。非物消费比重极显著增高8.19个百分点，消费结构出现很大升级变化。但居民消费率从47.67%极显著降低至37.37%，"十二五"以来明显回升。居民积蓄率从19.72%持续较明显升高至22.52%，反过来对消费需求的抑制作用加重。居民总消费、物质消费、非物消费地区差逐渐缩小；居民总消费、物质消费、非物消费城乡比逐渐缩小。

关键词：　四川居民　民生需求　物质消费　非物消费　景气排行

一　四川人民生活主要数据相关情况

四川城乡主要民生数据增长变化基本情况见图1，限于制图容量，未直接列出居民收入数据，可据其他数据推算，另产值、财政收入、财政支出数据置于后台演算。

＊ 刘振中，云南省商务研究院院长学术助理、助理研究员，主要从事国际经贸关系和商务政策相关研究。

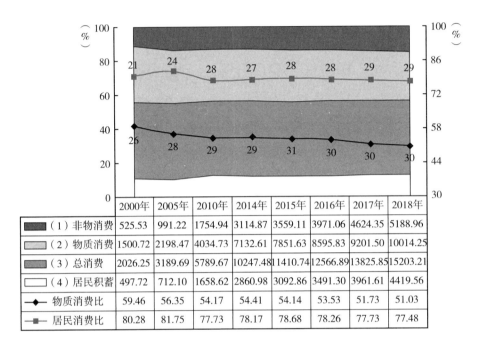

图1 四川城乡主要民生数据增长变化基本情况

左轴面积：城乡居民（1）非物消费、（2）物质消费、（3）总消费、（4）积蓄总量（亿元转换为%），（1）+（2）=（3），（3）+（4）=居民收入，各项数值间呈直观比例。右轴曲线：物质消费比、居民消费比（占居民收入比）（%），二者之差即为非物消费比，二者之比即为物质消费比重（占总消费比），二者之差再与居民消费比之比即为非物消费比重。标注物质消费比、居民消费比省域位次。

1. 城乡居民收入、积蓄财富总量增长简况

2000～2018 年，四川城乡居民收入总量年均增长 12.07%，积蓄总量年均增长 12.90%。居民收入年均增长率低于当地产值增长 1.80 个百分点，低于当地财政收入增长 4.87 个百分点。

2. 城乡居民消费总量及其分类增长状况

2000～2018 年，四川城乡居民消费总量年均增长 11.85%。居民消费年均增长率低于当地产值增长 2.02 个百分点，低于当地财政支出增长 6.73 个百分点。同期，四川城乡居民物质消费总量年均增长 11.12%，低于居民收入增长 0.95 个百分点，低于总消费增长 0.73 个百分点；四川城乡居民非物

消费总量年均增长 13.57%，高于居民收入增长 1.50 个百分点，高于总消费增长 1.72 个百分点。

3. 城乡居民消费需求相关比值变化状况

在四川居民收入当中，2009 年有 83.41% 用于全部生活消费支出，为历年最高比值；2012 年仅有 74.91% 用于全部生活消费支出，为历年最低（最佳）比值；2009 年有 59.65% 用于物质消费支出，为历年最高比值；2013 年仅有 50.97% 用于物质消费支出，为历年最低（最佳）比值。居民收入与总消费之差即为居民积蓄，物质消费与总消费之差即为非物消费。

这 18 年间，四川居民消费比降低 2.80 个百分点，物质消费比降低 8.43 个百分点，反过来导致非物消费比升高 5.63 个百分点。继续深入分析，居民消费比与物质消费比升降方向及其程度有差异，意味着物质消费占总消费比重变化，反过来又导致非物消费占总消费比重变化。由这些相对比值关系变化就能够看出民生消费需求态势，从中体现出民生发展的基本走向。

二 四川居民总消费增长及相关性分析

居民总消费及其相关性分析为民生消费需求检测系统的二级子系统之首。四川城乡居民总消费及其相关性变动态势见图 2。

1. 城乡综合人均值及地区差变动状况

2000～2018 年，四川城乡居民人均总消费年均增长 12.03%（由于人口增长，人均值增长率略低于总量增长率）。人均值地区差最小（最佳，后同）值为 2018 年的 1.1037，最大值为 2006 年的 1.2337。这 18 年间，四川居民总消费地区差缩小 5.79%。

由于各地相应变化，四川此项地区差位次从第 11 位升为第 7 位。据既往历年动态推演测算，四川地区差到 2020 年将为 1.0994，相比当前略微缩减；2035 年将为 1.1047，略微扩增。

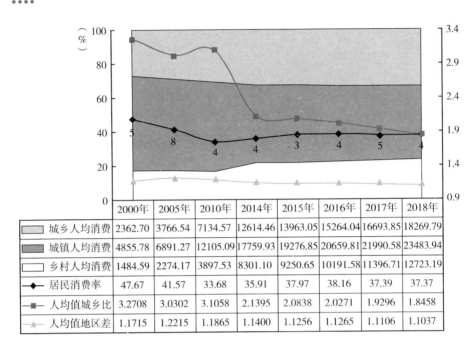

	2000年	2005年	2010年	2014年	2015年	2016年	2017年	2018年
城乡人均消费	2362.70	3766.54	7134.57	12614.46	13963.05	15264.04	16693.85	18269.79
城镇人均消费	4855.78	6891.27	12105.09	17759.93	19276.85	20659.81	21990.58	23483.94
乡村人均消费	1484.59	2274.17	3897.53	8301.10	9250.65	10191.58	11396.71	12723.19
居民消费率	47.67	41.57	33.68	35.91	37.97	38.16	37.39	37.37
人均值城乡比	3.2708	3.0302	3.1058	2.1395	2.0838	2.0271	1.9296	1.8458
人均值地区差	1.1715	1.2215	1.1865	1.1400	1.1256	1.1265	1.1106	1.1037

图2　四川城乡居民总消费及其相关性变动态势

左轴面积：城乡综合、城镇、乡村居民总消费人均值（元转换为%），各项数值间呈直观比例。右轴曲线：居民总消费城乡比（乡村=1）、地区差（无差距=1）。左轴曲线：居民消费率（与产值比）（%）。标注居民消费省域位次。

2. 城镇与乡村人均值及城乡比变动状况

2000~2018年，四川城镇居民人均总消费年均增长9.15%，乡村居民人均总消费年均增长12.68%，乡村年均增长率高于城镇3.53个百分点。城乡之间增长相关系数为0.3187，即历年增长同步程度为31.87%，呈极弱正相关性。

同期，四川居民总消费城乡比最小（最佳，后同）值为2018年的1.8458，最大值为2001年的3.4565。这18年间，四川居民总消费城乡比缩小43.57%。

由于各地相应变化，四川此项城乡比位次从第22位升为第6位。据既往历年动态推演测算，四川城乡比到2020年将为1.7321，相比当前显著缩减；2035年将为1.0752，继续极显著缩减。

3. 城乡综合居民消费率历年变化状况

2000～2018 年,四川居民消费率降低 10. 30 个百分点,其中"十二五"以来升高 3. 69 个百分点。应对国际金融危机实施"拉动内需,扩大消费,改善民生"政策以来,尤其是进入"十二五"以来,四川居民消费率明显回升。由于各地相应变化,四川居民消费率位次从第 5 位升为第 4 位。

这 18 年间,四川居民消费率最高(最佳)值为 2000 年的 47.67%,最低值为 2011 年的 32.05%,近年来仍未回复 2000 年初始值(亦即最佳值)。这表明,当地居民消费拉动经济增长的同步协调性尚待增强。还应注意,四川居民消费率下降程度小于当地居民收入比下降程度,反过来意味着居民积蓄率上升,亦即积蓄对消费的抑制作用加重。

在四川历年居民总消费用度支出中,物质消费年均增长 11. 31%,低于居民收入年增 0.95 个百分点,低于总消费年增 0.73 个百分点,物质消费比重下降;非物消费年均增长 13.76%,高于居民收入年增 1.50 个百分点,高于总消费年增 1.72 个百分点,非物消费比重上升。

三 四川居民物质生活消费结构性分析

四川居民物质消费分类结构性关系见图 3。

1. 食品消费人均值增长及其比重变化

2000～2018 年,四川城乡居民人均食品消费年均增长 9.86%。人均值地区差最小值为 2014 年的 1.0179,最大值为 2006 年的 1.1364;城乡比最小值为 2018 年的 1.6633,最大值为 2008 年的 2.6146。这 18 年间,四川居民食品消费地区差缩小 2.11%,城乡比缩小 33.05%。由于各地相应变化,四川地区差位次从第 9 位升为第 5 位,城乡比位次从第 21 位升为第 4 位。

四川居民食品消费比重降低 14.15 个百分点。最低(最佳,物质消费占比以低为佳,后同)比重值为 2018 年的 33.43%,最高比重值为 2000 年的 47.59%。由于各地相应变化,四川比重位次从第 25 位降为第 29 位。

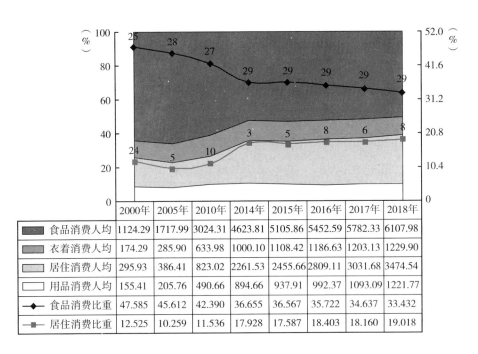

	2000年	2005年	2010年	2014年	2015年	2016年	2017年	2018年
食品消费人均	1124.29	1717.99	3024.31	4623.81	5105.86	5452.59	5782.33	6107.98
衣着消费人均	174.29	285.90	633.98	1000.10	1108.42	1186.63	1203.13	1229.90
居住消费人均	295.93	386.41	823.02	2261.53	2455.66	2809.11	3031.68	3474.54
用品消费人均	155.41	205.76	490.66	894.66	937.91	992.37	1093.09	1221.77
食品消费比重	47.585	45.612	42.390	36.655	36.567	35.722	34.637	33.432
居住消费比重	12.525	10.259	11.536	17.928	17.587	18.403	18.160	19.018

图3　四川居民物质消费分类结构性关系

左轴面积：城乡综合演算的居民物质消费单项（食品烟酒、衣着、居住、生活用品及服务四项）人均值（元转换为%），各项数值间呈直观比例。右轴曲线：食品、居住消费比重（占总消费比，保留3位小数协调整个物质消费比重演算小数四舍五入）（%），显示物质生活需求变化最大的两个方面。标注食品、居住消费比重省域位次（物质消费比重以低为佳取倒序）。

2. 衣着消费人均值增长及其比重变化

2000～2018年，四川城乡居民人均衣着消费年均增长11.47%。人均值地区差最小值为2016年的1.0395，最大值为2004年的1.3286；城乡比最小值为2018年的2.3905，最大值为2001年的6.5681。这18年间，四川居民衣着消费地区差缩小15.33%，城乡比缩小62.73%。由于各地相应变化，四川地区差位次从第16位升为第10位，城乡比位次从第25位升为第10位。

四川居民衣着消费比重降低0.65个百分点。最低比重值为2018年的6.73%，最高比重值为2013年的9.54%。由于各地相应变化，四川比重位次从第9位降为第12位。

3. 居住消费人均值增长及其比重变化

2000～2018年，四川城乡居民人均居住消费年均增长14.66%。人均值地区差最小值为2009年的1.0750，最大值为2007年的1.3650；城乡比最小值为2009年的0.8545，最大值为2005年的3.0140。这18年间，四川居民居住消费地区差扩大11.67%，城乡比缩小29.71%。由于各地相应变化，四川地区差位次从第9位降为第13位，城乡比位次从第25位升为第6位。

四川居民居住消费比重增高6.49个百分点。最低比重值为2007年的9.94%，最高比重值为2018年的19.02%。由于各地相应变化，四川比重位次从第24位升为第8位。

4. 用品消费人均值增长及其比重变化

2000～2018年，四川城乡居民人均用品消费年均增长12.14%。人均值地区差最小值为2014年的1.0067，最大值为2000年的1.2405；城乡比最小值为2017年的1.7944，最大值为2001年的7.3842。这18年间，四川居民用品消费地区差缩小17.12%，城乡比缩小72.83%。由于各地相应变化，四川地区差位次从第11位升为第7位，城乡比位次从第18位升为第4位。

四川居民用品消费比重增高0.11个百分点。最低比重值为2004年的5.16%，最高比重值为2013年的7.24%。由于各地相应变化，四川比重位次从第11位降为第24位。

本项检测将全部物质消费视为"全面小康"人民生活必需消费，只看食品消费或者扩大为衣食温饱显然已不具有足够的解释力。不难看出，四川居民食品消费比重降低"让出"的余地却被居住消费比重增高"大量抢占"，这两项冲抵仅仅留给处在上位的物质消费比重降低7.66个百分点，否则2000年以来18年间四川居民整个物质消费比重（可视为恩格尔系数极致放大）理当显著下降。房价虚高已经明显影响到四川民生发展质量。

在四川历年居民物质消费用度支出中，居住消费年均增长14.66%最高，高于总消费年增2.63个百分点，所占比重上升，成为牵制物质消费比重降低的主要因素；用品消费年均增长12.14%次之，高于总消费年增0.11个百分点，所占比重上升，成为牵制物质消费比重降低的重要因素；衣着消费年均增长 11.47% 排第三位，低于总消费年增 0.56 个百分点，所占比重下降；食品消费年均增长 9.86% 最低，低于总消费年增 2.17 个百分点，所占比重下降；这四项综合测算，物质消费比重降低 8.19 个百分点，由此看出社会公议"消费结构升级"的实际动向。

四　四川居民非物生活消费结构性分析

（一）非物生活分类消费增长分析

四川居民非物消费分类结构性关系见图 4。

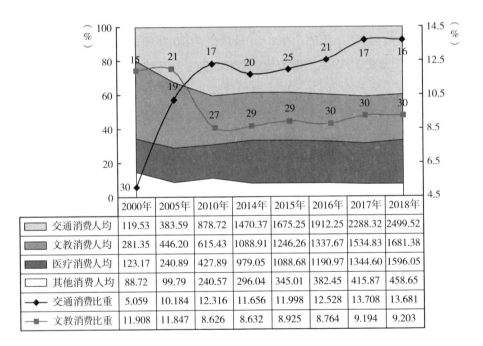

	2000年	2005年	2010年	2014年	2015年	2016年	2017年	2018年
交通消费人均	119.53	383.59	878.72	1470.37	1675.25	1912.25	2288.32	2499.52
文教消费人均	281.35	446.20	615.43	1088.91	1246.26	1337.67	1534.83	1681.38
医疗消费人均	123.17	240.89	427.89	979.05	1088.68	1190.97	1344.60	1596.05
其他消费人均	88.72	99.79	240.57	296.04	345.01	382.45	415.87	458.65
交通消费比重	5.059	10.184	12.316	11.656	11.998	12.528	13.708	13.681
文教消费比重	11.908	11.847	8.626	8.632	8.925	8.764	9.194	9.203

图 4　四川居民非物消费分类结构性关系

左轴面积：城乡综合演算的居民非物消费单项（交通通信、教育文化娱乐、医疗保健、其他用品及服务四项）人均值（元转换为%），各项数值间呈直观比例。右轴曲线：交通通信、教育文化娱乐消费比重（占总消费比，保留 3 位小数对应整个非物消费比重演算小数四舍五入协调）（%），显示社会生活交往、精神文化生活需求变化。标注交通通信、教育文化娱乐消费比重省域位次。

1. 交通消费人均值增长及其比重变化

2000～2018年，四川城乡居民人均交通消费年均增长18.40%。人均值地区差最小值为2018年的1.0888，最大值为2000年的1.4032；城乡比最小值为2018年的2.1323，最大值为2004年的6.0285。这18年间，四川居民交通消费地区差缩小22.41%，城乡比缩小61.92%。由于各地相应变化，四川地区差位次从第22位升为第8位，城乡比位次从第22位升为第21位。

四川居民交通消费比重增高8.62个百分点。最高（最佳，非物消费占比以高为佳，后同）比重值为2017年的13.71%，最低比重值为2000年的5.06%。由于各地相应变化，四川比重位次从第30位升为第16位。

2. 文教消费人均值增长及其比重变化

2000～2018年，四川城乡居民人均文教消费年均增长10.44%。人均值地区差最小值为2000年的1.1805，最大值为2008年的1.4213；城乡比最小值为2018年的2.5517，最大值为2007年的5.8232。这18年间，四川居民文教消费地区差扩大7.20%，城乡比缩小35.09%。由于各地相应变化，四川地区差位次从第13位降为第25位，城乡比位次从第24位降为第25位。

四川居民文教消费比重降低2.71个百分点。最高比重值为2002年的13.49%，最低比重值为2008年的8.26%。由于各地相应变化，四川比重位次从第15位降为第30位。

3. 医疗消费人均值增长及其比重变化

2000～2018年，四川城乡居民人均医疗消费年均增长15.29%。人均值地区差最小值为2018年的1.0698，最大值为2006年的1.3180；城乡比最小值为2018年的1.3624，最大值为2003年的4.6533。这18年间，四川居民医疗消费地区差缩小15.96%，城乡比缩小62.70%。由于各地相应变化，四川地区差位次从第14位升为第9位，城乡比位次从第17位升为第5位。

四川居民医疗消费比重增高3.52个百分点。最高比重值为2018年的8.74%，最低比重值为2000年的5.21%。由于各地相应变化，四川比重位次从第20位升为第18位。

4. 其他消费人均值增长及其比重变化

2000～2018 年，四川城乡居民人均其他消费年均增长 9.56%。人均值地区差最小值为 2018 年的 1.0740，最大值为 2004 年的 1.3629；城乡比最小值为 2017 年的 2.7868，最大值为 2009 年的 7.4691。这 18 年间，四川居民其他消费地区差缩小 16.98%，城乡比缩小 52.12%。由于各地相应变化，四川地区差位次从第 18 位升为第 8 位，城乡比位次从第 20 位升为第 10 位。

四川居民其他消费比重降低 1.25 个百分点。最高比重值为 2001 年的 3.85%，最低比重值为 2014 年的 2.35%。由于各地相应变化，四川比重位次从第 30 位升为第 12 位。

恩格尔系数检测仅能对应"基本小康"阶段，即使扩展为整个物质消费也难以适用于"全面小康"进程。为此，本项检测将全部非物消费视为"全面小康"民生应有消费。"交通消费"作为"交通通信消费"简称，包含通信消费，而通信消费里的信息内容消费部分显然应当归属于精神消费。假设四川居民信息内容消费占通信消费一半，通信消费又占整个交通通信消费一半，那么信息内容消费比重则增高 2.16 个百分点，再与文教消费比重变化合并演算，2000 年以来 18 年间四川居民精神消费比重仅仅下降 0.55 个百分点。

在四川历年居民非物消费用度支出中，交通消费年均增长 18.40% 最高，高于总消费年增 6.37 个百分点，所占比重上升，成为提升非物消费比重增高的主要因素；医疗消费年均增长 15.29% 次之，高于总消费年增 3.26 个百分点，所占比重上升，成为提升非物消费比重增高的重要因素；文教消费年均增长 10.44% 排第三位，低于总消费年增 1.59 个百分点，所占比重下降；其他消费年均增长 9.56% 最低，低于总消费年增 2.47 个百分点，所占比重下降；这四项综合测算，非物消费比重增高 8.19 个百分点，由此看出社会公议"消费结构升级"的实际动向。

（二）居民收入、积蓄与非物消费之间增长关系

分析居民收入、积蓄与非物生活各项消费之间增长关系，可以检测究竟

是什么因素对居民非物生活各项消费增长产生重要影响。四川居民收入、积蓄与非物消费增长态势见图5，因相关系数分析需有历年不间断增长指数，而制图空间有限，故截取 2000～2010（后台检测 2000～2018）年。

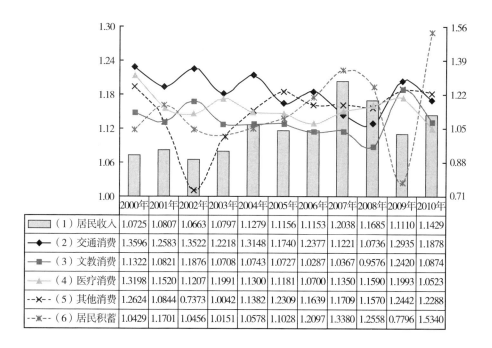

	2000年	2001年	2002年	2003年	2004年	2005年	2006年	2007年	2008年	2009年	2010年
（1）居民收入	1.0725	1.0807	1.0663	1.0797	1.1279	1.1156	1.1153	1.2038	1.1685	1.1110	1.1429
（2）交通消费	1.3596	1.2583	1.3522	1.2218	1.3148	1.1740	1.2377	1.1221	1.0736	1.2935	1.1878
（3）文教消费	1.1322	1.0821	1.1876	1.0708	1.0743	1.0727	1.0287	1.0367	0.9576	1.2420	1.0874
（4）医疗消费	1.3198	1.1520	1.1207	1.1991	1.1300	1.1181	1.0700	1.1350	1.1590	1.1993	1.0523
（5）其他消费	1.2624	1.0844	0.7373	1.0042	1.1382	1.2309	1.1639	1.1709	1.1570	1.2442	1.2288
（6）居民积蓄	1.0429	1.1701	1.0456	1.0151	1.0578	1.1028	1.2097	1.3380	1.2558	0.7796	1.5340

图5　四川居民收入、积蓄与非物消费增长态势

左轴柱形：居民收入年增指数。右轴曲线：非物消费各单项、积蓄年增指数，上年 = 1（小于 1 为负增长）。曲线（2）、（3）、（4）与（6）之间大体形成横向镜面峰谷对应水中倒影负相关关系。

1. 居民收入与非物消费历年增长相关性

2000～2010 年，标号（1）居民收入与（2）交通消费历年增长之间，相关系数为 - 0.7779，即 77.79% 程度上逆向变动，呈极强负相关性；与（3）文教消费历年增长之间，相关系数为 - 0.5548，即 55.48% 程度上逆向变动，呈较强负相关性；与（4）医疗消费历年增长之间，相关系数为 - 0.3776，即 37.76% 程度上逆向变动，呈稍强负相关性；与（5）其他消费历年增长之间，相关系数为 0.4211，即 42.11% 程度上同步变动，呈很弱正相关性。

这些数据之间的增长相关性表明，四川居民收入增加也不能"必然"带来本地居民生活消费向着非物质需求，尤其是精神文化需求方向"升级"。

2. 居民积蓄与非物消费历年增长相关性

2000～2010 年，标号（6）居民积蓄与（2）交通消费历年增长之间，相关系数为 - 0.5851，即 58.51% 程度上逆向变动，呈较强负相关性；与（3）文教消费历年增长之间，相关系数为 - 0.6282，即 62.82% 程度上逆向变动，呈很强负相关性；与（4）医疗消费历年增长之间，相关系数为 - 0.5689，即 56.89% 程度上逆向变动，呈较强负相关性；与（5）其他消费历年增长之间，相关系数为 0.1540，即 15.40% 程度上同步变动，呈极弱正相关性。

在当地这些数据之间的增长相关性中，相互间影响的正反方向、强弱程度一目了然。

特别是（3）文教消费、（2）交通消费、（4）医疗消费与（6）居民积蓄增长曲线之间，形成横向镜面峰谷对应水中倒影，其间分别呈 62.82%、58.51%、56.89% 逆向增长相关性。"积蓄负相关性"对于文教消费明显成立，对于交通消费基本成立，对于医疗消费基本成立，对于其他消费不成立。经后台数据库扩展演算，文教消费与积蓄增长之间 2000～2011 年长时段逆向程度为 52.16%，呈较强负相关；2009～2013 年逆向极值达 92.94%，呈极强负相关。

四川居民积蓄增长已经严重地抑制了本地居民消费向着提升精神文化需求、扩展社会生活交往、增强人们身心健康方向更快地"升级"。

五 四川民生消费需求景气指数检测

四川民生消费需求景气指数变动态势见图6。

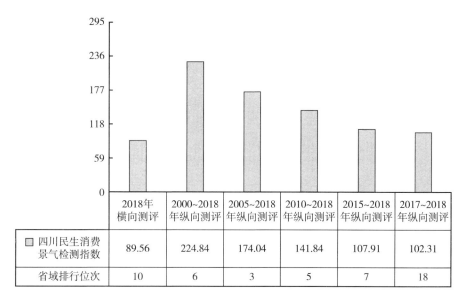

	2018年 横向测评	2000~2018 年纵向测评	2005~2018 年纵向测评	2010~2018 年纵向测评	2015~2018 年纵向测评	2017~2018 年纵向测评
□ 四川民生消费 景气检测指数	89.56	224.84	174.04	141.84	107.91	102.31
省域排行位次	10	6	3	5	7	18

图6 四川民生消费需求景气指数变动态势

数轴柱型：共时性年度横向测评（全国城乡地区无差距理想值＝100），类似"不论年龄比高矮"，有利于发达地区；历时性阶段纵向测评（起点年自身基数值＝100），类似"不论高矮比生长"，有利于后发地区，从左至右①"十五"以来，②"十一五"以来，③"十二五"以来，④"十三五"以来，⑤上年以来，多向度检测省域排行，考察不同阶段进展状况。

1. 各年度理想值横向测评

以假定各类民生数据城乡、地区无差距理想值为100，2018年四川城乡民生需求景气指数为89.56，低于无差距理想值10.44%。四川此项检测指数在省域间排行变化，2000年为第20位，2005年与之持平，2010年为第22位，2015年为第10位，2018年从上年第12位上升为第10位。

2. 2000年以来基数值纵向测评

以"九五"末年2000年数据指标演算基数值为100，"十五"以来至2018年四川城乡民生需求景气指数为224.84，高于起点年基数值124.84%。四川此项检测分值高于全国总体检测结果分值，即2000年以来民生需求景气提升程度高于全国平均水平，处于省域间第6位。

3. 2005年以来基数值纵向测评

以"十五"末年2005年数据指标演算基数值为100，"十一五"以来至

2018 年四川城乡民生需求景气指数为 174.04，高于起点年基数值 74.04%。四川此项检测分值高于全国总体检测结果分值，即 2005 年以来民生需求景气提升程度高于全国平均水平，处于省域间第 3 位。

4. 2010年以来基数值纵向测评

以"十一五"末年 2010 年数据指标演算基数值为 100，"十二五"以来至 2018 年四川城乡民生需求景气指数为 141.84，高于起点年基数值41.84%。四川此项检测分值高于全国总体检测结果分值，即 2010 年以来民生需求景气提升程度高于全国平均水平，处于省域间第 5 位。

5. 2015年以来基数值纵向测评

以"十二五"末年 2015 年数据指标演算基数值为 100，"十三五"以来至 2018 年四川城乡民生需求景气指数为 107.91，高于起点年基数值7.91%。四川此项检测分值高于全国总体检测结果分值，即 2015 年以来民生需求景气提升程度高于全国平均水平，处于省域间第 7 位。

6. 逐年度基数值纵向测评

以上一年（2017 年）起点数据指标演算基数值为 100，2018 年四川城乡民生需求景气指数为 102.31，高于起点年基数值 2.31%。四川此项检测指数在省域间排行变化，2000 年为第 21 位，2005 年为第 25 位，2010 年为第 31 位，2015 年为第 8 位，2018 年从上年第 5 位下降为第 18 位。

天津：2018年度民生需求景气排名第4位

陈 莺*

摘 要： 2000~2018年，天津城乡民生消费数据人均值持续稳步增长，2018年居民总消费为2000年的6.06倍，物质消费为5.49倍，非物消费为7.37倍。非物消费比重显著增高6.55个百分点，消费结构出现很大升级变化。但居民消费率从28.51%明显降低至24.83%，"十二五"以来明显回升。居民积蓄率从27.83%持续明显降低至24.30%，反过来对消费需求的抑制作用减轻。居民总消费、物质消费、非物消费地区差逐渐缩小；居民总消费、物质消费、非物消费城乡比逐渐缩小。

关键词： 天津居民 民生需求 物质消费 非物消费 景气排行

一 天津人民生活主要数据相关情况

天津城乡主要民生数据增长变化基本情况见图1，限于制图容量，未直接列出居民收入数据，可据其他数据推算，另产值、财政收入、财政支出数据置于后台演算。

1. 城乡居民收入、积蓄财富总量增长简况

2000~2018年，天津城乡居民收入总量年均增长13.11%，积蓄总量年

---

* 陈莺，云南省国际贸易学会消费市场监测与研究中心区域分析师，主要从事国际贸易相关研究。

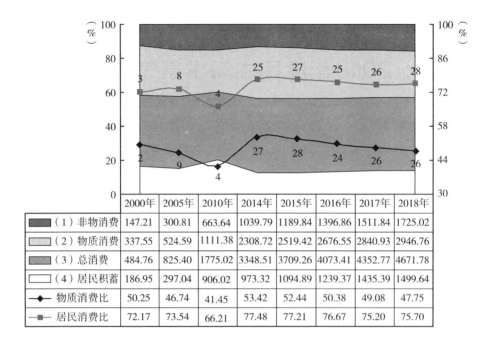

	2000年	2005年	2010年	2014年	2015年	2016年	2017年	2018年
（1）非物消费	147.21	300.81	663.64	1039.79	1189.84	1396.86	1511.84	1725.02
（2）物质消费	337.55	524.59	1111.38	2308.72	2519.42	2676.55	2840.93	2946.76
（3）总消费	484.76	825.40	1775.02	3348.51	3709.26	4073.41	4352.77	4671.78
（4）居民积蓄	186.95	297.04	906.02	973.32	1094.89	1239.37	1435.39	1499.64
物质消费比	50.25	46.74	41.45	53.42	52.44	50.38	49.08	47.75
居民消费比	72.17	73.54	66.21	77.48	77.21	76.67	75.20	75.70

图 1　天津城乡主要民生数据增长变化基本情况

左轴面积：城乡居民（1）非物消费、（2）物质消费、（3）总消费、（4）积蓄总量（亿元转换为%），（1）+（2）=（3），（3）+（4）=居民收入，各项数值间呈直观比例。右轴曲线：物质消费比、居民消费比（占居民收入比）（%），二者之差即为非物消费比，二者之比即为物质消费比重（占总消费比），二者之差再与居民消费比之比即为非物消费比重。标注物质消费比、居民消费比省域位次。

均增长 12.26%。居民收入年均增长率低于当地产值增长 1.17 个百分点，低于当地财政收入增长 3.45 个百分点。

2. 城乡居民消费总量及其分类增长状况

2000～2018 年，天津城乡居民消费总量年均增长 13.41%。居民消费年均增长率低于当地产值增长 0.87 个百分点，低于当地财政支出增长 3.48 个百分点。同期，天津城乡居民物质消费总量年均增长 12.79%，低于居民收入增长 0.32 个百分点，低于总消费增长 0.62 个百分点；天津城乡居民非物消费总量年均增长 14.65%，高于居民收入增长 1.54 个百分点，高于总消费增长 1.24 个百分点。

3. 城乡居民消费需求相关比值变化状况

在天津居民收入当中，2014年有77.48%用于全部生活消费支出，为历年最高比值；2010年仅有66.21%用于全部生活消费支出，为历年最低（最佳）比值；2014年有53.42%用于物质消费支出，为历年最高比值；2013年仅有40.84%用于物质消费支出，为历年最低（最佳）比值。居民收入与总消费之差即为居民积蓄，物质消费与总消费之差即为非物消费。

这18年间，天津居民消费比升高3.53个百分点，物质消费比降低2.50个百分点，反过来导致非物消费比升高6.03个百分点。继续深入分析，居民消费比与物质消费比升降方向及其程度有差异，意味着物质消费占总消费比重变化，反过来又导致非物消费占总消费比重变化。由这些相对比值关系变化就能够看出民生消费需求态势，从中体现出民生发展的基本走向。

二 天津居民总消费增长及相关性分析

居民总消费及其相关性分析为民生消费需求检测系统的二级子系统之首。天津城乡居民总消费及其相关性变动态势见图2。

1. 城乡综合人均值及地区差变动状况

2000~2018年，天津城乡居民人均总消费年均增长10.53%（由于人口增长，人均值增长率略低于总量增长率）。人均值地区差最小（最佳，后同）值为2018年的1.4705，最大值为2001年的1.8373。这18年间，天津居民总消费地区差缩小15.23%。

由于各地相应变化，天津此项地区差位次从第27位降为第29位。据既往历年动态推演测算，天津地区差到2020年将为1.4518，相比当前明显缩减；2035年将为1.3623，继续明显缩减。

2. 城镇与乡村人均值及城乡比变动状况

2000~2018年，天津城镇居民人均总消费年均增长9.75%，乡村居民人均总消费年均增长12.59%，乡村年均增长率高于城镇2.84个百分点。

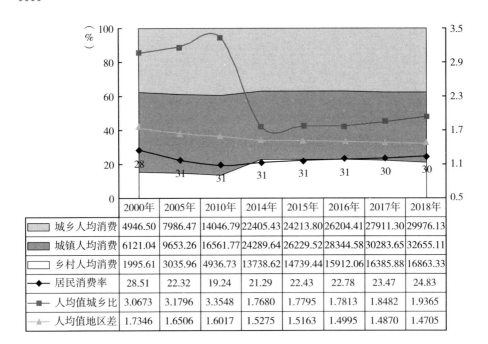

	2000年	2005年	2010年	2014年	2015年	2016年	2017年	2018年
▨ 城乡人均消费	4946.50	7986.47	14046.79	22405.43	24213.80	26204.41	27911.30	29976.13
▨ 城镇人均消费	6121.04	9653.26	16561.77	24289.64	26229.52	28344.58	30283.65	32655.11
☐ 乡村人均消费	1995.61	3035.96	4936.73	13738.62	14739.44	15912.06	16385.88	16863.33
◆ 居民消费率	28.51	22.32	19.24	21.29	22.43	22.78	23.47	24.83
■ 人均值城乡比	3.0673	3.1796	3.3548	1.7680	1.7795	1.7813	1.8482	1.9365
▲ 人均值地区差	1.7346	1.6506	1.6017	1.5275	1.5163	1.4995	1.4870	1.4705

图 2　天津城乡居民总消费及其相关性变动态势

左轴面积：城乡综合、城镇、乡村居民总消费人均值（元转换为%），各项数值间呈直观比例。右轴曲线：居民总消费城乡比（乡村 =1）、地区差（无差距 =1）。左轴曲线：居民消费率（与产值比）（%）。标注居民消费率省域位次。

城乡之间增长相关系数为 0.2712，即历年增长同步程度为 27.12%，呈极弱正相关性。

同期，天津居民总消费城乡比最小（最佳，后同）值为 2014 年的 1.7680，最大值为 2008 年的 3.5087。这 18 年间，天津居民总消费城乡比缩小 36.87%。

由于各地相应变化，天津此项城乡比位次从第 18 位升为第 11 位。据既往历年动态推演测算，天津城乡比到 2020 年将为 1.8400，相比当前明显缩减；2035 年将为 1.2542，继续显著缩减。

3. 城乡综合居民消费率历年变化状况

2000～2018 年，天津居民消费率降低 3.68 个百分点，其中"十二五"以来升高 5.59 个百分点。应对国际金融危机实施"拉动内需，扩大消费，改善民生"政策以来，尤其是进入"十二五"以来，天津居民消费率明显回升。由于各地相应变化，天津居民消费率位次从第28位降为第30位。

这18年间，天津居民消费率最高（最佳）值为2001年的29.36%，最低值为2011年的18.82%，近年来仍未回复2000年初始值，更未达到2001年最佳值。这表明，当地居民消费拉动经济增长的同步协调性尚待增强。还应注意，天津居民消费率下降程度小于当地居民收入比下降程度，反过来意味着居民积蓄率下降，亦即积蓄对消费的抑制作用减轻。

在天津历年居民总消费用度支出中，物质消费年均增长9.92%，低于居民收入年增0.31个百分点，低于总消费年增0.61个百分点，物质消费比重下降；非物消费年均增长11.73%，高于居民收入年增1.50个百分点，高于总消费年增1.21个百分点，非物消费比重上升。

三 天津居民物质生活消费结构性分析

天津居民物质消费分类结构性关系见图3。

1. 食品消费人均值增长及其比重变化

2000～2018年，天津城乡居民人均食品消费年均增长8.54%。人均值地区差最小值为2007年的1.4929，最大值为2001年的1.6679；城乡比最小值为2016年的1.7426，最大值为2003年的3.3409。这18年间，天津居民食品消费地区差缩小7.23%，城乡比缩小38.39%。由于各地相应变化，天津地区差位次从第27位降为第30位，城乡比位次从第30位升为第19位。

天津居民食品消费比重降低11.19个百分点。最低（最佳，物质消费占比以低为佳，后同）比重值为2018年的28.92%，最高比重值为2000年的40.10%。由于各地相应变化，天津比重位次从第8位降为第20位。

2. 衣着消费人均值增长及其比重变化

2000～2018年，天津城乡居民人均衣着消费年均增长8.82%。人均值地区差最小值为2005年的1.3833，最大值为2000年的1.8180；城乡比最

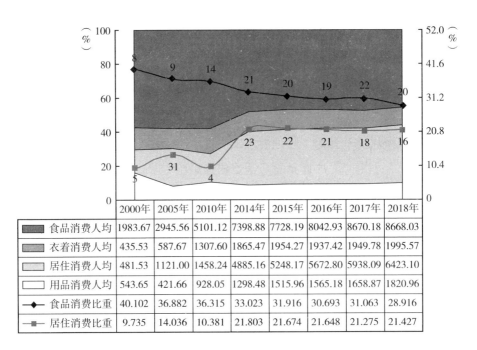

	2000年	2005年	2010年	2014年	2015年	2016年	2017年	2018年
食品消费人均	1983.67	2945.56	5101.12	7398.88	7728.19	8042.93	8670.18	8668.03
衣着消费人均	435.53	587.67	1307.60	1865.47	1954.27	1937.42	1949.78	1995.57
居住消费人均	481.53	1121.00	1458.24	4885.16	5248.17	5672.80	5938.09	6423.10
用品消费人均	543.65	421.66	928.05	1298.48	1515.96	1565.18	1658.87	1820.96
◆ 食品消费比重	40.102	36.882	36.315	33.023	31.916	30.693	31.063	28.916
■ 居住消费比重	9.735	14.036	10.381	21.803	21.674	21.648	21.275	21.427

图3　天津居民物质消费分类结构性关系

　　左轴面积：城乡综合演算的居民物质消费单项（食品烟酒、衣着、居住、生活用品及服务四项）人均值（元转换为%），各项数值间呈直观比例。右轴曲线：食品、居住消费比重（占总消费比，保留3位小数协调整个物质消费比重演算小数四舍五入）（%），显示物质生活需求变化最大的两个方面。标注食品、居住消费比重省域位次（物质消费比重以低为佳取倒序）。

小值为2017年的1.8781，最大值为2010年的4.2846。这18年间，天津居民衣着消费地区差缩小17.66%，城乡比缩小33.90%。由于各地相应变化，天津地区差位次从第29位升为第28位，城乡比位次保持第4位不变。

　　天津居民衣着消费比重降低2.15个百分点。最低比重值为2018年的6.66%，最高比重值为2011年的9.49%。由于各地相应变化，天津比重位次从第17位升为第11位。

　　3. 居住消费人均值增长及其比重变化

　　2000～2018年，天津城乡居民人均居住消费年均增长15.48%。人均值地区差最小值为2013年的1.3044，最大值为2004年的2.1189；城乡比最小值为2011年的1.3098，最大值为2003年的2.9019。这18年间，天津居民居住消费地区差缩小3.98%，城乡比扩大3.82%。由于各地相应变化，天津地区差位次从第23位升为第21位，城乡比位次从第16位升为第14位。

天津居民居住消费比重增高11.69个百分点。最低比重值为2000年的9.73%，最高比重值为2014年的21.80%。由于各地相应变化，天津比重位次从第5位降为第16位。

4. 用品消费人均值增长及其比重变化

2000～2018年，天津城乡居民人均用品消费年均增长6.95%。人均值地区差最小值为2013年的1.3239，最大值为2001年的2.8649；城乡比最小值为2015年的1.3808，最大值为2001年的10.8835。这18年间，天津居民用品消费地区差缩小45.48%，城乡比缩小81.45%。由于各地相应变化，天津地区差位次从第29位升为第28位，城乡比位次从第26位升为第1位。

天津居民用品消费比重降低4.92个百分点。最低比重值为2005年的5.28%，最高比重值为2000年的10.99%。由于各地相应变化，天津比重位次从第30位升为第16位。

本项检测将全部物质消费视为"全面小康"人民生活必需消费，只看食品消费或者扩大为衣食温饱显然已不具有足够的解释力。不难看出，天津居民食品消费比重降低"让出"的余地却被居住消费比重增高"超量抢占"，这两项冲抵反而留给处在上位的物质消费比重增高0.51个百分点，否则2000年以来18年间天津居民整个物质消费比重（可视为恩格尔系数极致放大）理当显著下降。房价虚高已经严重影响到天津民生发展质量。

在天津历年居民物质消费用度支出中，居住消费年均增长15.48%最高，高于总消费年增4.95个百分点，所占比重上升，成为牵制物质消费比重降低的主要因素；衣着消费年均增长8.82%次之，低于总消费年增1.71个百分点，所占比重下降；食品消费年均增长8.54%排第三位，低于总消费年增1.99个百分点，所占比重下降；用品消费年均增长6.95%最低，低于总消费年增3.58个百分点，所占比重下降；这四项综合测算，物质消费比重降低6.55个百分点，由此看出社会公议"消费结构升级"的实际动向。

四 天津居民非物生活消费结构性分析

（一）非物生活分类消费增长分析

天津居民非物消费分类结构性关系见图4。

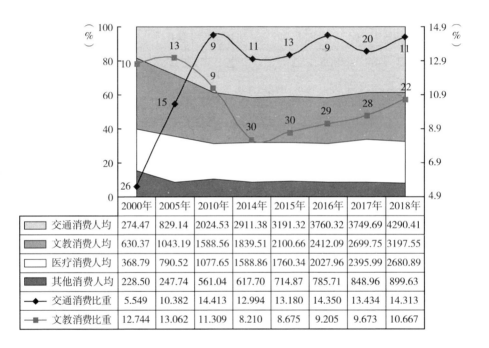

	2000年	2005年	2010年	2014年	2015年	2016年	2017年	2018年
交通消费人均	274.47	829.14	2024.53	2911.38	3191.32	3760.32	3749.69	4290.41
文教消费人均	630.37	1043.19	1588.56	1839.51	2100.66	2412.09	2699.75	3197.55
医疗消费人均	368.79	790.52	1077.65	1588.86	1760.34	2027.96	2395.99	2680.89
其他消费人均	228.50	247.74	561.04	617.70	714.87	785.71	848.96	899.63
交通消费比重	5.549	10.382	14.413	12.994	13.180	14.350	13.434	14.313
文教消费比重	12.744	13.062	11.309	8.210	8.675	9.205	9.673	10.667

图4 天津居民非物消费分类结构性关系

左轴面积：城乡综合演算的居民非物消费单项（交通通信、教育文化娱乐、医疗保健、其他用品及服务四项）人均值（元转换为%），各项数值间呈直观比例。右轴曲线：交通通信、教育文化娱乐消费比重（占总消费比，保留3位小数对应整个非物消费比重演算小数四舍五入协调）（%），显示社会生活交往、精神文化生活需求变化。标注交通通信、教育文化娱乐消费比重省域位次。

1. 交通消费人均值增长及其比重变化

2000~2018年，天津城乡居民人均交通消费年均增长16.50%。人均值地区差最小值为2000年的1.3703，最大值为2001年的1.9397；城乡比最小值为 2017 年的 1.3523，最大值为 2010 年的 5.2502。这 18 年间，天津居民交通消费地区差扩大 14.14%，城乡比缩小 55.23%。由于各地相应变化，天津地区差位次从第 19 位降为第 28 位，城乡比位次从第 15 位升为第 11 位。

天津居民交通消费比重增高 8.76 个百分点。最高（最佳，非物消费占比以高为佳，后同）比重值为 2013 年的 16.16%，最低比重值为 2000 年的 5.55%。由于各地相应变化，天津比重位次从第 26 位升为第 11 位。

2. 文教消费人均值增长及其比重变化

2000~2018 年，天津城乡居民人均文教消费年均增长 9.44%。人均值地区差最小值为 2014 年的 1.1826，最大值为 2002 年的 1.9169；城乡比最小值为 2015 年的 1.8330，最大值为 2007 年的 5.2547。这 18 年间，天津居民文教消费地区差缩小 23.93%，城乡比缩小 13.12%。由于各地相应变化，天津地区差位次保持第 28 位不变，城乡比位次从第 17 位降为第 29 位。

天津居民文教消费比重降低 2.08 个百分点。最高比重值为 2002 年的 15.64%，最低比重值为 2014 年的 8.21%。由于各地相应变化，天津比重位次从第 10 位降为第 22 位。

3. 医疗消费人均值增长及其比重变化

2000~2018 年，天津城乡居民人均医疗消费年均增长 11.65%。人均值地区差最小值为 2015 年的 1.4954，最大值为 2006 年的 2.2654；城乡比最小值为 2018 年的 1.4305，最大值为 2005 年的 5.5606。这 18 年间，天津居民医疗消费地区差缩小 28.23%，城乡比缩小 4.96%。由于各地相应变化，天津地区差位次从第 29 位升为第 28 位，城乡比位次从第 1 位降为第 8 位。

天津居民医疗消费比重增高 1.49 个百分点。最高比重值为 2005 年的 9.90%，最低比重值为 2001 年的 6.28%。由于各地相应变化，天津比重位次从第 5 位降为第 15 位。

4. 其他消费人均值增长及其比重变化

2000~2018 年，天津城乡居民人均其他消费年均增长 7.91%。人均值地区差最小值为 2002 年的 1.6547，最大值为 2004 年的 1.9972；城乡比最小值为2014年的2.1381，最大值为2005年的7.8824。这18年间，天津居民其他消费地区差缩小0.15%，城乡比缩小29.87%。由于各地相应变化，天津地区差位次从第27位降为第29位，城乡比位次从第14位降为第20位。

天津居民其他消费比重降低1.62个百分点。最高比重值为2001年的4.65%，最低比重值为2014年的2.76%。由于各地相应变化，天津比重位次从第11位升为第2位。

恩格尔系数检测仅能对应"基本小康"阶段，即使扩展为整个物质消费也难以适用于"全面小康"进程。为此，本项检测将全部非物消费视为"全面小康"民生应有消费。"交通消费"作为"交通通信消费"简称，包含通信消费，而通信消费里的信息内容消费部分显然应当归属于精神消费。假设天津居民信息内容消费占通信消费一半，通信消费又占整个交通通信消费一半，那么信息内容消费比重则增高2.19个百分点，再与文教消费比重变化合并演算，2000年以来18年间天津居民精神消费比重理当上升0.11个百分点。

在天津历年居民非物消费用度支出中，交通消费年均增长16.50%最高，高于总消费年增5.97个百分点，所占比重上升，成为提升非物消费比重增高的主要因素；医疗消费年均增长11.65%次之，高于总消费年增1.12个百分点，所占比重上升，成为提升非物消费比重增高的重要因素；文教消费年均增长9.44%排第三位，低于总消费年增1.09个百分点，所占比重下降；其他消费年均增长7.91%最低，低于总消费年增2.62个百分点，所占比重下降；这四项综合测算，非物消费比重增高6.55个百分点，由此看出社会公议"消费结构升级"的实际动向。

（二）居民收入、积蓄与非物消费之间增长关系

分析居民收入、积蓄与非物生活各项消费之间增长关系，可以检测究竟是什么因素对居民非物生活各项消费增长产生重要影响。天津居民收入、积蓄与非物消费增长态势见图5，因相关系数分析需有历年不间断增长指数，而制图空间有限，故截取2002~2012（后台检测2000~2018）年。

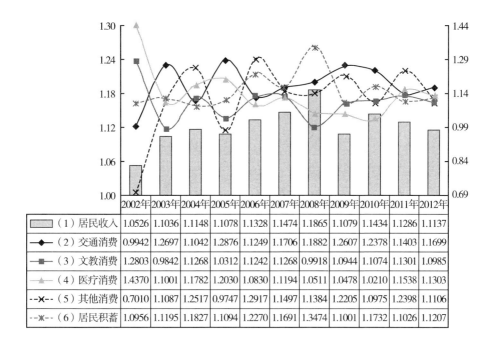

	2002年	2003年	2004年	2005年	2006年	2007年	2008年	2009年	2010年	2011年	2012年
（1）居民收入	1.0526	1.1036	1.1148	1.1078	1.1328	1.1474	1.1865	1.1079	1.1434	1.1286	1.1137
（2）交通消费	0.9942	1.2697	1.1042	1.2876	1.1249	1.1706	1.1882	1.2607	1.2378	1.1403	1.1699
（3）文教消费	1.2803	0.9842	1.1268	1.0312	1.1242	1.1268	0.9918	1.0944	1.1074	1.1301	1.0985
（4）医疗消费	1.4370	1.1001	1.1782	1.2030	1.0830	1.1194	1.0511	1.0478	1.0210	1.1538	1.1303
--x--（5）其他消费	0.7010	1.1087	1.2517	0.9747	1.2917	1.1497	1.1384	1.2205	1.0975	1.2398	1.1106
--*--（6）居民积蓄	1.0956	1.1195	1.1827	1.1094	1.2270	1.1691	1.3474	1.1001	1.1732	1.1026	1.1207

图5　天津居民收入、积蓄与非物消费增长态势

左轴柱形：居民收入年增指数。右轴曲线：非物消费各单项、积蓄年增指数，上年 = 1（小于 1 为负增长）。曲线（4）与（6）之间大体形成横向镜面峰谷对应水中倒影负相关关系。

1. 居民收入与非物消费历年增长相关性

2002 ~ 2012 年，标号（1）居民收入与（2）交通消费历年增长之间，相关系数为 0.3434，即 34.34% 程度上同步变动，呈极弱正相关性；与（3）文教消费历年增长之间，相关系数为 - 0.5639，即 56.39% 程度上逆向变动，呈较强负相关性；与（4）医疗消费历年增长之间，相关系数为 - 0.7643，即 76.43% 程度上逆向变动，呈极强负相关性；与（5）其他消费历年增长之间，相关系数为 0.6062，即 60.62% 程度上同步变动，呈较弱正相关性。

这些数据之间的增长相关性表明，天津居民收入增加也不能"必然"带来本地居民生活消费向着非物质需求，尤其是精神文化需求方向"升级"。

2. 居民积蓄与非物消费历年增长相关性

2002～2012年，标号（6）居民积蓄与（2）交通消费历年增长之间，相关系数为0.0708，即7.08%程度上同步变动，呈极弱正相关性；与（3）文教消费历年增长之间，相关系数为－0.3976，即39.76%程度上逆向变动，呈稍强负相关性；与（4）医疗消费历年增长之间，相关系数为－0.4584，即45.84%程度上逆向变动，呈稍强负相关性；与（5）其他消费历年增长之间，相关系数为0.2068，即20.68%程度上同步变动，呈极弱正相关性。

在当地这些数据之间的增长相关性中，相互间影响的正反方向、强弱程度一目了然。

特别是（4）医疗消费与（6）居民积蓄增长曲线之间，形成横向镜面峰谷对应水中倒影，其间呈45.84%逆向增长相关性。"积蓄负相关性"对于医疗消费基本成立，对于文教消费不明显，对于交通消费不成立，对于其他消费不成立。经后台数据库扩展演算，文教消费与积蓄增长之间2004～2012年长时段逆向程度为55.77%，呈较强负相关；2008～2012年逆向极值达93.34%，呈极强负相关。

天津居民积蓄增长已经严重地抑制了本地居民消费向着增强人们身心健康方向更快地"升级"。

五　天津民生消费需求景气指数检测

天津民生消费需求景气指数变动态势见图6。

1. 各年度理想值横向测评

以假定各类民生数据城乡、地区无差距理想值为100，2018年天津城乡民生需求景气指数为93.89，低于无差距理想值6.11%。天津此项检测指数在省域间排行变化，2000年为第10位，2005年为第9位，2010年为第6位，2015年为第4位，2018年从上年第3位下降为第4位。

2. 2000年以来基数值纵向测评

以"九五"末年2000年数据指标演算基数值为100，"十五"以来至

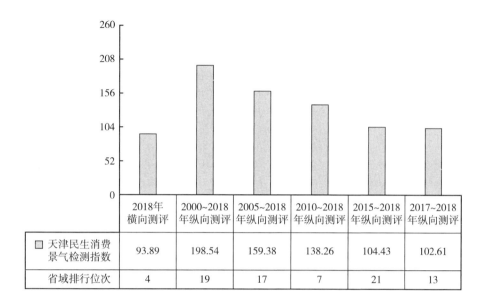

图6　天津民生消费需求景气指数变动态势

数轴柱型：共时性年度横向测评（全国城乡地区无差距理想值＝100），类似"不论年龄比高矮"，有利于发达地区；历时性阶段纵向测评（起点年自身基数值＝100），类似"不论高矮比生长"，有利于后发地区，从左至右①"十五"以来，②"十一五"以来，③"十二五"以来，④"十三五"以来，⑤上年以来，多向度检测省域排行，考察不同阶段进展状况。

2018年天津城乡民生需求景气指数为198.54，高于起点年基数值98.54%。天津此项检测分值低于全国总体检测结果分值，即2000年以来民生需求景气提升程度低于全国平均水平，处于省域间第19位。

3. 2005年以来基数值纵向测评

以"十五"末年2005年数据指标演算基数值为100，"十一五"以来至2018年天津城乡民生需求景气指数为159.38，高于起点年基数值59.38%。天津此项检测分值高于全国总体检测结果分值，即2005年以来民生需求景气提升程度高于全国平均水平，处于省域间第17位。

4. 2010年以来基数值纵向测评

以"十一五"末年2010年数据指标演算基数值为100，"十二五"以来至2018年天津城乡民生需求景气指数为138.26，高于起点年基数值38.26%。天津此项检测分值高于全国总体检测结果分值，即2010年以来民生需求景气提升程度高于全国平均水平，处于省域间第7位。

5. 2015年以来基数值纵向测评

以"十二五"末年2015年数据指标演算基数值为100，"十三五"以来至2018年天津城乡民生需求景气指数为104.43，高于起点年基数值4.43%。天津此项检测分值低于全国总体检测结果分值，即2015年以来民生需求景气提升程度低于全国平均水平，处于省域间第21位。

6. 逐年度基数值纵向测评

以上一年（2017年）起点数据指标演算基数值为100，2018年天津城乡民生需求景气指数为102.61，高于起点年基数值2.61%。天津此项检测指数在省域间排行变化，2000年为第27位，2005年为第18位，2010年为第4位，2015年为第15位，2018年从上年第8位下降为第13位。

R.16
广西：2015～2018年民生需求
景气提升度第4位

马　芳*

摘　要：　2000～2018年，广西城乡民生消费数据人均值持续明显增长，
2018年居民总消费为2000年的6.38倍，物质消费为5.42
倍，非物消费为9.01倍。非物消费比重极显著增高10.98个
百分点，消费结构出现极大升级变化。但居民消费率从
51.79%极显著降低至37.02%，"十二五"以来明显回升。
居民积蓄率从18.38%持续极显著升高至31.36%，反过来对
消费需求的抑制作用加重。居民非物消费地区差逐渐缩小，
但居民总消费、物质消费地区差继续扩大；居民总消费、物
质消费、非物消费城乡比逐渐缩小。

关键词：　广西居民　民生需求　物质消费　非物消费　景气排行

一　广西人民生活主要数据相关情况

广西城乡主要民生数据增长变化基本情况见图1，限于制图容量，未直
接列出居民收入数据，可据其他数据推算，另产值、财政收入、财政支出数
据置于后台演算。

---

* 马芳，云南省国际贸易学会消费市场监测与研究中心价格分析师，主要从事财税学相关研究。

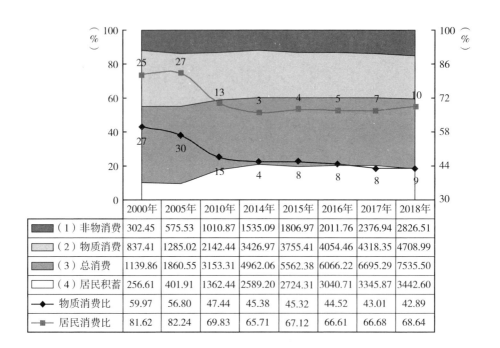

	2000年	2005年	2010年	2014年	2015年	2016年	2017年	2018年
（1）非物消费	302.45	575.53	1010.87	1535.09	1806.97	2011.76	2376.94	2826.51
（2）物质消费	837.41	1285.02	2142.44	3426.97	3755.41	4054.46	4318.35	4708.99
（3）总消费	1139.86	1860.55	3153.31	4962.06	5562.38	6066.22	6695.29	7535.50
（4）居民积蓄	256.61	401.91	1362.44	2589.20	2724.31	3040.71	3345.87	3442.60
◆物质消费比	59.97	56.80	47.44	45.38	45.32	44.52	43.01	42.89
■居民消费比	81.62	82.24	69.83	65.71	67.12	66.61	66.68	68.64

图1 广西城乡主要民生数据增长变化基本情况

左轴面积：城乡居民（1）非物消费、（2）物质消费、（3）总消费、（4）积蓄总量（亿元转换为%），（1）+（2）=（3），（3）+（4）=居民收入，各项数值间呈直观比例。右轴曲线：物质消费比、居民消费比（占居民收入比）（%），二者之差即为非物消费比，二者之比即为物质消费比重（占总消费比），二者之差再与居民消费比之比即为非物消费比重。标注物质消费比、居民消费比省域位次。

1. 城乡居民收入、积蓄财富总量增长简况

2000~2018年，广西城乡居民收入总量年均增长12.14%，积蓄总量年均增长15.52%。居民收入年均增长率低于当地产值增长1.37个百分点，低于当地财政收入增长2.36个百分点。

2. 城乡居民消费总量及其分类增长状况

2000~2018年，广西城乡居民消费总量年均增长11.06%。居民消费年均增长率低于当地产值增长2.45个百分点，低于当地财政支出增长7.22个百分点。同期，广西城乡居民物质消费总量年均增长10.07%，低于居民收入增长2.07个百分点，低于总消费增长0.99个百分点；广西城乡居民非物

消费总量年均增长 13. 22%, 高于居民收入增长 1. 08 个百分点, 高于总消费增长 2. 16 个百分点。

3. 城乡居民消费需求相关比值变化状况

在广西居民收入当中, 2005 年有 82. 24% 用于全部生活消费支出, 为历年最高比值; 2014 年仅有 65. 71% 用于全部生活消费支出, 为历年最低（最佳）比值; 2000 年有 59. 97% 用于物质消费支出, 为历年最高比值; 2018 年仅有 42. 89% 用于物质消费支出, 为历年最低（最佳）比值。居民收入与总消费之差即为居民积蓄, 物质消费与总消费之差即为非物消费。

这 18 年间, 广西居民消费比降低 12. 98 个百分点, 物质消费比降低 17. 08 个百分点, 反过来导致非物消费比升高 4. 10 个百分点。继续深入分析, 居民消费比与物质消费比升降方向及其程度有差异, 意味着物质消费占总消费比重变化, 反过来又导致非物消费占总消费比重变化。由这些相对比值关系变化就能够看出民生消费需求态势, 从中体现出民生发展的基本走向。

二 广西居民总消费增长及相关性分析

居民总消费及其相关性分析为民生消费需求检测系统的二级子系统之首。广西城乡居民总消费及其相关性变动态势见图 2。

1. 城乡综合人均值及地区差变动状况

2000~2018 年, 广西城乡居民人均总消费年均增长 10. 84%（由于人口增长, 人均值增长率略低于总量增长率）。人均值地区差最小（最佳, 后同）值为 2001 年的 1. 1487, 最大值为 2014 年的 1. 2858。这 18 年间, 广西居民总消费地区差扩大 7. 89%。

由于各地相应变化, 广西此项地区差位次从第 10 位降为第 21 位。据既往历年动态推演测算, 广西地区差到 2020 年将为 1. 2574, 相比当前较明显扩增; 2035 年将为 1. 3466, 继续显著扩增。

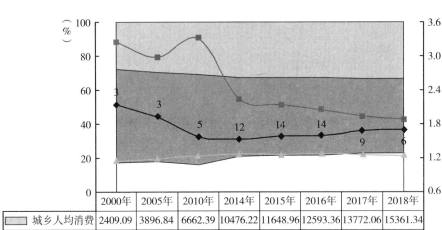

	2000年	2005年	2010年	2014年	2015年	2016年	2017年	2018年
城乡人均消费	2409.09	3896.84	6662.39	10476.22	11648.96	12593.36	13772.06	15361.34
城镇人均消费	4852.31	7032.80	11490.08	15045.40	16321.16	17268.45	18348.56	20159.39
乡村人均消费	1487.96	2349.60	3455.29	6675.07	7581.98	8351.25	9436.59	10616.96
居民消费率	51.79	44.34	32.95	31.66	33.10	33.12	36.15	37.02
人均值城乡比	3.2610	2.9932	3.3254	2.2540	2.1526	2.0678	1.9444	1.8988
人均值地区差	1.1552	1.1946	1.2403	1.2858	1.2705	1.2794	1.2663	1.2464

图2 广西城乡居民总消费及其相关性变动态势

左轴面积：城乡综合、城镇、乡村居民总消费人均值（元转换为%），各项数值间呈直观比例。右轴曲线：居民总消费城乡比（乡村=1）、地区差（无差距=1）。左轴曲线：居民消费率（与产值比）（%）。标注居民消费率省域位次。

2. 城镇与乡村人均值及城乡比变动状况

2000~2018年，广西城镇居民人均总消费年均增长8.23%，乡村居民人均总消费年均增长11.54%，乡村年均增长率高于城镇3.31个百分点。城乡之间增长相关系数为0.0348，即历年增长同步程度为3.48%，呈极弱正相关性。

同期，广西居民总消费城乡比最小（最佳，后同）值为2018年的1.8988，最大值为2001年的3.3694。这18年间，广西居民总消费城乡比缩小41.77%。

由于各地相应变化，广西此项城乡比位次从第21位升为第8位。据既往历年动态推演测算，广西城乡比到2020年将为1.7880，相比当前明显缩减；2035年将为1.1393，继续显著缩减。

3. 城乡综合居民消费率历年变化状况

2000～2018 年，广西居民消费率降低 14.77 个百分点，其中"十二五"以来升高 4.07 个百分点。应对国际金融危机实施"拉动内需，扩大消费，改善民生"政策以来，尤其是进入"十二五"以来，广西居民消费率明显回升。由于各地相应变化，广西居民消费率位次从第 3 位降为第 6 位。

这 18 年间，广西居民消费率最高（最佳）值为 2000 年的 51.79%，最低值为 2011 年的 30.69%，近年来仍未回复 2000 年初始值（亦即最佳值）。这表明，当地居民消费拉动经济增长的同步协调性尚待增强。还应注意，广西居民消费率下降程度大于当地居民收入比下降程度，反过来意味着居民积蓄率上升，亦即积蓄对消费的抑制作用加重。

在广西历年居民总消费用度支出中，物质消费年均增长 9.85%，低于居民收入年增 2.06 个百分点，低于总消费年增 0.99 个百分点，物质消费比重下降；非物消费年均增长 12.99%，高于居民收入年增 1.08 个百分点，高于总消费年增 2.15 个百分点，非物消费比重上升。

三 广西居民物质生活消费结构性分析

广西居民物质消费分类结构性关系见图 3。

1. 食品消费人均值增长及其比重变化

2000～2018 年，广西城乡居民人均食品消费年均增长 8.22%。人均值地区差最小值为 2000 年的 1.0778，最大值为 2018 年的 1.1887；城乡比最小值为 2018 年的 1.9345，最大值为 2013 年的 2.8019。这 18 年间，广西居民食品消费地区差扩大 10.29%，城乡比缩小 17.57%。由于各地相应变化，广西地区差位次从第 8 位降为第 14 位，城乡比位次从第 15 位降为第 21 位。

广西居民食品消费比重降低 16.41 个百分点。最低（最佳，物质消费占比以低为佳，后同）比重值为 2018 年的 30.46%，最高比重值为 2004 年的 46.99%。由于各地相应变化，广西比重位次从第 23 位降为第 24 位。

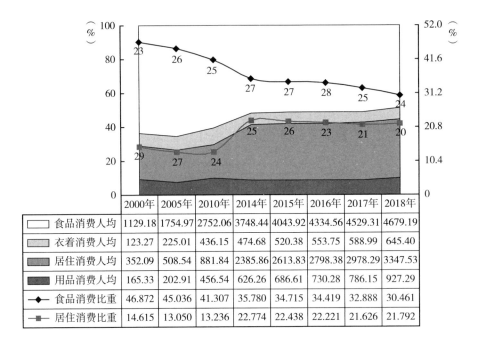

	2000年	2005年	2010年	2014年	2015年	2016年	2017年	2018年
□ 食品消费人均	1129.18	1754.97	2752.06	3748.44	4043.92	4334.56	4529.31	4679.19
▦ 衣着消费人均	123.27	225.01	436.15	474.68	520.38	553.75	588.99	645.40
▨ 居住消费人均	352.09	508.54	881.84	2385.86	2613.83	2798.38	2978.29	3347.53
▩ 用品消费人均	165.33	202.91	456.54	626.26	686.61	730.28	786.15	927.29
◆ 食品消费比重	46.872	45.036	41.307	35.780	34.715	34.419	32.888	30.461
■ 居住消费比重	14.615	13.050	13.236	22.774	22.438	22.221	21.626	21.792

图3 广西居民物质消费分类结构性关系

左轴面积：城乡综合演算的居民物质消费单项（食品烟酒、衣着、居住、生活用品及服务四项）人均值（元转换为%），各项数值间呈直观比例。右轴曲线：食品、居住消费比重（占总消费比，保留3位小数协调整个物质消费比重演算小数四舍五入）（%），显示物质生活需求变化最大的两个方面。标注食品、居住消费比重省域位次（物质消费比重以低为佳取倒序）。

2. 衣着消费人均值增长及其比重变化

2000~2018年，广西城乡居民人均衣着消费年均增长9.63%。人均值地区差最小值为2002年的1.4289，最大值为2014年的1.5748；城乡比最小值为2018年的2.9623，最大值为2009年的9.3182。这18年间，广西居民衣着消费地区差扩大2.05%，城乡比缩小51.25%。由于各地相应变化，广西地区差位次从第25位降为第30位，城乡比位次从第23位升为第20位。

广西居民衣着消费比重降低0.92个百分点。最低比重值为2018年的4.20%，最高比重值为2010年的6.55%。由于各地相应变化，广西比重位次从第3位升为第2位。

3. 居住消费人均值增长及其比重变化

2000～2018 年，广西城乡居民人均居住消费年均增长 13.33%。人均值地区差最小值为 2013 年的 1.0077，最大值为 2018 年的 1.3001；城乡比最小值为 2012 年的 1.1470，最大值为 2000 年的 3.7416。这 18 年间，广西居民居住消费地区差扩大 27.14%，城乡比缩小 54.15%。由于各地相应变化，广西地区差位次从第 4 位降为第 14 位，城乡比位次从第 30 位升为第 3 位。

广西居民居住消费比重增高 7.18 个百分点。最低比重值为 2008 年的 12.24%，最高比重值为 2014 年的 22.77%。由于各地相应变化，广西比重位次从第 29 位升为第 20 位。

4. 用品消费人均值增长及其比重变化

2000～2018 年，广西城乡居民人均用品消费年均增长 10.05%。人均值地区差最小值为 2001 年的 1.1340，最大值为 2006 年的 1.3211；城乡比最小值为 2018 年的 2.0759，最大值为 2001 年的 7.6880。这 18 年间，广西居民用品消费地区差扩大 5.90%，城乡比缩小 70.09%。由于各地相应变化，广西地区差位次从第 8 位降为第 21 位，城乡比位次从第 21 位升为第 11 位。

广西居民用品消费比重降低 0.83 个百分点。最低比重值为 2006 年的 5.00%，最高比重值为 2012 年的 7.16%。由于各地相应变化，广西比重位次从第 14 位降为第 15 位。

本项检测将全部物质消费视为"全面小康"人民生活必需消费，只看食品消费或者扩大为衣食温饱显然已不具有足够的解释力。不难看出，广西居民食品消费比重降低"让出"的余地却被居住消费比重增高"大量抢占"，这两项冲抵仅仅留给处在上位的物质消费比重降低 9.23 个百分点，否则 2000 年以来 18 年间广西居民整个物质消费比重（可视为恩格尔系数极致放大）理当显著下降。房价虚高已经明显影响到广西民生发展质量。

在广西历年居民物质消费用度支出中，居住消费年均增长 13.33% 最高，高于总消费年增 2.49 个百分点，所占比重上升，成为牵制物质消费比重降低的主要因素；用品消费年均增长 10.05% 次之，低于总消费年增 0.79

个百分点，所占比重下降；衣着消费年均增长 9.63% 排第三位，低于总消费年增 1.21 个百分点，所占比重下降；食品消费年均增长 8.22% 最低，低于总消费年增 2.62 个百分点，所占比重下降；这四项综合测算，物质消费比重降低 10.98 个百分点，由此看出社会公议"消费结构升级"的实际动向。

四 广西居民非物生活消费结构性分析

（一）非物生活分类消费增长分析

广西居民非物消费分类结构性关系见图 4。

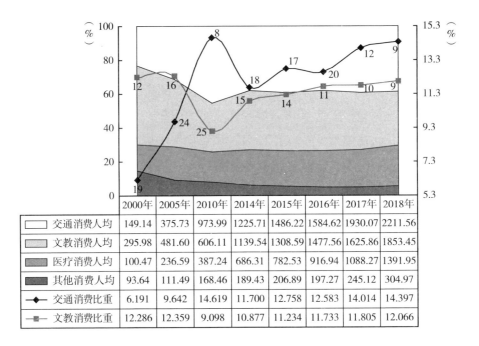

	2000年	2005年	2010年	2014年	2015年	2016年	2017年	2018年
交通消费人均	149.14	375.73	973.99	1225.71	1486.22	1584.62	1930.07	2211.56
文教消费人均	295.98	481.60	606.11	1139.54	1308.59	1477.56	1625.86	1853.45
医疗消费人均	100.47	236.59	387.24	686.31	782.53	916.94	1088.27	1391.95
其他消费人均	93.64	111.49	168.46	189.43	206.89	197.27	245.12	304.97
交通消费比重	6.191	9.642	14.619	11.700	12.758	12.583	14.014	14.397
文教消费比重	12.286	12.359	9.098	10.877	11.234	11.733	11.805	12.066

图 4 广西居民非物消费分类结构性关系

左轴面积：城乡综合演算的居民非物消费单项（交通通信、教育文化娱乐、医疗保健、其他用品及服务四项）人均值（元转换为%），各项数值间呈直观比例。右轴曲线：交通通信、教育文化娱乐消费比重（占总消费比，保留 3 位小数对应整个非物消费比重演算小数四舍五入协调）（%），显示社会生活交往、精神文化生活需求变化。标注交通通信、教育文化娱乐消费比重省域位次。

1. 交通消费人均值增长及其比重变化

2000～2018年，广西城乡居民人均交通消费年均增长16.16%。人均值地区差最小值为2002年的1.1837，最大值为2004年的1.3879；城乡比最小值为2018年的1.8997，最大值为2010年的6.3585。这18年间，广西居民交通消费地区差缩小4.91%，城乡比缩小66.96%。由于各地相应变化，广西地区差位次从第13位降为第17位，城乡比位次从第25位升为第12位。

广西居民交通消费比重增高8.21个百分点。最高（最佳，非物消费占比以高为佳，后同）比重值为2013年的14.63%，最低比重值为2000年的6.19%。由于各地相应变化，广西比重位次从第19位升为第9位。

2. 文教消费人均值增长及其比重变化

2000～2018年，广西城乡居民人均文教消费年均增长10.73%。人均值地区差最小值为2001年的1.1332，最大值为2006年的1.3945；城乡比最小值为2017年的1.9076，最大值为2013年的7.5443。这18年间，广西居民文教消费地区差扩大4.61%，城乡比缩小36.91%。由于各地相应变化，广西地区差位次从第10位降为第16位，城乡比位次从第16位升为第7位。

广西居民文教消费比重降低0.22个百分点。最高比重值为2002年的13.60%，最低比重值为2010年的9.10%。由于各地相应变化，广西比重位次从第12位升为第9位。

3. 医疗消费人均值增长及其比重变化

2000～2018年，广西城乡居民人均医疗消费年均增长15.72%。人均值地区差最小值为2018年的1.1887，最大值为2002年的1.4833；城乡比最小值为2015年的1.2207，最大值为2004年的5.5197。这18年间，广西居民医疗消费地区差缩小15.51%，城乡比缩小64.12%。由于各地相应变化，广西地区差位次从第22位升为第17位，城乡比位次从第23位升为第13位。

广西居民医疗消费比重增高4.89个百分点。最高比重值为2018年的

9.06%，最低比重值为 2000 年的 4.17%。由于各地相应变化，广西比重位次从第 28 位升为第 14 位。

4. 其他消费人均值增长及其比重变化

2000~2018 年，广西城乡居民人均其他消费年均增长 6.78%。人均值地区差最小值为 2004 年的 1.2183，最大值为 2016 年的 1.5279；城乡比最小值为 2017 年的 2.4234，最大值为 2001 年的 6.7202。这 18 年间，广西居民其他消费地区差扩大 10.33%，城乡比缩小 45.78%。由于各地相应变化，广西地区差位次从第 14 位降为第 24 位，城乡比位次从第 19 位升为第 11 位。

广西居民其他消费比重降低 1.90 个百分点。最高比重值为 2001 年的 3.89%，最低比重值为 2016 年的 1.57%。由于各地相应变化，广西比重位次从第 27 位降为第 30 位。

恩格尔系数检测仅能对应"基本小康"阶段，即使扩展为整个物质消费也难以适用于"全面小康"进程。为此，本项检测将全部非物消费视为"全面小康"民生应有消费。"交通消费"作为"交通通信消费"简称，包含通信消费，而通信消费里的信息内容消费部分显然应当归属于精神消费。假设广西居民信息内容消费占通信消费一半，通信消费又占整个交通通信消费一半，那么信息内容消费比重则增高 2.05 个百分点，再与文教消费比重变化合并演算，2000 年以来 18 年间广西居民精神消费比重理当上升 1.83 个百分点。

在广西历年居民非物消费用度支出中，交通消费年均增长 16.16% 最高，高于总消费年增 5.32 个百分点，所占比重上升，成为提升非物消费比重增高的主要因素；医疗消费年均增长 15.72% 次之，高于总消费年增 4.88 个百分点，所占比重上升，成为提升非物消费比重增高的重要因素；文教消费年均增长 10.73% 排第三位，低于总消费年增 0.11 个百分点，所占比重下降；其他消费年均增长 6.78% 最低，低于总消费年增 4.06 个百分点，所占比重下降；这四项综合测算，非物消费比重增高 10.98 个百分点，由此看出社会公议"消费结构升级"的实际动向。

（二）居民收入、积蓄与非物消费之间增长关系

分析居民收入、积蓄与非物生活各项消费之间增长关系，可以检测究竟是什么因素对居民非物生活各项消费增长产生重要影响。广西居民收入、积蓄与非物消费增长态势见图5，因相关系数分析需有历年不间断增长指数，而制图空间有限，故截取2001～2011（后台检测2000～2018）年。

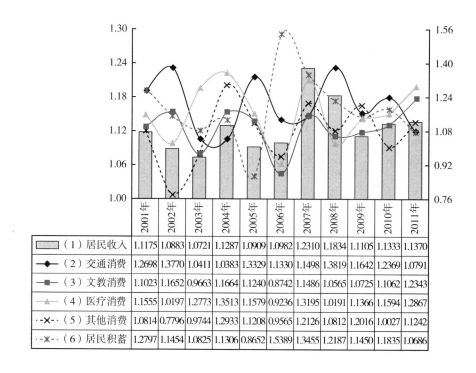

	2001年	2002年	2003年	2004年	2005年	2006年	2007年	2008年	2009年	2010年	2011年
（1）居民收入	1.1175	1.0883	1.0721	1.1287	1.0909	1.0982	1.2310	1.1834	1.1105	1.1333	1.1370
（2）交通消费	1.2698	1.3770	1.0411	1.0383	1.3329	1.1330	1.1498	1.3819	1.1642	1.2369	1.0791
（3）文教消费	1.1023	1.1652	0.9663	1.1664	1.1240	0.8742	1.1486	1.0565	1.0725	1.1062	1.2343
（4）医疗消费	1.1555	1.0197	1.2773	1.3513	1.1579	0.9236	1.3195	1.0191	1.1366	1.1594	1.2867
（5）其他消费	1.0814	0.7796	0.9744	1.2933	1.1208	0.9565	1.2126	1.0812	1.2016	1.0027	1.1242
（6）居民积蓄	1.2797	1.1454	1.0825	1.1306	0.8652	1.5389	1.3455	1.2187	1.1450	1.1835	1.0686

图5　广西居民收入、积蓄与非物消费增长态势

左轴柱形：居民收入年增指数。右轴曲线：非物消费各单项、积蓄年增指数，上年＝1（小于1为负增长）。曲线（3）与（6）之间大体形成横向镜面峰谷对应水中倒影负相关关系。

1. 居民收入与非物消费历年增长相关性

2001～2011年，标号（1）居民收入与（2）交通消费历年增长之间，

相关系数为 0.0463，即 4.63% 程度上同步变动，呈极弱正相关性；与（3）文教消费历年增长之间，相关系数为 0.3241，即 32.41% 程度上同步变动，呈极弱正相关性；与（4）医疗消费历年增长之间，相关系数为 0.2632，即 26.32% 程度上同步变动，呈极弱正相关性；与（5）其他消费历年增长之间，相关系数为 0.4820，即 48.20% 程度上同步变动，呈很弱正相关性。

这些数据之间的增长相关性表明，广西居民收入增加也不能"必然"带来本地居民生活消费向着非物质需求，尤其是精神文化需求方向"升级"。

2. 居民积蓄与非物消费历年增长相关性

2001～2011 年，标号（6）居民积蓄与（2）交通消费历年增长之间，相关系数为 −0.1281，即 12.81% 程度上逆向变动，呈很弱负相关性；与（3）文教消费历年增长之间，相关系数为 −0.5140，即 51.40% 程度上逆向变动，呈较强负相关性；与（4）医疗消费历年增长之间，相关系数为 −0.3968，即 39.68% 程度上逆向变动，呈稍强负相关性；与（5）其他消费历年增长之间，相关系数为 −0.1399，即 13.99% 程度上逆向变动，呈很弱负相关性。

在当地这些数据之间的增长相关性中，相互间影响的正反方向、强弱程度一目了然。

特别是（3）文教消费与（6）居民积蓄增长曲线之间，形成横向镜面峰谷对应水中倒影，其间呈 51.40% 逆向增长相关性。"积蓄负相关性"对于文教消费基本成立，对于医疗消费不明显，对于其他消费不明显，对于交通消费不明显。经后台数据库扩展演算，文教消费与积蓄增长之间 2006～2018 年长时段逆向程度为 64.44%，呈很强负相关；2014～2018 年逆向极值达 92.17%，呈极强负相关。

广西居民积蓄增长已经严重地抑制了本地居民消费向着提升精神文化需求方向更快地"升级"。

五　广西民生消费需求景气指数检测

广西民生消费需求景气指数变动态势见图6。

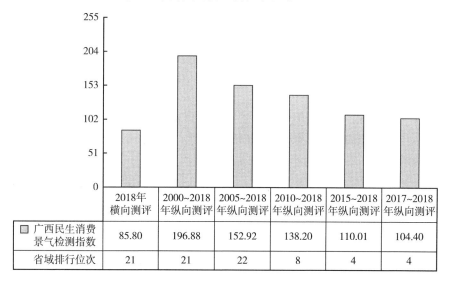

	2018年横向测评	2000~2018年纵向测评	2005~2018年纵向测评	2010~2018年纵向测评	2015~2018年纵向测评	2017~2018年纵向测评
▢ 广西民生消费景气检测指数	85.80	196.88	152.92	138.20	110.01	104.40
省域排行位次	21	21	22	8	4	4

图6　广西民生消费需求景气指数变动态势

数轴柱型：共时性年度横向测评（全国城乡地区无差距理想值＝100），类似"不论年龄比高矮"，有利于发达地区；历时性阶段纵向测评（起点年自身基数值＝100），类似"不论高矮比生长"，有利于后发地区，从左至右①"十五"以来，②"十一五"以来，③"十二五"以来，④"十三五"以来，⑤上年以来，多向度检测省域排行，考察不同阶段进展状况。

1. 各年度理想值横向测评

以假定各类民生数据城乡、地区无差距理想值为100，2018年广西城乡民生需求景气指数为85.80，低于无差距理想值14.20%。广西此项检测指数在省域间排行变化，2000年为第17位，2005年为第15位，2010年为第26位，2015年为第28位，2018年与上年持平，皆为第21位。

2. 2000年以来基数值纵向测评

以"九五"末年2000年数据指标演算基数值为100，"十五"以来至2018年广西城乡民生需求景气指数为196.88，高于起点年基数值96.88%。

广西此项检测分值低于全国总体检测结果分值，即 2000 年以来民生需求景气提升程度低于全国平均水平，处于省域间第 21 位。

3. 2005 年以来基数值纵向测评

以"十五"末年 2005 年数据指标演算基数值为 100，"十一五"以来至 2018 年广西城乡民生需求景气指数为 152.92，高于起点年基数值 52.92%。广西此项检测分值低于全国总体检测结果分值，即 2005 年以来民生需求景气提升程度低于全国平均水平，处于省域间第 22 位。

4. 2010 年以来基数值纵向测评

以"十一五"末年 2010 年数据指标演算基数值为 100，"十二五"以来至 2018 年广西城乡民生需求景气指数为 138.20，高于起点年基数值 38.20%。广西此项检测分值高于全国总体检测结果分值，即 2010 年以来民生需求景气提升程度高于全国平均水平，处于省域间第 8 位。

5. 2015 年以来基数值纵向测评

以"十二五"末年 2015 年数据指标演算基数值为 100，"十三五"以来至 2018 年广西城乡民生需求景气指数为 110.01，高于起点年基数值 10.01%。广西此项检测分值高于全国总体检测结果分值，即 2015 年以来民生需求景气提升程度高于全国平均水平，处于省域间第 4 位。

6. 逐年度基数值纵向测评

以上一年（2017 年）起点数据指标演算基数值为 100，2018 年广西城乡民生需求景气指数为 104.40，高于起点年基数值 4.40%。广西此项检测指数在省域间排行变化，2000 年为第 16 位，2005 年为第 4 位，2010 年为第 27 位，2015 年为第 7 位，2018 年从上年第 1 位下降为第 4 位。

北京：2018年度民生需求景气排名第5位

杨清舒*

摘　要：　2000～2018年，北京城乡民生消费数据人均值持续明显增长，
2018年居民总消费为2000年的5.44倍，物质消费为5.58
倍，非物消费为5.16倍。非物消费比重较明显降低1.73个
百分点，消费结构出现一定"逆升级"变化。但居民消费率
从30.40%较明显降低至28.43%，"十二五"以来明显回升。
居民积蓄率从18.83%持续极显著升高至36.11%，反过来对
消费需求的抑制作用加重。居民总消费、物质消费、非物消
费地区差逐渐缩小；居民总消费、物质消费、非物消费城乡
比逐渐缩小。

关键词：　北京居民　民生需求　物质消费　非物消费　景气排行

一　北京人民生活主要数据相关情况

北京城乡主要民生数据增长变化基本情况见图1，限于制图容量，未直接列出居民收入数据，可据其他数据推算，另产值、财政收入、财政支出数据置于后台演算。

1. 城乡居民收入、积蓄财富总量增长简况

2000～2018年，北京城乡居民收入总量年均增长14.49%，积蓄总量年

---

* 杨清舒，云南省国际贸易学会消费市场监测与研究中心商贸分析师，主要从事商贸流通相关研究。

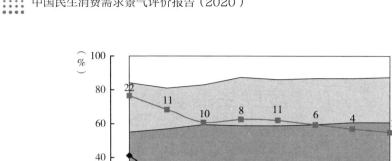

	2000年	2005年	2010年	2014年	2015年	2016年	2017年	2018年
（1）非物消费	332.16	801.11	1430.77	2076.34	2452.67	2576.91	2792.10	2837.93
（2）物质消费	626.15	1002.43	1980.07	4556.70	4855.31	5118.24	5339.08	5780.32
（3）总消费	958.31	1803.54	3410.84	6633.04	7307.98	7695.15	8131.18	8618.25
（4）居民积蓄	222.32	607.07	1557.14	2854.43	3168.73	3719.37	4303.52	4871.66
物质消费比	53.04	41.58	39.86	48.03	46.34	44.84	42.94	42.85
居民消费比	81.17	74.82	68.66	69.91	69.75	67.42	65.39	63.89

图1　北京城乡主要民生数据增长变化基本情况

　　左轴面积：城乡居民（1）非物消费、（2）物质消费、（3）总消费、（4）积蓄总量（亿元转换为%），（1）＋（2）＝（3），（3）＋（4）＝居民收入，各项数值间呈直观比例。右轴曲线：物质消费比、居民消费比（占居民收入比）（%），二者之差即为非物消费比，二者之比即为物质消费比重（占总消费比），二者之差再与居民消费比之比即为非物消费比重。标注物质消费比、居民消费比省域位次。

均增长 18.71%。居民收入年均增长率高于当地产值增长 1.11 个百分点，低于当地财政收入增长 2.47 个百分点。

　　2. 城乡居民消费总量及其分类增长状况

　　2000～2018 年，北京城乡居民消费总量年均增长 12.98%。居民消费年均增长率低于当地产值增长 0.40 个百分点，低于当地财政支出增长 4.01 个百分点。同期，北京城乡居民物质消费总量年均增长 13.14%，低于居民收入增长 1.35 个百分点，高于总消费增长 0.16 个百分点；北京城乡居民非物消费总量年均增长 12.66%，低于居民收入增长 1.83 个百分点，低于总消费增长 0.32 个百分点。

3. 城乡居民消费需求相关比值变化状况

在北京居民收入当中，2002年有81.17%用于全部生活消费支出，为历年最高比值；2018年仅有63.89%用于全部生活消费支出，为历年最低（最佳）比值；2000年有53.04%用于物质消费支出，为历年最高比值；2013年仅有38.21%用于物质消费支出，为历年最低（最佳）比值。居民收入与总消费之差即为居民积蓄，物质消费与总消费之差即为非物消费。

这18年间，北京居民消费比降低17.28个百分点，物质消费比降低10.19个百分点，反过来导致非物消费比降低7.09个百分点。继续深入分析，居民消费比与物质消费比升降方向及其程度有差异，意味着物质消费占总消费比重变化，反过来又导致非物消费占总消费比重变化。由这些相对比值关系变化就能够看出民生消费需求态势，从中体现出民生发展的基本走向。

二　北京居民总消费增长及相关性分析

居民总消费及其相关性分析为民生消费需求检测系统的二级子系统之首。北京城乡居民总消费及其相关性变动态势见图2。

1. 城乡综合人均值及地区差变动状况

2000~2018年，北京城乡居民人均总消费年均增长9.86%（由于人口增长，人均值增长率略低于总量增长率）。人均值地区差最小（最佳，后同）值为2013年的1.9337，最大值为2003年的2.6000。这18年间，北京居民总消费地区差缩小23.96%。

由于各地相应变化，北京此项地区差位次保持第30位不变。据既往历年动态推演测算，北京地区差到2020年将为1.9062，相比当前极显著缩减；2035年将为1.6533，继续极显著缩减。

2. 城镇与乡村人均值及城乡比变动状况

2000~2018年，北京城镇居民人均总消费年均增长9.42%，乡村居民人均总消费年均增长10.36%，乡村年均增长率高于城镇0.94个百分点。

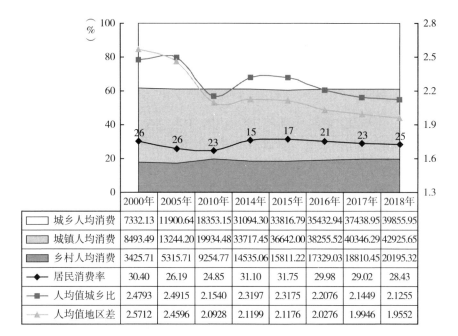

	2000年	2005年	2010年	2014年	2015年	2016年	2017年	2018年
城乡人均消费	7332.13	11900.64	18353.15	31094.30	33816.79	35432.94	37438.95	39855.95
城镇人均消费	8493.49	13244.20	19934.48	33717.45	36642.00	38255.52	40346.29	42925.65
乡村人均消费	3425.71	5315.71	9254.77	14535.06	15811.22	17329.03	18810.45	20195.32
居民消费率	30.40	26.19	24.85	31.10	31.75	29.98	29.02	28.43
人均值城乡比	2.4793	2.4915	2.1540	2.3197	2.3175	2.2076	2.1449	2.1255
人均值地区差	2.5712	2.4596	2.0928	2.1199	2.1176	2.0276	1.9946	1.9552

图2　北京城乡居民总消费及其相关性变动态势

左轴面积：城乡综合、城镇、乡村居民总消费人均值（元转换为%），各项数值间呈直观比例。右轴曲线：居民总消费城乡比（乡村=1）、地区差（无差距=1）。左轴曲线：居民消费率（与产值比）（%）。标注居民消费率省域位次。

城乡之间增长相关系数为 -0.1735，即历年增长逆向程度为17.35%，呈很弱负相关性。

同期，北京居民总消费城乡比最小（最佳，后同）值为2013年的1.9386，最大值为2002年的2.7560。这18年间，北京居民总消费城乡比缩小14.27%。

由于各地相应变化，北京此项城乡比位次从第7位降为第20位。据既往历年动态推演测算，北京城乡比到2020年将为2.0895，相比当前略微缩减；2035年将为1.8379，继续较明显缩减。

3. 城乡综合居民消费率历年变化状况

2000～2018年，北京居民消费率降低1.97个百分点，其中"十二五"以来升高3.58个百分点。应对国际金融危机实施"拉动内需，扩大消费，改善民生"政策以来，尤其是进入"十二五"以来，北京居民消费率明显回升。由于各地相应变化，北京居民消费率位次从第26位升为第25位。

这18年间，北京居民消费率最高（最佳）值为2015年的31.75%，最低值为2009年的23.48%，近年来达到历年最佳值。这表明，当地居民消费拉动经济增长的同步协调性尚待增强。还应注意，北京居民消费率下降而当地居民收入比上升，反过来意味着居民积蓄率上升，亦即积蓄对消费的抑制作用加重。

在北京历年居民总消费用度支出中，物质消费年均增长10.02%，低于居民收入年增1.31个百分点，高于总消费年增0.16个百分点，物质消费比重上升；非物消费年均增长9.55%，低于居民收入年增1.78个百分点，低于总消费年增0.31个百分点，非物消费比重下降。

三　北京居民物质生活消费结构性分析

北京居民物质消费分类结构性关系见图3。

1. 食品消费人均值增长及其比重变化

2000～2018年，北京城乡居民人均食品消费年均增长6.32%。人均值地区差最小值为2017年的1.3747，最大值为2001年的2.2070；城乡比最小值为2017年的1.7199，最大值为2002年的2.7269。这18年间，北京居民食品消费地区差缩小35.99%，城乡比缩小24.43%。由于各地相应变化，北京地区差位次从第30位升为第27位，城乡比位次从第17位升为第9位。

北京居民食品消费比重降低16.25个百分点。最低（最佳，物质消费占比以低为佳，后同）比重值为2017年的20.17%，最高比重值为2000年的36.49%。由于各地相应变化，北京比重位次保持第1位不变。

2. 衣着消费人均值增长及其比重变化

2000～2018年，北京城乡居民人均衣着消费年均增长7.05%。人均值地区差最小值为2018年的1.6326，最大值为2001年的2.6947；城乡比最小值为2018年的2.1558，最大值为2004年的3.4401。这18年间，北京居

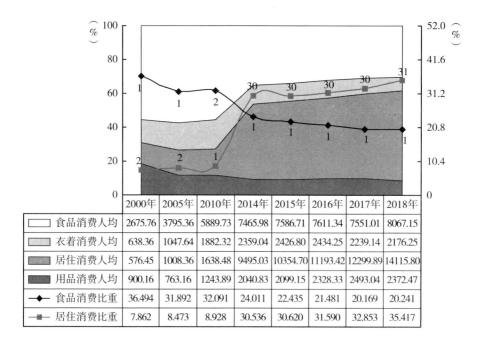

	2000年	2005年	2010年	2014年	2015年	2016年	2017年	2018年
食品消费人均	2675.76	3795.36	5889.73	7465.98	7586.71	7611.34	7551.01	8067.15
衣着消费人均	638.36	1047.64	1882.32	2359.04	2426.80	2434.25	2239.14	2176.25
居住消费人均	576.45	1008.36	1638.48	9495.03	10354.70	11193.42	12299.89	14115.80
用品消费人均	900.16	763.16	1243.89	2040.83	2099.15	2328.33	2493.04	2372.47
食品消费比重	36.494	31.892	32.091	24.011	22.435	21.481	20.169	20.241
居住消费比重	7.862	8.473	8.928	30.536	30.620	31.590	32.853	35.417

图3 北京居民物质消费分类结构性关系

左轴面积：城乡综合演算的居民物质消费单项（食品烟酒、衣着、居住、生活用品及服务四项）人均值（元转换为%），各项数值间呈直观比例。右轴曲线：食品、居住消费比重（占总消费比，保留3位小数协调整个物质消费比重演算小数四舍五入）（%），显示物质生活需求变化最大的两个方面。标注食品、居住消费比重省域位次（物质消费比重以低为佳取倒序）。

民衣着消费地区差缩小38.73%，城乡比缩小29.78%。由于各地相应变化，北京地区差位次保持第31位不变，城乡比位次保持第2位不变。

北京居民衣着消费比重降低3.25个百分点。最低比重值为2018年的5.46%，最高比重值为2012年的10.75%。由于各地相应变化，北京比重位次从第16位升为第6位。

3. 居住消费人均值增长及其比重变化

2000～2018年，北京城乡居民人均居住消费年均增长19.44%。人均值地区差最小值为2009年的1.3659，最大值为2015年的2.9769；城乡比最小值为2009年的0.7172，最大值为2018年的2.5863。这18年间，北京居民居住消费地区差扩大76.27%，城乡比扩大137.56%。由于各地相应变化，北京地区差位次从第27位降为第31位，城乡比位次从第4位降为第28位。

北京居民居住消费比重增高27.56个百分点。最低比重值为2001年的7.60%，最高比重值为2018年的35.42%。由于各地相应变化，北京比重位次从第2位降为第31位。

4.用品消费人均值增长及其比重变化

2000~2018年，北京城乡居民人均用品消费年均增长5.53%。人均值地区差最小值为2018年的1.8871，最大值为2000年的4.3991；城乡比最小值为2018年的1.5795，最大值为2000年的4.6660。这18年间，北京居民用品消费地区差缩小57.10%，城乡比缩小66.15%。由于各地相应变化，北京地区差位次保持第31位不变城乡比位次从第9位升为第2位。

北京居民用品消费比重降低6.32个百分点。最低比重值为2018年的5.95%，最高比重值为2000年的12.28%。由于各地相应变化，北京比重位次从第31位升为第12位。

本项检测将全部物质消费视为"全面小康"人民生活必需消费，只看食品消费或者扩大为衣食温饱显然已不具有足够的解释力。不难看出，北京居民食品消费比重降低"让出"的余地却被居住消费比重增高"超量抢占"，这两项冲抵反而留给处在上位的物质消费比重增高11.30个百分点，否则2000年以来18年间北京居民整个物质消费比重（可视为恩格尔系数极致放大）理当显著下降。房价虚高已经严重影响到北京民生发展质量。

在北京历年居民物质消费用度支出中，居住消费年均增长19.44%最高，高于总消费年增9.58个百分点，所占比重上升，成为牵制物质消费比重降低的主要因素；衣着消费年均增长7.05%次之，低于总消费年增2.81个百分点，所占比重下降；食品消费年均增长6.32%排第三位，低于总消费年增3.54个百分点，所占比重下降；用品消费年均增长5.53%最低，低于总消费年增4.33个百分点，所占比重下降；这四项综合测算，物质消费比重增高1.73个百分点，由此看出社会公议"消费结构升级"的实际动向。

四 北京居民非物生活消费结构性分析

（一）非物生活分类消费增长分析

北京居民非物消费分类结构性关系见图4。

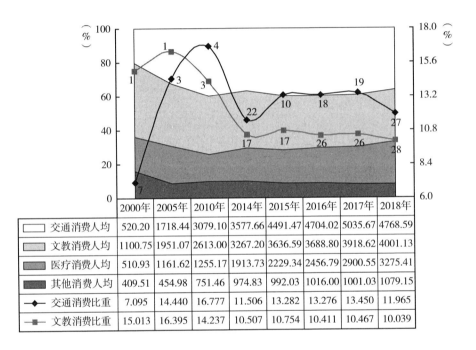

	2000年	2005年	2010年	2014年	2015年	2016年	2017年	2018年
□ 交通消费人均	520.20	1718.44	3079.10	3577.66	4491.47	4704.02	5035.67	4768.59
▨ 文教消费人均	1100.75	1951.07	2613.00	3267.20	3636.59	3688.80	3918.62	4001.13
▨ 医疗消费人均	510.93	1161.62	1255.17	1913.73	2229.34	2456.79	2900.55	3275.41
▨ 其他消费人均	409.51	454.98	751.46	974.83	992.03	1016.00	1001.03	1079.15
◆ 交通消费比重	7.095	14.440	16.777	11.506	13.282	13.276	13.450	11.965
■ 文教消费比重	15.013	16.395	14.237	10.507	10.754	10.411	10.467	10.039

图4 北京居民非物消费分类结构性关系

左轴面积：城乡综合演算的居民非物消费单项（交通通信、教育文化娱乐、医疗保健、其他用品及服务四项）人均值（元转换为%），各项数值间呈直观比例。右轴曲线：交通通信、教育文化娱乐消费比重（占总消费比，保留3位小数对应整个非物消费比重演算小数四舍五入协调）（%），显示社会生活交往、精神文化生活需求变化。标注交通通信、教育文化娱乐消费比重省域位次。

1. 交通消费人均值增长及其比重变化

2000~2018年，北京城乡居民人均交通消费年均增长13.10%。人均值地区差最小值为2018年的1.7384，最大值为2003年的3.7379；城乡比最小值为2018年的1.6352，最大值为2002年的4.3968。这18年间，北京居民交通消费地区差缩小33.06%，城乡比缩小36.18%。由于各地相应变化，北京地区差位次从第29位降为第30位，城乡比位次从第5位升为第4位。

北京居民交通消费比重增高4.87个百分点。最高（最佳，非物消费占比以高为佳，后同）比重值为2010年的16.78%，最低比重值为2000年的7.09%。由于各地相应变化，北京比重位次从第7位降为第27位。

2. 文教消费人均值增长及其比重变化

2000～2018年，北京城乡居民人均文教消费年均增长7.43%。人均值地区差最小值为2018年的1.7478，最大值为2003年的3.3456；城乡比最小值为2001年的2.6404，最大值为2015年的3.5179。这18年间，北京居民文教消费地区差缩小45.49%，城乡比扩大15.74%。由于各地相应变化，北京地区差位次保持第30位不变，城乡比位次从第7位降为第30位。

北京居民文教消费比重降低4.97个百分点。最高比重值为2003年的17.58%，最低比重值为2018年的10.04%。由于各地相应变化，北京比重位次从第1位降为第28位。

3. 医疗消费人均值增长及其比重变化

2000～2018年，北京城乡居民人均医疗消费年均增长10.87%。人均值地区差最小值为2014年的1.8171，最大值为2004年的3.6062；城乡比最小值为2011年的1.4716，最大值为2002年的2.8109。这18年间，北京居民医疗消费地区差缩小36.71%，城乡比缩小26.21%。由于各地相应变化，北京地区差位次保持第31位不变，城乡比位次从第4位降为第20位。

北京居民医疗消费比重增高1.25个百分点。最高比重值为2004年的9.79%，最低比重值为2014年的6.15%。由于各地相应变化，北京比重位次从第11位降为第21位。

4. 其他消费人均值增长及其比重变化

2000～2018年，北京城乡居民人均其他消费年均增长5.53%。人均值地区差最小值为2017年的2.1669，最大值为2001年的3.3394；城乡比最小值为2002年的2.3222，最大值为2004年的6.0643。这18年间，北京居民其他消费地区差缩小33.16%，城乡比扩大19.28%。由于各地相应变化，北京地区差位次保持第30位不变，城乡比位次从第7位降为第29位。

北京居民其他消费比重降低2.88个百分点。最高比重值为2001年的6.05%，最低比重值为2017年的2.67%。由于各地相应变化，北京比重位次从第4位降为第8位。

恩格尔系数检测仅能对应"基本小康"阶段，即使扩展为整个物质消费也难以适用于"全面小康"进程。为此，本项检测将全部非物消费视为"全面小康"民生应有消费。"交通消费"作为"交通通信消费"简称，包含通信消费，而通信消费里的信息内容消费部分显然应当归属于精神消费。假设北京居民信息内容消费占通信消费一半，通信消费又占整个交通通信消费一半，那么信息内容消费比重则增高1.22个百分点，再与文教消费比重变化合并演算，2000年以来18年间北京居民精神消费比重仅仅下降3.76个百分点。

在北京历年居民非物消费用度支出中，交通消费年均增长13.10%最高，高于总消费年增3.24个百分点，所占比重上升，成为提升非物消费比重增高的主要因素；医疗消费年均增长10.87%次之，高于总消费年增1.01个百分点，所占比重上升，成为提升非物消费比重增高的重要因素；文教消费年均增长7.43%排第三位，低于总消费年增2.43个百分点，所占比重下降；其他消费年均增长5.53%最低，低于总消费年增4.33个百分点，所占比重下降；这四项综合测算，非物消费比重降低1.73个百分点，由此看出社会公议"消费结构升级"的实际动向。

（二）居民收入、积蓄与非物消费之间增长关系

分析居民收入、积蓄与非物生活各项消费之间增长关系，可以检测究竟是什么因素对居民非物生活各项消费增长产生重要影响。北京居民收入、积蓄与非物消费增长态势见图5，因相关系数分析需有历年不间断增长指数，而制图空间有限，故截取2000~2010（后台检测2000~2018）年。

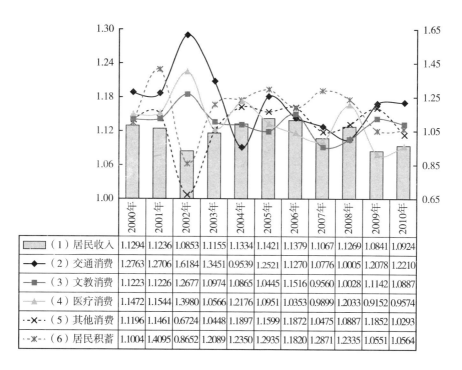

	2000年	2001年	2002年	2003年	2004年	2005年	2006年	2007年	2008年	2009年	2010年
（1）居民收入	1.1294	1.1236	1.0853	1.1155	1.1334	1.1421	1.1379	1.1067	1.1269	1.0841	1.0924
（2）交通消费	1.2763	1.2706	1.6184	1.3451	0.9539	1.2521	1.1270	1.0776	1.0005	1.2078	1.2210
（3）文教消费	1.1223	1.1226	1.2677	1.0974	1.0865	1.0445	1.1516	0.9560	1.0028	1.1142	1.0887
（4）医疗消费	1.1472	1.1544	1.3980	1.0566	1.2176	1.0951	1.0353	0.9899	1.2033	0.9152	0.9574
（5）其他消费	1.1196	1.1461	0.6724	1.0448	1.1897	1.1599	1.1872	1.0475	1.0887	1.1852	1.0293
（6）居民积蓄	1.1004	1.4095	0.8652	1.2089	1.2350	1.2935	1.1820	1.2871	1.2335	1.0551	1.0564

图5　北京居民收入、积蓄与非物消费增长态势

左轴柱形：居民收入年增指数。右轴曲线：非物消费各单项、积蓄年增指数，上年＝1（小于1为负增长）。曲线（2）、（3）与（6）之间大体形成横向镜面峰谷对应水中倒影负相关关系。

1. 居民收入与非物消费历年增长相关性

2000～2010年，标号（1）居民收入与（2）交通消费历年增长之间，相关系数为－0.4629，即46.29%程度上逆向变动，呈稍强负相关性；与（3）文教消费历年增长之间，相关系数为－0.3016，即30.16%程度上逆向变动，呈较弱负相关性；与（4）医疗消费历年增长之间，相关系数为0.1319，即13.19%程度上同步变动，呈极弱正相关性；与（5）其他消费历年增长之间，相关系数为0.5836，即58.36%程度上同步变动，呈很弱正相关性。

这些数据之间的增长相关性表明，北京居民收入增加也不能"必然"带来本地居民生活消费向着非物质需求，尤其是精神文化需求方向

"升级"。

2. 居民积蓄与非物消费历年增长相关性

2000～2010 年，标号（6）居民积蓄与（2）交通消费历年增长之间，相关系数为 −0.5647，即 56.47% 程度上逆向变动，呈较强负相关性；与（3）文教消费历年增长之间，相关系数为 −0.6475，即 64.75% 程度上逆向变动，呈很强负相关性；与（4）医疗消费历年增长之间，相关系数为 −0.2235，即 22.35% 程度上逆向变动，呈很弱负相关性；与（5）其他消费历年增长之间，相关系数为 0.6611，即 66.11% 程度上同步变动，呈较弱正相关性。

在当地这些数据之间的增长相关性中，相互间影响的正反方向、强弱程度一目了然。

特别是（3）文教消费、（2）交通消费与（6）居民积蓄增长曲线之间，形成横向镜面峰谷对应水中倒影，其间分别呈 64.75%、56.47% 逆向增长相关性。"积蓄负相关性"对于文教消费明显成立，对于交通消费基本成立，对于医疗消费不明显，对于其他消费不成立。经后台数据库扩展演算，文教消费与积蓄增长之间 2000～2013 年长时段逆向程度为 62.73%，呈很强负相关；2002～2006 年逆向极值达 97.29%，呈极强负相关。

北京居民积蓄增长已经严重地抑制了本地居民消费向着提升精神文化需求、扩展社会生活交往方向更快地"升级"。

五　北京民生消费需求景气指数检测

北京民生消费需求景气指数变动态势见图 6。

1. 各年度理想值横向测评

以假定各类民生数据城乡、地区无差距理想值为 100，2018 年北京城乡民生需求景气指数为 93.13，低于无差距理想值 6.87%。北京此项检测指数在省域间排行变化，2000 年为第 2 位，2005 年与之持平，2010 年与之持平，2015 年为第 1 位，2018 年从上年第 2 位下降为第 5 位。

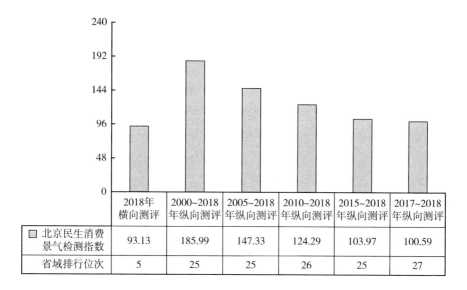

图6　北京民生消费需求景气指数变动态势

数轴柱型：共时性年度横向测评（全国城乡地区无差距理想值＝100），类似"不论年龄比高矮"，有利于发达地区；历时性阶段纵向测评（起点年自身基数值＝100），类似"不论高矮比生长"，有利于后发地区，从左至右①"十五"以来，②"十一五"以来，③"十二五"以来，④"十三五"以来，⑤上年以来，多向度检测省域排行，考察不同阶段进展状况。

2. 2000年以来基数值纵向测评

以"九五"末年2000年数据指标演算基数值为100，"十五"以来至2018年北京城乡民生需求景气指数为185.99，高于起点年基数值85.99%。北京此项检测分值低于全国总体检测结果分值，即2000年以来民生需求景气提升程度低于全国平均水平，处于省域间第25位。

3. 2005年以来基数值纵向测评

以"十五"末年2005年数据指标演算基数值为100，"十一五"以来至2018年北京城乡民生需求景气指数为147.33，高于起点年基数值47.33%。北京此项检测分值低于全国总体检测结果分值，即2005年以来民生需求景气提升程度低于全国平均水平，处于省域间第25位。

4. 2010年以来基数值纵向测评

以"十一五"末年2010年数据指标演算基数值为100，"十二五"以来至

2018年北京城乡民生需求景气指数为124.29，高于起点年基数值24.29%。北京此项检测分值低于全国总体检测结果分值，即2010年以来民生需求景气提升程度低于全国平均水平，处于省域间第26位。

5. 2015年以来基数值纵向测评

以"十二五"末年2015年数据指标演算基数值为100，"十三五"以来至2018年北京城乡民生需求景气指数为103.97，高于起点年基数值3.97%。北京此项检测分值低于全国总体检测结果分值，即2015年以来民生需求景气提升程度低于全国平均水平，处于省域间第25位。

6. 逐年度基数值纵向测评

以上一年（2017年）起点数据指标演算基数值为100，2018年北京城乡民生需求景气指数为100.59，高于起点年基数值0.59%。北京此项检测指数在省域间排行变化，2000年为第20位，2005年为第13位，2010年为第7位，2015年为第24位，2018年从上年第20位下降为第27位。

福建：2018年度民生需求景气排名第6位

陈凤梅*

摘　要： 2000～2018年，福建城乡民生消费数据人均值持续明显增长，2018年居民总消费为2000年的6.34倍，物质消费为6.19倍，非物消费为6.71倍。非物消费比重较明显增高1.67个百分点，消费结构出现一定升级变化。但居民消费率从33.22%极显著降低至25.84%，"十二五"以来略有回升。居民积蓄率从24.63%持续显著升高至30.06%，反过来对消费需求的抑制作用加重。居民总消费、物质消费、非物消费地区差逐渐缩小；居民总消费、物质消费、非物消费城乡比逐渐缩小。

关键词： 福建居民　民生需求　物质消费　非物消费　景气排行

一　福建人民生活主要数据相关情况

福建城乡主要民生数据增长变化基本情况见图1，限于制图容量，未直接列出居民收入数据，可据其他数据推算，另产值、财政收入、财政支出数据置于后台演算。

1. 城乡居民收入、积蓄财富总量增长简况

2000～2018年，福建城乡居民收入总量年均增长12.22%，积蓄总量年

---

* 陈凤梅，云南省商务研究院助理研究员，主要从事开放型经济研究。

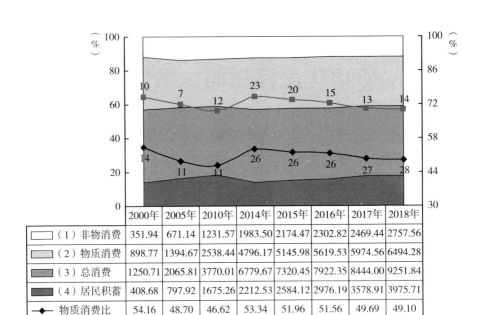

图1 福建城乡主要民生数据增长变化基本情况

左轴面积：城乡居民（1）非物消费、（2）物质消费、（3）总消费、（4）积蓄总量（亿元转换为%），（1）＋（2）＝（3），（3）＋（4）＝居民收入，各项数值间呈直观比例。右轴曲线：物质消费比、居民消费比（占居民收入比）（%），二者之差即为非物消费比，二者之比即为物质消费比重（占总消费比），二者之差再与居民消费比之比即为非物消费比重。标注物质消费比、居民消费比省域位次。

均增长 13.47%。居民收入年均增长率低于当地产值增长 1.11 个百分点，低于当地财政收入增长 3.02 个百分点。

2. 城乡居民消费总量及其分类增长状况

2000～2018 年，福建城乡居民消费总量年均增长 11.76%。居民消费年均增长率低于当地产值增长 1.57 个百分点，低于当地财政支出增长 4.44 个百分点。同期，福建城乡居民物质消费总量年均增长 11.61%，低于居民收入增长 0.61 个百分点，低于总消费增长 0.15 个百分点；福建城乡居民非物消费总量年均增长 12.12%，低于居民收入增长 0.10 个百分点，高于总消费增长 0.36 个百分点。

3.城乡居民消费需求相关比值变化状况

在福建居民收入当中，2014年有75.39%用于全部生活消费支出，为历年最高比值；2013年仅有66.69%用于全部生活消费支出，为历年最低（最佳）比值；2000年有54.16%用于物质消费支出，为历年最高比值；2013年仅有43.18%用于物质消费支出，为历年最低（最佳）比值。居民收入与总消费之差即为居民积蓄，物质消费与总消费之差即为非物消费。

这18年间，福建居民消费比降低5.43个百分点，物质消费比降低5.06个百分点，反过来导致非物消费比降低0.37个百分点。继续深入分析，居民消费比与物质消费比升降方向及其程度有差异，意味着物质消费占总消费比重变化，反过来又导致非物消费占总消费比重变化。由这些相对比值关系变化就能够看出民生消费需求态势，从中体现出民生发展的基本走向。

二 福建居民总消费增长及相关性分析

居民总消费及其相关性分析为民生消费需求检测系统的二级子系统之首。福建城乡居民总消费及其相关性变动态势见图2。

1.城乡综合人均值及地区差变动状况

2000～2018年，福建城乡居民人均总消费年均增长10.80%（由于人口增长，人均值增长率略低于总量增长率）。人均值地区差最小（最佳，后同）值为2017年的1.1557，最大值为2000年的1.3042。这18年间，福建居民总消费地区差缩小11.36%。

由于各地相应变化，福建此项地区差位次从第22位升为第13位。据既往历年动态推演测算，福建地区差到2020年将为1.1434，相比当前明显缩减；2035年将为1.0605，继续显著缩减。

2.城镇与乡村人均值及城乡比变动状况

2000～2018年，福建城镇居民人均总消费年均增长9.34%，乡村居民人均总消费年均增长10.67%，乡村年均增长率高于城镇1.33个百分点。

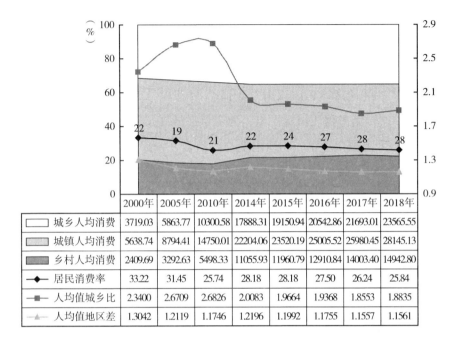

	2000年	2005年	2010年	2014年	2015年	2016年	2017年	2018年
城乡人均消费	3719.03	5863.77	10300.58	17888.31	19150.94	20542.86	21693.01	23565.55
城镇人均消费	5638.74	8794.41	14750.01	22204.06	23520.19	25005.52	25980.45	28145.13
乡村人均消费	2409.69	3292.63	5498.33	11055.93	11960.79	12910.84	14003.40	14942.80
居民消费率	33.22	31.45	25.74	28.18	28.18	27.50	26.24	25.84
人均值城乡比	2.3400	2.6709	2.6826	2.0083	1.9664	1.9368	1.8553	1.8835
人均值地区差	1.3042	1.2119	1.1746	1.2196	1.1992	1.1755	1.1557	1.1561

图2　福建城乡居民总消费及其相关性变动态势

左轴面积：城乡综合、城镇、乡村居民总消费人均值（元转换为%），各项数值间呈直观比例。右轴曲线：居民总消费城乡比（乡村=1）、地区差（无差距=1）。左轴曲线：居民消费率（与产值比）（%）。标注居民消费率省域位次。

城乡之间增长相关系数为0.3244，即历年增长同步程度为32.44%，呈极弱正相关性。

同期，福建居民总消费城乡比最小（最佳，后同）值为2017年的1.8553，最大值为2006年的2.7309。这18年间，福建居民总消费城乡比缩小19.51%。

由于各地相应变化，福建此项城乡比位次从第5位降为第7位。据既往历年动态推演测算，福建城乡比到2020年将为1.8387，相比当前较明显缩减；2035年将为1.5345，继续较明显缩减。

3. 城乡综合居民消费率历年变化状况

2000～2018年，福建居民消费率降低7.38个百分点，其中"十二五"以来升高0.10个百分点。应对国际金融危机实施"拉动内需，扩大消费，改善民生"政策以来, 尤其是进入"十二五"以来, 福建居民消费率略有回升。由于各地相应变化, 福建居民消费率位次从第22位降为第28位。

这18年间, 福建居民消费率最高 (最佳) 值为2002年的33.51%, 最低值为2011年的25.61%, 近年来仍未回复2000年初始值, 更未达到2002年最佳值。这表明, 当地居民消费拉动经济增长的同步协调性尚待增强。还应注意, 福建居民消费率下降程度大于当地居民收入比下降程度, 反过来意味着居民积蓄率上升, 亦即积蓄对消费的抑制作用加重。

在福建历年居民总消费用度支出中, 物质消费年均增长10.66%, 低于居民收入年增0.61个百分点, 低于总消费年增0.14个百分点, 物质消费比重下降; 非物消费年均增长11.16%, 低于居民收入年增0.11个百分点, 高于总消费年增0.35个百分点, 非物消费比重上升。

三 福建居民物质生活消费结构性分析

福建居民物质消费分类结构性关系见图3。

1. 食品消费人均值增长及其比重变化

2000~2018年, 福建城乡居民人均食品消费年均增长8.71%。人均值地区差最小值为2007年的1.2768, 最大值为2001年的1.4243; 城乡比最小值为2017年的1.6566, 最大值为2003年的2.5403。这18年间, 福建居民食品消费地区差缩小4.47%, 城乡比缩小21.52%。由于各地相应变化, 福建地区差位次从第26位升为第25位, 城乡比位次从第6位升为第5位。

福建居民食品消费比重降低13.39个百分点。最低 (最佳, 物质消费占比以低为佳, 后同) 比重值为2018年的32.81%, 最高比重值为2000年的46.19%。由于各地相应变化, 福建比重位次从第22位降为第28位。

2. 衣着消费人均值增长及其比重变化

2000~2018年, 福建城乡居民人均衣着消费年均增长8.91%。人均值地区差最小值为2014年的1.0006, 最大值为2000年的1.1227; 城乡比最小值为2017年的2.2797, 最大值为2000年的4.2034。这18年间, 福建居

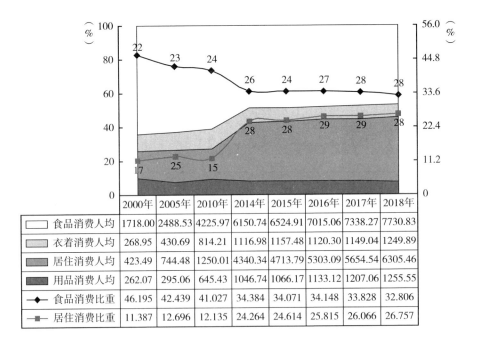

	2000年	2005年	2010年	2014年	2015年	2016年	2017年	2018年
食品消费人均	1718.00	2488.53	4225.97	6150.74	6524.91	7015.06	7338.27	7730.83
衣着消费人均	268.95	430.69	814.21	1116.98	1157.48	1120.30	1149.04	1249.89
居住消费人均	423.49	744.48	1250.01	4340.34	4713.79	5303.09	5654.54	6305.46
用品消费人均	262.07	295.06	645.43	1046.74	1066.17	1133.12	1207.06	1255.55
食品消费比重	46.195	42.439	41.027	34.384	34.071	34.148	33.828	32.806
居住消费比重	11.387	12.696	12.135	24.264	24.614	25.815	26.066	26.757

图3 福建居民物质消费分类结构性关系

左轴面积：城乡综合演算的居民物质消费单项（食品烟酒、衣着、居住、生活用品及服务四项）人均值（元转换为%），各项数值间呈直观比例。右轴曲线：食品、居住消费比重（占总消费比，保留3位小数协调整个物质消费比重演算小数四舍五入）（%），显示物质生活需求变化最大的两个方面。标注食品、居住消费比重省域位次（物质消费比重以低为佳取倒序）。

民衣着消费地区差缩小5.37%，城乡比缩小45.39%。由于各地相应变化，福建地区差位次从第9位升为第7位，城乡比位次从第10位升为第7位。

福建居民衣着消费比重降低1.93个百分点。最低比重值为2017年的5.30%，最高比重值为2011年的8.27%。由于各地相应变化，福建比重位次从第8位升为第5位。

3. 居住消费人均值增长及其比重变化

2000～2018年，福建城乡居民人均居住消费年均增长16.19%。人均值地区差最小值为2009年的1.1111，最大值为2016年的1.3846；城乡比最小值为2013年的1.4196，最大值为2005年的2.3441。这18年间，福建居民居住消费地区差扩大 7.18%，城乡比扩大 39.88%。由于各地相应变化，福建地区差位次从第 15 位降为第 19 位，城乡比位次从第 11 位降为第 15 位。

福建居民居住消费比重增高 15.37 个百分点。最低比重值为 2012 年的 10.81%，最高比重值为 2018 年的 26.76%。由于各地相应变化，福建比重位次从第 17 位降为第 28 位。

4. 用品消费人均值增长及其比重变化

2000～2018 年，福建城乡居民人均用品消费年均增长 9.09%。人均值地区差最小值为 2018 年的 1.0013，最大值为 2002 年的 1.3709；城乡比最小值为 2018 年的 1.9826，最大值为 2000 年的 4.3965。这 18 年间，福建居民用品消费地区差缩小 21.82%，城乡比缩小 54.90%。由于各地相应变化，福建地区差位次从第 13 位升为第 1 位，城乡比位次从第 5 位降为第 10 位。

福建居民用品消费比重降低 1.72 个百分点。最低比重值为 2005 年的 5.03%，最高比重值为 2000 年的 7.05%。由于各地相应变化，福建比重位次从第 17 位升为第 5 位。

本项检测将全部物质消费视为"全面小康"人民生活必需消费，只看食品消费或者扩大为衣食温饱显然已不具有足够的解释力。不难看出，福建居民食品消费比重降低"让出"的余地却被居住消费比重增高"超量抢占"，这两项冲抵反而留给处在上位的物质消费比重增高 1.98 个百分点，否则 2000 年以来 18 年间福建居民整个物质消费比重（可视为恩格尔系数极致放大）理当显著下降。房价虚高已经严重影响到福建民生发展质量。

在福建历年居民物质消费用度支出中，居住消费年均增长 16.19% 最高，高于总消费年增 5.39 个百分点，所占比重上升，成为牵制物质消费比重降低的主要因素；用品消费年均增长 9.09% 次之，低于总消费年增 1.71 个百分点，所占比重下降；衣着消费年均增长 8.91% 排第三位，低于总消费年增 1.89 个百分点，所占比重下降；食品消费年均增长 8.71% 最低，低于总消费年增 2.09 个百分点，所占比重下降；这四项综合测算，物质消费比重降低 1.67 个百分点，由此看出社会公议"消费结构升级"的实际动向。

四　福建居民非物生活消费结构性分析

（一）非物生活分类消费增长分析

福建居民非物消费分类结构性关系见图4。

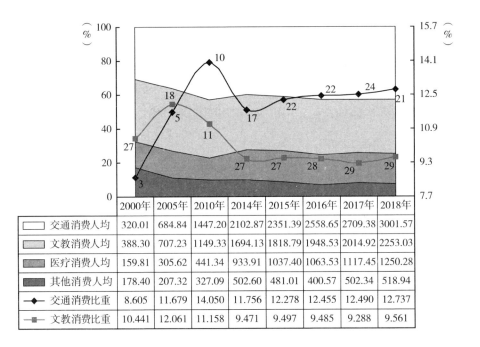

	2000年	2005年	2010年	2014年	2015年	2016年	2017年	2018年
交通消费人均	320.01	684.84	1447.20	2102.87	2351.39	2558.65	2709.38	3001.57
文教消费人均	388.30	707.23	1149.33	1694.13	1818.79	1948.53	2014.92	2253.03
医疗消费人均	159.81	305.62	441.34	933.91	1037.40	1063.53	1117.45	1250.28
其他消费人均	178.40	207.32	327.09	502.60	481.01	400.57	502.34	518.94
交通消费比重	8.605	11.679	14.050	11.756	12.278	12.455	12.490	12.737
文教消费比重	10.441	12.061	11.158	9.471	9.497	9.485	9.288	9.561

图4　福建居民非物消费分类结构性关系

　　左轴面积：城乡综合演算的居民非物消费单项（交通通信、教育文化娱乐、医疗保健、其他用品及服务四项）人均值（元转换为%），各项数值间呈直观比例。右轴曲线：交通通信、教育文化娱乐消费比重（占总消费比，保留3位小数对应整个非物消费比重演算小数四舍五入协调）（%），显示社会生活交往、精神文化生活需求变化。标注交通通信、教育文化娱乐消费比重省域位次。

1. 交通消费人均值增长及其比重变化

2000～2018年，福建城乡居民人均交通消费年均增长13.24%。人均值地区差最小值为2017年的1.0587，最大值为2000年的1.5976；城乡比最小值为 2018 年的 1.9981, 最大值为 2013 年的 3.9929。这 18 年间, 福建居民交通消费地区差缩小 31.51%, 城乡比缩小 15.46%。由于各地相应变化, 福建地区差位次从第 27 位升为第 10 位, 城乡比位次从第 2 位降为第 17 位。

福建居民交通消费比重增高 4.13 个百分点。最高 (最佳, 非物消费占比以高为佳, 后同) 比重值为 2012 年的 14.80%, 最低比重值为 2000 年的 8.60%。由于各地相应变化, 福建比重位次从第 3 位降为第 21 位。

2. 文教消费人均值增长及其比重变化

2000~2018 年, 福建城乡居民人均文教消费年均增长 10.26%。人均值地区差最小值为 2016 年的 1.0055, 最大值为 2013 年的 1.1815; 城乡比最小值为 2018 年的 2.0064, 最大值为 2013 年的 4.1303。这 18 年间, 福建居民文教消费地区差缩小 10.18%, 城乡比缩小 12.74%。由于各地相应变化, 福建地区差位次从第 8 位升为第 3 位, 城乡比位次从第 4 位降为第 10 位。

福建居民文教消费比重降低 0.88 个百分点。最高比重值为 2002 年的 12.30%, 最低比重值为 2017 年的 9.29%。由于各地相应变化, 福建比重位次从第 27 位降为第 29 位。

3. 医疗消费人均值增长及其比重变化

2000~2018 年, 福建城乡居民人均医疗消费年均增长 12.11%。人均值地区差最小值为 2004 年的 1.0090, 最大值为 2018 年的 1.2713; 城乡比最小值为 2018 年的 1.3534, 最大值为 2004 年的 3.4952。这 18 年间, 福建居民医疗消费地区差扩大 20.32%, 城乡比缩小 55.54%。由于各地相应变化, 福建地区差位次从第 3 位降为第 22 位, 城乡比位次从第 11 位升为第 3 位。

福建居民医疗消费比重增高 1.01 个百分点。最高比重值为 2004 年的 5.44%, 最低比重值为 2010 年的 4.28%。由于各地相应变化, 福建比重位次从第 26 位降为第 30 位。

4. 其他消费人均值增长及其比重变化

2000~2018 年, 福建城乡居民人均其他消费年均增长 6.11%。人均值地区差最小值为 2016 年的 1.0413, 最大值为 2013 年的 1.5088; 城乡比最小值为 2002 年的 1.6663, 最大值为 2009 年的 4.7089。这 18 年间, 福建居民其他消费地区差缩小26.23%，城乡比缩小21.08%。由于各地相应变化，福建地区差位次从第25位升为第4位，城乡比位次从第1位降为第2位。

福建居民其他消费比重降低2.60个百分点。最高比重值为2000年的4.80%，最低比重值为2016年的1.95%。由于各地相应变化，福建比重位次从第9位降为第25位。

恩格尔系数检测仅能对应"基本小康"阶段，即使扩展为整个物质消费也难以适用于"全面小康"进程。为此，本项检测将全部非物消费视为"全面小康"民生应有消费。"交通消费"作为"交通通信消费"简称，包含通信消费，而通信消费里的信息内容消费部分显然应当归属于精神消费。假设福建居民信息内容消费占通信消费一半，通信消费又占整个交通通信消费一半，那么信息内容消费比重则增高1.03个百分点，再与文教消费比重变化合并演算，2000年以来18年间福建居民精神消费比重理当上升0.15个百分点。

在福建历年居民非物消费用度支出中，交通消费年均增长13.24%最高，高于总消费年增2.44个百分点，所占比重上升，成为提升非物消费比重增高的主要因素；医疗消费年均增长12.11%次之，高于总消费年增1.31个百分点，所占比重上升，成为提升非物消费比重增高的重要因素；文教消费年均增长10.26%排第三位，低于总消费年增0.54个百分点，所占比重下降；其他消费年均增长6.11%最低，低于总消费年增4.69个百分点，所占比重下降；这四项综合测算，非物消费比重增高1.67个百分点，由此看出社会公议"消费结构升级"的实际动向。

（二）居民收入、积蓄与非物消费之间增长关系

分析居民收入、积蓄与非物生活各项消费之间增长关系，可以检测究竟是什么因素对居民非物生活各项消费增长产生重要影响。福建居民收入、积蓄与非物消费增长态势见图5，因相关系数分析需有历年不间断增长指数，而制图空间有限，故截取2000~2010（后台检测2000~2018）年。

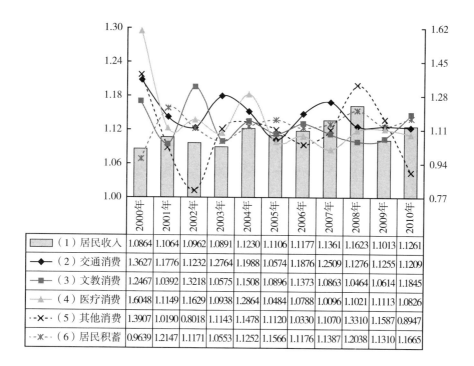

	2000年	2001年	2002年	2003年	2004年	2005年	2006年	2007年	2008年	2009年	2010年
（1）居民收入	1.0864	1.1064	1.0962	1.0891	1.1230	1.1106	1.1177	1.1361	1.1623	1.1013	1.1261
（2）交通消费	1.3627	1.1776	1.1232	1.2764	1.1988	1.0574	1.1876	1.2509	1.1276	1.1255	1.1209
（3）文教消费	1.2467	1.0392	1.3218	1.0575	1.1508	1.0896	1.1373	1.0863	1.0464	1.0614	1.1845
（4）医疗消费	1.6048	1.1149	1.1629	1.0938	1.2864	1.0484	1.0788	1.0096	1.1021	1.1113	1.0826
（5）其他消费	1.3907	1.0190	0.8018	1.1143	1.1478	1.1120	1.0330	1.1070	1.3310	1.1587	0.8947
（6）居民积蓄	0.9639	1.2147	1.1171	1.0553	1.1252	1.1566	1.1176	1.1387	1.2038	1.1310	1.1665

图5　福建居民收入、积蓄与非物消费增长态势

左轴柱形：居民收入年增指数。右轴曲线：非物消费各单项、积蓄年增指数，上年＝1（小于1为负增长）。曲线（2）、（3）、（4）与（6）之间大体形成横向镜面峰谷对应水中倒影负相关关系。

1. 居民收入与非物消费历年增长相关性

2000～2010年，标号（1）居民收入与（2）交通消费历年增长之间，相关系数为－0.3501，即35.01%程度上逆向变动，呈稍强负相关性；与（3）文教消费历年增长之间，相关系数为－0.3574，即35.74%程度上逆向变动，呈稍强负相关性；与（4）医疗消费历年增长之间，相关系数为－0.4207，即42.07%程度上逆向变动，呈稍强负相关性；与（5）其他消费历年增长之间，相关系数为0.1528，即15.28%程度上同步变动，呈极弱正相关性。

这些数据之间的增长相关性表明，福建居民收入增加也不能"必然"带来本地居民生活消费向着非物质需求，尤其是精神文化需求方向"升级"。

2. 居民积蓄与非物消费历年增长相关性

2000～2010 年，标号（6）居民积蓄与（2）交通消费历年增长之间，相关系数为 - 0.7602，即 76.02% 程度上逆向变动，呈极强负相关性；与（3）文教消费历年增长之间，相关系数为 - 0.4770，即 47.70% 程度上逆向变动，呈稍强负相关性；与（4）医疗消费历年增长之间，相关系数为 - 0.7331，即 73.31% 程度上逆向变动，呈极强负相关性；与（5）其他消费历年增长之间，相关系数为 - 0.3557，即 35.57% 程度上逆向变动，呈稍强负相关性。

在当地这些数据之间的增长相关性中，相互间影响的正反方向、强弱程度一目了然。

特别是（2）交通消费、（4）医疗消费、（3）文教消费与（6）居民积蓄增长曲线之间，形成横向镜面峰谷对应水中倒影，其间分别呈 76.02%、73.31%、47.70% 逆向增长相关性。"积蓄负相关性"对于交通消费显著成立，对于医疗消费明显成立，对于文教消费基本成立，对于其他消费不明显。经后台数据库扩展演算，文教消费与积蓄增长之间 2000～2009 年长时段逆向程度为 53.64%，呈较强负相关；2004～2008 年逆向极值达 90.56%，呈极强负相关。

福建居民积蓄增长已经严重地抑制了本地居民消费向着扩展社会生活交往、增强人们身心健康、提升精神文化需求方向更快地"升级"。

五　福建民生消费需求景气指数检测

福建民生消费需求景气指数变动态势见图6。

1. 各年度理想值横向测评

以假定各类民生数据城乡、地区无差距理想值为100，2018 年福建城乡民生需求景气指数为91.34，低于无差距理想值8.66%。福建此项检测指数在省域间排行变化，2000 年为第5位，2005 年为第6位，2010 年为第7位，

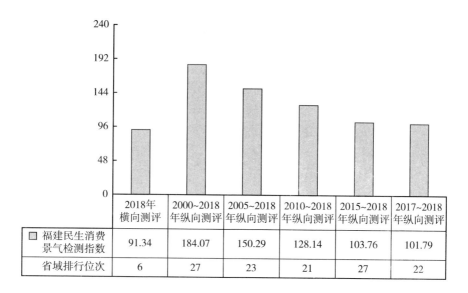

图6 福建民生消费需求景气指数变动态势

数轴柱型：共时性年度横向测评（全国城乡地区无差距理想值=100），类似"不论年龄比高矮"，有利于发达地区；历时性阶段纵向测评（起点年自身基数值=100），类似"不论高矮比生长"，有利于后发地区，从左至右①"十五"以来，②"十一五"以来，③"十二五"以来，④"十三五"以来，⑤上年以来，多向度检测省域排行，考察不同阶段进展状况。

2015年与之持平，2018年从上年第8位上升为第6位。

2. 2000年以来基数值纵向测评

以"九五"末年2000年数据指标演算基数值为100，"十五"以来至2018年福建城乡民生需求景气指数为184.07，高于起点年基数值84.07%。福建此项检测分值低于全国总体检测结果分值，即2000年以来民生需求景气提升程度低于全国平均水平，处于省域间第27位。

3. 2005年以来基数值纵向测评

以"十五"末年2005年数据指标演算基数值为100，"十一五"以来至2018年福建城乡民生需求景气指数为150.29，高于起点年基数值50.29%。福建此项检测分值低于全国总体检测结果分值，即2005年以来民生需求景气提升程度低于全国平均水平，处于省域间第23位。

4. 2010 年以来基数值纵向测评

以"十一五"末年 2010 年数据指标演算基数值为 100，"十二五"以来至 2018 年福建城乡民生需求景气指数为 128.14，高于起点年基数值 28.14%。福建此项检测分值低于全国总体检测结果分值，即 2010 年以来民生需求景气提升程度低于全国平均水平，处于省域间第 21 位。

5. 2015 年以来基数值纵向测评

以"十二五"末年 2015 年数据指标演算基数值为 100，"十三五"以来至 2018 年福建城乡民生需求景气指数为 103.76，高于起点年基数值 3.76%。福建此项检测分值低于全国总体检测结果分值，即 2015 年以来民生需求景气提升程度低于全国平均水平，处于省域间第 27 位。

6. 逐年度基数值纵向测评

以上一年（2017 年）起点数据指标演算基数值为 100，2018 年福建城乡民生需求景气指数为 101.79，高于起点年基数值 1.79%。福建此项检测指数在省域间排行变化，2000 年为第 6 位，2005 年为第 28 位，2010 年为第 18 位，2015 年为第 29 位，2018 年从上年第 24 位上升为第 22 位。

江苏：2018年度民生需求景气排名第8位

王信豫*

摘　要： 2000～2018年，江苏城乡民生消费数据人均值持续明显增长，2018年居民总消费为2000年的7.19倍，物质消费为6.64倍，非物消费为8.50倍。非物消费比重显著增高5.36个百分点，消费结构出现较大升级变化。但居民消费率从30.14%极显著降低至22.13%，"十二五"以来略有回升。居民积蓄率从27.52%持续极显著升高至34.78%，反过来对消费需求的抑制作用加重。居民非物消费地区差逐渐缩小，但居民总消费、物质消费地区差继续扩大；居民总消费、物质消费、非物消费城乡比逐渐缩小。

关键词： 江苏居民　民生需求　物质消费　非物消费　景气排行

一　江苏人民生活主要数据相关情况

江苏城乡主要民生数据增长变化基本情况见图1，限于制图容量，未直接列出居民收入数据，可据其他数据推算，另产值、财政收入、财政支出数据置于后台演算。

1.城乡居民收入、积蓄财富总量增长简况

2000～2018年，江苏城乡居民收入总量年均增长12.87%，积蓄总量年

---

* 王信豫，云南省国际贸易学会对外投资分析师，主要从事贸易平台相关研究。

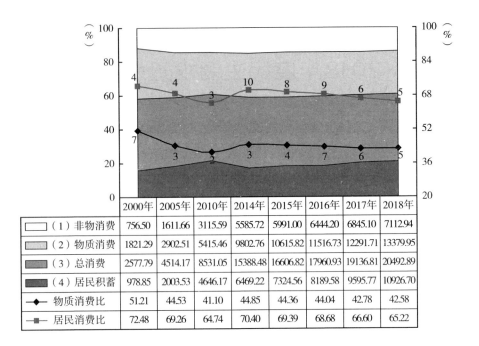

	2000年	2005年	2010年	2014年	2015年	2016年	2017年	2018年
□（1）非物消费	756.50	1611.66	3115.59	5585.72	5991.00	6444.20	6845.10	7112.94
▨（2）物质消费	1821.29	2902.51	5415.46	9802.76	10615.82	11516.73	12291.71	13379.95
▨（3）总消费	2577.79	4514.17	8531.05	15388.48	16606.82	17960.93	19136.81	20492.89
▨（4）居民积蓄	978.85	2003.53	4646.17	6469.22	7324.56	8189.58	9595.77	10926.70
◆ 物质消费比	51.21	44.53	41.10	44.85	44.36	44.04	42.78	42.58
■ 居民消费比	72.48	69.26	64.74	70.40	69.39	68.68	66.60	65.22

图1 江苏城乡主要民生数据增长变化基本情况

左轴面积：城乡居民（1）非物消费、（2）物质消费、（3）总消费、（4）积蓄总量（亿元转换为%），（1）＋（2）＝（3），（3）＋（4）＝居民收入，各项数值间呈直观比例。右轴曲线：物质消费比、居民消费比（占居民收入比）（%），二者之差即为非物消费比，二者之比即为物质消费比重（占总消费比），二者之差再与居民消费比之比即为非物消费比重。标注物质消费比、居民消费比省域位次。

均增长14.34%。居民收入年均增长率低于当地产值增长1.28个百分点，低于当地财政收入增长4.99个百分点。

2. 城乡居民消费总量及其分类增长状况

2000～2018年，江苏城乡居民消费总量年均增长12.21%。居民消费年均增长率低于当地产值增长1.94个百分点，低于当地财政支出增长5.80个百分点。同期，江苏城乡居民物质消费总量年均增长11.72%，低于居民收入增长1.15个百分点，低于总消费增长0.49个百分点；江苏城乡居民非物消费总量年均增长13.26%，高于居民收入增长0.39个百分点，高于总消费增长1.05个百分点。

3. 城乡居民消费需求相关比值变化状况

在江苏居民收入当中，2000 年有 72.48% 用于全部生活消费支出，为历年最高比值；2013 年仅有 64.59% 用于全部生活消费支出，为历年最低（最佳）比值；2000 年有 51.21% 用于物质消费支出，为历年最高比值；2013年仅有 38.80% 用于物质消费支出，为历年最低（最佳）比值。居民收入与总消费之差即为居民积蓄，物质消费与总消费之差即为非物消费。

这 18 年间，江苏居民消费比降低 7.26 个百分点，物质消费比降低 8.63 个百分点，反过来导致非物消费比升高 1.37 个百分点。继续深入分析，居民消费比与物质消费比升降方向及其程度有差异，意味着物质消费占总消费比重变化，反过来又导致非物消费占总消费比重变化。由这些相对比值关系变化就能够看出民生消费需求态势，从中体现出民生发展的基本走向。

二 江苏居民总消费增长及相关性分析

居民总消费及其相关性分析为民生消费需求检测系统的二级子系统之首。江苏城乡居民总消费及其相关性变动态势见图 2。

1. 城乡综合人均值及地区差变动状况

2000~2018 年，江苏城乡居民人均总消费年均增长 11.58%（由于人口增长，人均值增长率略低于总量增长率）。人均值地区差最小（最佳，后同）值为 2004 年的 1.1917，最大值为 2012 年的 1.3209。这 18 年间，江苏居民总消费地区差扩大 0.56%。

由于各地相应变化，江苏此项地区差位次从第 18 位降为第 23 位。据既往历年动态推演测算，江苏地区差到 2020 年将为 1.2491，相比当前略微缩减；2035 年将为 1.2483，继续略微缩减。

2. 城镇与乡村人均值及城乡比变动状况

2000~2018 年，江苏城镇居民人均总消费年均增长 9.97%，乡村居民人均总消费年均增长 11.49%，乡村年均增长率高于城镇 1.52 个百分点。

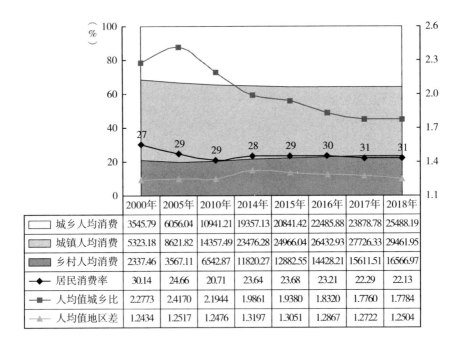

	2000年	2005年	2010年	2014年	2015年	2016年	2017年	2018年
□ 城乡人均消费	3545.79	6056.04	10941.21	19357.13	20841.42	22485.88	23878.78	25488.19
▨ 城镇人均消费	5323.18	8621.82	14357.49	23476.28	24966.04	26432.93	27726.33	29461.95
▩ 乡村人均消费	2337.46	3567.11	6542.87	11820.27	12882.55	14428.21	15611.51	16566.97
◆ 居民消费率	30.14	24.66	20.71	23.64	23.68	23.21	22.29	22.13
▪ 人均值城乡比	2.2773	2.4170	2.1944	1.9861	1.9380	1.8320	1.7760	1.7784
▲ 人均值地区差	1.2434	1.2517	1.2476	1.3197	1.3051	1.2867	1.2722	1.2504

图 2　江苏城乡居民总消费及其相关性变动态势

左轴面积：城乡综合、城镇、乡村居民总消费人均值（元转换为%），各项数值间呈直观比例。右轴曲线：居民总消费城乡比（乡村 = 1）、地区差（无差距 = 1）。左轴曲线：居民消费率（与产值比）（%）。标注居民消费率省域位次。

城乡之间增长相关系数为 0.8116，即历年增长同步程度为 81.16%，呈稍强正相关性。

同期，江苏居民总消费城乡比最小（最佳，后同）值为 2017 年的 1.7760，最大值为 2003 年的 2.4806。这 18 年间，江苏居民总消费城乡比缩小 21.91%。

由于各地相应变化，江苏此项城乡比位次保持第 4 位不变。据既往历年动态推演测算，江苏城乡比到 2020 年将为 1.7302，相比当前较明显缩减；2035 年将为 1.4079，继续明显缩减。

3. 城乡综合居民消费率历年变化状况

2000～2018 年，江苏居民消费率降低 8.01 个百分点，其中"十二五"

以来升高 1.42 个百分点。应对国际金融危机实施"拉动内需,扩大消费,改善民生"政策以来,尤其是进入"十二五"以来,江苏居民消费率略有回升。由于各地相应变化,江苏居民消费率位次从第 27 位降为第 31 位。

这 18 年间,江苏居民消费率最高(最佳)值为 2000 年的 30.14%,最低值为 2010 年的 20.71%,近年来仍未回复 2000 年初始值(亦即最佳值)。这表明,当地居民消费拉动经济增长的同步协调性尚待增强。还应注意,江苏居民消费率下降程度大于当地居民收入比下降程度,反过来意味着居民积蓄率上升,亦即积蓄对消费的抑制作用加重。

在江苏历年居民总消费用度支出中,物质消费年均增长 11.09%,低于居民收入年增 1.14 个百分点,低于总消费年增 0.49 个百分点,物质消费比重下降;非物消费年均增长 12.63%,高于居民收入年增 0.39 个百分点,高于总消费年增 1.05 个百分点,非物消费比重上升。

三 江苏居民物质生活消费结构性分析

江苏居民物质消费分类结构性关系见图 3。

1. 食品消费人均值增长及其比重变化

2000~2018 年,江苏城乡居民人均食品消费年均增长 8.66%。人均值地区差最小值为 2018 年的 1.1538,最大值为 2006 年的 1.2808;城乡比最小值为 2017 年的 1.6885,最大值为 2002 年的 2.3363。这 18 年间,江苏居民食品消费地区差缩小 5.31%,城乡比缩小 17.66%。由于各地相应变化,江苏地区差位次从第 17 位升为第 10 位,城乡比位次从第 9 位升为第 8 位。

江苏居民食品消费比重降低 15.97 个百分点。最低(最佳,物质消费占比以低为佳,后同)比重值为 2018 年的 26.11%,最高比重值为 2000 年的 42.08%。由于各地相应变化,江苏比重位次从第 14 位升为第 8 位。

2. 衣着消费人均值增长及其比重变化

2000~2018 年,江苏城乡居民人均衣着消费年均增长 10.22%。人均值地区差最小值为 2004 年的 1.0644,最大值为 2011 年的 1.2579;城乡比最

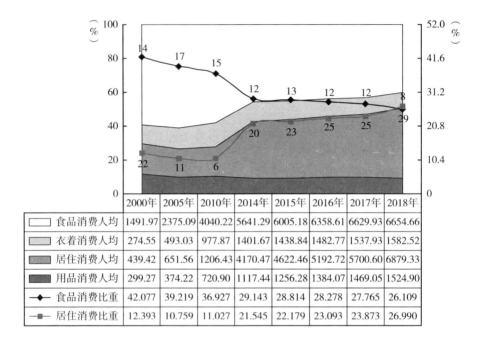

图3 江苏居民物质消费分类结构性关系

左轴面积：城乡综合演算的居民物质消费单项（食品烟酒、衣着、居住、生活用品及服务四项）人均值（元转换为%），各项数值间呈直观比例。右轴曲线：食品、居住消费比重（占总消费比，保留3位小数协调整个物质消费比重演算小数四舍五入）（%），显示物质生活需求变化最大的两个方面。标注食品、居住消费比重省域位次（物质消费比重以低为佳取倒序）。

小值为 2017 年的 2.0611，最大值为 2009 年的 4.2331。这 18 年间，江苏居民衣着消费地区差扩大 3.59%，城乡比缩小 38.95%。由于各地相应变化，江苏地区差位次从第 12 位降为第 21 位，城乡比位次保持第 9 位不变。

江苏居民衣着消费比重降低 1.53 个百分点。最低比重值为 2018 年的 6.21%，最高比重值为 2011 年的 9.64%。由于各地相应变化，江苏比重位次从第 11 位升为第 9 位。

3. 居住消费人均值增长及其比重变化

2000～2018 年，江苏城乡居民人均居住消费年均增长 16.51%。人均值地区差最小值为 2011 年的 1.0648，最大值为 2002 年的 1.4465；城乡比最小值为 2011 年的 0.8653，最大值为 2015 年的 2.1301。这 18 年间，江苏居民居住消费地区差扩大 12.70%，城乡比扩大 98.59%。由于各地相应变化，江苏地区差位次从第 16 位降为第 27 位，城乡比位次从第 1 位降为第 11 位。

江苏居民居住消费比重增高 14.60 个百分点。最低比重值为 2011 年的 9.52%，最高比重值为 2018 年的 26.99%。由于各地相应变化，江苏比重位次从第 22 位降为第 29 位。

4. 用品消费人均值增长及其比重变化

2000～2018 年，江苏城乡居民人均用品消费年均增长 9.47%。人均值地区差最小值为 2018 年的 1.2129，最大值为 2001 年的 1.5250；城乡比最小值为 2016 年的 1.7757，最大值为 2001 年的 5.2848。这 18 年间，江苏居民用品消费地区差缩小 17.07%，城乡比缩小 61.68%。由于各地相应变化，江苏地区差位次从第 25 位升为第 17 位，城乡比位次从第 14 位升为第 7 位。

江苏居民用品消费比重降低 2.46 个百分点。最低比重值为 2014 年的 5.77%，最高比重值为 2001 年的 8.66%。由于各地相应变化，江苏比重位次从第 27 位升为第 13 位。

本项检测将全部物质消费视为"全面小康"人民生活必需消费，只看食品消费或者扩大为衣食温饱显然已不具有足够的解释力。不难看出，江苏居民食品消费比重降低"让出"的余地却被居住消费比重增高"大量抢占"，这两项冲抵仅仅留给处在上位的物质消费比重降低 1.37 个百分点，否则 2000 年以来 18 年间江苏居民整个物质消费比重（可视为恩格尔系数极致放大）理当显著下降。房价虚高已经明显影响到江苏民生发展质量。

在江苏历年居民物质消费用度支出中，居住消费年均增长 16.51% 最高，高于总消费年增 4.93 个百分点，所占比重上升，成为牵制物质消费比重降低的主要因素；衣着消费年均增长 10.22% 次之，低于总消费年增 1.36 个百分点，所占比重下降；用品消费年均增长 9.47% 排第三位，低于总消费年增 2.11 个百分点，所占比重下降；食品消费年均增长 8.66% 最低，低于总消费年增 2.92 个百分点，所占比重下降；这四项综合测算，物质消费比重降低 5.36 个百分点，由此看出社会公议"消费结构升级"的实际动向。

四 江苏居民非物消费结构性分析

（一）非物生活分类消费增长分析

江苏居民非物消费分类结构性关系见图4。

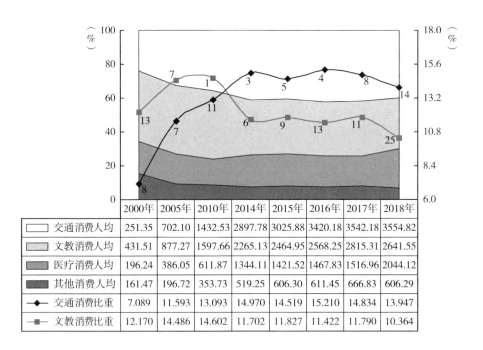

	2000年	2005年	2010年	2014年	2015年	2016年	2017年	2018年
☐ 交通消费人均	251.35	702.10	1432.53	2897.78	3025.88	3420.18	3542.18	3554.82
☐ 文教消费人均	431.51	877.27	1597.66	2265.13	2464.95	2568.25	2815.31	2641.55
☐ 医疗消费人均	196.24	386.05	611.87	1344.11	1421.52	1467.83	1516.96	2044.12
■ 其他消费人均	161.47	196.72	353.73	519.25	606.30	611.45	666.83	606.29
◆ 交通消费比重	7.089	11.593	13.093	14.970	14.519	15.210	14.834	13.947
■ 文教消费比重	12.170	14.486	14.602	11.702	11.827	11.422	11.790	10.364

图4 江苏居民非物消费分类结构性关系

左轴面积：城乡综合演算的居民非物消费单项（交通通信、教育文化娱乐、医疗保健、其他用品及服务四项）人均值（元转换为%），各项数值间呈直观比例。右轴曲线：交通通信、教育文化娱乐消费比重（占总消费比，保留3位小数对应整个非物消费比重演算小数四舍五入协调）（%），显示社会生活交往、精神文化生活需求变化。标注交通通信、教育文化娱乐消费比重省域位次。

1. 交通消费人均值增长及其比重变化

2000～2018年，江苏城乡居民人均交通消费年均增长15.86%。人均值地区差最小值为2002年的1.0462，最大值为2014年的1.5300；城乡比最小值为2018年的1.2905，最大值为2005年的2.8889。这18年间，江苏居民交通消费地区差扩大3.28%，城乡比缩小48.87%。由于各地相应变化，江苏地区差位次从第12位降为第24位，城乡比位次从第4位升为第1位。

江苏居民交通消费比重增高6.86个百分点。最高（最佳，非物消费占比以高为佳，后同）比重值为2016年的15.21%，最低比重值为2000年的7.09%。由于各地相应变化，江苏比重位次从第8位降为第14位。

2. 文教消费人均值增长及其比重变化

2000~2018年，江苏城乡居民人均文教消费年均增长10.59%。人均值地区差最小值为2018年的1.1539，最大值为2012年的1.8635；城乡比最小值为2018年的2.0222，最大值为2013年的3.2181。这18年间，江苏居民文教消费地区差缩小8.19%，城乡比缩小18.88%。由于各地相应变化，江苏地区差位次从第17位升为第12位，城乡比位次从第5位降为第11位。

江苏居民文教消费比重降低1.81个百分点。最高比重值为2012年的15.58%，最低比重值为2018年的10.36%。由于各地相应变化，江苏比重位次从第13位降为第25位。

3. 医疗消费人均值增长及其比重变化

2000~2018年，江苏城乡居民人均医疗消费年均增长13.90%。人均值地区差最小值为2017年的1.0284，最大值为2014年的1.2763；城乡比最小值为2017年的1.1281，最大值为2003年的3.4748。这18年间，江苏居民医疗消费地区差扩大2.85%，城乡比缩小34.61%。由于各地相应变化，江苏地区差位次从第10位降为第18位，城乡比位次从第2位降为第11位。

江苏居民医疗消费比重增高2.49个百分点。最高比重值为2018年的8.02%，最低比重值为2000年的5.53%。由于各地相应变化，江苏比重位次从第18位降为第22位。

4. 其他消费人均值增长及其比重变化

2000~2018年，江苏城乡居民人均其他消费年均增长7.63%。人均值地区差最小值为2002年的1.1861，最大值为2015年的1.5246；城乡比最小值为2014年的2.0087，最大值为2009年的3.8296。这18年间，江苏居民其他消费地区差缩小 4.77%，城乡比缩小 29.25%。由于各地相应变化，江苏地区差位次保持第 17 位不变，城乡比位次从第 3 位降为第 5 位。

江苏居民其他消费比重降低 2.18 个百分点。最高比重值为 2001 年的 4.64%，最低比重值为 2018 年的 2.38%。由于各地相应变化，江苏比重位次从第 12 位降为第 17 位。

恩格尔系数检测仅能对应"基本小康"阶段，即使扩展为整个物质消费也难以适用于"全面小康"进程。为此，本项检测将全部非物消费视为"全面小康"民生应有消费。"交通消费"作为"交通通信消费"简称，包含通信消费，而通信消费里的信息内容消费部分显然应当归属于精神消费。假设江苏居民信息内容消费占通信消费一半，通信消费又占整个交通通信消费一半，那么信息内容消费比重则增高 1.72 个百分点，再与文教消费比重变化合并演算，2000 年以来 18 年间江苏居民精神消费比重仅仅下降 0.09 个百分点。

在江苏历年居民非物消费用度支出中，交通消费年均增长 15.86% 最高，高于总消费年增 4.28 个百分点，所占比重上升，成为提升非物消费比重增高的主要因素；医疗消费年均增长 13.90% 次之，高于总消费年增 2.32 个百分点，所占比重上升，成为提升非物消费比重增高的重要因素；文教消费年均增长 10.59% 排第三位，低于总消费年增 0.99 个百分点，所占比重下降；其他消费年均增长 7.63% 最低，低于总消费年增 3.95 个百分点，所占比重下降；这四项综合测算，非物消费比重增高 5.36 个百分点，由此看出社会公议"消费结构升级"的实际动向。

（二）居民收入、积蓄与非物消费之间增长关系

分析居民收入、积蓄与非物生活各项消费之间增长关系，可以检测究竟是什么因素对居民非物生活各项消费增长产生重要影响。江苏居民收入、积蓄与非物消费增长态势见图 5，因相关系数分析需有历年不间断增长指数，而制图空间有限，故截取 2000～2010（后台检测 2000～2018）年。

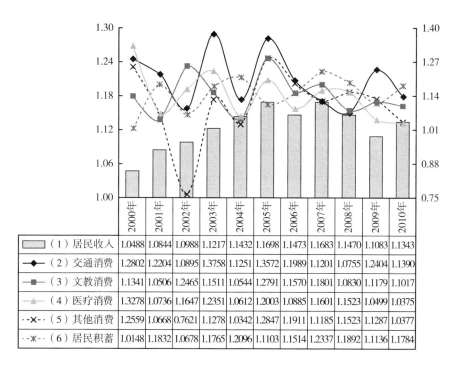

图5　江苏居民收入、积蓄与非物消费增长态势

左轴柱形：居民收入年增指数。右轴曲线：非物消费各单项、积蓄年增指数，上年＝1（小于1为负增长）。曲线（2）、（3）、（4）与（6）之间大体形成横向镜面峰谷对应水中倒影负相关关系。

1. 居民收入与非物消费历年增长相关性

2000~2010年，标号（1）居民收入与（2）交通消费历年增长之间，相关系数为 -0.1667，即16.67%程度上逆向变动，呈很弱负相关性；与（3）文教消费历年增长之间，相关系数为0.2517，即25.17%程度上同步变动，呈极弱正相关性；与（4）医疗消费历年增长之间，相关系数为 -0.3229，即32.29%程度上逆向变动，呈较弱负相关性；与（5）其他消费历年增长之间，相关系数为0.1601，即16.01%程度上同步变动，呈极弱正相关性。

这些数据之间的增长相关性表明，江苏居民收入增加也不能"必然"带来本地居民生活消费向着非物质需求，尤其是精神文化需求方向"升级"。

2. 居民积蓄与非物消费历年增长相关性

2000～2010 年，标号（6）居民积蓄与（2）交通消费历年增长之间，相关系数为 - 0. 3232，即 32. 32% 程度上逆向变动，呈较弱负相关性；与（3）文教消费历年增长之间，相关系数为 - 0. 4277，即 42. 77% 程度上逆向变动，呈稍强负相关性；与（4）医疗消费历年增长之间，相关系数为 - 0. 5401，即 54. 01% 程度上逆向变动，呈较强负相关性；与（5）其他消费历年增长之间，相关系数为 - 0. 0427，即 4. 27% 程度上逆向变动，呈极弱负相关性。

在当地这些数据之间的增长相关性中，相互间影响的正反方向、强弱程度一目了然。

特别是（4）医疗消费、（3）文教消费与（6）居民积蓄增长曲线之间，形成横向镜面峰谷对应水中倒影，其间分别呈 54. 01% 、42. 77% 逆向增长相关性。"积蓄负相关性" 对于医疗消费基本成立，对于文教消费接近成立，对于交通消费不明显，对于其他消费不明显。经后台数据库扩展演算，文教消费与积蓄增长之间 2001～2013 年长时段逆向程度为 51. 36% ，呈较强负相关；2002～2006 年逆向极值达 90. 28% ，呈极强负相关。

江苏居民积蓄增长已经严重地抑制了本地居民消费向着增强人们身心健康、提升精神文化需求方向更快地"升级"。

五 江苏民生消费需求景气指数检测

江苏民生消费需求景气指数变动态势见图 6。

1. 各年度理想值横向测评

以假定各类民生数据城乡、地区无差距理想值为 100，2018 年江苏城乡民生需求景气指数为 90. 82，低于无差距理想值 9. 18% 。江苏此项检测指数在省域间排行变化，2000 年为第 7 位，2005 年为第 5 位，2010 年与之持平，2015 年为第 6 位，2018 年从上年第 5 位下降为第 8 位。

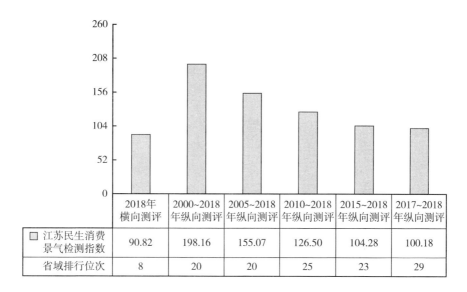

图6 江苏民生消费需求景气指数变动态势

数轴柱型：共时性年度横向测评（全国城乡地区无差距理想值 = 100），类似"不论年龄比高矮"，有利于发达地区；历时性阶段纵向测评（起点年自身基数值 = 100），类似"不论高矮比生长"，有利于后发地区，从左至右①"十五"以来，②"十一五"以来，③"十二五"以来，④"十三五"以来，⑤上年以来，多向度检测省域排行，考察不同阶段进展状况。

2. 2000年以来基数值纵向测评

以"九五"末年2000年数据指标演算基数值为100，"十五"以来至2018年江苏城乡民生需求景气指数为198.16，高于起点年基数值98.16%。江苏此项检测分值低于全国总体检测结果分值，即2000年以来民生需求景气提升程度低于全国平均水平，处于省域间第20位。

3. 2005年以来基数值纵向测评

以"十五"末年2005年数据指标演算基数值为100，"十一五"以来至2018年江苏城乡民生需求景气指数为155.07，高于起点年基数值55.07%。江苏此项检测分值低于全国总体检测结果分值，即2005年以来民生需求景气提升程度低于全国平均水平，处于省域间第20位。

4. 2010年以来基数值纵向测评

以"十一五"末年2010年数据指标演算基数值为100，"十二五"以来至 2018 年江苏城乡民生需求景气指数为 126.50，高于起点年基数值 26.50%。江苏此项检测分值低于全国总体检测结果分值，即 2010 年以来民生需求景气提升程度低于全国平均水平，处于省域间第 25 位。

5. 2015年以来基数值纵向测评

以"十二五"末年 2015 年数据指标演算基数值为 100，"十三五"以来至 2018 年江苏城乡民生需求景气指数为 104.28，高于起点年基数值 4.28%。江苏此项检测分值低于全国总体检测结果分值，即 2015 年以来民生需求景气提升程度低于全国平均水平，处于省域间第 23 位。

6. 逐年度基数值纵向测评

以上一年（2017 年）起点数据指标演算基数值为 100，2018 年江苏城乡民生需求景气指数为 100.18，高于起点年基数值 0.18%。江苏此项检测指数在省域间排行变化，2000 年为第 28 位，2005 年为第 12 位，2010 年为第 15 位，2015 年为第 23 位，2018 年从上年第 21 位下降为第 29 位。

R.20
河北：2000~2018年民生需求
景气提升度第8位

周希宁*

摘　要：　2000~2018年，河北城乡民生消费数据人均值持续明显增长，2018年居民总消费为2000年的8.17倍，物质消费为7.39倍，非物消费为10.11倍。非物消费比重显著增高6.83个百分点，消费结构出现很大升级变化。居民消费率从27.99%极显著升高至36.36%，"十二五"以来明显上升。居民积蓄率从35.40%持续显著降低至29.36%，反过来对消费需求的抑制作用减轻。居民总消费、物质消费、非物消费地区差逐渐缩小；居民总消费、物质消费、非物消费城乡比逐渐缩小。

关键词：　河北居民　民生需求　物质消费　非物消费　景气排行

一　河北人民生活主要数据相关情况

河北城乡主要民生数据增长变化基本情况见图1，限于制图容量，未直接列出居民收入数据，可据其他数据推算，另产值、财政收入、财政支出数据置于后台演算。

---

* 周希宁，云南省国际贸易学会研究一室主任、助理研究员，主要从事国际贸易相关研究。

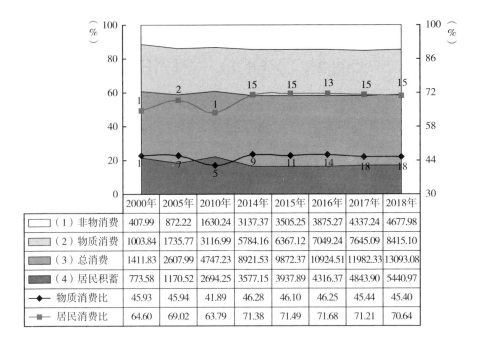

	2000年	2005年	2010年	2014年	2015年	2016年	2017年	2018年
（1）非物消费	407.99	872.22	1630.24	3137.37	3505.25	3875.27	4337.24	4677.98
（2）物质消费	1003.84	1735.77	3116.99	5784.16	6367.12	7049.24	7645.09	8415.10
（3）总消费	1411.83	2607.99	4747.23	8921.53	9872.37	10924.51	11982.33	13093.08
（4）居民积蓄	773.58	1170.52	2694.25	3577.15	3937.89	4316.37	4843.90	5440.97
物质消费比	45.93	45.94	41.89	46.28	46.10	46.25	45.44	45.40
居民消费比	64.60	69.02	63.79	71.38	71.49	71.68	71.21	70.64

图1　河北城乡主要民生数据增长变化基本情况

左轴面积：城乡居民（1）非物消费、（2）物质消费、（3）总消费、（4）积蓄总量（亿元转换为%），（1）＋（2）＝（3），（3）＋（4）＝居民收入，各项数值间呈直观比例。右轴曲线：物质消费比、居民消费比（占居民收入比）（%），二者之差即为非物消费比，二者之比即为物质消费比重（占总消费比），二者之差再与居民消费比之比即为非物消费比重。标注物质消费比、居民消费比省域位次。

1. 城乡居民收入、积蓄财富总量增长简况

2000～2018年，河北城乡居民收入总量年均增长12.61%，积蓄总量年均增长11.45%。居民收入年均增长率高于当地产值增长1.07个百分点，低于当地财政收入增长3.24个百分点。

2. 城乡居民消费总量及其分类增长状况

2000～2018年，河北城乡居民消费总量年均增长13.17%。居民消费年均增长率高于当地产值增长1.63个百分点，低于当地财政支出增长4.46个百分点。同期，河北城乡居民物质消费总量年均增长12.54%，低于居民收入增长0.07个百分点，低于总消费增长0.63个百分点；河北城乡居民非物

消费总量年均增长 14.51%, 高于居民收入增长 1.90 个百分点, 高于总消费增长 1.34 个百分点。

3. 城乡居民消费需求相关比值变化状况

在河北居民收入当中, 2016 年有 71.68% 用于全部生活消费支出, 为历年最高比值; 2013 年仅有 62.56% 用于全部生活消费支出, 为历年最低 (最佳) 比值; 2014 年有 46.28% 用于物质消费支出, 为历年最高比值; 2013 年仅有 39.51% 用于物质消费支出, 为历年最低 (最佳) 比值。居民收入与总消费之差即为居民积蓄, 物质消费与总消费之差即为非物消费。

这 18 年间, 河北居民消费比升高 6.04 个百分点, 物质消费比降低 0.53 个百分点, 反过来导致非物消费比升高 6.57 个百分点。继续深入分析, 居民消费比与物质消费比升降方向及其程度有差异, 意味着物质消费占总消费比重变化, 反过来又导致非物消费占总消费比重变化。由这些相对比值关系变化就能够看出民生消费需求态势, 从中体现出民生发展的基本走向。

二 河北居民总消费增长及相关性分析

居民总消费及其相关性分析为民生消费需求检测系统的二级子系统之首。河北城乡居民总消费及其相关性变动态势见图 2。

1. 城乡综合人均值及地区差变动状况

2000～2018 年, 河北城乡居民人均总消费年均增长 12.38% (由于人口增长, 人均值增长率略低于总量增长率)。人均值地区差最小 (最佳, 后同) 值为 2018 年的 1.1479, 最大值为 2002 年的 1.2654。这 18 年间, 河北居民总消费地区差缩小 8.52%。

由于各地相应变化, 河北此项地区差位次从第 19 位升为第 11 位。据既往历年动态推演测算, 河北地区差到 2020 年将为 1.1436, 相比当前略微缩减; 2035 年将为 1.1361, 继续略微缩减。

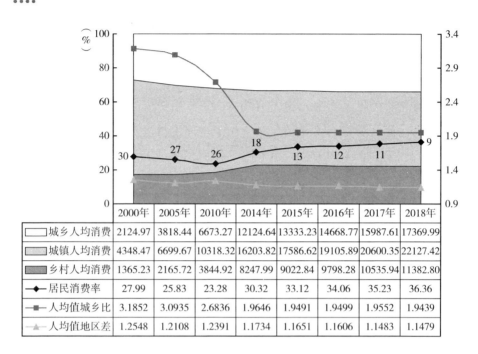

	2000年	2005年	2010年	2014年	2015年	2016年	2017年	2018年
□ 城乡人均消费	2124.97	3818.44	6673.27	12124.64	13333.23	14668.77	15987.61	17369.99
▨ 城镇人均消费	4348.47	6699.67	10318.32	16203.82	17586.62	19105.89	20600.35	22127.42
▨ 乡村人均消费	1365.23	2165.72	3844.92	8247.99	9022.84	9798.28	10535.94	11382.80
◆ 居民消费率	27.99	25.83	23.28	30.32	33.12	34.06	35.23	36.36
▪ 人均值城乡比	3.1852	3.0935	2.6836	1.9646	1.9491	1.9499	1.9552	1.9439
▲ 人均值地区差	1.2548	1.2108	1.2391	1.1734	1.1651	1.1606	1.1483	1.1479

图2　河北城乡居民总消费及其相关性变动态势

左轴面积：城乡综合、城镇、乡村居民总消费人均值（元转换为%），各项数值间呈直观比例。右轴曲线：居民总消费城乡比（乡村 =1）、地区差（无差距 =1）。左轴曲线：居民消费率（与产值比）（%）。标注居民消费率省域位次。

2. 城镇与乡村人均值及城乡比变动状况

2000～2018 年，河北城镇居民人均总消费年均增长 9.46%，乡村居民人均总消费年均增长 12.50%，乡村年均增长率高于城镇 3.04 个百分点。城乡之间增长相关系数为 0.6797，即历年增长同步程度为 67.97%，呈较弱正相关性。

同期，河北居民总消费城乡比最小（最佳，后同）值为 2018 年的 1.9439，最大值为 2002 年的 3.4335。这 18 年间，河北居民总消费城乡比缩小 38.97%。

由于各地相应变化，河北此项城乡比位次从第 19 位升为第 12 位。据既往历年动态推演测算，河北城乡比到 2020 年将为 1.8402，相比当前明显缩减；2035 年将为 1.2194，继续显著缩减。

3. 城乡综合居民消费率历年变化状况

2000～2018年，河北居民消费率升高8.37个百分点，其中"十二五"以来升高13.08个百分点。应对国际金融危机实施"拉动内需，扩大消费，改善民生"政策以来，尤其是进入"十二五"以来，河北居民消费率明显上升。由于各地相应变化，河北居民消费率位次从第30位升为第9位。

这18年间，河北居民消费率最高（最佳）值为2018年的36.36%，最低值为2011年的23.00%，近年来达到历年最佳值。这表明，当地居民消费拉动经济增长的同步协调性有所增强。还应注意，河北居民消费率上升程度大于当地居民收入比上升程度，反过来意味着居民积蓄率下降，亦即积蓄对消费的抑制作用减轻。

在河北历年居民总消费用度支出中，物质消费年均增长11.75%，低于居民收入年增0.07个百分点，低于总消费年增0.63个百分点，物质消费比重下降；非物消费年均增长13.71%，高于居民收入年增1.89个百分点，高于总消费年增1.33个百分点，非物消费比重上升。

三 河北居民物质生活消费结构性分析

河北居民物质消费分类结构性关系见图3。

1. 食品消费人均值增长及其比重变化

2000～2018年，河北城乡居民人均食品消费年均增长10.06%。人均值地区差最小值为2018年的1.2327，最大值为2000年的1.3560；城乡比最小值为2014年的1.7515，最大值为2002年的3.1245。这18年间，河北居民食品消费地区差缩小9.09%，城乡比缩小34.26%。由于各地相应变化，河北地区差位次从第24位升为第20位，城乡比位次从第26位升为第17位。

河北居民食品消费比重降低11.63个百分点。最低（最佳，物质消费占比以低为佳，后同）比重值为2017年的25.24%，最高比重值为2004年的38.98%。由于各地相应变化，河北比重位次从第2位降为第5位。

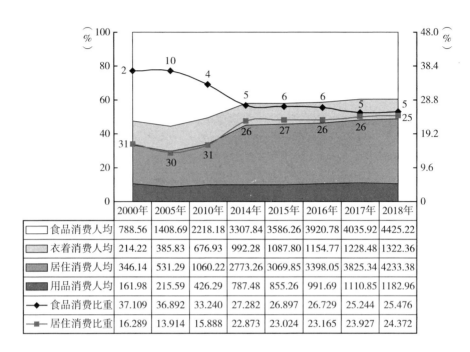

图3　河北居民物质消费分类结构性关系

　　左轴面积：城乡综合演算的居民物质消费单项（食品烟酒、衣着、居住、生活用品及服务四项）人均值（元转换为％），各项数值间呈直观比例。右轴曲线：食品、居住消费比重（占总消费比，保留3位小数协调整个物质消费比重演算小数四舍五入）（％），显示物质生活需求变化最大的两个方面。标注食品、居住消费比重省域位次（物质消费比重以低为佳取倒序）。

　　2. 衣着消费人均值增长及其比重变化

　　2000～2018年，河北城乡居民人均衣着消费年均增长10.64％。人均值地区差最小值为2018年的1.0080，最大值为2013年的1.2215；城乡比最小值为2014年的2.4490，最大值为2008年的5.5817。这18年间，河北居民衣着消费地区差缩小8.84％，城乡比缩小51.15％。由于各地相应变化，河北地区差位次从第8位升为第2位，城乡比位次从第18位升为第11位。

　　河北居民衣着消费比重降低2.47个百分点。最低比重值为2018年的7.61％，最高比重值为2012年的10.67％。由于各地相应变化，河北比重位次从第22位升为第19位。

3. 居住消费人均值增长及其比重变化

2000～2018年，河北城乡居民人均居住消费年均增长14.92%。人均值地区差最小值为2006年的1.0007，最大值为2014年的1.1446；城乡比最小值为2013年的1.2048，最大值为2018年的2.1938。这18年间，河北居民居住消费地区差扩大10.90%，城乡比扩大69.56%。由于各地相应变化，河北地区差位次从第3位升为第2位，城乡比位次从第7位降为第18位。

河北居民居住消费比重增高8.08个百分点。最低比重值为2005年的13.91%，最高比重值为2018年的24.37%。由于各地相应变化，河北比重位次从第31位升为第25位。

4. 用品消费人均值增长及其比重变化

2000～2018年，河北城乡居民人均用品消费年均增长11.68%。人均值地区差最小值为2017年的1.0343，最大值为2001年的1.2556；城乡比最小值为2018年的1.9486，最大值为2000年的6.7971。这18年间，河北居民用品消费地区差缩小12.36%，城乡比缩小71.33%。由于各地相应变化，河北地区差位次从第9位升为第8位，城乡比位次从第19位升为第9位。

河北居民用品消费比重降低0.81个百分点。最低比重值为2004年的5.32%，最高比重值为2000年的7.62%。由于各地相应变化，河北比重位次从第24位降为第27位。

本项检测将全部物质消费视为"全面小康"人民生活必需消费，只看食品消费或者扩大为衣食温饱显然已不具有足够的解释力。不难看出，河北居民食品消费比重降低"让出"的余地却被居住消费比重增高"大量抢占"，这两项冲抵仅仅留给处在上位的物质消费比重降低3.55个百分点，否则2000年以来18年间河北居民整个物质消费比重（可视为恩格尔系数极致放大）理当显著下降。房价虚高已经明显影响到河北民生发展质量。

在河北历年居民物质消费用度支出中，居住消费年均增长14.92%最高，高于总消费年增2.54个百分点，所占比重上升，成为牵制物质消费比重降低的主要因素；用品消费年均增长11.68%次之，低于总消费年增0.70个百分点，所占比重下降；衣着消费年均增长10.64%排第三位，低于总消费年增 1.74 个百分点，所占比重下降；食品消费年均增长 10.06% 最低，低于总消费年增 2.32 个百分点，所占比重下降；这四项综合测算，物质消费比重降低 6.83 个百分点，由此看出社会公议"消费结构升级"的实际动向。

四 河北居民非物生活消费结构性分析

（一）非物生活分类消费增长分析

河北居民非物消费分类结构性关系见图4。

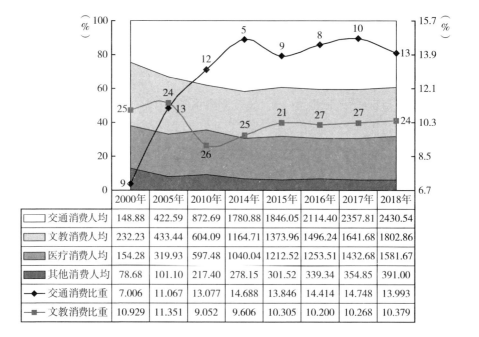

	2000年	2005年	2010年	2014年	2015年	2016年	2017年	2018年
交通消费人均	148.88	422.59	872.69	1780.88	1846.05	2114.40	2357.81	2430.54
文教消费人均	232.23	433.44	604.09	1164.71	1373.96	1496.24	1641.68	1802.86
医疗消费人均	154.28	319.93	597.48	1040.04	1212.52	1253.51	1432.68	1581.67
其他消费人均	78.68	101.10	217.40	278.15	301.52	339.34	354.85	391.00
交通消费比重	7.006	11.067	13.077	14.688	13.846	14.414	14.748	13.993
文教消费比重	10.929	11.351	9.052	9.606	10.305	10.200	10.268	10.379

图4 河北居民非物消费分类结构性关系

左轴面积：城乡综合演算的居民非物消费单项（交通通信、教育文化娱乐、医疗保健、其他用品及服务四项）人均值（元转换为%），各项数值间呈直观比例。右轴曲线：交通通信、教育文化娱乐消费比重（占总消费比，保留3位小数对应整个非物消费比重演算小数四舍五入协调）（%），显示社会生活交往、精神文化生活需求变化。标注交通通信、教育文化娱乐消费比重省域位次。

1. 交通消费人均值增长及其比重变化

2000 ~ 2018 年，河北城乡居民人均交通消费年均增长 16.78%。人均值地区差最小值为 2014 年的 1.0597，最大值为 2004 年的 1.3069；城乡比最小值为 2018 年的 1.7172，最大值为 2002 年的 4.6111。这 18 年间，河北居民交通消费地区差缩小 11.36%，城乡比缩小 56.94%。由于各地相应变化，河北地区差位次从第 14 位升为第 11 位，城乡比位次从第 14 位升为第 7 位。

河北居民交通消费比重增高 6.99 个百分点。最高（最佳，非物消费占比以高为佳，后同）比重值为 2013 年的 14.81%，最低比重值为 2000 年的 7.01%。由于各地相应变化，河北比重位次从第 9 位降为第 13 位。

2. 文教消费人均值增长及其比重变化

2000 ~ 2018 年，河北城乡居民人均文教消费年均增长 12.06%。人均值地区差最小值为 2018 年的 1.2125，最大值为 2012 年的 1.4102；城乡比最小值为 2018 年的 1.9686，最大值为 2000 年的 4.0498。这 18 年间，河北居民文教消费地区差缩小 8.39%，城乡比缩小 51.39%。由于各地相应变化，河北地区差位次从第 21 位升为第 20 位，城乡比位次从第 25 位升为第 6 位。

河北居民文教消费比重降低 0.55 个百分点。最高比重值为 2003 年的 11.95%，最低比重值为 2012 年的 8.63%。由于各地相应变化，河北比重位次从第 25 位升为第 24 位。

3. 医疗消费人均值增长及其比重变化

2000 ~ 2018 年，河北城乡居民人均医疗消费年均增长 13.80%。人均值地区差最小值为 2014 年的 1.0125，最大值为 2004 年的 1.1039；城乡比最小值为 2018 年的 1.5677，最大值为 2003 年的 5.4206。这 18 年间，河北居民医疗消费地区差缩小 1.02%，城乡比缩小 67.42%。由于各地相应变化，河北地区差位次从第 7 位降为第 11 位，城乡比位次从第 27 位升为第 14 位。

河北居民医疗消费比重增高 1.85 个百分点。最高比重值为 2009 年的 9.59%，最低比重值为 2000 年的 7.26%。由于各地相应变化，河北比重位次从第 6 位降为第 13 位。

4.其他消费人均值增长及其比重变化

2000~2018 年，河北城乡居民人均其他消费年均增长 9. 32%。人均值地区差最小值为 2016 年的 1.1879，最大值为 2001 年的 1.4103；城乡比最小值为 2014 年的 2.0380，最大值为 2003 年的 6.3252。这 18 年间，河北居民其他消费地区差缩小 11.87%，城乡比缩小 53.52%。由于各地相应变化，河北地区差位次从第 23 位升为第 16 位，城乡比位次从第 16 位升为第 4 位。

河北居民其他消费比重降低 1.45 个百分点。最高比重值为 2000 年的 3.70%，最低比重值为 2017 年的 2.22%。由于各地相应变化，河北比重位次从第 31 位升为第 24 位。

恩格尔系数检测仅能对应"基本小康"阶段，即使扩展为整个物质消费也难以适用于"全面小康"进程。为此，本项检测将全部非物消费视为"全面小康"民生应有消费。"交通消费"作为"交通通信消费"简称，包含通信消费，而通信消费里的信息内容消费部分显然应当归属于精神消费。假设河北居民信息内容消费占通信消费一半，通信消费又占整个交通通信消费一半，那么信息内容消费比重则增高 1.75 个百分点，再与文教消费比重变化合并演算，2000 年以来 18 年间河北居民精神消费比重理当上升 1.20 个百分点。

在河北历年居民非物消费用度支出中，交通消费年均增长 16.78% 最高，高于总消费年增 4.40 个百分点，所占比重上升，成为提升非物消费比重增高的主要因素；医疗消费年均增长 13.80% 次之，高于总消费年增 1.42 个百分点，所占比重上升，成为提升非物消费比重增高的重要因素；文教消费年均增长 12.06% 排第三位，低于总消费年增 0.32 个百分点，所占比重下降；其他消费年均增长 9.32% 最低，低于总消费年增 3.06 个百分点，所占比重下降；这四项综合测算，非物消费比重增高 6.83 个百分点，由此看出社会公议"消费结构升级"的实际动向。

（二）居民收入、积蓄与非物消费之间增长关系

分析居民收入、积蓄与非物生活各项消费之间增长关系，可以检测究竟

是什么因素对居民非物生活各项消费增长产生重要影响。河北居民收入、积蓄与非物消费增长态势见图5，因相关系数分析需有历年不间断增长指数，而制图空间有限，故截取2001~2011（后台检测2000~2018）年。

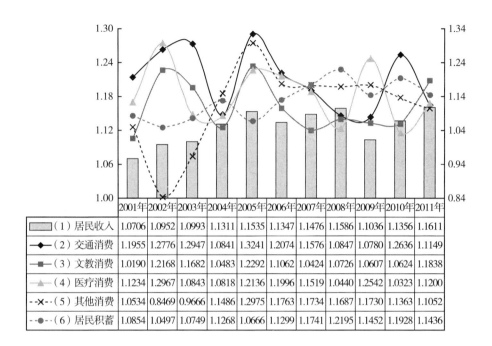

	2001年	2002年	2003年	2004年	2005年	2006年	2007年	2008年	2009年	2010年	2011年
▭（1）居民收入	1.0706	1.0952	1.0993	1.1311	1.1535	1.1347	1.1476	1.1586	1.1036	1.1356	1.1611
◆（2）交通消费	1.1955	1.2776	1.2947	1.0841	1.3241	1.2074	1.1576	1.0847	1.0780	1.2636	1.1149
■（3）文教消费	1.0190	1.2168	1.1682	1.0483	1.2292	1.1062	1.0424	1.0726	1.0607	1.0624	1.1838
▲（4）医疗消费	1.1234	1.2967	1.0843	1.0818	1.2136	1.1996	1.1519	1.0440	1.2542	1.0323	1.1200
--×--（5）其他消费	1.0534	0.8469	0.9666	1.1486	1.2975	1.1763	1.1734	1.1687	1.1730	1.1363	1.1052
--●--（6）居民积蓄	1.0854	1.0497	1.0749	1.1268	1.0666	1.1299	1.1741	1.2195	1.1452	1.1928	1.1436

图5 河北居民收入、积蓄与非物消费增长态势

左轴柱形：居民收入年增指数。右轴曲线：非物消费各单项、积蓄年增指数，上年＝1（小于1为负增长）。曲线（2）、（3）、（4）与（6）之间大体形成横向镜面峰谷对应水中倒影负相关关系。

1. 居民收入与非物消费历年增长相关性

2001~2011年，标号（1）居民收入与（2）交通消费历年增长之间，相关系数为－0.2207，即22.07%程度上逆向变动，呈很弱负相关性；与（3）文教消费历年增长之间，相关系数为0.1631，即16.31%程度上同步变动，呈极弱正相关性；与（4）医疗消费历年增长之间，相关系数为－0.2854，即28.54%程度上逆向变动，呈较弱负相关性；与（5）其他消费历年增长之间，相关系数为0.6347，即63.47%程度上同步变动，呈较弱正相关性。

这些数据之间的增长相关性表明，河北居民收入增加也不能"必然"带来本地居民生活消费向着非物质需求，尤其是精神文化需求方向"升级"。

2. 居民积蓄与非物消费历年增长相关性

2001～2011 年，标号（6）居民积蓄与（2）交通消费历年增长之间，相关系数为 - 0.6037，即 60.37% 程度上逆向变动，呈很强负相关性；与（3）文教消费历年增长之间，相关系数为 - 0.5847，即 58.47% 程度上逆向变动，呈较强负相关性；与（4）医疗消费历年增长之间，相关系数为 - 0.5633，即 56.33% 程度上逆向变动，呈较强负相关性；与（5）其他消费历年增长之间，相关系数为 0.4581，即 45.81% 程度上同步变动，呈很弱正相关性。

在当地这些数据之间的增长相关性中，相互间影响的正反方向、强弱程度一目了然。

特别是（2）交通消费、（3）文教消费、（4）医疗消费与（6）居民积蓄增长曲线之间，形成横向镜面峰谷对应水中倒影，其间分别呈 60.37%、58.47%、56.33% 逆向增长相关性。"积蓄负相关性"对于交通消费明显成立，对于文教消费基本成立，对于医疗消费基本成立，对于其他消费不成立。经后台数据库扩展演算，文教消费与积蓄增长之间 2002～2018 年长时段逆向程度为 62.82%，呈很强负相关；2002～2007 年逆向极值达 93.14%，呈极强负相关。

河北居民积蓄增长已经严重地抑制了本地居民消费向着扩展社会生活交往、提升精神文化需求、增强人们身心健康方向更快地"升级"。

五　河北民生消费需求景气指数检测

河北民生消费需求景气指数变动态势见图 6。

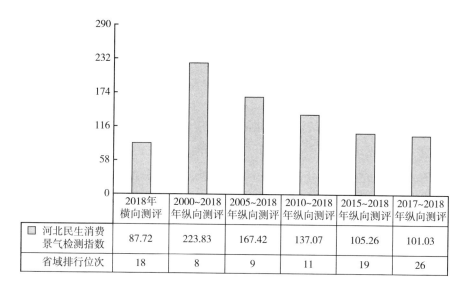

	2018年 横向测评	2000~2018 年纵向测评	2005~2018 年纵向测评	2010~2018 年纵向测评	2015~2018 年纵向测评	2017~2018 年纵向测评
▨ 河北民生消费 景气检测指数	87.72	223.83	167.42	137.07	105.26	101.03
省域排行位次	18	8	9	11	19	26

图6 河北民生消费需求景气指数变动态势

数轴柱型：共时性年度横向测评（全国城乡地区无差距理想值＝100），类似"不论年龄比高矮"，有利于发达地区；历时性阶段纵向测评（起点年自身基数值＝100），类似"不论高矮比生长"，有利于后发地区，从左至右①"十五"以来，②"十一五"以来，③"十二五"以来，④"十三五"以来，⑤上年以来，多向度检测省域排行，考察不同阶段进展状况。

1. 各年度理想值横向测评

以假定各类民生数据城乡、地区无差距理想值为100，2018年河北城乡民生需求景气指数为87.72，低于无差距理想值12.28%。河北此项检测指数在省域间排行变化，2000年为第26位，2005年为第19位，2010年为第20位，2015年为第14位，2018年从上年第15位下降为第18位。

2. 2000年以来基数值纵向测评

以"九五"末年2000年数据指标演算基数值为100，"十五"以来至2018年河北城乡民生需求景气指数为223.83，高于起点年基数值123.83%。河北此项检测分值高于全国总体检测结果分值，即2000年以来民生需求景气提升程度高于全国平均水平，处于省域间第8位。

3. 2005年以来基数值纵向测评

以"十五"末年2005年数据指标演算基数值为100，"十一五"以来至

2018 年河北城乡民生需求景气指数为 167.42，高于起点年基数值 67.42%。河北此项检测分值高于全国总体检测结果分值，即 2005 年以来民生需求景气提升程度高于全国平均水平，处于省域间第 9 位。

4. 2010年以来基数值纵向测评

以"十一五"末年 2010 年数据指标演算基数值为 100，"十二五"以来至 2018 年河北城乡民生需求景气指数为 137.07，高于起点年基数值 37.07%。河北此项检测分值高于全国总体检测结果分值，即 2010 年以来民生需求景气提升程度高于全国平均水平，处于省域间第 11 位。

5. 2015年以来基数值纵向测评

以"十二五"末年 2015 年数据指标演算基数值为 100，"十三五"以来至 2018 年河北城乡民生需求景气指数为 105.26，高于起点年基数值 5.26%。河北此项检测分值低于全国总体检测结果分值，即 2015 年以来民生需求景气提升程度低于全国平均水平，处于省域间第 19 位。

6. 逐年度基数值纵向测评

以上一年（2017 年）起点数据指标演算基数值为 100，2018 年河北城乡民生需求景气指数为 101.03，高于起点年基数值 1.03%。河北此项检测指数在省域间排行变化，2000 年为第 29 位，2005 年为第 7 位，2010 年为第 8 位，2015 年为第 16 位，2018 年从上年第 14 位下降为第 26 位。

R.21
新疆：2010~2018年民生需求
景气提升度第9位

李　璇*

摘　要：　2000~2018年，新疆城乡民生消费数据人均值持续明显增长，2018年居民总消费为2000年的7.30倍，物质消费为6.51倍，非物消费为9.18倍。非物消费比重极显著增高7.64个百分点，消费结构出现很大升级变化。居民消费率从31.25%较明显升高至34.01%，"十二五"以来明显上升。居民积蓄率从22.35%持续较明显升高至24.87%，反过来对消费需求的抑制作用加重。居民总消费、非物消费地区差逐渐缩小，但居民物质消费地区差继续扩大；居民总消费、物质消费、非物消费城乡比逐渐缩小。

关键词：　新疆居民　民生需求　物质消费　非物消费　景气排行

一　新疆人民生活主要数据相关情况

新疆城乡主要民生数据增长变化基本情况见图1，限于制图容量，未直接列出居民收入数据，可据其他数据推算，另产值、财政收入、财政支出数据置于后台演算。

---

* 李璇，云南省国际贸易学会消费市场监测与研究中心主任，主要从事市场监测与分析相关研究。

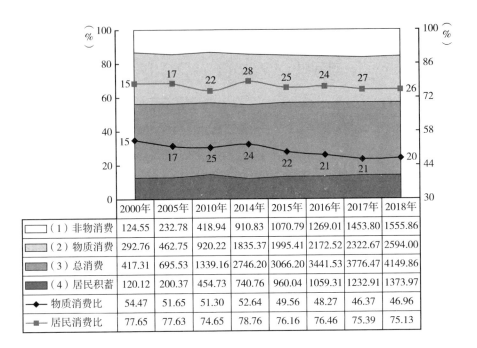

	2000年	2005年	2010年	2014年	2015年	2016年	2017年	2018年
（1）非物消费	124.55	232.78	418.94	910.83	1070.79	1269.01	1453.80	1555.86
（2）物质消费	292.76	462.75	920.22	1835.37	1995.41	2172.52	2322.67	2594.00
（3）总消费	417.31	695.53	1339.16	2746.20	3066.20	3441.53	3776.47	4149.86
（4）居民积蓄	120.12	200.37	454.73	740.76	960.04	1059.31	1232.91	1373.97
◆ 物质消费比	54.47	51.65	51.30	52.64	49.56	48.27	46.37	46.96
■ 居民消费比	77.65	77.63	74.65	78.76	76.16	76.46	75.39	75.13

图1　新疆城乡主要民生数据增长变化基本情况

左轴面积：城乡居民（1）非物消费、（2）物质消费、（3）总消费、（4）积蓄总量（亿元转换为%），（1）+（2）=（3），（3）+（4）=居民收入，各项数值间呈直观比例。右轴曲线：物质消费比、居民消费比（占居民收入比）（%），二者之差即为非物消费比，二者之比为物质消费比重（占总消费比），二者之差再与居民消费比之比即为非物消费比重。标注物质消费比、居民消费比省域位次。

1. 城乡居民收入、积蓄财富总量增长简况

2000～2018年，新疆城乡居民收入总量年均增长13.82%，积蓄总量年均增长14.50%。居民收入年均增长率高于当地产值增长0.87个百分点，低于当地财政收入增长4.08个百分点。

2. 城乡居民消费总量及其分类增长状况

2000～2018年，新疆城乡居民消费总量年均增长13.61%。居民消费年均增长率高于当地产值增长0.66个百分点，低于当地财政支出增长6.30个百分点。同期，新疆城乡居民物质消费总量年均增长12.89%，低于居民收入增长0.93个百分点，低于总消费增长0.72个百分点；新疆城乡居民非物

消费总量年均增长 15.06%，高于居民收入增长 1.24 个百分点，高于总消费增长 1.45 个百分点。

3. 城乡居民消费需求相关比值变化状况

在新疆居民收入当中，2002 年有 79.70% 用于全部生活消费支出，为历年最高比值；2003 年仅有 74.57% 用于全部生活消费支出，为历年最低（最佳）比值；2001 年有 54.88% 用于物质消费支出，为历年最高比值；2017年仅有 46.37% 用于物质消费支出，为历年最低（最佳）比值。居民收入与总消费之差即为居民积蓄，物质消费与总消费之差即为非物消费。

这 18 年间，新疆居民消费比降低 2.52 个百分点，物质消费比降低 7.51个百分点，反过来导致非物消费比升高 4.99 个百分点。继续深入分析，居民消费比与物质消费比升降方向及其程度有差异，意味着物质消费占总消费比重变化，反过来又导致非物消费占总消费比重变化。由这些相对比值关系变化就能够看出民生消费需求态势，从中体现出民生发展的基本走向。

二 新疆居民总消费增长及相关性分析

居民总消费及其相关性分析为民生消费需求检测系统的二级子系统之首。新疆城乡居民总消费及其相关性变动态势见图 2。

1. 城乡综合人均值及地区差变动状况

2000~2018 年，新疆城乡居民人均总消费年均增长 11.68%（由于人口增长，人均值增长率略低于总量增长率）。人均值地区差最小（最佳，后同）值为 2001 年的 1.1589，最大值为 2009 年的 1.2976。这 18 年间，新疆居民总消费地区差缩小 1.48%。

由于各地相应变化，新疆此项地区差位次从第 13 位降为第 17 位。据既往历年动态推演测算，新疆地区差到 2020 年将为 1.1654，相比当前较明显缩减；2035 年将为 1.1039，继续明显缩减。

2. 城镇与乡村人均值及城乡比变动状况

2000~2018 年，新疆城镇居民人均总消费年均增长 9.90%，乡村居民

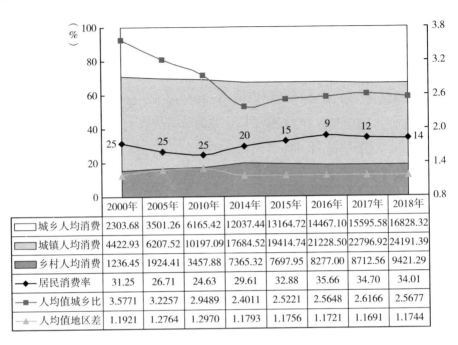

	2000年	2005年	2010年	2014年	2015年	2016年	2017年	2018年
□ 城乡人均消费	2303.68	3501.26	6165.42	12037.44	13164.72	14467.10	15595.58	16828.32
▨ 城镇人均消费	4422.93	6207.52	10197.09	17684.52	19414.74	21228.50	22796.92	24191.39
▨ 乡村人均消费	1236.45	1924.41	3457.88	7365.32	7697.95	8277.00	8712.56	9421.29
◆ 居民消费率	31.25	26.71	24.63	29.61	32.88	35.66	34.70	34.01
■ 人均值城乡比	3.5771	3.2257	2.9489	2.4011	2.5221	2.5648	2.6166	2.5677
▲ 人均值地区差	1.1921	1.2764	1.2970	1.1793	1.1756	1.1721	1.1691	1.1744

图 2　新疆城乡居民总消费及其相关性变动态势

左轴面积：城乡综合、城镇、乡村居民总消费人均值（元转换为%），各项数值间呈直观比例。右轴曲线：居民总消费城乡比（乡村 =1）、地区差（无差距 =1）。左轴曲线：居民消费率（与产值比）（%）。标注居民消费率省域位次。

人均总消费年均增长 11.94%，乡村年均增长率高于城镇 2.04 个百分点。城乡之间增长相关系数为 0.5772，即历年增长同步程度为 57.72%，呈很弱正相关性。

同期，新疆居民总消费城乡比最小（最佳，后同）值为 2014 年的 2.4011，最大值为 2002 年的 3.9925。这 18 年间，新疆居民总消费城乡比缩小 28.22%。

由于各地相应变化，新疆此项城乡比位次从第 26 位降为第 30 位。据既往历年动态推演测算，新疆城乡比到 2020 年将为 2.4749，相比当前较明显缩减；2035 年将为 1.8774，继续明显缩减。

3. 城乡综合居民消费率历年变化状况

2000～2018 年，新疆居民消费率升高 2.76 个百分点，其中"十二五"

以来升高9.38个百分点。应对国际金融危机实施"拉动内需,扩大消费,改善民生"政策以来,尤其是进入"十二五"以来,新疆居民消费率明显上升。由于各地相应变化,新疆居民消费率位次从第25位升为第14位。

这18年间,新疆居民消费率最高(最佳)值为2016年的35.66%,最低值为2010年的24.63%,近年来达到历年最佳值。这表明,当地居民消费拉动经济增长的同步协调性有所增强。还应注意,新疆居民消费率上升程度小于当地居民收入比上升程度,反过来意味着居民积蓄率上升,亦即积蓄对消费的抑制作用加重。

在新疆历年居民总消费用度支出中,物质消费年均增长10.97%,低于居民收入年增0.92个百分点,低于总消费年增0.71个百分点,物质消费比重下降;非物消费年均增长13.10%,高于居民收入年增1.22个百分点,高于总消费年增1.42个百分点,非物消费比重上升。

三 新疆居民物质生活消费结构性分析

新疆居民物质消费分类结构性关系见图3。

1. 食品消费人均值增长及其比重变化

2000 ~ 2018年,新疆城乡居民人均食品消费年均增长9.50%。人均值地区差最小值为2014年的1.1428,最大值为2006年的1.3125;城乡比最小值为2014年的2.1768,最大值为2003年的2.9791。这18年间,新疆居民食品消费地区差缩小5.56%,城乡比缩小6.14%。由于各地相应变化,新疆地区差位次从第19位升为第11位,城乡比位次从第22位降为第30位。

新疆居民食品消费比重降低12.32个百分点。最低(最佳,物质消费占比以低为佳,后同)比重值为2017年的28.67%,最高比重值为2000年的41.24%。由于各地相应变化,新疆比重位次从第13位降为第21位。

2. 衣着消费人均值增长及其比重变化

2000 ~ 2018年,新疆城乡居民人均衣着消费年均增长10.08%。人均值

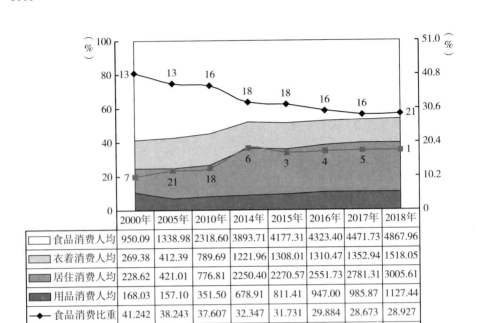

	2000年	2005年	2010年	2014年	2015年	2016年	2017年	2018年
☐ 食品消费人均	950.09	1338.98	2318.60	3893.71	4177.31	4323.40	4471.73	4867.96
☐ 衣着消费人均	269.38	412.39	789.69	1221.96	1308.01	1310.47	1352.94	1518.05
☐ 居住消费人均	228.62	421.01	776.81	2250.40	2270.57	2551.73	2781.31	3005.61
☐ 用品消费人均	168.03	157.10	351.50	678.91	811.41	947.00	985.87	1127.44
◆ 食品消费比重	41.242	38.243	37.607	32.347	31.731	29.884	28.673	28.927
■ 居住消费比重	9.924	12.024	12.600	18.695	17.247	17.638	17.834	17.860

图3　新疆居民物质消费分类结构性关系

　　左轴面积：城乡综合演算的居民物质消费单项（食品烟酒、衣着、居住、生活用品及服务四项）人均值（元转换为%），各项数值间呈直观比例。右轴曲线：食品、居住消费比重（占总消费比，保留3位小数协调调整个物质消费比重演算小数四舍五入）（%），显示物质生活需求变化最大的两个方面。标注食品、居住消费比重省域位次（物质消费比重以低为佳取倒序）。

地区差最小值为2012年的1.0059，最大值为2002年的1.2179；城乡比最小值为2016年的2.7680，最大值为2002年的6.1242。这18年间，新疆居民衣着消费地区差扩大1.28%，城乡比缩小44.67%。由于各地相应变化，新疆地区差位次从第10位降为第18位，城乡比位次从第16位降为第17位。

　　新疆居民衣着消费比重降低2.67个百分点。最低比重值为2017年的8.68%，最高比重值为2007年的13.18%。由于各地相应变化，新疆比重位次从第28位降为第30位。

　　3. 居住消费人均值增长及其比重变化

　　2000~2018年，新疆城乡居民人均居住消费年均增长15.39%。人均值地区差最小值为 2013 年的 1.0238，最大值为 2018 年的 1.3716；城乡比最小值为 2013 年的 0.7854，最大值为 2001 年的 2.5265。这 18 年间，新疆居民居住消费地区差扩大 2.67%，城乡比扩大 24.36%。由于各地相应变化，新疆地区差位次从第 21 位降为第 24 位，城乡比位次从第 17 位降为第 26 位。

新疆居民居住消费比重增高 7.94 个百分点。最低比重值为 2000 年的 9.92%，最高比重值为 2014 年的 18.70%。由于各地相应变化，新疆比重位次从第 7 位升为第 1 位。

4. 用品消费人均值增长及其比重变化

2000～2018 年，新疆城乡居民人均用品消费年均增长 11.15%。人均值地区差最小值为 2018 年的 1.1032，最大值为 2009 年的 1.3996；城乡比最小值为 2018 年的 2.6913，最大值为 2001 年的 9.2263。这 18 年间，新疆居民用品消费地区差缩小 6.41%，城乡比缩小 70.04%。由于各地相应变化，新疆地区差位次从第 6 位降为第 10 位，城乡比位次从第 29 位升为第 23 位。

新疆居民用品消费比重降低 0.59 个百分点。最低比重值为 2003 年的 4.43%，最高比重值为 2000 年的 7.29%。由于各地相应变化，新疆比重位次从第 21 位降为第 25 位。

本项检测将全部物质消费视为"全面小康"人民生活必需消费，只看食品消费或者扩大为衣食温饱显然已不具有足够的解释力。不难看出，新疆居民食品消费比重降低"让出"的余地却被居住消费比重增高"大量抢占"，这两项冲抵仅仅留给处在上位的物质消费比重降低 4.38 个百分点，否则 2000 年以来 18 年间新疆居民整个物质消费比重（可视为恩格尔系数极致放大）理当显著下降。房价虚高已经明显影响到新疆民生发展质量。

在新疆历年居民物质消费用度支出中，居住消费年均增长 15.39% 最高，高于总消费年增 3.71 个百分点，所占比重上升，成为牵制物质消费比重降低的主要因素；用品消费年均增长 11.15% 次之，低于总消费年增 0.53 个百分点，所占比重下降；衣着消费年均增长 10.08% 排第三位，低于总消费年增 1.60 个百分点，所占比重下降；食品消费年均增长 9.50%

最低，低于总消费年增2.18个百分点，所占比重下降；这四项综合测算，物质消费比重降低7.64个百分点，由此看出社会公议"消费结构升级"的实际动向。

四 新疆居民非物生活消费结构性分析

（一）非物生活分类消费增长分析

新疆居民非物消费分类结构性关系见图4。

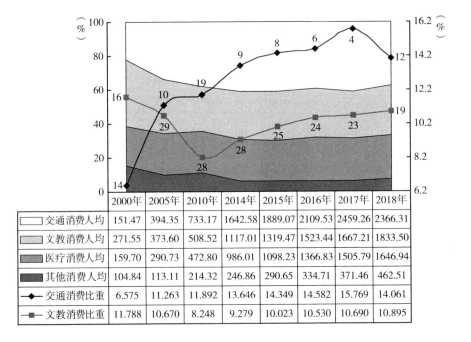

	2000年	2005年	2010年	2014年	2015年	2016年	2017年	2018年
交通消费人均	151.47	394.35	733.17	1642.58	1889.07	2109.53	2459.26	2366.31
文教消费人均	271.55	373.60	508.52	1117.01	1319.47	1523.44	1667.21	1833.50
医疗消费人均	159.70	290.73	472.80	986.01	1098.23	1366.83	1505.79	1646.94
其他消费人均	104.84	113.11	214.32	246.86	290.65	334.71	371.46	462.51
◆交通消费比重	6.575	11.263	11.892	13.646	14.349	14.582	15.769	14.061
■文教消费比重	11.788	10.670	8.248	9.279	10.023	10.530	10.690	10.895

图4 新疆居民非物消费分类结构性关系

左轴面积：城乡综合演算的居民非物消费单项（交通通信、教育文化娱乐、医疗保健、其他用品及服务四项）人均值（元转换为%），各项数值间呈直观比例。右轴曲线：交通通信、教育文化娱乐消费比重（占总消费比，保留3位小数对应整个非物消费比重演算小数四舍五入协调）（%），显示社会生活交往、精神文化生活需求变化。标注交通通信、教育文化娱乐消费比重省域位次。

1. 交通消费人均值增长及其比重变化

2000～2018年，新疆城乡居民人均交通消费年均增长16.50%。人均值地区差最小值为2017年的1.0390，最大值为2010年的1.3870；城乡比最小值为2014年的2.3818，最大值为2002年的8.8037。这18年间，新疆居民交通消费地区差缩小8.56%，城乡比缩小51.46%。由于各地相应变化，新疆地区差位次从第11位降为第13位，城乡比位次从第21位降为第30位。

新疆居民交通消费比重增高7.49个百分点。最高（最佳，非物消费占比以高为佳，后同）比重值为2017年的15.77%，最低比重值为2000年的6.57%。由于各地相应变化，新疆比重位次从第14位升为第12位。

2. 文教消费人均值增长及其比重变化

2000～2018年，新疆城乡居民人均文教消费年均增长11.19%。人均值地区差最小值为2018年的1.1991，最大值为2009年的1.4956；城乡比最小值为2018年的2.6232，最大值为2002年的8.3223。这18年间，新疆居民文教消费地区差缩小0.82%，城乡比缩小53.69%。由于各地相应变化，新疆地区差位次从第14位降为第19位，城乡比位次从第28位升为第27位。

新疆居民文教消费比重降低0.89个百分点。最高比重值为2002年的13.03%，最低比重值为2012年的7.81%。由于各地相应变化，新疆比重位次从第16位降为第19位。

3. 医疗消费人均值增长及其比重变化

2000～2018年，新疆城乡居民人均医疗消费年均增长13.84%。人均值地区差最小值为2017年的1.0208，最大值为2004年的1.2308；城乡比最小值为2014年的1.8279，最大值为2000年的4.4868。这18年间，新疆居民医疗消费地区差缩小1.62%，城乡比缩小50.22%。由于各地相应变化，新疆地区差位次从第4位降为第6位，城乡比位次从第25位降为第28位。

新疆居民医疗消费比重增高2.85个百分点。最高比重值为2018年的9.79%，最低比重值为2001年的6.23%。由于各地相应变化，新疆比重位次从第12位升为第10位。

4. 其他消费人均值增长及其比重变化

2000~2018 年，新疆城乡居民人均其他消费年均增长 8.60%。人均值地区差最小值为 2001 年的 1.0525，最大值为 2014 年的 1.3212；城乡比最小值为 2002 年的 4.3798，最大值为 2009 年的 9.2189。这 18 年间，新疆居民其他消费地区差缩小 8.51%，城乡比扩大 15.80%。由于各地相应变化，新疆地区差位次从第 13 位升为第 6 位，城乡比位次从第 15 位降为第 31 位。

新疆居民其他消费比重降低 1.80 个百分点。最高比重值为 2001 年的 5.18%，最低比重值为 2014 年的 2.05%。由于各地相应变化，新疆比重位次从第 13 位升为第 7 位。

恩格尔系数检测仅能对应“基本小康”阶段，即使扩展为整个物质消费也难以适用于“全面小康”进程。为此，本项检测将全部非物消费视为“全面小康”民生应有消费。“交通消费”作为“交通通信消费”简称，包含通信消费，而通信消费里的信息内容消费部分显然应当归属于精神消费。假设新疆居民信息内容消费占通信消费一半，通信消费又占整个交通通信消费一半，那么信息内容消费比重则增高 1.87 个百分点，再与文教消费比重变化合并演算，2000 年以来 18 年间新疆居民精神消费比重理当上升 0.98 个百分点。

在新疆历年居民非物消费用度支出中，交通消费年均增长 16.50% 最高，高于总消费年增 4.82 个百分点，所占比重上升，成为提升非物消费比重增高的主要因素；医疗消费年均增长 13.84% 次之，高于总消费年增 2.16 个百分点，所占比重上升，成为提升非物消费比重增高的重要因素；文教消费年均增长 11.19% 排第三位，低于总消费年增 0.49 个百分点，所占比重下降；其他消费年均增长 8.60% 最低，低于总消费年增 3.08 个百分点，所占比重下降；这四项综合测算，非物消费比重增高 7.64 个百分点，由此看出社会公议“消费结构升级”的实际动向。

（二）居民收入、积蓄与非物消费之间增长关系

分析居民收入、积蓄与非物生活各项消费之间增长关系，可以检测究竟

是什么因素对居民非物生活各项消费增长产生重要影响。新疆居民收入、积蓄与非物消费增长态势见图5，因相关系数分析需有历年不间断增长指数，而制图空间有限，故截取2000～2010（后台检测2000～2018）年。

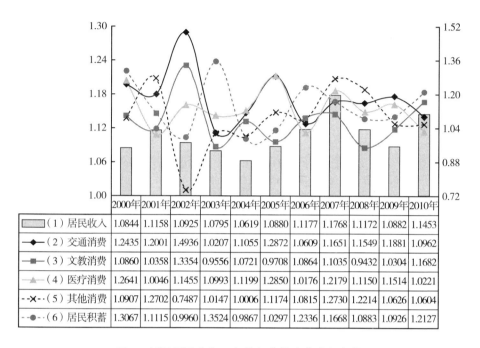

	2000年	2001年	2002年	2003年	2004年	2005年	2006年	2007年	2008年	2009年	2010年
（1）居民收入	1.0844	1.1158	1.0925	1.0795	1.0619	1.0880	1.1177	1.1768	1.1172	1.0882	1.1453
（2）交通消费	1.2435	1.2001	1.4936	1.0207	1.1055	1.2872	1.0609	1.1651	1.1549	1.1881	1.0962
（3）文教消费	1.0860	1.0358	1.3354	0.9556	1.0721	0.9708	1.0864	1.1035	0.9432	1.0304	1.1682
（4）医疗消费	1.2641	1.0046	1.1455	1.0993	1.1199	1.2850	1.0176	1.2179	1.1150	1.1514	1.0221
（5）其他消费	1.0907	1.2702	0.7487	1.0147	1.0006	1.1174	1.0815	1.2730	1.2214	1.0626	1.0604
（6）居民积蓄	1.3067	1.1115	0.9960	1.3524	0.9867	1.0297	1.2336	1.1668	1.0883	1.0926	1.2127

图5 新疆居民收入、积蓄与非物消费增长态势

左轴柱形：居民收入年增指数。右轴曲线：非物消费各单项、积蓄年增指数，上年＝1（小于1为负增长）。曲线（2）与（6）之间大体形成横向镜面峰谷对应水中倒影负相关关系。

1. 居民收入与非物消费历年增长相关性

2000～2010年，标号（1）居民收入与（2）交通消费历年增长之间，相关系数为－0.1410，即14.10%程度上逆向变动，呈很弱负相关性；与（3）文教消费历年增长之间，相关系数为0.1687，即16.87%程度上同步变动，呈极弱正相关性；与（4）医疗消费历年增长之间，相关系数为－0.1822，即18.22%程度上逆向变动，呈很弱负相关性；与（5）其他消费历年增长之间，相关系数为0.5265，即52.65%程度上同步变动，呈很弱正相关性。

这些数据之间的增长相关性表明，新疆居民收入增加也不能"必然"带来本地居民生活消费向着非物质需求，尤其是精神文化需求方向"升级"。

2. 居民积蓄与非物消费历年增长相关性

2000～2010年，标号（6）居民积蓄与（2）交通消费历年增长之间，相关系数为－0.5451，即54.51%程度上逆向变动，呈较强负相关性；与（3）文教消费历年增长之间，相关系数为－0.2230，即22.30%程度上逆向变动，呈很弱负相关性；与（4）医疗消费历年增长之间，相关系数为－0.1252，即12.52%程度上逆向变动，呈很弱负相关性；与（5）其他消费历年增长之间，相关系数为0.1973，即19.73%程度上同步变动，呈极弱正相关性。

在当地这些数据之间的增长相关性中，相互间影响的正反方向、强弱程度一目了然。

特别是（2）交通消费与（6）居民积蓄增长曲线之间，形成横向镜面峰谷对应水中倒影，其间呈54.51%逆向增长相关性。"积蓄负相关性"对于交通消费基本成立，对于文教消费不明显，对于医疗消费不明显，对于其他消费不成立。经后台数据库扩展演算，文教消费与积蓄增长之间2001～2005年长时段逆向程度为53.59%，呈较强负相关；2000～2004年逆向极值达62.08%，呈很强负相关。

新疆居民积蓄增长已经严重地抑制了本地居民消费向着扩展社会生活交往方向更快地"升级"。

五　新疆民生消费需求景气指数检测

新疆民生消费需求景气指数变动态势见图6。

1. 各年度理想值横向测评

以假定各类民生数据城乡、地区无差距理想值为100，2018年新疆城乡民生需求景气指数为83.53，低于无差距理想值16.47%。新疆此项检测指

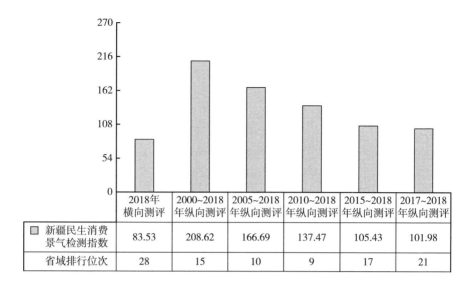

图6　新疆民生消费需求景气指数变动态势

数轴柱型: 共时性年度横向测评 (全国城乡地区无差距理想值=100), 类似 "不论年龄比高矮", 有利于发达地区; 历时性阶段纵向测评 (起点年自身基数值=100), 类似 "不论高矮比生长", 有利于后发地区, 从左至右①"十五"以来, ②"十一五"以来, ③"十二五"以来, ④"十三五"以来, ⑤上年以来, 多向度检测省域排行, 考察不同阶段进展状况。

数在省域间排行变化, 2000年为第30位, 2005年为第27位, 2010年与之持平, 2015年为第26位, 2018年从上年第27位下降为第28位。

2. 2000年以来基数值纵向测评

以 "九五" 末年2000年数据指标演算基数值为100, "十五" 以来至2018年新疆城乡民生需求景气指数为208.62, 高于起点年基数值108.62%。新疆此项检测分值高于全国总体检测结果分值, 即2000年以来民生需求景气提升程度高于全国平均水平, 处于省域间第15位。

3. 2005年以来基数值纵向测评

以 "十五" 末年2005年数据指标演算基数值为100, "十一五" 以来至2018年新疆城乡民生需求景气指数为166.69, 高于起点年基数值66.69%。新疆此项检测分值高于全国总体检测结果分值, 即2005年以来民生需求景气提升程度高于全国平均水平，处于省域间第 10 位。

4. 2010年以来基数值纵向测评

以"十一五"末年 2010 年数据指标演算基数值为 100，"十二五"以来至 2018 年新疆城乡民生需求景气指数为 137.47，高于起点年基数值 37.47%。新疆此项检测分值高于全国总体检测结果分值，即 2010 年以来民生需求景气提升程度高于全国平均水平，处于省域间第 9 位。

5. 2015年以来基数值纵向测评

以"十二五"末年 2015 年数据指标演算基数值为 100，"十三五"以来至 2018 年新疆城乡民生需求景气指数为 105.43，高于起点年基数值 5.43%。新疆此项检测分值低于全国总体检测结果分值，即 2015 年以来民生需求景气提升程度低于全国平均水平，处于省域间第 17 位。

6. 逐年度基数值纵向测评

以上一年（2017 年）起点数据指标演算基数值为 100，2018 年新疆城乡民生需求景气指数为 101.98，高于起点年基数值 1.98%。新疆此项检测指数在省域间排行变化，2000 年为第 31 位，2005 年为第 17 位，2010 年为第 13 位，2015 年为第 17 位，2018 年从上年第 25 位上升为第 21 位。

辽宁：2018年度民生需求景气
排名第11位

陶思琪*

摘　要：　2000~2018年，辽宁城乡民生消费数据人均值持续明显增长，2018年居民总消费为2000年的6.86倍，物质消费为5.86倍，非物消费为9.21倍。非物消费比重极显著增高10.24个百分点，消费结构出现极大升级变化。居民消费率从28.19%极显著升高至37.27%，"十二五"以来明显上升。居民积蓄率从20.58%持续极显著升高至28.02%，反过来对消费需求的抑制作用加重。居民总消费、物质消费地区差逐渐缩小，但居民非物消费地区差继续扩大；居民总消费、非物消费城乡比逐渐缩小，但居民物质消费城乡比持续扩大。

关键词：　辽宁居民　民生需求　物质消费　非物消费　景气排行

一　辽宁人民生活主要数据相关情况

辽宁城乡主要民生数据增长变化基本情况见图1，限于制图容量，未直接列出居民收入数据，可据其他数据推算，另产值、财政收入、财政支出数据置于后台演算。

---

* 陶思琪，云南省国际贸易学会消费市场监测与研究中心政策分析师，主要从事市场流通政策相关研究。

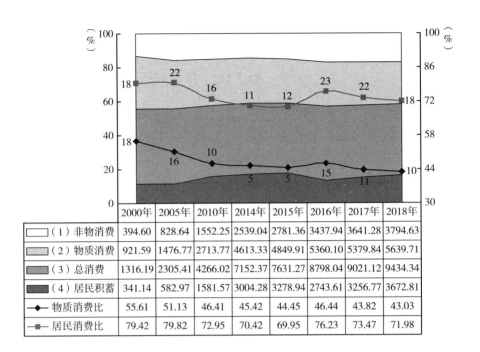

	2000年	2005年	2010年	2014年	2015年	2016年	2017年	2018年
（1）非物消费	394.60	828.64	1552.25	2539.04	2781.36	3437.94	3641.28	3794.63
（2）物质消费	921.59	1476.77	2713.77	4613.33	4849.91	5360.10	5379.84	5639.71
（3）总消费	1316.19	2305.41	4266.02	7152.37	7631.27	8798.04	9021.12	9434.34
（4）居民积蓄	341.14	582.97	1581.57	3004.28	3278.94	2743.61	3256.77	3672.81
物质消费比	55.61	51.13	46.41	45.42	44.45	46.44	43.82	43.03
居民消费比	79.42	79.82	72.95	70.42	69.95	76.23	73.47	71.98

图 1　辽宁城乡主要民生数据增长变化基本情况

左轴面积：城乡居民（1）非物消费、（2）物质消费、（3）总消费、（4）积蓄总量（亿元转换为%），（1）＋（2）＝（3），（3）＋（4）＝居民收入，各项数值间呈直观比例。右轴曲线：物质消费比、居民消费比（占居民收入比）（%），二者之差即为非物消费比，二者之比即为物质消费比重（占总消费比），二者之差再与居民消费比之比即为非物消费比重。标注物质消费比、居民消费比省域位次。

1. 城乡居民收入、积蓄财富总量增长简况

2000～2018 年，辽宁城乡居民收入总量年均增长 12.17%，积蓄总量年均增长 14.11%。居民收入年均增长率高于当地产值增长 2.32 个百分点，低于当地财政收入增长 0.71 个百分点。

2. 城乡居民消费总量及其分类增长状况

2000～2018 年，辽宁城乡居民消费总量年均增长 11.56%。居民消费年均增长率高于当地产值增长 1.71 个百分点，低于当地财政支出增长 2.27 个百分点。同期，辽宁城乡居民物质消费总量年均增长 10.59%，低于居民收入增长 1.58 个百分点，低于总消费增长 0.97 个百分点；辽宁城乡居民非物

消费总量年均增长 13.40%，高于居民收入增长 1.23 个百分点，高于总消费增长 1.84 个百分点。

3. 城乡居民消费需求相关比值变化状况

在辽宁居民收入当中，2005 年有 79.82% 用于全部生活消费支出，为历年最高比值；2015 年仅有 69.95% 用于全部生活消费支出，为历年最低（最佳）比值；2000 年有 55.61% 用于物质消费支出，为历年最高比值；2018 年仅有 43.03% 用于物质消费支出，为历年最低（最佳）比值。居民收入与总消费之差即为居民积蓄，物质消费与总消费之差即为非物消费。

这 18 年间，辽宁居民消费比降低 7.44 个百分点，物质消费比降低 12.58 个百分点，反过来导致非物消费比升高 5.14 个百分点。继续深入分析，居民消费比与物质消费比升降方向及其程度有差异，意味着物质消费占总消费比重变化，反过来又导致非物消费占总消费比重变化。由这些相对比值关系变化就能够看出民生消费需求态势，从中体现出民生发展的基本走向。

二 辽宁居民总消费增长及相关性分析

居民总消费及其相关性分析为民生消费需求检测系统的二级子系统之首。辽宁城乡居民总消费及其相关性变动态势见图2。

1. 城乡综合人均值及地区差变动状况

2000～2018 年，辽宁城乡居民人均总消费年均增长 11.29%（由于人口增长，人均值增长率略低于总量增长率）。人均值地区差最小（最佳，后同）值为 2018 年的 1.0605，最大值为 2009 年的 1.1669。这 18 年间，辽宁居民总消费地区差缩小 4.02%。

由于各地相应变化，辽宁此项地区差位次从第 8 位升为第 6 位。据既往历年动态推演测算，辽宁地区差到 2020 年将为 1.0632，相比当前略微扩增；2035 年将为 1.1230，继续明显扩增。

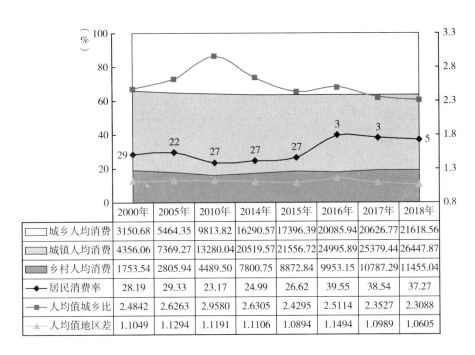

	2000年	2005年	2010年	2014年	2015年	2016年	2017年	2018年
城乡人均消费	3150.68	5464.35	9813.82	16290.57	17396.39	20085.94	20626.77	21618.56
城镇人均消费	4356.06	7369.27	13280.04	20519.57	21556.72	24995.89	25379.44	26447.87
乡村人均消费	1753.54	2805.94	4489.50	7800.75	8872.84	9953.15	10787.29	11455.04
居民消费率	28.19	29.33	23.17	24.99	26.62	39.55	38.54	37.27
人均值城乡比	2.4842	2.6263	2.9580	2.6305	2.4295	2.5114	2.3527	2.3088
人均值地区差	1.1049	1.1294	1.1191	1.1106	1.0894	1.1494	1.0989	1.0605

图2　辽宁城乡居民总消费及其相关性变动态势

左轴面积：城乡综合、城镇、乡村居民总消费人均值（元转换为%），各项数值间呈直观比例。右轴曲线：居民总消费城乡比（乡村=1）、地区差（无差距=1）。左轴曲线：居民消费率（与产值比）（%）。标注居民消费率省域位次。

2. 城镇与乡村人均值及城乡比变动状况

2000~2018年，辽宁城镇居民人均总消费年均增长10.54%，乡村居民人均总消费年均增长10.99%，乡村年均增长率高于城镇0.45个百分点。城乡之间增长相关系数为0.1304，即历年增长同步程度为13.04%，呈极弱正相关性。

同期，辽宁居民总消费城乡比最小（最佳，后同）值为2018年的2.3088，最大值为2003年的3.2259。这18年间，辽宁居民总消费城乡比缩小7.06%。

由于各地相应变化，辽宁此项城乡比位次从第9位降为第27位。据既往历年动态推演测算，辽宁城乡比到2020年将为2.2901，相比当前略微缩减；2035年将为2.1546，继续略微缩减。

3. 城乡综合居民消费率历年变化状况

2000~2018年，辽宁居民消费率升高9.08个百分点，其中"十二五"以来升高14.10个百分点。应对国际金融危机实施"拉动内需、扩大消费、改善民生"政策以来，尤其是进入"十二五"以来，辽宁居民消费率明显上升。由于各地相应变化，辽宁居民消费率位次从第29位升为第5位。

这18年间，辽宁居民消费率最高（最佳）值为2016年的39.55%，最低值为2011年的22.19%，近年来达到历年最佳值。这表明，当地居民消费拉动经济增长的同步协调性有所增强。还应注意，辽宁居民消费率上升程度小于当地居民收入比上升程度，反过来意味着居民积蓄率上升，亦即积蓄对消费的抑制作用加重。

在辽宁历年居民总消费用度支出中，物质消费年均增长10.32%，低于居民收入年增1.58个百分点，低于总消费年增0.97个百分点，物质消费比重下降；非物消费年均增长13.12%，高于居民收入年增1.22个百分点，高于总消费年增1.83个百分点，非物消费比重上升。

三 辽宁居民物质生活消费结构性分析

辽宁居民物质消费分类结构性关系见图3。

1. 食品消费人均值增长及其比重变化

2000~2018年，辽宁城乡居民人均食品消费年均增长8.52%。人均值地区差最小值为2018年的1.0033，最大值为2009年的1.1672；城乡比最小值为2000年的2.1725，最大值为2009年的2.9942。这18年间，辽宁居民食品消费地区差缩小7.57%，城乡比扩大6.41%。由于各地相应变化，辽宁地区差位次从第10位升为第1位，城乡比位次从第12位降为第28位。

辽宁居民食品消费比重降低15.42个百分点。最低（最佳，物质消费占比以低为佳，后同）比重值为2018年的26.77%，最高比重值为2000年的42.19%。由于各地相应变化，辽宁比重位次从第15位升为第11位。

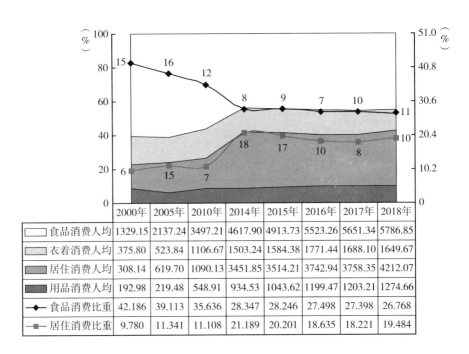

	2000年	2005年	2010年	2014年	2015年	2016年	2017年	2018年
食品消费人均	1329.15	2137.24	3497.21	4617.90	4913.73	5523.26	5651.34	5786.85
衣着消费人均	375.80	523.84	1106.67	1503.24	1584.38	1771.44	1688.10	1649.67
居住消费人均	308.14	619.70	1090.13	3451.85	3514.21	3742.94	3758.35	4212.07
用品消费人均	192.98	219.48	548.91	934.53	1043.62	1199.47	1203.21	1274.66
食品消费比重	42.186	39.113	35.636	28.347	28.246	27.498	27.398	26.768
居住消费比重	9.780	11.341	11.108	21.189	20.201	18.635	18.221	19.484

图3　辽宁居民物质消费分类结构性关系

左轴面积：城乡综合演算的居民物质消费单项（食品烟酒、衣着、居住、生活用品及服务四项）人均值（元转换为%），各项数值间呈直观比例。右轴曲线：食品、居住消费比重（占总消费比，保留3位小数协调整个物质消费比重演算小数四舍五入）（%），显示物质生活需求变化最大的两个方面。标注食品、居住消费比重省域位次（物质消费比重以低为佳取倒序）。

2. 衣着消费人均值增长及其比重变化

2000～2018年，辽宁城乡居民人均衣着消费年均增长8.57%。人均值地区差最小值为2006年的1.2290，最大值为2000年的1.5687；城乡比最小值为2017年的3.1207，最大值为2002年的4.4265。这18年间，辽宁居民衣着消费地区差缩小21.11%，城乡比缩小13.10%。由于各地相应变化，辽宁地区差位次从第28位升为第22位，城乡比位次从第7位降为第27位。

辽宁居民衣着消费比重降低4.30个百分点。最低比重值为2018年的7.63%，最高比重值为2000年的11.93%。由于各地相应变化，辽宁比重位次从第30位升为第20位。

3. 居住消费人均值增长及其比重变化

2000～2018 年，辽宁城乡居民人均居住消费年均增长 15.64%。人均值地区差最小值为 2011 年的 1.0019，最大值为 2013 年的 1.1379；城乡比最小值为 2001 年的 1.3881，最大值为 2014 年的 2.9685。这 18 年间，辽宁居民居住消费地区差扩大 1.30%，城乡比扩大 52.87%。由于各地相应变化，辽宁地区差位次从第 8 位升为第 3 位，城乡比位次从第 10 位降为第 20 位。

辽宁居民居住消费比重增高 9.70 个百分点。最低比重值为 2000 年的 9.78%，最高比重值为 2014 年的 21.19%。由于各地相应变化，辽宁比重位次从第 6 位降为第 10 位。

4. 用品消费人均值增长及其比重变化

2000～2018 年，辽宁城乡居民人均用品消费年均增长 11.06%。人均值地区差最小值为 2011 年的 1.0084，最大值为 2003 年的 1.1757；城乡比最小值为 2018 年的 2.8324，最大值为 2012 年的 4.2698。这 18 年间，辽宁居民用品消费地区差缩小 4.07%，城乡比缩小 33.14%。由于各地相应变化，辽宁地区差位次从第 3 位降为第 4 位，城乡比位次从第 4 位降为第 29 位。

辽宁居民用品消费比重降低 0.23 个百分点。最低比重值为 2005 年的 4.02%，最高比重值为 2000 年的 6.13%。由于各地相应变化，辽宁比重位次从第 9 位降为第 11 位。

本项检测将全部物质消费视为"全面小康"人民生活必需消费，只看食品消费或者扩大为衣食温饱显然已不具有足够的解释力。不难看出，辽宁居民食品消费比重降低"让出"的余地却被居住消费比重增高"大量抢占"，这两项冲抵仅仅留给处在上位的物质消费比重降低 5.71 个百分点，否则 2000 年以来 18 年间辽宁居民整个物质消费比重（可视为恩格尔系数极致放大）理当显著下降。房价虚高已经明显影响到辽宁民生发展质量。

在辽宁历年居民物质消费用度支出中，居住消费年均增长 15.64% 最高，高于总消费年增 4.35 个百分点，所占比重上升，成为牵制物质消费比重降低的主要因素；用品消费年均增长 11.06% 次之，低于总消费年增 0.23 个百分点，所占比重下降；衣着消费年均增长 8.57% 排第三位，低于总消费年增 2.72 个百分点，所占比重下降；食品消费年均增长 8.52% 最低，低于总消费年增 2.77 个百分点，所占比重下降；这四项综合测算，物质消费比重降低 10.24 个百分点，由此看出社会公议"消费结构升级"的实际动向。

四 辽宁居民非物生活消费结构性分析

（一）非物生活分类消费增长分析

辽宁居民非物消费分类结构性关系见图 4。

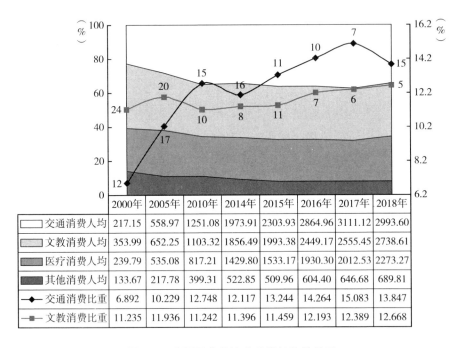

	2000年	2005年	2010年	2014年	2015年	2016年	2017年	2018年
交通消费人均	217.15	558.97	1251.08	1973.91	2303.93	2864.96	3111.12	2993.60
文教消费人均	353.99	652.25	1103.32	1856.49	1993.38	2449.17	2555.45	2738.61
医疗消费人均	239.79	535.08	817.21	1429.80	1533.17	1930.30	2012.53	2273.27
其他消费人均	133.67	217.78	399.31	522.85	509.96	604.40	646.68	689.81
交通消费比重	6.892	10.229	12.748	12.117	13.244	14.264	15.083	13.847
文教消费比重	11.235	11.936	11.242	11.396	11.459	12.193	12.389	12.668

图 4　辽宁居民非物消费分类结构性关系

左轴面积：城乡综合演算的居民非物消费单项（交通通信、教育文化娱乐、医疗保健、其他用品及服务四项）人均值（元转换为%），各项数值间呈直观比例。右轴曲线：交通通信、教育文化娱乐消费比重（占总消费比，保留3位小数对应整个非物消费比重演算小数四舍五入协调）（%），显示社会生活交往、精神文化生活需求变化。标注交通通信、教育文化娱乐消费比重省域位次。

1. 交通消费人均值增长及其比重变化

2000~2018年, 辽宁城乡居民人均交通消费年均增长15.69%。人均值地区差最小值为2005年的1.0081, 最大值为2017年的1.2157; 城乡比最小值为2018年的1.9511, 最大值为2010年的3.9496。这18年间, 辽宁居民交通消费地区差扩大0.66%, 城乡比缩小28.38%。由于各地相应变化, 辽宁地区差位次从第6位降为第9位, 城乡比位次从第7位降为第15位。

辽宁居民交通消费比重增高6.96个百分点。最高(最佳, 非物消费占比以高为佳, 后同)比重值为2017年的15.08%, 最低比重值为2000年的6.89%。由于各地相应变化, 辽宁比重位次从第12位降为第15位。

2. 文教消费人均值增长及其比重变化

2000~2018年, 辽宁城乡居民人均文教消费年均增长12.04%。人均值地区差最小值为2003年的1.0070, 最大值为2016年的1.2500; 城乡比最小值为2015年的2.1557, 最大值为2004年的3.8787。这18年间, 辽宁居民文教消费地区差扩大16.02%, 城乡比扩大2.43%。由于各地相应变化, 辽宁地区差位次从第2位降为第17位, 城乡比位次从第6位降为第26位。

辽宁居民文教消费比重增高1.43个百分点。最高比重值为2002年的12.76%, 最低比重值为2008年的10.19%。由于各地相应变化, 辽宁比重位次从第24位升为第5位。

3. 医疗消费人均值增长及其比重变化

2000~2018年, 辽宁城乡居民人均医疗消费年均增长13.31%人均值地区差最小值为2004年的1.2661, 最大值为2005年的1.5224; 城乡比最小值为2014年的1.5888, 最大值为2003年的4.0285。这18年间, 辽宁居民医疗消费地区差缩小6.40%, 城乡比缩小46.58%。由于各地相应变化, 辽宁地区差位次从第23位降为第25位, 城乡比位次从第13位降为第18位。

辽宁居民医疗消费比重增高2.90个百分点。最高比重值为2018年的10.52%, 最低比重值为2001年的7.53%。由于各地相应变化, 辽宁比重位次从第4位降为第7位。

4.其他消费人均值增长及其比重变化

2000～2018年，辽宁城乡居民人均其他消费年均增长9.55%。人均值地区差最小值为2000年的1.0640，最大值为2008年的1.5616；城乡比最小值为2018年的3.6527，最大值为2004年的6.2174。这18年间，辽宁居民其他消费地区差扩大30.89%，城乡比缩小2.79%。由于各地相应变化，辽宁地区差位次从第6位降为第26位，城乡比位次从第6位降为第26位。

辽宁居民其他消费比重降低1.05个百分点。最高比重值为2009年的4.51%，最低比重值为2015年的2.93%。由于各地相应变化，辽宁比重位次从第16位升为第1位。

恩格尔系数检测仅能对应"基本小康"阶段，即使扩展为整个物质消费也难以适用于"全面小康"进程。为此，本项检测将全部非物消费视为"全面小康"民生应有消费。"交通消费"作为"交通通信消费"简称，包含通信消费，而通信消费里的信息内容消费部分显然应当归属于精神消费。假设辽宁居民信息内容消费占通信消费一半，通信消费又占整个交通通信消费一半，那么信息内容消费比重则增高1.74个百分点，再与文教消费比重变化合并演算，2000年以来18年间辽宁居民精神消费比重理当上升3.17个百分点。

在辽宁历年居民非物消费用度支出中，交通消费年均增长15.69%最高，高于总消费年增4.40个百分点，所占比重上升，成为提升非物消费比重增高的主要因素；医疗消费年均增长13.31%次之，高于总消费年增2.02个百分点，所占比重上升，成为提升非物消费比重增高的重要因素；文教消费年均增长12.04%排第三位，高于总消费年增0.75个百分点，所占比重上升；其他消费年均增长9.55%最低，低于总消费年增1.74个百分点，所占比重下降；这四项综合测算，非物消费比重增高10.24个百分点，由此看出社会公议"消费结构升级"的实际动向。

（二）居民收入、积蓄与非物消费之间增长关系

分析居民收入、积蓄与非物生活各项消费之间增长关系，可以检测究竟

是什么因素对居民非物生活各项消费增长产生重要影响。辽宁居民收入、积蓄与非物消费增长态势见图5，因相关系数分析需有历年不间断增长指数，而制图空间有限，故截取2008~2018（后台检测2000~2018）年。

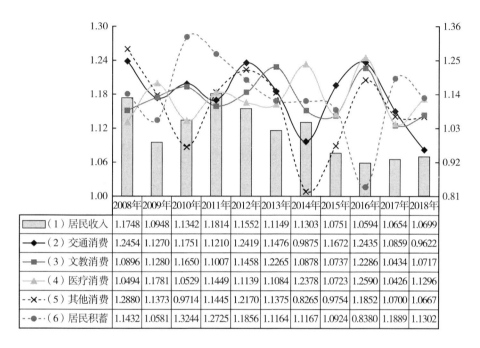

	2008年	2009年	2010年	2011年	2012年	2013年	2014年	2015年	2016年	2017年	2018年
（1）居民收入	1.1748	1.0948	1.1342	1.1814	1.1552	1.1149	1.1303	1.0751	1.0594	1.0654	1.0699
（2）交通消费	1.2454	1.1270	1.1751	1.1210	1.2419	1.1476	0.9875	1.1672	1.2435	1.0859	0.9622
（3）文教消费	1.0896	1.1280	1.1650	1.1007	1.1458	1.2265	1.0878	1.0737	1.2286	1.0434	1.0717
（4）医疗消费	1.0494	1.1781	1.0529	1.1449	1.1139	1.1084	1.2378	1.0723	1.2590	1.0426	1.1296
（5）其他消费	1.2880	1.1373	0.9714	1.1445	1.2170	1.1375	0.8265	0.9754	1.1852	1.0700	1.0667
（6）居民积蓄	1.1432	1.0581	1.3244	1.2725	1.1856	1.1164	1.1167	1.0924	0.8380	1.1889	1.1302

图5 辽宁居民收入、积蓄与非物消费增长态势

左轴柱形：居民收入年增指数。右轴曲线：非物消费各单项、积蓄年增指数，上年 = 1（小于1为负增长）。曲线（4）与（6）之间大体形成横向镜面峰谷对应水中倒影负相关关系。

1. 居民收入与非物消费历年增长相关性

2008~2018年，标号（1）居民收入与（2）交通消费历年增长之间，相关系数为0.2708，即27.08%程度上同步变动，呈极弱正相关性；与（3）文教消费历年增长之间，相关系数为 - 0.0017，即0.17%程度上逆向变动，呈极弱负相关性；与（4）医疗消费历年增长之间，相关系数为 - 0.1772，即17.72%程度上逆向变动，呈很弱负相关性；与（5）其他消费历年增长之间，相关系数为0.2530，即25.30%程度上同步变动，呈极弱正相关性。

这些数据之间的增长相关性表明，辽宁居民收入增加也不能"必然"带来本地居民生活消费向着非物质需求，尤其是精神文化需求方向"升级"。

2. 居民积蓄与非物消费历年增长相关性

2008~2018 年，标号（6）居民积蓄与（2）交通消费历年增长之间，相关系数为 -0.1687，即 16.87% 程度上逆向变动，呈很弱负相关性；与（3）文教消费历年增长之间，相关系数为 -0.3762，即 37.62% 程度上逆向变动，呈稍强负相关性；与（4）医疗消费历年增长之间，相关系数为 -0.6465，即 64.65% 程度上逆向变动，呈很强负相关性；与（5）其他消费历年增长之间，相关系数为 -0.1897，即 18.97% 程度上逆向变动，呈很弱负相关性。

在当地这些数据之间的增长相关性中，相互间影响的正反方向、强弱程度一目了然。

特别是（4）医疗消费与（6）居民积蓄增长曲线之间，形成横向镜面峰谷对应水中倒影，其间呈 64.65% 逆向增长相关性。"积蓄负相关性"对于医疗消费明显成立，对于文教消费不明显，对于其他消费不明显，对于交通消费不明显。经后台数据库扩展演算，文教消费与积蓄增长之间 2011~2018 年长时段逆向程度为 57.88%，呈较强负相关；2014~2018 年逆向极值达 99.03%，呈极强负相关。

辽宁居民积蓄增长已经严重地抑制了本地居民消费向着增强人们身心健康方向更快地"升级"。

五　辽宁民生消费需求景气指数检测

辽宁民生消费需求景气指数变动态势见图 6。

1. 各年度理想值横向测评

以假定各类民生数据城乡、地区无差距理想值为 100，2018 年辽宁城乡民生需求景气指数为 89.44，低于无差距理想值 10.56%。辽宁此项检测指数在省域间排行变化，2000 年为第 11 位，2005 年为第 7 位，2010 年为第

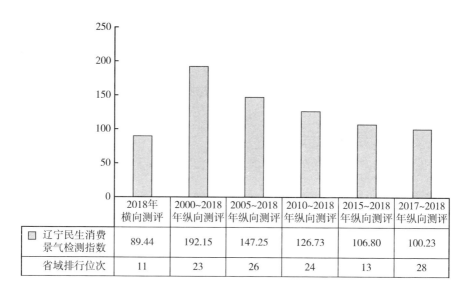

	2018年横向测评	2000~2018年纵向测评	2005~2018年纵向测评	2010~2018年纵向测评	2015~2018年纵向测评	2017~2018年纵向测评
▢ 辽宁民生消费景气检测指数	89.44	192.15	147.25	126.73	106.80	100.23
省域排行位次	11	23	26	24	13	28

图6 辽宁民生消费需求景气指数变动态势

数轴柱型: 共时性年度横向测评 (全国城乡地区无差距理想值 = 100), 类似 "不论年龄比高矮", 有利于发达地区; 历时性阶段纵向测评 (起点年自身基数值 = 100), 类似 "不论高矮比生长", 有利于后发地区, 从左至右①"十五"以来, ②"十一五"以来, ③"十二五"以来, ④"十三五"以来, ⑤上年以来, 多向度检测省域排行, 考察不同阶段进展状况。

10 位, 2015 年为第 5 位, 2018 年从上年第 10 位下降为第 11 位。

2. 2000 年以来基数值纵向测评

以"九五"末年 2000 年数据指标演算基数值为 100, "十五"以来至 2018 年辽宁城乡民生需求景气指数为 192.15, 高于起点年基数值 92.15%。辽宁此项检测分值低于全国总体检测结果分值, 即 2000 年以来民生需求景气提升程度低于全国平均水平, 处于省域间第 23 位。

3. 2005 年以来基数值纵向测评

以"十五"末年 2005 年数据指标演算基数值为 100, "十一五"以来至 2018 年辽宁城乡民生需求景气指数为 147.25, 高于起点年基数值 47.25%。辽宁此项检测分值低于全国总体检测结果分值, 即 2005 年以来民生需求景气提升程度低于全国平均水平, 处于省域间第 26 位。

4. 2010年以来基数值纵向测评

以"十一五"末年2010年数据指标演算基数值为100，"十二五"以来至2018年辽宁城乡民生需求景气指数为126.73，高于起点年基数值26.73%。辽宁此项检测分值低于全国总体检测结果分值，即2010年以来民生需求景气提升程度低于全国平均水平，处于省域间第24位。

5. 2015年以来基数值纵向测评

以"十二五"末年2015年数据指标演算基数值为100，"十三五"以来至2018年辽宁城乡民生需求景气指数为106.80，高于起点年基数值6.80%。辽宁此项检测分值高于全国总体检测结果分值，即2015年以来民生需求景气提升程度高于全国平均水平，处于省域间第13位。

6. 逐年度基数值纵向测评

以上一年（2017年）起点数据指标演算基数值为100，2018年辽宁城乡民生需求景气指数为100.23，高于起点年基数值0.23%。辽宁此项检测指数在省域间排行变化，2000年为第11位，2005年为第2位，2010年为第26位，2015年为第2位，2018年从上年第23位下降为第28位。

R.23
黑龙江：2015~2018年民生需求
景气提升度第12位

杨怡玲*

摘　要： 2000~2018年，黑龙江城乡民生消费数据人均值持续明显增长，2018年居民总消费为2000年的6.35倍，物质消费为5.44倍，非物消费为8.38倍。非物消费比重极显著增高9.91个百分点，消费结构出现极大升级变化。居民消费率从32.62%极显著升高至39.66%，"十二五"以来明显上升。居民积蓄率从23.97%持续较明显升高至25.37%，反过来对消费需求的抑制作用加重。居民总消费、物质消费、非物消费地区差继续扩大；居民总消费、物质消费、非物消费城乡比逐渐缩小。

关键词： 黑龙江居民　民生需求　物质消费　非物消费　景气排行

一　黑龙江人民生活主要数据相关情况

黑龙江城乡主要民生数据增长变化基本情况见图1，限于制图容量，未直接列出居民收入数据，可据其他数据推算，另产值、财政收入、财政支出数据置于后台演算。

---

* 杨怡玲，云南省国际贸易学会秘书处主任，助理研究员，主要从事市场流通和商务政策相关研究。

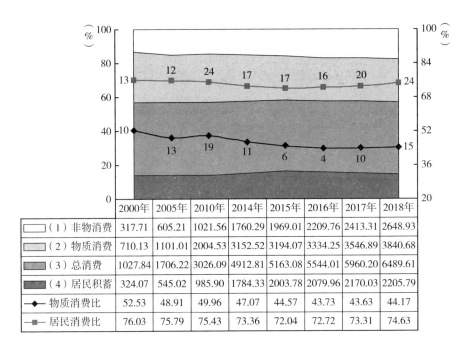

图1 黑龙江城乡主要民生数据增长变化基本情况

左轴面积：城乡居民（1）非物消费、（2）物质消费、（3）总消费、（4）积蓄总量（亿元转换为%），（1）＋（2）＝（3），（3）＋（4）＝居民收入，各项数值间呈直观比例。右轴曲线：物质消费比、居民消费比（占居民收入比）（%），二者之差即为非物消费比，二者之比即为物质消费比重（占总消费比），二者之差再与居民消费比之比即为非物消费比重。标注物质消费比、居民消费比省域位次。

1. 城乡居民收入、积蓄财富总量增长简况

2000~2018年，黑龙江城乡居民收入总量年均增长10.89%，积蓄总量年均增长11.24%。居民收入年均增长率高于当地产值增长1.31个百分点，低于当地财政收入增长0.46个百分点。

2. 城乡居民消费总量及其分类增长状况

2000~2018年，黑龙江城乡居民消费总量年均增长10.78%。居民消费年均增长率高于当地产值增长1.20个百分点，低于当地财政支出增长4.15个百分点。同期，黑龙江城乡居民物质消费总量年均增长9.83%，低于居民收入增长1.06个百分点，低于总消费增长0.95个百分点；黑龙江城乡居

民非物消费总量年均增长 12.50%，高于居民收入增长 1.61 个百分点，高于总消费增长 1.72 个百分点。

3. 城乡居民消费需求相关比值变化状况

在黑龙江居民收入当中，2009 年有 77.84% 用于全部生活消费支出，为历年最高比值；2004 年仅有 70.97% 用于全部生活消费支出，为历年最低（最佳）比值；2000 年有 52.53% 用于物质消费支出，为历年最高比值；2017 年仅有 43.63% 用于物质消费支出，为历年最低（最佳）比值。居民收入与总消费之差即为居民积蓄，物质消费与总消费之差即为非物消费。

这 18 年间，黑龙江居民消费比降低 1.40 个百分点，物质消费比降低 8.36 个百分点，反过来导致非物消费比升高 6.96 个百分点。继续深入分析，居民消费比与物质消费比升降方向及其程度有差异，意味着物质消费占总消费比重变化，反过来又导致非物消费占总消费比重变化。由这些相对比值关系变化就能够看出民生消费需求态势，从中体现出民生发展的基本走向。

二 黑龙江居民总消费增长及相关性分析

居民总消费及其相关性分析为民生消费需求检测系统的二级子系统之首。黑龙江城乡居民总消费及其相关性变动态势见图 2。

1. 城乡综合人均值及地区差变动状况

2000～2018 年，黑龙江城乡居民人均总消费年均增长 10.81%（由于人口增长，人均值增长率略低于总量增长率）。人均值地区差最小（最佳，后同）值为 2001 年的 1.0382，最大值为 2016 年的 1.1663。这 18 年间，黑龙江居民总消费地区差扩大 10.15%。

由于各地相应变化，黑龙江此项地区差位次从第 6 位降为第 14 位。据既往历年动态推演测算，黑龙江地区差到 2020 年将为 1.1611，相比当前略微扩增；2035 年将为 1.1601，略微扩增。

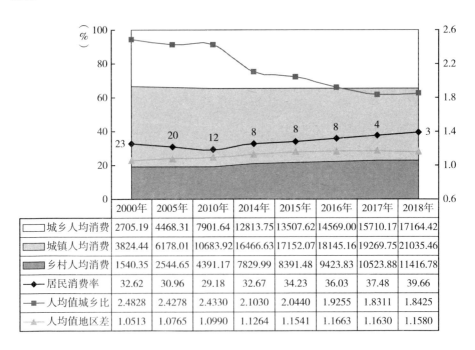

	2000年	2005年	2010年	2014年	2015年	2016年	2017年	2018年
☐ 城乡人均消费	2705.19	4468.31	7901.64	12813.75	13507.62	14569.00	15710.17	17164.42
☐ 城镇人均消费	3824.44	6178.01	10683.92	16466.63	17152.07	18145.16	19269.75	21035.46
☐ 乡村人均消费	1540.35	2544.65	4391.17	7829.99	8391.48	9423.83	10523.88	11416.78
◆ 居民消费率	32.62	30.96	29.18	32.67	34.23	36.03	37.48	39.66
■ 人均值城乡比	2.4828	2.4278	2.4330	2.1030	2.0440	1.9255	1.8311	1.8425
▲ 人均值地区差	1.0513	1.0765	1.0990	1.1264	1.1541	1.1663	1.1630	1.1580

图 2　黑龙江城乡居民总消费及其相关性变动态势

左轴面积：城乡综合、城镇、乡村居民总消费人均值（元转换为%），各项数值间呈直观比例。右轴曲线：居民总消费城乡比（乡村 =1）、地区差（无差距 =1）。左轴曲线：居民消费率（与产值比）（%）。标注居民消费率省域位次。

2. 城镇与乡村人均值及城乡比变动状况

2000～2018 年，黑龙江城镇居民人均总消费年均增长 9.93%，乡村居民人均总消费年均增长 11.77%，乡村年均增长率高于城镇 1.84 个百分点。城乡之间增长相关系数为 0.3582，即历年增长同步程度为 35.82%，呈极弱正相关性。

同期，黑龙江居民总消费城乡比最小（最佳，后同）值为 2017 年的 1.8311，最大值为 2004 年的 3.0302。这 18 年间，黑龙江居民总消费城乡比缩小 25.79%。

由于各地相应变化，黑龙江此项城乡比位次从第 8 位升为第 5 位。据既往历年动态推演测算，黑龙江城乡比到 2020 年将为 1.7824，相比当前较明显缩减；2035 年将为 1.3902，继续明显缩减。

3. 城乡综合居民消费率历年变化状况

2000～2018 年，黑龙江居民消费率升高 7.04 个百分点，其中"十二五"以来升高 10.48 个百分点。应对国际金融危机实施"拉动内需，扩大消费，改善民生"政策以来，尤其是进入"十二五"以来，黑龙江居民消费率明显上升。由于各地相应变化，黑龙江居民消费率位次从第 23 位升为第 3 位。

这 18 年间，黑龙江居民消费率最高（最佳）值为 2018 年的 39.66%，最低值为 2012 年的 27.55%，近年来达到历年最佳值。这表明，当地居民消费拉动经济增长的同步协调性有所增强。还应注意，黑龙江居民消费率上升程度小于当地居民收入比上升程度，反过来意味着居民积蓄率上升，亦即积蓄对消费的抑制作用加重。

在黑龙江历年居民总消费用度支出中，物质消费年均增长 9.86%，低于居民收入年增 1.06 个百分点，低于总消费年增 0.95 个百分点，物质消费比重下降；非物消费年均增长 12.54%，高于居民收入年增 1.61 个百分点，高于总消费年增 1.72 个百分点，非物消费比重上升。

三 黑龙江居民物质生活消费结构性分析

黑龙江居民物质消费分类结构性关系见图 3。

1. 食品消费人均值增长及其比重变化

2000～2018 年，黑龙江城乡居民人均食品消费年均增长 8.38%。人均值地区差最小值为 2001 年的 1.1023，最大值为 2015 年的 1.2356；城乡比最小值为 2018 年的 1.8076，最大值为 2003 年的 2.6384。这 18 年间，黑龙江居民食品消费地区差扩大 7.60%，城乡比缩小 16.01%。由于各地相应变化，黑龙江地区差位次从第 11 位降为第 16 位，城乡比位次从第 10 位降为第 11 位。

黑龙江居民食品消费比重降低 13.17 个百分点。最低（最佳，物质消费占比以低为佳，后同）比重值为 2018 年的 26.90%，最高比重值为 2000 年

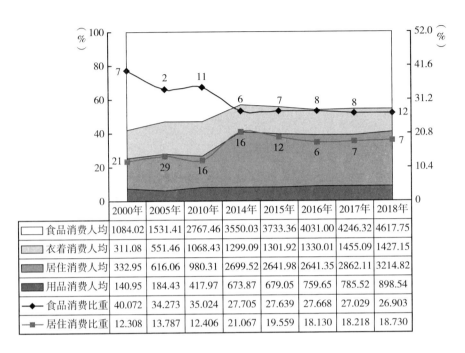

	2000年	2005年	2010年	2014年	2015年	2016年	2017年	2018年
□ 食品消费人均	1084.02	1531.41	2767.46	3550.03	3733.36	4031.00	4246.32	4617.75
▨ 衣着消费人均	311.08	551.46	1068.43	1299.09	1301.92	1330.01	1455.09	1427.15
▩ 居住消费人均	332.95	616.06	980.31	2699.52	2641.98	2641.35	2862.11	3214.82
▦ 用品消费人均	140.95	184.43	417.97	673.87	679.05	759.65	785.52	898.54
◆ 食品消费比重	40.072	34.273	35.024	27.705	27.639	27.668	27.029	26.903
■ 居住消费比重	12.308	13.787	12.406	21.067	19.559	18.130	18.218	18.730

图3　黑龙江居民物质消费分类结构性关系

　　左轴面积：城乡综合演算的居民物质消费单项（食品烟酒、衣着、居住、生活用品及服务四项）人均值（元转换为%），各项数值间呈直观比例。右轴曲线：食品、居住消费比重（占总消费比，保留3位小数协调整个物质消费比重演算小数四舍五入）（%），显示物质生活需求变化最大的两个方面。标注食品、居住消费比重省域位次（物质消费比重以低为佳取倒序）。

的40.07%。由于各地相应变化，黑龙江比重位次从第7位降为第12位。

　　2. 衣着消费人均值增长及其比重变化

　　2000~2018年，黑龙江城乡居民人均衣着消费年均增长8.83%。人均值地区差最小值为2013年的1.0416，最大值为2003年的1.3147；城乡比最小值为2017年的2.4735，最大值为2003年的5.8483。这18年间，黑龙江居民衣着消费地区差缩小17.56%，城乡比缩小42.85%。由于各地相应变化，黑龙江地区差位次从第20位升为第9位，城乡比位次从第12位降为第15位。

　　黑龙江居民衣着消费比重降低3.18个百分点。最低比重值为2018年的

8.31%，最高比重值为2010年的13.52%。由于各地相应变化，黑龙江比重位次保持第26位不变。

3. 居住消费人均值增长及其比重变化

2000～2018年，黑龙江城乡居民人均居住消费年均增长13.43%。人均值地区差最小值为2006年的1.0092，最大值为2018年的1.3279；城乡比最小值为2008年的1.0800，最大值为2015年的2.1974。这18年间，黑龙江居民居住消费地区差扩大28.55%，城乡比扩大80.01%。由于各地相应变化，黑龙江地区差位次从第6位降为第20位，城乡比位次从第5位降为第16位。

黑龙江居民居住消费比重增高6.42个百分点。最低比重值为2012年的11.03%，最高比重值为2014年的21.07%。由于各地相应变化，黑龙江比重位次从第21位升为第7位。

4. 用品消费人均值增长及其比重变化

2000～2018年，黑龙江城乡居民人均用品消费年均增长10.84%。人均值地区差最小值为2008年的1.1944，最大值为2004年的1.3785；城乡比最小值为2018年的2.3906，最大值为2001年的4.5506。这18年间，黑龙江居民用品消费地区差缩小1.98%，城乡比缩小46.57%。由于各地相应变化，黑龙江地区差位次从第16位降为第24位，城乡比位次从第6位降为第20位。

黑龙江居民用品消费比重增高0.03个百分点。最低比重值为2004年的3.60%，最高比重值为2001年的5.50%。由于各地相应变化，黑龙江比重位次从第4位升为第3位。

本项检测将全部物质消费视为"全面小康"人民生活必需消费，只看食品消费或者扩大为衣食温饱显然已不具有足够的解释力。不难看出，黑龙江居民食品消费比重降低"让出"的余地却被居住消费比重增高"大量抢占"，这两项冲抵仅仅留给处在上位的物质消费比重降低6.75个百分点，否则2000年以来18年间黑龙江居民整个物质消费比重（可视为恩格尔系数极致放大）理当显著下降。房价虚高已经明显影响到黑龙江民生发展质量。

在黑龙江历年居民物质消费用度支出中，居住消费年均增长 13.43% 最高，高于总消费年增 2.62 个百分点，所占比重上升，成为牵制物质消费比重降低的主要因素；用品消费年均增长 10.84% 次之，高于总消费年增 0.03个百分点，所占比重上升，成为牵制物质消费比重降低的重要因素；衣着消费年均增长 8.83% 排第三位，低于总消费年增 1.98 个百分点，所占比重下降；食品消费年均增长 8.38% 最低，低于总消费年增 2.43 个百分点，所占比重下降；这四项综合测算，物质消费比重降低 9.91 个百分点，由此看出社会公议"消费结构升级"的实际动向。

四 黑龙江居民非物生活消费结构性分析

（一）非物生活分类消费增长分析

黑龙江居民非物消费分类结构性关系见图 4。

1. 交通消费人均值增长及其比重变化

2000～2018 年，黑龙江城乡居民人均交通消费年均增长 14.66%。人均值地区差最小值为 2000 年的 1.0586，最大值为 2012 年的 1.3114；城乡比最小值为 2017 年的 1.5374，最大值为 2000 年的 3.4321。这 18 年间，黑龙江居民交通消费地区差扩大 12.69%，城乡比缩小 53.50%。由于各地相应变化，黑龙江地区差位次从第 3 位降为第 16 位，城乡比位次从第 8 位升为第 2 位。

黑龙江居民交通消费比重增高 5.93 个百分点。最高（最佳，非物消费占比以高为佳，后同）比重值为 2016 年的 14.11%，最低比重值为 2000 年的 6.97%。由于各地相应变化，黑龙江比重位次从第 10 位降为第 20 位。

2. 文教消费人均值增长及其比重变化

2000～2018 年，黑龙江城乡居民人均文教消费年均增长 11.12%。人均值地区差最小值为 2001 年的 1.0589，最大值为 2012 年的 1.2802；城乡比最小值为 2016 年的 1.6100，最大值为 2004 年的 4.0448。这 18 年间，黑龙

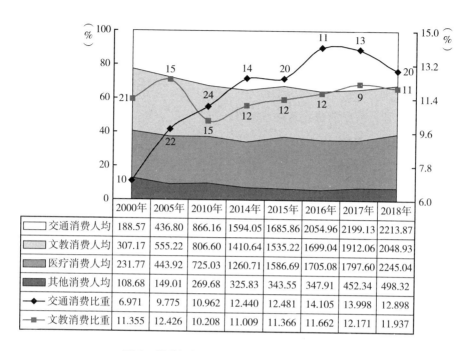

图4　黑龙江居民非物消费分类结构性关系

左轴面积：城乡综合演算的居民非物消费单项（交通通信、教育文化娱乐、医疗保健、其他用品及服务四项）人均值（元转换为%），各项数值间呈直观比例。右轴曲线：交通通信、教育文化娱乐消费比重（占总消费比，保留3位小数对应整个非物消费比重演算小数四舍五入协调）（%），显示社会生活交往、精神文化生活需求变化。标注交通通信、教育文化娱乐消费比重省域位次。

江居民文教消费地区差缩小0.03%，城乡比缩小42.63%。由于各地相应变化，黑龙江地区差位次从第7位降为第10位，城乡比位次从第14位升为第3位。

黑龙江居民文教消费比重增高0.58个百分点。最高比重值为2004年的12.91%，最低比重值为2012年的9.29%。由于各地相应变化，黑龙江比重位次从第21位升为第11位。

3. 医疗消费人均值增长及其比重变化

2000～2018年，黑龙江城乡居民人均医疗消费年均增长13.45%。人均值地区差最小值为2003年的1.1699，最大值为2000年的1.3681；城乡比最小值为 2017 年的 1.2679，最大值为 2004 年的 4.1013。这 18 年间，黑龙江居民医疗消费地区差缩小 4.36%，城乡比缩小 55.87%。由于各地相应变化，黑龙江地区差位次从第 20 位降为第 24 位，城乡比位次从第 9 位升为第 2 位。

黑龙江居民医疗消费比重增高 4.51 个百分点。最高比重值为 2018 年的 13.08%，最低比重值为 2001 年的 8.29%。由于各地相应变化，黑龙江比重位次保持第 1 位不变。

4. 其他消费人均值增长及其比重变化

2000～2018 年，黑龙江城乡居民人均其他消费年均增长 8.83%。人均值地区差最小值为 2005 年的 1.0007，最大值为 2002 年的 1.1693；城乡比最小值为 2017 年的 2.6713，最大值为 2004 年的 6.9903。这 18 年间，黑龙江居民其他消费地区差缩小 11.35%，城乡比缩小 22.06%。由于各地相应变化，黑龙江地区差位次从第 11 位升为第 2 位，城乡比位次从第 5 位降为第 13 位。

黑龙江居民其他消费比重降低 1.11 个百分点。最高比重值为 2001 年的 4.37%，最低比重值为 2016 年的 2.39%。由于各地相应变化，黑龙江比重位次从第 21 位升为第 5 位。

恩格尔系数检测仅能对应"基本小康"阶段，即使扩展为整个物质消费也难以适用于"全面小康"进程。为此，本项检测将全部非物消费视为"全面小康"民生应有消费。"交通消费"作为"交通通信消费"简称，包含通信消费，而通信消费里的信息内容消费部分显然应当归属于精神消费。假设黑龙江居民信息内容消费占通信消费一半，通信消费又占整个交通通信消费一半，那么信息内容消费比重则增高 1.48 个百分点，再与文教消费比重变化合并演算，2000 年以来 18 年间黑龙江居民精神消费比重理当上升 2.06 个百分点。

在黑龙江历年居民非物消费用度支出中，交通消费年均增长 14.66% 最高，高于总消费年增 3.85 个百分点，所占比重上升，成为提升非物消费比重增高的主要因素；医疗消费年均增长 13.45% 次之，高于总消费年增 2.64

个百分点，所占比重上升，成为提升非物消费比重增高的重要因素；文教消费年均增长 11.12% 排第三位，高于总消费年增 0.31 个百分点，所占比重上升；其他消费年均增长 8.83% 最低，低于总消费年增 1.98 个百分点，所占比重下降；这四项综合测算，非物消费比重增高 9.91 个百分点，由此看出社会公议"消费结构升级"的实际动向。

（二）居民收入、积蓄与非物消费之间增长关系

分析居民收入、积蓄与非物生活各项消费之间增长关系，可以检测究竟是什么因素对居民非物生活各项消费增长产生重要影响。黑龙江居民收入、积蓄与非物消费增长态势见图5，因相关系数分析需有历年不间断增长指数，而制图空间有限，故截取 2004～2014（后台检测 2000～2018）年。

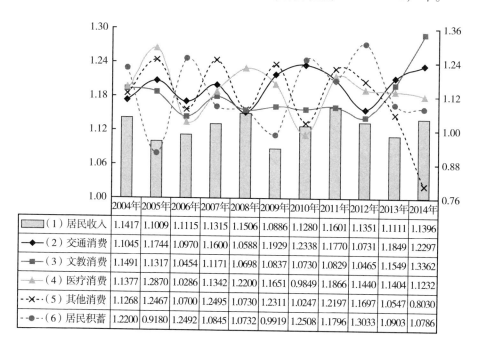

	2004年	2005年	2006年	2007年	2008年	2009年	2010年	2011年	2012年	2013年	2014年
（1）居民收入	1.1417	1.1009	1.1115	1.1315	1.1506	1.0886	1.1280	1.1601	1.1351	1.1111	1.1396
（2）交通消费	1.1045	1.1744	1.0970	1.1600	1.0588	1.1929	1.2338	1.1770	1.0731	1.1849	1.2297
（3）文教消费	1.1491	1.1317	1.0454	1.1171	1.0698	1.0837	1.0730	1.0829	1.0465	1.1549	1.3362
（4）医疗消费	1.1377	1.2870	1.0286	1.1342	1.2200	1.1651	0.9849	1.1866	1.1440	1.1404	1.1232
（5）其他消费	1.1268	1.2467	1.0700	1.2495	1.0730	1.2311	1.0247	1.2197	1.1697	1.0547	0.8030
（6）居民积蓄	1.2200	0.9180	1.2492	1.0845	1.0732	0.9919	1.2508	1.1796	1.3033	1.0903	1.0786

图5 黑龙江居民收入、积蓄与非物消费增长态势

左轴柱形：居民收入年增指数。右轴曲线：非物消费各单项、积蓄年增指数，上年＝1（小于1为负增长）。

1. 居民收入与非物消费历年增长相关性

2004～2014 年，标号（1）居民收入与（2）交通消费历年增长之间，相关系数为 -0.2592，即 25.92% 程度上逆向变动，呈较弱负相关性；与（3）文教消费历年增长之间，相关系数为 0.0995，即 9.95% 程度上同步变动，呈极弱正相关性；与（4）医疗消费历年增长之间，相关系数为 -0.0031，即 0.31% 程度上逆向变动，呈极弱负相关性；与（5）其他消费历年增长之间，相关系数为 -0.2270，即 22.70% 程度上逆向变动，呈很弱负相关性。

这些数据之间的增长相关性表明，黑龙江居民收入增加也不能"必然"带来本地居民生活消费向着非物质需求，尤其是精神文化需求方向"升级"。

2. 居民积蓄与非物消费历年增长相关性

2004～2014 年，标号（6）居民积蓄与（2）交通消费历年增长之间，相关系数为 -0.3331，即 33.31% 程度上逆向变动，呈较弱负相关性；与（3）文教消费历年增长之间，相关系数为 -0.3414，即 34.14% 程度上逆向变动，呈较弱负相关性；与（4）医疗消费历年增长之间，相关系数为 -0.6845，即 68.45% 程度上逆向变动，呈很强负相关性；与（5）其他消费历年增长之间，相关系数为 -0.1879，即 18.79% 程度上逆向变动，呈很弱负相关性。

在当地这些数据之间的增长相关性中，相互间影响的正反方向、强弱程度一目了然。

特别是（4）医疗消费与（6）居民积蓄增长曲线之间，形成横向镜面峰谷对应水中倒影，其间呈 68.45% 逆向增长相关性。"积蓄负相关性"对于医疗消费明显成立，对于文教消费不明显，对于交通消费不明显，对于其他消费不明显。经后台数据库扩展演算，文教消费与积蓄增长之间 2000～2013 年长时段逆向程度为 60.39%，呈很强负相关；2010～2014 年逆向极值达 81.25%，呈极强负相关。

黑龙江居民积蓄增长已经严重地抑制了本地居民消费向着增强人们身心健康方向更快地"升级"。

五 黑龙江民生消费需求景气指数检测

黑龙江民生消费需求景气指数变动态势见图6。

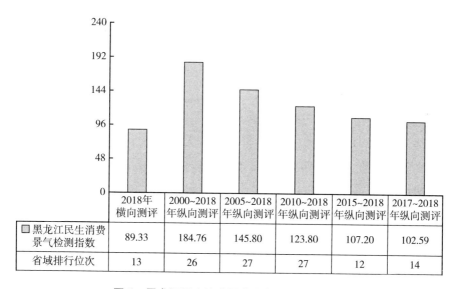

	2018年横向测评	2000~2018年纵向测评	2005~2018年纵向测评	2010~2018年纵向测评	2015~2018年纵向测评	2017~2018年纵向测评
☐ 黑龙江民生消费景气检测指数	89.33	184.76	145.80	123.80	107.20	102.59
省域排行位次	13	26	27	27	12	14

图6 黑龙江民生消费需求景气指数变动态势

数轴柱型: 共时性年度横向测评(全国城乡地区无差距理想值 = 100), 类似"不论年龄比高矮", 有利于发达地区; 历时性阶段纵向测评(起点年自身基数值 = 100), 类似"不论高矮比生长", 有利于后发地区, 从左至右①"十五"以来, ②"十一五"以来, ③"十二五"以来, ④"十三五"以来, ⑤上年以来, 多向度检测省域排行, 考察不同阶段进展状况。

1. 各年度理想值横向测评

以假定各类民生数据城乡、地区无差距理想值为100, 2018年黑龙江城乡民生需求景气指数为89.33, 低于无差距理想值10.67%。黑龙江此项检测指数在省域间排行变化, 2000年为第12位, 2005年为第8位, 2010年为第11位, 2015年为第20位, 2018年从上年第16位上升为第13位。

2. 2000年以来基数值纵向测评

以"九五"末年2000年数据指标演算基数值为100, "十五"以来至2018年黑龙江城乡民生需求景气指数为184.76, 高于起点年基数值84.76%。

黑龙江此项检测分值低于全国总体检测结果分值，即 2000 年以来民生需求景气提升程度低于全国平均水平，处于省域间第 26 位。

3. 2005年以来基数值纵向测评

以"十五"末年 2005 年数据指标演算基数值为 100，"十一五"以来至 2018 年黑龙江城乡民生需求景气指数为 145.80，高于起点年基数值 45.80%。黑龙江此项检测分值低于全国总体检测结果分值，即 2005 年以来民生需求景气提升程度低于全国平均水平，处于省域间第 27 位。

4. 2010年以来基数值纵向测评

以"十一五"末年 2010 年数据指标演算基数值为 100，"十二五"以来至 2018 年黑龙江城乡民生需求景气指数为 123.80，高于起点年基数值 23.80%。黑龙江此项检测分值低于全国总体检测结果分值，即 2010 年以来民生需求景气提升程度低于全国平均水平，处于省域间第 27 位。

5. 2015年以来基数值纵向测评

以"十二五"末年 2015 年数据指标演算基数值为 100，"十三五"以来至 2018 年黑龙江城乡民生需求景气指数为 107.20，高于起点年基数值 7.20%。黑龙江此项检测分值高于全国总体检测结果分值，即 2015 年以来民生需求景气提升程度高于全国平均水平，处于省域间第 12 位。

6. 逐年度基数值纵向测评

以上一年（2017 年）起点数据指标演算基数值为 100，2018 年黑龙江城乡民生需求景气指数为 102.59，高于起点年基数值 2.59%。黑龙江此项检测指数在省域间排行变化，2000 年为第 8 位，2005 年为第 1 位，2010 年为第 30 位，2015 年为第 28 位，2018 年从上年第 6 位下降为第 14 位。

Abstract

To reveal the profound changes occurred in China's process of "Building a Moderately Prosperous Society in All Aspects", it is firstly should be measured by the progress of people's livelihood. The study on the livelihood demand mainly lies in the consumption demand of residents in their daily lives, in which includes the developments of the people's needs for a better life.

From 2000 to 2018, the per capita value of all types of the residents' consumption demand data in national urban and rural comprehensive calculation evidently continued to increase. The residents' total consumption in 2018 was 7.15 times that of 2000, the material consumption was 6.53 times and the immaterial consumption was 8.64 times. The proportion of the residents' material consumption remarkably fell over 6.12 percentage points and the proportion of the residents' immaterial consumption remarkably rose over 6.12 percentage points, showing a remarkable upgrading change of the consumption structure. The regional disparity of the residents' total consumption, material consumption and immaterial consumption roundly continued to be reduced; and the urban and rural ratio of the residents' total consumption, material consumption and immaterial consumption roundly continued to be reduced. The unbalanced development has improved in the field of the people's livelihood.

But the residents' consumption rate evidently fell from 35.91% to 31.53%, it rose evidently since the Twelfth Five-Year Plan. In particular, the average annual growth of the residents' consumption expenditure was evidently 3.59 percentage points lower than the annual growth of fiscal expenditure. The residents' amassment rate significantly continued to rise from 22.57% to 30.10%, which in return aggravate the inhibition of consumption demand.

Based on the fiducial value since 2000, the longitudinal measurement shows a largest rise in the living consumption demand status index of The West, followed by The Central Regions, The East and The Northeast, which means some preliminary effects of the national strategy of regional balanced development; Tibet, Guizhou, Anhui, Gansu and Henan rank top five. The lateral measurement based on no-gap ideal value in 2018 shows a largest rise in the living consumption demand status index of The Northeast, followed by The East, The Central Regions and The West, which means the gap still exists because of the poor coordination and balance; Shanghai, Hubei, Zhejiang, Tianjin and Beijing rank top five. Besides, the longitudinal measurement based on the fiducial value shows that since 2005 Guizhou, Henan, Sichuan, Yunnan and Anhui rank top five; since 2010 Guizhou, Gansu, Hubei, Tibet and Sichuan rank top five; since 2015 Tibet, Hubei, Guizhou, Guangxi and Anhui rank top five; since 2017 Hubei, Tibet, Yunnan, Guangxi and Hainan rank top five.

Based on the dynamic prediction test of calendar year, the countrywide the urban and rural ratio of the residents' total consumption will certainly be reduced, and its regional disparity will certainly be reduced to 2020; the urban and rural ratio of the residents' total consumption will continue to evidently be reduced, and its regional disparity will continue to certainly be reduced to 2035. If the residents' income rate and the consumption rate all over China should not fall, and various types of livelihood data should achieve a minimum ratio of the urban and rural until the bridging of the urban and rural ratio, the status index of people's livelihood consumption demand would be significantly enhanced.

Keywords: Countrywide Various Provinces; Residents' Consumption; Demand Measuring; Status Ranking

Contents

I General Report

Abstract: To reveal the profound changes occurred in China's process of
"Building a Moderately Prosperous Society in All Aspects", it is firstly should be
measured by the progress of people's livelihood. The study on the livelihood
demand mainly lies in the consumption demand of residents in their daily lives, in

which includes the developments of the people's needs for a better life. From 2000 to 2018, the per capita value of all types of the residents' consumption demand data in national urban and rural comprehensive calculation evidently continued to increase. The residents' total consumption in 2018 was 7. 15 times that of 2000, the material consumption was 6. 53 times and the immaterial consumption was 8. 64 times. The proportion of the residents' material consumption remarkably fell over 6. 12 percentage points and the proportion of the residents' immaterial consumption remarkably rose over 6. 12 percentage points, showing a remarkable upgrading change of the consumption structure. The regional disparity of the residents' total consumption, material consumption and immaterial consumption roundly continued to be reduced; and the urban and rural ratio of the residents' total consumption, material consumption and immaterial consumption roundly continued to be reduced. The unbalanced development has improved in the field of the people's livelihood. But the residents' consumption rate evidently fell from 35. 91% to 31. 53%, it rose evidently since the Twelfth Five-Year Plan. In particular, the average annual growth of the residents' consumption expenditure was evidently 3. 59 percentage points lower than the annual growth of fiscal expenditure. The residents' amassment rate significantly continued to rise from 22. 57% to 30. 10%, which in return aggravate the inhibition of consumption demand. Based on the dynamic prediction test of calendar year, the countrywide the urban and rural ratio of the residents' total consumption will certainly be reduced, and its regional disparity will certainly be reduced to 2020; the urban and rural ratio of the residents' total consumption will continue to evidently be reduced, and its regional disparity will continue to certainly be reduced to 2035.

Keywords: Countrywide Residents; People's Livelihood Demand; Material Consumption; Immaterial Consumption; Status Evaluation

II Technical Report and Comprehensive Analysis

R. 2 Expatiating on the Status Evaluation System of the Chinese Living Consumption Demand

—*Technical Report and Provincial Comprehensive Ranking*

Wang Ya'nan, Fang Yu and Duan Tao / 024

Abstract: Based on the fiducial value since 2000, the longitudinal measurement shows a largest rise in the living consumption demand status index of The West, followed by The Central Regions, The East and The Northeast, which means some preliminary effects of the national strategy of regional balanced development; Tibet, Guizhou, Anhui, Gansu and Henan rank top five. The lateral measurement based on no-gap ideal value in 2018 shows a largest rise in the living consumption demand status index of The Northeast, followed by The East, The Central Regions and The West, which means the gap still exists because of the poor coordination and balance; Shanghai, Hubei, Zhejiang, Tianjin and Beijing rank top five. Besides, the longitudinal measurement based on the fiducial value shows that since 2005 Guizhou, Henan, Sichuan, Yunnan and Anhui rank top five; since 2010 Guizhou, Gansu, Hubei, Tibet and Sichuan rank top five; since 2015 Tibet, Hubei, Guizhou, Guangxi and Anhui rank top five; since 2017 Hubei, Tibet, Yunnan, Guangxi and Hainan rank top five. If the residents' income rate and the consumption rate all over China should not fall, and various types of livelihood data should achieve a minimum ratio of the urban and rural until the bridging of the urban and rural ratio, the status index of people's livelihood consumption demand would be significantly enhanced.

Keywords: Overall Well-off; People's Livelihood Demand; Comprehensive Index; Status Ranking

R. 3　Ranking on the Residents' Total Consumption Aggregate Count Status Index across the Countrywide Various Provinces
—*The Test of 2018 and the Measurement to 2020*

Wang Ya'nan, Zhao Juan and Li Hengjie / 056

Abstract："The Residents' Total Consumption Index" is a specific component of "The Measuring System of People's Living Development Index of China", and it is the first of three second-class subsystems in unattached "The Evaluation System of People's Living Consumption Demand Status of China". Based on the fiducial value since 2000, the longitudinal measurement shows a largest rise in the residents' total consumption index of The Central Regions, followed by The West, The East and The Northeast, which means some preliminary effects of the national strategy of regional balanced development; Anhui, Gansu, Hebei, Henan and Guizhou ranked top five. The lateral measurement based on no-gap ideal value in 2018 shows the gap still exists because of the poor coordination and balance; Shanghai, Hubei, Zhejiang, Tianjin and Beijing ranked top five. If the countrywide residents' total consumption data should synchronously achieve a minimum ratio of the urban and rural until the bridging of the urban and rural ratio, the status index of people's living consumption demand would be significantly enhanced.

Keywords：Test Across the Provinces; Residents' Total Consumption; Special Measuring; The Index Ranking

R. 4　Ranking on the Residents' Material Consumption Assoeted Count Status Index across the Countrywide Various Provinces
—*The Test of 2018 and the Measurement to 2020*

Wang Ya'nan, Fang Yu and Yang Chao / 083

Abstract："The Material Consumption Index" is a specific component of

"The Measuring System of People's Living Development Index of China", and it is the second of three second-class subsystems in unattached "The Evaluation System of People's Living Consumption Demand Status of China". Based on the fiducial value since 2000, the longitudinal measurement shows a largest rise in the material consumption index of The Central Regions, followed by The West, The East and The Northeast, which means some preliminary effects of the national strategy of regional balanced development; Tibet, Anhui, Gansu, Guizhou and Beijing ranked top five. The lateral measurement based on no-gap ideal value in 2018 shows the gap still exists because of the poor coordination and balance; Shanghai, Beijing, Zhejiang, Tianjin and Hubei ranked top five. If the countrywide material consumption data should synchronously achieve a minimum ratio of the urban and rural until the bridging of the urban and rural ratio, the status index of people's living consumption demand would be significantly enhanced.

Keywords: Test Across the Provinces; Material Consumption; Special Measuring; The Index Ranking

R. 5   Ranking on the Residents' Immaterial Consumption Assoeted
        Count Status Index across the Countrywide Various Provinces
        —*The Test of 2018 and the Measurement to 2020*

Abstract: "The Immaterial Consumption Index" is a specific component of "The Measuring System of People's Living Development Index of China", and it is the third of three second-class subsystems in unattached "The Evaluation System of People's Living Consumption Demand Status of China". Based on the fiducial value since 2000, the longitudinal measurement shows a largest rise in the immaterial consumption index of The West, followed by The Central Regions, The Northeast and The East, which means some preliminary effects of the national strategy of regional balanced development; Tibet, Guizhou, Yunnan, Qinghai and Henan ranked top five. The lateral measurement based on no-gap ideal value in 2018 shows the gap still exists because of the poor coordination and balance; Hubei, Tianjin, Shanghai, Jilin and Heilongjiang ranked top five. If the countrywide immaterial consumption data should synchronously achieve a minimum ratio of the urban and rural until the bridging of the urban and rural ratio, the status index of people's living consumption demand would be significantly enhanced.

Keywords: Test Across the Provinces; Immaterial Consumption; Special Measuring; The Index Ranking

III Provincial Reports

R. 6 Shanghai: Ranked the 1st in the 2018 Annual Living Consumption Demand Status Index Leaders

Yuan Chunsheng / 137

Abstract: From 2000 to 2018, the per capita value of all types of the residents' consumption demand data in Shanghai's urban and rural steadily continued to increase. The residents' total consumption in 2018 was 5. 17 times that of 2000, the material consumption was 5. 14 times and the immaterial consumption was 5. 24 times. The proportion of the residents' immaterial consumption slightly rose over 0. 42 percentage points, showing a partial upgrading change of the consumption structure. The residents' consumption rate evidently rose from 27. 95% to 31. 76%, it rose evidently since the Twelfth Five-Year Plan. The residents' amassment rate significantly continued to rise from 24. 43% to 32. 47%, which in return aggravate the inhibition of consumption demand. The regional disparity of the residents' total consumption, material consumption and immaterial consumption roundly continued to be reduced; and the urban and rural ratio of the residents' immaterial consumption continued to be reduced, but that of the residents' total consumption and material consumption continued to be extended.

Keywords: Shanghai's Residents; People's Livelihood Demand; Material Consumption; Immaterial Consumption; Status Ranking

R. 7   Tibet: Ranked the 1st in the 2000 −2018 Living Consumption
         Demand Status Index Runners-Up   *Wang Yang* / 151

Abstract: From 2000 to 2018, the per capita value of all types of the residents' consumption demand data in Tibet's urban and rural evidently continued to increase. The residents' total consumption in 2018 was 6. 33 times that of 2000, the material consumption was 5. 52 times and the immaterial consumption was 10. 35 times. The proportion of the residents' immaterial consumption significantly rose over 10. 61 percentage points, showing a significant upgrading change of the consumption structure. But the residents' consumption rate significantly fell from 42. 45% to 28. 30%, it rose slightly since the Twelfth Five-Year Plan. The residents' amassment rate significantly continued to rise from 21. 20% to 33. 17%, which in return aggravate the inhibition of consumption demand. The regional disparity of the residents' immaterial consumption continued to be reduced, but that of the residents' total consumption and material consumption continued to be extended; and the urban and rural ratio of the residents' total consumption, material consumption and immaterial consumption roundly continued to be reduced.

Keywords: Tibet's Residents; People's Livelihood Demand; Material Consumption; Immaterial Consumption; Status Ranking

R. 8　Guizhou: Ranked the 1st in the 2005 −2018 Living

　　　Consumption Demand Status Index Runners-Up　　*Guo Na* / 165

Abstract: From 2000 to 2018, the per capita value of all types of the residents' consumption demand data in Guizhou's urban and rural remarkably continued to increase. The residents' total consumption in 2018 was 7.94 times that of 2000, the material consumption was 6.25 times and the immaterial consumption was 13.52 times. The proportion of the residents' immaterial consumption significantly rose over 16.35 percentage points, showing a significant upgrading change of the consumption structure. But the residents' consumption rate significantly fell from 66.65% to 35.41%, it continued to fall since the Twelfth Five-Year Plan. The residents' amassment rate significantly continued to rise from 18.22% to 26.79%, which in return aggravate the inhibition of consumption demand. The regional disparity of the residents' total consumption and immaterial consumption continued to be reduced, but that of the residents' material consumption continued to be extended; and the urban and rural ratio of the residents' total consumption, material consumption and immaterial consumption roundly continued to be reduced.

Keywords: Guizhou's Residents; People's Livelihood Demand; Material Consumption; Immaterial Consumption; Status Ranking

R. 9　Hubei: Ranked the 2nd in the 2018 Annual Living

　　　Consumption Demand Status Index Leaders　　*Deng Yunfei* / 179

Abstract: From 2000 to 2018, the per capita value of all types of the residents' consumption demand data in Hubei's urban and rural evidently continued to increase. The residents' total consumption in 2018 was 7.21 times that of 2000, the material consumption was 6.29 times and the immaterial consumption was 9.63 times. The proportion of the residents' immaterial consumption significantly rose over 9. 20 percentage points, showing a significant upgrading change of the consumption structure. But the residents' consumption rate significantly fell from 44. 01% to 29. 96% , it rose evidently since the Twelfth Five-Year Plan. The residents' amassment rate evidently continued to rise from 21. 95% to 25. 05% , which in return aggravate the inhibition of consumption demand. The regional disparity of the residents' total consumption and immaterial consumption continued to be reduced, but that of the residents' material consumption continued to be extended; and the urban and rural ratio of the residents' total consumption, material consumption and immaterial consumption roundly continued to be reduced.

Keywords: Hubei's Residents; People's Livelihood Demand; Material Consumption; Immaterial Consumption; Status Ranking

R. 10   Henan: Ranked the 2nd in the 2005 −2018 Living

Consumption Demand Status Index Runners-Up

Shen Zongtao / 193

Abstract: From 2000 to 2018, the per capita value of all types of the residents' consumption demand data in Henan's urban and rural remarkably continued to increase. The residents' total consumption in 2018 was 8. 38 times that of 2000, the material consumption was 7. 23 times and the immaterial consumption was 11. 68 times. The proportion of the residents' immaterial consumption significantly rose over 10. 17 percentage points, showing a significant upgrading change of the consumption structure. But the residents' consumption rate evidently fell from 34. 58% to 31. 48% , it rose evidently since the Twelfth Five-Year Plan. The residents' amassment rate evidently continued to rise from 27. 92% to 31. 41% , which in return aggravate the inhibition of consumption demand. The regional disparity of the residents' total consumption, material consumption and immaterial consumption roundly continued to be reduced; and the urban and rural ratio of the residents' total consumption, material consumption and immaterial consumption roundly continued to be reduced.

Keywords: Henan's Residents; People's Livelihood Demand; Material Consumption; Immaterial Consumption; Status Ranking

R. 11　Gansu: Ranked the 2nd in the 2010 −2018 Living

　　　　Consumption Demand Status Index Runners-Up　*Li Xue / 207*

Abstract: From 2000 to 2018, the per capita value of all types of the residents' consumption demand data in Gansu's urban and rural evidently continued to increase. The residents' total consumption in 2018 was 8. 57 times that of 2000, the material consumption was 7. 84 times and the immaterial consumption was 10. 28 times. The proportion of the residents' immaterial consumption remarkably rose over 5. 94 percentage points, showing a certain upgrading change of the consumption structure. The residents' consumption rate remarkably rose from 43. 63% to 49. 26% , it rose evidently since the Twelfth Five-Year Plan. The residents' amassment rate certainly fell from 19. 97% to 17. 70% , which in return lighten the inhibition of consumption demand. The regional disparity of the residents' total consumption, material consumption and immaterial consumption roundly continued to be reduced; and the urban and rural ratio of the residents' total consumption, material consumption and immaterial consumption roundly continued to be reduced.

Keywords: Gansu's Residents; People's Livelihood Demand; Material Consumption; Immaterial Consumption; Status Ranking

R. 12　Zhejiang: Ranked the 3rd in the 2018 Annual Living

　　　　Consumption Demand Status Index Leaders　*Li Hengjie / 221*

Abstract: From 2000 to 2018, the per capita value of all types of the residents' consumption demand data in Zhejiang's urban and rural evidently continued to increase. The residents' total consumption in 2018 was 5. 95 times that of 2000, the material consumption was 5. 81 times and the immaterial consumption was 6. 23 times. The proportion of the residents' immaterial consumption certainly rose over 1. 53 percentage points, showing a partial upgrading change of the consumption structure. But the residents' consumption rate significantly fell from 37. 46% to 30. 31% , it rose slightly since the Twelfth Five-Year Plan. The residents' amassment rate significantly continued to rise from 24. 24% to 35. 91% , which in return aggravate the inhibition of consumption demand. The regional disparity of the residents' total consumption, material consumption and immaterial consumption roundly continued to be reduced; and the urban and rural ratio of the residents' total consumption, material consumption and immaterial consumption roundly continued to be reduced.

Keywords: Zhejiang's Residents; People's Livelihood Demand; Material Consumption; Immaterial Consumption; Status Ranking

R. 13　Anhui: Ranked the 3rd in the 2000 −2018 Living Consumption Demand Status Index Runners-Up

Yang Chao / 235

Abstract: From 2000 to 2018, the per capita value of all types of the residents' consumption demand data in Anhui's urban and rural evidently continued to increase. The residents' total consumption in 2018 was 8. 28 times that of 2000, the material consumption was 7. 55 times and the immaterial consumption was 10. 41 times. The proportion of the residents' immaterial consumption remarkably rose over 6. 60 percentage points, showing a remarkable upgrading change of the consumption structure. But the residents' consumption rate significantly fell from 44. 19% to 36. 67% , it rose slightly since the Twelfth Five-Year Plan. The residents' amassment rate evidently continued to rise from 25. 81% to 30. 10% , which in return aggravate the inhibition of consumption demand. The regional disparity of the residents' total consumption, material consumption and immaterial consumption roundly continued to be reduced; and the urban and rural ratio of the residents' total consumption, material consumption and immaterial consumption roundly continued to be reduced.

Keywords：Anhui's Residents；People's Livelihood Demand；Material Consumption；Immaterial Consumption；Status Ranking

R. 14 Sichuan：Ranked the 3rd in the 2005 −2018 Living Consumption Demand Status Index Runners-Up

Liu Zhenzhong / 249

Abstract：From 2000 to 2018, the per capita value of all types of the residents' consumption demand data in Sichuan's urban and rural evidently continued to increase. The residents' total consumption in 2018 was 7. 73 times that of 2000, the material consumption was 6. 88 times and the immaterial consumption was 10. 18 times. The proportion of the residents' immaterial consumption significantly rose over 8. 19 percentage points, showing a remarkable upgrading change of the consumption structure. But the residents' consumption rate significantly fell from 47. 67% to 37. 37% , it rose evidently since the Twelfth Five-Year Plan. The residents' amassment rate certainly continued to rise from 19. 72% to 22. 52% , which in return aggravate the inhibition of consumption demand. The regional disparity of the residents' total consumption, material consumption and immaterial consumption roundly continued to be reduced; and the urban and rural ratio of the residents' total consumption, material consumption and immaterial consumption roundly continued to be reduced.

Keywords：Sichuan's Residents；People's Livelihood Demand；Material Consumption；Immaterial Consumption；Status Ranking

R. 15   Tianjin: Ranked the 4th in the 2018 Annual Living

Consumption Demand Status Index Leaders   *Chen Ying* / 263

Abstract: From 2000 to 2018, the per capita value of all types of the residents' consumption demand data in Tianjin's urban and rural steadily continued to increase. The residents' total consumption in 2018 was 6. 06 times that of 2000, the material consumption was 5. 49 times and the immaterial consumption was 7. 37 times. The proportion of the residents' immaterial consumption remarkably rose over 6. 55 percentage points, showing a remarkable upgrading change of the consumption structure. But the residents' consumption rate evidently fell from 28. 51% to 24. 83%, it rose evidently since the Twelfth Five-Year Plan. The residents' amassment rate evidently fell from 27. 83% to 24. 30%, which in return lighten the inhibition of consumption demand. The regional disparity of the residents' total consumption, material consumption and immaterial consumption roundly continued to be reduced; and the urban and rural ratio of the residents' total consumption, material consumption and immaterial consumption roundly continued to be reduced.

Keywords: Tianjin's Residents; People's Livelihood Demand; Material Consumption; Immaterial Consumption; Status Ranking

R. 16   Guangxi: Ranked the 4th in the 2015 −2018 Living

Consumption Demand Status Index Runners-Up *Ma Fang* / 277

Abstract: From 2000 to 2018, the per capita value of all types of the residents' consumption demand data in Guangxi's urban and rural evidently continued to increase. The residents' total consumption in 2018 was 6. 38 times that of 2000, the material consumption was 5. 42 times and the immaterial consumption was 9. 01 times. The proportion of the residents' immaterial consumption significantly rose over 10. 98 percentage points, showing a significant upgrading change of the consumption structure. But the residents' consumption rate significantly fell from 51. 79% to 37. 02% , it rose evidently since the Twelfth Five-Year Plan. The residents' amassment rate significantly continued to rise from 18. 38% to 31. 36% , which in return aggravate the inhibition of consumption demand. The regional disparity of the residents' immaterial consumption continued to be reduced, but that of the residents' total consumption and material consumption continued to be extended; and the urban and rural ratio of the residents' total consumption, material consumption and immaterial consumption roundly continued to be reduced.

Keywords: Guangxi's Residents; People's Livelihood Demand; Material Consumption; Immaterial Consumption; Status Ranking

R. 17   Beijing: Ranked the 5th in the 2018 Annual Living

Consumption Demand Status Index Leaders   *Yang Qingshu* / 291

Abstract: From 2000 to 2018, the per capita value of all types of the residents' consumption demand data in Beijing's urban and rural evidently continued to increase. The residents' total consumption in 2018 was 5. 44 times that of 2000, the material consumption was 5. 58 times and the immaterial consumption was 5. 16 times. The proportion of the residents' immaterial consumption certainly fell over 1. 73 percentage points, showing a partial "inverted upgrading" change of the consumption structure. But the residents' consumption rate certainly fell from 30. 40% to 28. 43% , it rose evidently since the Twelfth Five-Year Plan. The residents' amassment rate significantly continued to rise from 18. 83% to 36. 11% , which in return aggravate the inhibition of consumption demand. The regional disparity of the residents' total consumption, material consumption and immaterial consumption roundly continued to be reduced; and the urban and rural ratio of the residents' total consumption, material consumption and immaterial consumption roundly continued to be reduced.

Keywords: Beijing's Residents; People's Livelihood Demand; Material Consumption; Immaterial Consumption; Status Ranking

R. 18   Fujian: Ranked the 6th in the 2018 Annual Living

Consumption Demand Status Index Leaders   *Chen Fengmei* / 305

Abstract: From 2000 to 2018, the per capita value of all types of the residents' consumption demand data in Fujian's urban and rural evidently continued to increase. The residents' total consumption in 2018 was 6.34 times that of 2000, the material consumption was 6.19 times and the immaterial consumption was 6.71 times. The proportion of the residents' immaterial consumption certainly rose over 1.67 percentage points, showing a partial upgrading change of the consumption structure. But the residents' consumption rate significantly fell from 33.22% to 25.84%, it rose slightly since the Twelfth Five-Year Plan. The residents' amassment rate remarkably continued to rise from 24.63% to 30.06%, which in return aggravate the inhibition of consumption demand. The regional disparity of the residents' total consumption, material consumption and immaterial consumption roundly continued to be reduced; and the urban and rural ratio of the residents' total consumption, material consumption and immaterial consumption roundly continued to be reduced.

Keywords: Fujian's Residents; People's Livelihood Demand; Material Consumption; Immaterial Consumption; Status Ranking

R. 19   Jiangsu: Ranked the 8th in the 2018 Annual Living

Consumption Demand Status Index Leaders   *Wang Xinyu* / 319

Abstract: From 2000 to 2018, the per capita value of all types of the residents' consumption demand data in Jiangsu's urban and rural evidently continued to increase. The residents' total consumption in 2018 was 7.19 times that of 2000, the material consumption was 6.64 times and the immaterial consumption was 8.50 times. The proportion of the residents' immaterial consumption remarkably rose over 5.36 percentage points, showing a certain upgrading change of the consumption structure. But the residents' consumption rate significantly fell from 30. 14% to 22. 13% , it rose slightly since the Twelfth Five-Year Plan. The residents' amassment rate significantly continued to rise from 27. 52% to 34. 78% , which in return aggravate the inhibition of consumption demand. The regional disparity of the residents' immaterial consumption continued to be reduced, but that of the residents' total consumption and material consumption continued to be extended; and the urban and rural ratio of the residents' total consumption, material consumption and immaterial consumption roundly continued to be reduced.

Keywords：Jiangsu's Residents；People's Livelihood Demand；Material Consumption；Immaterial Consumption；Status Ranking

R. 20　Hebei：Ranked the 8th in the 2000 ~ 2018 Living Consumption Demand Status Index Runners-Up

Zhou Xining / 333

Abstract：From 2000 to 2018, the per capita value of all types of the residents' consumption demand data in Hebei's urban and rural evidently continued to increase. The residents' total consumption in 2018 was 8. 17 times that of 2000 , the material consumption was 7. 39 times and the immaterial consumption was 10. 11 times. The proportion of the residents' immaterial consumption remarkably rose over 6. 83 percentage points, showing a remarkable upgrading change of the consumption structure. The residents' consumption rate significantly rose from 27. 99% to 36. 36% , it rose evidently since the Twelfth Five-Year Plan. The residents' amassment rate remarkably fell from 35. 40% to 29. 36% , which in return lighten the inhibition of consumption demand. The regional disparity of the residents' total consumption, material consumption and immaterial consumption roundly continued to be reduced; and the urban and rural ratio of the residents' total consumption, material consumption and immaterial consumption roundly continued to be reduced.

Keywords: Hebei's Residents; People's Livelihood Demand; Material Consumption; Immaterial Consumption; Status Ranking

R. 21　Xinjiang: Ranked the 9th in the 2010 - 2018 Living
　　　　Consumption Demand Status Index Runners-Up　*Li Xuan* / 347

Abstract: From 2000 to 2018, the per capita value of all types of the residents' consumption demand data in Xinjiang's urban and rural evidently continued to increase. The residents' total consumption in 2018 was 7.30 times that of 2000, the material consumption was 6.51 times and the immaterial consumption was 9.18 times. The proportion of the residents' immaterial consumption significantly rose over 7.64 percentage points, showing a remarkable upgrading change of the consumption structure. The residents' consumption rate certainly rose from 31.25% to 34.01%, it rose evidently since the Twelfth Five-Year Plan. The residents' amassment rate certainly continued to rise from 22.35% to 24.87%, which in return aggravate the inhibition of consumption demand. The regional disparity of the residents' total consumption and immaterial consumption continued to be reduced, but that of the residents' material consumption continued to be extended; and the urban and rural ratio of the residents' total consumption, material consumption and immaterial consumption roundly continued to be reduced.

Keywords: Xinjiang's Residents; People's Livelihood Demand; Material Consumption; Immaterial Consumption; Status Ranking

R. 22　Liaoning: Ranked the 11th in the 2018 Annual Living
　　　　Consumption Demand Status Index Leaders　　*Tao Siqi* / 361

Abstract: From 2000 to 2018, the per capita value of all types of the residents' consumption demand data in Liaoning's urban and rural evidently continued to increase. The residents' total consumption in 2018 was 6.86 times that of 2000, the material consumption was 5.86 times and the immaterial consumption was 9.21 times. The proportion of the residents' immaterial consumption significantly rose over 10.24 percentage points, showing a significant upgrading change of the consumption structure. The residents' consumption rate significantly rose from 28.19% to 37.27%, it rose evidently since the Twelfth Five-Year Plan. The residents' amassment rate significantly continued to rise from 20.58% to 28.02%, which in return aggravate the inhibition of consumption demand. The regional disparity of the residents' total consumption and material consumption continued to be reduced, but that of the residents' immaterial consumption continued to be extended; and the urban and rural ratio of the residents' total consumption and immaterial consumption continued to be reduced, but that of the residents' material consumption continued to be extended.

Keywords: Liaoning's Residents; People's Livelihood Demand; Material Consumption; Immaterial Consumption; Status Ranking

R. 23　Heilongjiang: Ranked the 12th in the 2015 −2018 Living

　　　　Consumption Demand Status Index Runners-Up

Yang Yiling / 375

Abstract: From 2000 to 2018, the per capita value of all types of the residents' consumption demand data in Heilongjiang's urban and rural evidently continued to increase. The residents' total consumption in 2018 was 6.35 times that of 2000, the material consumption was 5.44 times and the immaterial consumption was 8.38 times. The proportion of the residents' immaterial consumption significantly rose over 9.91 percentage points, showing a significant upgrading change of the consumption structure. The residents' consumption rate significantly rose from 32.62% to 39.66%, it rose evidently since the Twelfth

Five-Year Plan. The residents' amassment rate certainly continued to rise from 23. 97% to 25. 37% , which in return aggravate the inhibition of consumption demand. The regional disparity of the residents' total consumption, material consumption and immaterial consumption roundly continued to be extended; and the urban and rural ratio of the residents' total consumption, material consumption and immaterial consumption roundly continued to be reduced.

Keywords：Heilongjiang's Residents; People's Livelihood Demand; Material Consumption; Immaterial Consumption; Status Ranking

图书在版编目（CIP）数据

中国民生消费需求景气评价报告.2020 / 王亚南主
编.--北京：社会科学文献出版社，2020.10
（民生指数报告）
ISBN 978 - 7 - 5201 - 7049 - 9

Ⅰ.①中…　Ⅱ.①王…　Ⅲ.①居民生活 - 消费 - 顾客
需求 - 研究报告 - 中国 - 2020　Ⅳ.①D668

中国版本图书馆 CIP 数据核字（2020）第 144440 号

民生指数报告
中国民生消费需求景气评价报告（2020）

主　　编 / 王亚南
副 主 编 / 刘　杰　赵　娟　魏海燕

出 版 人 / 谢寿光
责任编辑 / 张　超

出　　版 / 社会科学文献出版社·皮书出版分社 （010）59367127
　　　　　　地址：北京市北三环中路甲 29 号院华龙大厦　邮编：100029
　　　　　　网址：www. ssap. com. cn
发　　行 / 市场营销中心 （010）59367081　59367083
印　　装 / 三河市龙林印务有限公司

规　　格 / 开本：787mm × 1092mm　1/16
　　　　　　印张：26.25　字数：401 千字
版　　次 / 2020 年 10 月第 1 版　2020 年 10 月第 1 次印刷
书　　号 / ISBN 978 - 7 - 5201 - 7049 - 9
定　　价 / 138.00 元